Über dieses Buch Leben und Selbstverständnis der Juden in Deutschland wollen in den weiten Raum der deutsch-jüdischen Geschichte gestellt werden. Die Beiträge dieses Bandes bemühen sich darum, auch Horizonte der Begegnung zwischen Deutschen und Juden zu erschließen, die erst durch das Mordgeschehen im Nationalsozialismus verdunkelt wurden. Auch weit Zurückliegendem haftet meist die perspektivische Sicht der jüngeren Vergangenheit an; doch die Erinnerung an die Vielgestaltigkeit und den Reichtum der langen deutsch-jüdischen Geschichte darf nicht verblassen. Sie bewegte sich nicht immer am Abgrund des Bösen, in den sie während der NS-Zeit stürzte.
Dieser Band ist aus einer Ringvorlesung anläßlich der 50. Wiederkehr des Novemberpogroms hervorgegangen, die von Historikern der Universität/Gesamthochschule Essen 1988 in Zusammenarbeit mit der Landeszentrale für politische Bildung NRW ausgerichtet wurde. Die Veranstaltungen fanden in der Mahn- und Gedenkstätte »Alte Synagoge« in Essen statt. In zwei Beiträgen wird daher beispielhaft auch die Geschichte der Essener jüdischen Gemeinde und der Umgang mit dieser Geschichte behandelt.

Die Herausgeber Dirk Blasius, Dr. phil., Professor für Sozial- und Wirtschaftsgeschichte; Dan Diner, Dr. jur., Professor für Neuere Geschichte/Außereuropäische Geschichte; beide lehren an der Universität/Gesamthochschule Essen.

Zerbrochene Geschichte

Leben und Selbstverständnis der Juden in Deutschland

Mit Beiträgen von

Dirk Blasius, Edna Brocke, Dan Diner, Alfred Haverkamp, Stefi Jersch-Wenzel, Trude Maurer, Hans Mommsen, Reinhard Rürup, Shulamit Volkov, Rainer Walz und Michael Zimmermann

Herausgegeben von
Dirk Blasius und Dan Diner

Fischer
Taschenbuch
Verlag

Lektorat: Walter H. Pehle

7.–8. Tausend: Mai 1993

Originalausgabe
Veröffentlicht im Fischer Taschenbuch Verlag GmbH,
Frankfurt am Main, Juli 1991

Umschlaggestaltung: Buchholz/Hinsch/Hensinger
Foto: Synagoge Essen (Archiv der Gedenkstätte »Alte Synagoge«, Essen)
Gesamtherstellung: Clausen & Bosse, Leck
Printed in Germany
ISBN 3-596-10524-2

Gedruckt auf chlor- und säurefreiem Papier

Inhalt

Einleitung der Herausgeber

»Der Tod ist ein Meister aus Deutschland« – diese Sockelzeile aus Paul Celans gespenstig-schattenhaftem Fugen-Gedicht findet in Deutschland einen besonders beklemmenden Widerhall. Doch auch die »Todesfuge« umkreist nur die Unbegreifbarkeit eines historischen Geschehens, das in den weiten Raum der deutsch-jüdischen Geschichte gestellt werden will und sich nicht in der Geschichte des Antisemitismus staut. Letztere birgt die Gefahr einer Verengung des Blicks in sich, steht dann doch die Historie der deutsch-jüdischen Begegnung im Schatten von Ereignissen mit einem derartigen Gewicht, daß auch weit Zurückliegendem die perspektivische Sicht der jüngeren Vergangenheit anhaftet. Nach Nationalsozialismus und Judenmord würde gleichsam alle deutsch-jüdische Geschichte zur Vorgeschichte des Massenverbrechens. Dieser Blickweise gilt es sich zu stellen, zugleich aber auch andere Horizonte zu erschließen. Erst so wird bewußt, unter welchem Zeichen, nicht Vorzeichen deutsch-jüdische Geschichte letztendlich steht.

Im europäischen Kontext galt bis zum Aufkommen des Nationalsozialismus die deutsch-jüdische Geschichte durchaus als eine Erfolgsgeschichte. In kaum einem anderen Land war die Integration, aber auch die Assimilation der Juden so weit fortgeschritten wie in Deutschland, nimmt man einmal die klassische Entwicklung am westlichen Rande Europas aus. Die sich in jüdische Deutsche verwandelnden Juden Deutschlands, ihre Konfessionalisierung als Juden und ihre Nationalisierung als Deutsche schien schon deshalb so günstig zu verlaufen, weil die Judenemanzipation im 19. Jahrhundert – wenn auch nur schrittweise – gleichsam zeitgleich mit der Begründung des deutschen Nationalstaates ihre Vollendung erfuhr. Aus der Perspektive der später alles überschattenden Massenvernichtung, bei der es sich ja um weit mehr als um eine bloße Zurücknahme der Emanzipationserfolge handelte, mag die Aussage karikierend wirken, der Prozeß der zunehmenden Verstädterung, Industrialisierung und mithin der Modernisierung Deutschlands in der zweiten Hälfte des Jahrhunderts habe die jüdische Bevölkerung in einem weit höheren Grade den gesellschaftlichen und bewußtseinsmäßigen Maßgaben des sich konstituierenden Nationalstaates geöffnet als die in einem eher parochialen oder regionalen Selbstverständnis verharrenden protestantischen und katholischen Deutschen. Die dem Urbanen und Modernen adäquaten

Verkehrs- und Denkformen fanden in die Lebensweise der jüdischen Bevölkerung vergleichsweise leichter Eingang, zumal hier an Tradiertes angeknüpft werden konnte, das der Moderne angemessen war. Das jüdische Bildungsbürgertum repräsentierte etwas für die deutsche wie auch für die deutsch-jüdische Geschichte durchaus Neues. Es war sowohl dem Judentum und damit der Religion entfremdet, wie es auch wenig Anstalten machte, sich dem ethnischen Deutschtum anzupassen. Es stand, wenn auch rudimentär, für etwas, was bald darauf in einem katastrophischen Ausmaße abgebrochen wurde: für ein neues säkulares Selbstverständnis der deutschen Gesellschaft.

Es nimmt also keineswegs Wunder, wenn aus dem Blickwinkel des Deutschen Kaiserreiches und erst recht der Weimarer Republik die Geschichte der nunmehr zu jüdischen Deutschen gewordenen Juden durchaus als Erfolgsgeschichte gelten kann. Zwar war schon zuvor so mancher Schatten auf die Integrationsentwicklung und Angleichung geworfen worden – die Judenzählung im Jahre 1916 etwa, als sich die jüdischen Soldaten im Felde eine entwürdigende Auflistung ihrer Zahl gefallen lassen mußten. Überhaupt klafften rechtliche Emanzipation und wirkliche Gleichbehandlung im Kaiserreich auseinander; erst mit der Begründung der ersten deutschen Republik fanden alle gesellschaftlichen, aber auch vom Staat veranlaßten Restriktionen ihr wirkliches Ende.

Dennoch schien die deutsch-jüdische Entwicklung eine in hohem Maße positive Bilanz aufzuweisen. Zwar hatte die antisemitische Bewegung im letzten Drittel des 19. Jahrhunderts auch manch beängstigende Erfolge zu verzeichnen; aber die Welle ebbte zu Beginn der neunziger Jahre wieder ab und schien zumindest an der Oberfläche kaum Bleibendes hinterlassen zu haben. An der Jahrhundertwende standen eher Frankreich und Rußland für den klassischen Antisemitismus des späten 19. Jahrhunderts; Frankreich – das Land der Dreyfus-Affäre und Rußland – das Land der Pogrome und einer antisemitischen Politik von Staats wegen.

Mit dem Aufkommen des Nationalsozialismus und dem millionenfach durchgeführten Judenmord wurde nicht nur die deutsch-jüdische Geschichte zerstört; mit jenem Großereignis ging auch eine Umwertung der ihm vorausgegangenen jüdischen Geschichte in Deutschland einher. Der bei aller Einschränkung beeindruckende Emanzipationsprozeß wurde in der Geschichtsschreibung nach 1945 vielfach als Fehlentwicklung interpretiert; jüdische Geschichte in Deutschland wurde weitgehend als Geschichte des Antisemitismus geschrieben. Darüber hinaus wurde in der jüdischen Geschichtsschreibung nach dem Holocaust das deutsche Judentum als eine Gemeinschaft charakterisiert, die sich in sorgloser Gewißheit einer Integration in Deutschland hingegeben hatte, deren späteres Scheitern ihr hätte offensichtlich sein müssen. Solche im nachhinein konstruierte Geschichtswahrnehmungen werden gerade in der jüngeren Forschung zur deutsch-jüdischen Geschichte zunehmend revidiert; diese Geschichte ist vielgestaltig, reich an Bezügen, die nicht allein in Ausgrenzung, Vertreibung und Vernichtung aufgehen.

Dennoch bleibt der Schatten des Nationalsozialismus, die Massenvernichtung als Endpunkt deutsch-jüdischer Geschichte. Wie bestimmend dieser Endpunkt ist, wird aus den Fragestellungen ersichtlich, die sich die Geschichtsschreibung auferlegt. So läßt es sich kaum vermeiden, daß auch die Emanzipationsgeschichte eher unter dem Zeichen ihres späteren Scheiterns geschrieben wird, als aus dem Lebens- und Selbstgefühl der Zeitgenossen heraus. Die sozialen und politischen Hemmnisse des jüdischen Eintritts in die bürgerliche deutsche Gesellschaft treten stärker in den Vordergrund als die subjektiv erfahrenen kleineren oder größeren Erfolge. Jüdische Geschichte in Deutschland vermag nur schwer aus dem Schatten des Antisemitismus zu treten. Doch eine antisemitisch grundierte Geschichte der Juden Deutschlands ist immer eher eine Geschichte der ethnischen Deutschen als eine der jüdischen Bevölkerung. Mit dem Aufkommen des Nationalsozialismus schien diese Unterscheidung zumindest für das alltägliche Bewußtsein endgültig geschwunden zu sein.

Dieser Band, aus einer vom Fach Geschichte der Universität/Gesamthochschule Essen 1988 ausgerichteten Ringveranstaltung anläßlich der 50. Wiederkehr des Novemberpogroms hervorgegangen, versucht verstärkt der jüdischen Binnenperspektive gerecht zu werden und die Geschichte der deutsch-jüdischen Beziehungen aus dem Blickwinkel der längeren Dauer, der »longue durée« zu sehen. Mit der nationalsozialistischen Herrschaft begann für die Juden in Deutschland nicht nur die Schreckenszeit von Verfolgung und Vernichtung, es wurde auch eine lange Tradition deutsch-jüdischer Geschichte zerstört. Zu ihr gehörten Emanzipation und Assimilation, die seit dem 19. Jahrhundert so prägend für das Selbstverständnis der deutschen Juden wurden. (R. Rürup) Die Geschichte der Juden in Deutschland reicht weit zurück. Im Mittelalter liegen zwar viele Wurzeln antijüdischer Einstellungen und Verhaltensweisen, doch diese Jahrhunderte sind auch reich an fruchtbaren Beziehungen zwischen Christen und Juden gewesen. (A. Haverkamp) Jüdisches Selbstverständnis im Fluß der deutschen Geschichte zu kontextuieren, heißt auch, an das vielfältig gestaltete Verhältnis von Mehrheitsgesellschaft und Minderheit in den Zeiträumen von Renaissance, Reformation und Aufklärung erinnern. (Stefi Jersch-Wenzel; R. Walz) Immer hat die Selbstwahrnehmung der jüdischen Bevölkerung im Spannungsfeld von Identitätswahrung und Identitätsfindung gestanden, an der Wende vom 19. zum 20. Jahrhundert verschärfte sich jedoch vor dem Hintergrund spezifischer Ereigniszusammenhänge die Suche jüdischer Menschen nach dem eigenen

Selbst. (Shulamit Volkov) Im 20. Jahrhundert geriet die gewachsene Lebens- und Bewußtseinswelt der Juden in Deutschland auf die Bahn der Verwüstung. Die Weimarer Jahre lagen an der Nahtstelle von Emanzipation und Verfolgung. (Trude Maurer) Mit der Zerstörung des Rechtsstaats wurde in der ersten Hälfte der dreißiger Jahre eine Entwicklung eingeleitet, die Auschwitz möglich gemacht hat. (D. Blasius) Doch auch in dieser Latenzphase des Terrors hielten sich bei der jüdischen Bevölkerung noch historisch genährte Hoffnungen auf ein Weiterleben in Deutschland, die dann freilich nach den Erfahrungen, die als Folge der »Reichskristallnacht« durch die Zustände innerhalb und die Umstände außerhalb Deutschlands den Betroffenen aufgenötigt wurden, einer ausweglosen Verzweiflung wichen. (D. Diner) Das Novemberpogrom hat einen besonderen Zeichencharakter für die verhängnisvollen Irrwege der jüngeren deutschen Geschichte. (H. Mommsen) Es bedarf jedoch auch der Einordnung in die Langzeitgeschichte des deutsch-jüdischen Verhältnisses.

Das katastrophische Ende jüdischen Lebens in Deutschland scheint das menschliche Erinnerungsvermögen zu überfordern. Dennoch gibt es Erinnerungsspuren, die einen Weg der gedenkenden Annäherung ebnen. Die Geschichte einzelner mag nur eine Facette des großen historischen Geschehens sein, doch sie verbürgt Authentizität, läßt die Geschichte aller am Ort individuellen Wirkens, Leidens und Sterbens hervortreten. Um die Bedeutung der Örtlichkeit zu betonen – die Ringvorlesung fand in der Mahn- und Gedenkstätte »Alte Synagoge« in Essen statt –, wird in zwei Beiträgen Geschichte und vergegenwärtigte Geschichte der Essener jüdischen Gemeinde angesprochen. (M. Zimmermann; Edna Brocke)

Jüdische Existenz in Deutschland verweist auf die Bruchlinien, die die deutsche Geschichte durchziehen; doch erst als diese Geschichte in der NS-Zeit an den Abgrund des Bösen geriet, wurde aus Leben und Selbstverständnis der Juden in Deutschland eine ›zerbrochene Geschichte‹.

Essen, im September 1990 Dirk Blasius, Dan Diner

Alfred Haverkamp

Lebensbedingungen der Juden im spätmittelalterlichen Deutschland

In Erinnerung an Dr. Arye Maimon, 1903–1988

I.

Das Thema konzentriert sich auf jene Aspekte in der Geschichte der Juden, die dem Mittelalterhistoriker ohne judaistische Spezialkenntnisse am ehesten zugänglich sind. Aus dieser Sicht kann im folgenden bestenfalls in einigen Schlaglichtern veranschaulicht werden, wie das Handeln, die Einstellungen und das Denken der Christen das Leben und den Handlungsspielraum der Juden in Deutschland während des langen Zeitraums etwa vom letzten Viertel des 13. bis zum Beginn des 16. Jahrhunderts beeinflußt und geprägt haben. Dabei wird der grundsätzlich wichtige Aspekt weitgehend vernachlässigt, inwieweit die Juden ihrerseits auf das Handeln der Christen direkt oder indirekt eingewirkt haben. Eine solche Vorgehensweise scheint für das späte Mittelalter eher vertretbar zu sein als für die vorhergehende Zeitspanne vom 10. bis zum 13. Jahrhundert, als die Juden seit dem Beginn der deutschen Geschichte sich in den Landen, die später zu Deutschland zusammenwuchsen, in eigenen Gemeinschaften niederließen. In diesen hochmittelalterlichen Jahrhunderten waren nämlich die Handlungsspielräume und damit auch die Wirkungsmöglichkeiten der Juden auf die christliche Umwelt insgesamt größer als in den folgenden Jahrhunderten bis zum Ende des Alten Reichs.

Während die jüdische religiöse Minderheit in den ersten Jahrhunderten der deutschen Geschichte an den Anfängen und der Ausbreitung urbanen Lebens einen wesentlichen Anteil hatte, wurde sie im Laufe des späten Mittelalters in den urbanen Zentren und ihren sonstigen Lebensbereichen zunehmend in eine Randposition gedrängt. Soweit die Juden in Deutschland die sich damals häufenden schweren Verfolgungen überlebten und dort trotz der Vertreibungen und anderen Einschränkungen verblieben, wurden sie zumeist in ländlichen Siedlungen vom urbanen Leben abgeschnitten, das sie vor allem in Deutschland so stark mitgestaltet hatten.

Es wird die Hauptaufgabe der folgenden Darlegungen sein, jene Vorgänge und Faktoren aufzuzeigen, die diese Einschränkungen, Verfolgungen und Vertreibungen der Juden im spätmittelalterlichen Deutschland maßgeblich herbeigeführt haben. Eine solche Aufgabenstellung schließt freilich die Gefahr ein, die Geschichte der Juden nur von dem zweifellos

negativen Gesamtergebnis her zu betrachten. Dieser Blickwinkel sollte aber nicht die Formen friedlichen Neben- und Miteinanders, wie sie auch noch im späten Mittelalter bestanden, verdecken.
Nach einigen mehr methodischen Überlegungen im ersten Teil (II.), die den weiten Horizont unseres Themas erkennen lassen, soll auf folgende, eng miteinander verknüpfte Aspekte kurz eingegangen werden:
auf das städtische Umfeld als engerer Lebensbereich der Juden (III.);
auf einige darauf von außen und innen einwirkende politisch-herrschaftliche und soziale Faktoren (IV.);
auf kirchliche und christlich-religiöse Rahmenbedingungen (V.).

II.

Bei einer derartigen Konzentration bleiben alle jene überaus wichtigen Bereiche außer Betracht, die das religiöse und geistige Leben der Juden untereinander betreffen. Weitere Einschränkungen ergeben sich aus dem Forschungsstand über das späte Mittelalter. Dieser Zeitraum von einem Vierteljahrtausend hat zwar in der deutschsprachigen Historiographie der Nachkriegszeit ein steigendes Interesse gefunden. Doch bleiben noch immer grundlegende Fragen offen, wie zum Beispiel der Bedingungszusammenhang und die Auswirkungen der vieldiskutierten »Krise« des späten Mittelalters einschließlich der physischen und nicht zuletzt psychischen Folgen der Pest, die seit der Mitte des 14. Jahrhunderts in Europa heimisch wurde und die Menschen immer wieder der akuten Todesangst aussetzte und mit dem massenhaften Tode konfrontierte. Bei der Intensivierung der früher stark vernachlässigten Spätmittelalterforschung haben sich seit etwa anderthalb Jahrzehnten erfreulicherweise zumeist jüngere deutsche Historiker erstmals eingehender der Geschichte der Juden in Deutschland zugewandt.
Ein starker Anstoß ist dabei von dem Forschungsprojekt des dritten Bandes von »Germania Judaica« ausgegangen, dessen umsichtiger und unermüdlicher Leiter, Herr Dr. Arye Maimon, viele deutsche Kollegen zu einer vertieften Beschäftigung mit diesem Thema angeregt und ermuntert hat. Auf diese Weise sind erste Schritte unternommen worden, um das große Defizit auf diesem Gebiet aufzuarbeiten. Die deutschsprachige Mediävistik ist aber noch immer weit davon entfernt, die von früheren Generationen nichtjüdischer Historiker verursachte Lücke in befriedigender Weise auszufüllen. Der in einigen Jahren zu erwartende Abschluß des dritten, die Zeit von ca. 1350 bis 1520 umfassenden Bandes von »Germania Judaica«, dessen erster erschienener Teilband bereits eine wahre Fundgrube für neue Einsichten darstellt, wird eine Zwischenbilanz dieser Neuansätze bieten, die – und dies ist zu betonen – aus der fruchtbaren

Kooperation zwischen israelischen und deutschen Historikern erwachsen sind. Diese Neuansätze können dazu beitragen, daß die Geschichte der Juden in Deutschland als ein integraler, unaufhebbarer Bestandteil der deutschen Geschichte bewußtgemacht wird.

Daß mit diesem Bestandteil der deutschen Geschichte nur ein Teilbereich der jüdischen Geschichte erfaßt wird, ist offenkundig. Nicht nur in den angedeuteten innerjüdischen Kernbereichen sprengt die Geschichte der Juden den Rahmen der deutschen Geschichte. Die Geschichte der Juden ist in mehrfacher Hinsicht »universal«; sie kann nur im vereinten Bemühen verschiedenartiger Sichtweisen und Forschungsdisziplinen adäquat erfaßt und dargestellt werden. Diesem weitgesteckten, zugleich über die deutsche Geschichte hinausweisenden Bemühen ist auch die vor wenigen Jahren gegründete »Gesellschaft zur Erforschung der Geschichte der Juden« verpflichtet. Die Begrenzung auf die deutsche Geschichte impliziert die Gefahr, fundamentale Zusammenhänge nicht nur der jüdischen, sondern auch der Geschichte der Juden in Deutschland auszublenden. Hingewiesen sei für den spätmittelalterlichen Zeithorizont beispielsweise nur auf die Verschlechterung der Stellung der Juden in den Königreichen England und Frankreich während des 13. Jahrhunderts: Diese gipfelte in der Vertreibung der Juden aus diesen am weitesten entwickelten Staaten Westeuropas an der Wende zum 14. Jahrhundert. Sie hatte auch die Einwanderung von Juden in die westlichen Regionen des Reichs zur Folge: eben in jene Landschaften, in denen sich die meisten jüdischen Siedlungen massierten und sich seit dem endenden 13. Jahrhundert die antijüdischen Stimmungen und Aktionen häuften.

Die Absurdität einer strikt nationalen Betrachtungsweise erweist sich auch in den vielfältigen Einbindungen der katholischen Kirche in Deutschland in die lateinische Christenheit, womit ein wesentlicher Bedingungszusammenhang für die Juden berührt wird. Genannt sei nur der besonders in Deutschland hohe Verlust an Autorität und Glaubwürdigkeit der Amtskirche während des avignonesischen Papsttums (1309–1378) und des Großen Schismas (1378–1417) über einen Zeitraum von mehr als hundert Jahren. Er wurde begleitet und fortgesetzt von der äußeren Bedrohung der Christenheit durch das unaufhaltsame Vordringen der Türken und die schwere oder doch als schwer empfundene Bedrohung durch die Hussiten. Beide Gefahren wurden mit dem inzwischen längst verbrauchten Instrumentarium der Kreuzzüge erfolglos bekämpft. Damit wurde jedoch die Stimmung gegen die Andersgläubigen – und nicht zuletzt gegen die in Deutschland heimischen Juden – angestachelt. Diese Verunsicherung der katholischen Christenheit vornehmlich im Deutschen Reich wurde seit dem Beginn des 15. Jahrhunderts noch gesteigert durch das Scheitern des Konziliarismus und der von ihm getragenen

Kirchenreform, die beide dem monarchischen Konzept des Papsttums zum Opfer fielen. Das Papsttum erkaufte sich seine Durchsetzung seit den vierziger Jahren des 15. Jahrhunderts mit großen Zugeständnissen hinsichtlich der Verfügungsgewalt über die Kirchen zugunsten der sich verfestigenden Nationalstaaten und Fürstengewalten.
Damit war untrennbar der Verfall der Autorität des Kaisertums verbunden. Dessen vollständige Ohnmacht gegen die ständig wachsende Türkengefahr erwies sich seit dem ausgehenden 14. Jahrhundert und bald danach in der vergeblichen Bekämpfung der antikirchlichen hussitischen Bewegung in Böhmen, dem Kernland des luxemburgischen König- und Kaisertums. Dieser Substanzverlust des Kaisertums, der sich seit dem letzten Viertel des 14. Jahrhunderts verschärfte, war für die Juden in Deutschland um so gravierender, weil er seit derselben Zeit mit dem Rückzug der noch verbliebenen königlichen, im Kern aber nur noch fürstlichen Macht aus den westlichen Reichslanden einherging: damit also aus jenen Gebieten, wo sich die meisten ältesten und größeren und insgesamt die größten Anhäufungen der Judensiedlungen befanden oder doch befunden hatten. Die an der Wende vom 14. zum 15. Jahrhundert in den ehemaligen staufischen Reichslanden am Mittelrhein, in Schwaben, im Elsaß und in Franken noch lebenden Juden waren daher um so rückhaltloser dem massiven Zugriff der lokalen und regionalen Gewalten ausgeliefert.
Derartige, für die Juden unmittelbar relevante europäische Zusammenhänge der deutschen Geschichte ließen sich auch für andere Lebensbereiche von der Rechts- und Wirtschaftsgeschichte bis hin zur Bildungs- und Geistesgeschichte aufzeigen. Doch müssen diese Andeutungen hier genügen.
Statt dessen sei noch auf die Wirkungsfaktoren von langer Dauer aufmerksam gemacht, die oft ebenfalls nicht auf eine bestimmte Region beschränkt waren. Was damit gemeint ist, wird am Beispiel der Ritualmordbeschuldigungen am leichtesten erkennbar. Die grausame Spur dieses antijüdischen Motivs, das religiöse Elemente mit abergläubischen Vorstellungen über die Kraft des Blutes vermengte und auflud, läßt sich im weiteren Verlauf des 12. Jahrhunderts in Frankreich und England und in den ersten Jahrzehnten des folgenden Jahrhunderts auch in Deutschland verfolgen. Hier veranlaßten Pogrome des Jahres 1235 den staufischen Kaiser Friedrich II. zu seinem durch ein Gutachten konvertierter Juden abgestützten Urteil über die Unschuld der Juden gegenüber diesem abstrusen Vorwurf. Dieser rational-modern erscheinende kaiserliche Rechtsspruch, seine spätere Übernahme in das Judenrecht einiger ostmitteleuropäischer Fürsten und auch entsprechende Verlautbarungen der Päpste haben derartige Beschuldigungen in der Folgezeit nicht nur in

Deutschland, sondern auch in anderen europäischen Ländern nicht verhindert. Vielmehr sind sie sogar noch *nach* dem Zweiten Weltkrieg erhoben worden und hatten Pogrome zur Folge, was die geradezu umheimliche Langzeitwirkung solcher tief verwurzelter Stereotypen auch über den Kreis der Spezialisten hinaus publik gemacht hat.
Im spätmittelalterlichen Deutschland führte in den Jahren 1287 bis 1289 die Beschuldigung, die Juden hätten den Knaben Werner von Oberwesel zu rituellen Zwecken getötet, zu einer größeren Zahl von Pogromen in mehreren Orten am Mittelrhein. Ihre stärkste Resonanz fanden dergleichen Anschuldigungen aber offenbar erst seit der Mitte des 15. Jahrhunderts. Im Jahre 1450 wurde in Bern am Kornhausplatz der sogenannte »Kindlifresserbrunnen« errichtet, der einen christliche Kinder fressenden Juden darstellte. Die Wirkung dieser Beschuldigung erfuhr seit 1470 noch eine Steigerung, wie das große Aufsehen über derartige Anklagen in der kleinen badischen Stadt Endingen, in Trient und Regensburg verdeutlicht.
Schon zu Beginn unseres Zeitabschnitts zeitigten die Vorwürfe über angeblichen Hostienfrevel der Juden in Deutschland insgesamt schlimmere Folgen. Das Motiv des Hostienfrevels, das bereits in der Spätantike vereinzelt auftauchte, war bis zum ausgehenden 13. Jahrhundert keineswegs einseitig gegen die Juden gerichtet, sondern auch gegen Christen und Ketzer. Es fand vor allem seit der Wende zum 13. Jahrhundert in der seit dieser Zeit gesteigerten Verehrung des Altarsakraments, die im weiteren Verlauf desselben Jahrhunderts auch in den Fronleichnamsprozessionen sinnfälligen Ausdruck erhielt, eine breitere kultische Fundierung. Daraus erwuchsen die vor allem seit dem 15. Jahrhundert beliebten Fronleichnamsspiele. Einseitiger und schärfer gegen die Juden gerichtet wurde der Vorwurf des Hostienfrevels erst seit der Wende zum 14. Jahrhundert. Nach vereinzelten früheren Pogromen, die mit dieser Beschuldigung begründet wurden, bildete eine angebliche Hostienschändung den Vorwand für die verheerenden »Rintfleisch«-Verfolgungen, die im Jahre 1298 von dem kleinen Ort Röttingen in Franken ausgingen und sich in wenigen Monaten bis zum erfolgreichen Einschreiten durch König Albrecht I. über mehr als hundert Orte Frankens bis in die Oberpfalz, nach Hessen und Thüringen ausdehnten. Im Anschluß an hauptsächlich anders motivierte großflächig wirksame Pogrome, die als »Armleder«-Verfolgungen zwischen 1336 und 1338 vornehmlich wiederum in Franken, Hessen, am Mittelrhein und dann im Elsaß wüteten, entzündete sich an dem inzwischen öfter auftauchenden Vorwurf des Hostienfrevels durch Juden seit Ostern 1338 eine weitere Pogromwelle. Sie ging von dem ländlichen Zentrum im niederösterreichischen Pulkau aus und führte zur Ermordung von Juden in etwa dreißig Orten bis hin nach Mähren und Böhmen; hinzu

kam seit dem August 1338 ein Pogrom in Kärnten, der aufgrund einer angeblich aufgefundenen Bluthostie in Wolfsberg ausbrach und auf zwei weitere Städte in Kärnten und Steiermark wirkte. Im Oktober setzten sich Pogrome, die wohl erst nachträglich so »gerechtfertigt« wurden, von Deggendorf aus in etwa zwanzig bayerischen Orten fort. Ebenfalls derart begründete Judenverfolgungen traten auch in der zweiten Hälfte des 14. Jahrhunderts – beispielsweise 1370 in Brüssel und 1389 in Prag – und im 15. Jahrhundert auf. In den Jahren 1420/21 begründeten dieselben Vorwürfe schwere Pogrome in Enns, die auch den Anstoß für die Vertreibungen der Juden aus Österreich gaben. Es folgten weitere derartige Pogrome 1453 in Breslau, 1478 in Passau und 1510 in der Mark Brandenburg. Im Unterschied zu den Ritualmordlegenden verlor der angebliche Hostienfrevel als Vorwurf gegen die Juden danach an Bedeutung, was wohl auch auf die Reformation zurückzuführen ist.
Beide extrem antijüdischen Motive waren also nicht spezifisch »deutsch«, und die Ritualmordlegenden waren nicht typisch spätmittelalterlich. Insgesamt bildeten die Beschuldigungen wegen angeblichen Ritualmords und Hostienfrevels gleichsam nur die Spitze des Eisbergs von Einstellungen und Verhaltensformen von Christen gegenüber den Juden in der »longue durée«. Gerade wegen ihrer Gewöhnlichkeit spiegeln sich diese weniger spektakulären, aber dennoch für das Leben der Juden überaus gravierenden Gegebenheiten nur sehr vereinzelt in den Quellen wider. Dazu gehören die vielen antijüdischen Handlungen, die sich an der kirchlichen Liturgie orientierten oder sich doch damit rechtfertigten. So mußten beispielsweise die Juden im südfranzösischen Arles nach einer Quelle aus dem Jahre 1178 jeweils am Karfreitag mit hundert Eseln Steine für eine Brücke herbeischaffen. Diese diffamierende Pflicht wurde damals unter dem Einfluß des Erzbischofs und wohl auch Kaiser Friedrich Barbarossas gemildert. Ebenso sollte nach derselben Quelle eine weitere antijüdische »mos« unterbunden werden. Sie bestand in einer »infestatio«, also Anfeindung, der Juden durch Jugendliche und andere Bewohner derselben Stadt im Judenviertel am Karfreitag. Es bedarf keiner allzu großen Phantasie, um diese gewohnheitsmäßige, weiter jedoch nicht spezifizierte »infestatio« mit einem Brauch in Verbindung zu bringen, der bis zum Jahre 1515 in der kleinen fränkischen Stadt Hof bestand. Dort forderten nämlich die Bürgersöhne jeweils am Karfreitag von den Hofer Juden zur Strafe dafür, daß »ihre Voreltern unseren Herrn Jesum unschuldig ermordet« hätten, eine Geldsumme, die die Jugendlichen und offenbar auch andere am Osterfest in den Wirtshäusern verzechten. Da die Hofer Juden sich dieser Forderung im Jahre 1515 widersetzten, fielen einige von ihnen am folgenden Ostersonntag einem Pogrom zum Opfer.
Die enorme Bedeutung solcher und anderer judenfeindlicher Riten und

Gewohnheiten war offenbar keineswegs auf die Passionszeit und die Ostertage begrenzt, wenn sie darin oft auch eine Zuspitzung fanden. So ist es wohl auch keineswegs zufällig, daß der erste Pogrom auf dem europäischen Kontinent zur Zeit des Schwarzen Todes am Palmsonntag des Jahres 1348 – nämlich im südfranzösischen Toulon – stattfand und damit an einem Tag, an dem traditionsgemäß eine große Prozession durchgeführt und liturgiegemäß die Leidensgeschichte vorgetragen wurde. Bis jetzt sind eben solche Gewohnheiten viel zuwenig erforscht oder doch für die Geschichte der Juden beachtet worden. Dies ist um so bedauerlicher, als solche Gewohnheiten oft mindestens bis zum Zweiten Vatikanischen Konzil – also bis in die Generation nach der Shoah – in der katholischen Kirche weithin unangefochten fortlebten und nicht selten auch amtskirchlichen Verboten widerstanden. Dafür muß an so ausgeprägte, freilich keineswegs stets gleichartig wirksame antijüdische Kulte wie jene in Oberwesel, in Deggendorf, aber auch in Lauda, Pulkau und Wolfsberg (Lavanttal, Kärnten) erinnert werden. Solche im späten Mittelalter gründenden antijüdischen Kulte erhielten vielfach erst in den neuzeitlichen Jahrhunderten eine größere Popularität. Bezeichnenderweise wurde die Legende über den Ritualmord an dem Anderl von Rinn erst in der Mitte des 17. Jahrhunderts erfunden und dabei auf das Jahr 1462 datiert; erst im Jahre 1750 wurde das Seligsprechungsverfahren dieses angeblichen Märtyrers eingeleitet und drei Jahre später von der Ritenkongregation mit Geltung für die Diözese Brixen abgeschlossen, und noch 1989 fanden sich mehrere hundert Personen ein, um gegen die Beseitigung dieses antijüdischen Kults durch den Bischof von Brixen zu protestieren.

III.

Vor dem Hintergrund dieser über unsere Zeitspanne und unseren Raum hinausweisenden Rahmenbedingungen und Auswirkungen seien einige Faktoren aufgezeigt, die für die jüdische Existenz im späten Mittelalter und in Deutschland spezifisch sind.

Für das tägliche Leben der Juden war ihr Dasein inmitten städtischer Siedlungen von fundamentaler Bedeutung. So war schon die Anzahl und die Qualität ihrer Niederlassungsorte ein Spiegelbild der urbanen Expansion, die in den westlichen und südlichen deutschen Landen verstärkt seit dem 11. Jahrhundert einsetzte, seit der Mitte des 12. Jahrhunderts auch in den östlichen Neusiedellanden begann und insgesamt um die Mitte des 14. Jahrhunderts – im Vorfeld und als Folge des Schwarzen Todes – zu Ende ging. Die Urbanisierung äußerte sich quantitativ in dem enormen Anstieg städtischer Siedlungen: von höchstens fünfhundert um die Mitte des 12. Jahrhunderts auf etwa eintausendfünfhundert um die Mitte des

13. Jahrhunderts. In den anschließenden hundert Jahren erfolgte nochmals eine Vermehrung um mehr als das Doppelte auf etwa dreitausendfünfhundert im Deutschen Reich. Gleichzeitig wuchsen in den weitaus meisten Städten die Einwohnerzahl, die Siedlungsfläche und die Bevölkerungsdichte. Vor allem in den größeren Städten erfolgte bei steigender politischer Verselbständigung nach innen und außen eine zunehmende berufliche Spezialisierung und soziale Differenzierung. Für die religiöse Minderheit der Juden war mindestens ebenso folgenreich, daß dieser wirtschaftliche, soziale und politische Aufstieg der Städte mit einer Ausbreitung und Verfestigung der innerchristlichen, exklusiven Organisationsformen in Bruderschaften und Zünften eng verknüpft war. Daraus ergaben sich nicht zuletzt weitere Antriebe für die Verdrängung der Juden aus Handel und Gewerbe und ihre fortschreitende Festlegung auf die offiziell als unchristlich angesehene Geldleihe gegen Zins, die dennoch weiterhin auch von Christen getätigt wurde.

Doch bleiben wir zunächst bei den eher quantitativen Befunden der Urbanisierung in Deutschland und halten fest, daß fast neun Zehntel der um die Mitte des 14. Jahrhunderts bestehenden deutschen Städte bei einer ummauerten Siedlungsfläche von höchstens dreißig Hektar weniger als viertausend Einwohner besaßen. Etwa zwei Drittel von ihnen – also mehr als zweieinhalbtausend Städte – hatten weniger als zweitausend Einwohner bei höchstens fünfzehn Hektar ummauerter Siedlungsfläche bis hin zu Kleinststädten mit fließenden Übergängen zu dörflichen Siedlungen. Festzuhalten ist ebenfalls, daß die urbane Verdichtung in den westlichen und südlichen Landschaften Deutschlands an Rhein, Maas, Mosel, Main, Neckar und Donau konzentriert war. In diesen deutschen Altsiedellanden äußerte sich die urbane Wachstumsgrenze seit dem ausgehenden 13. Jahrhundert in einem steigenden Anteil von Klein- und Kleinststädten.

Eben in diesen deutschen Altsiedellanden – insbesondere am Mittelrhein, in Franken, in den westlichen Teilen Thüringens, in Schwaben und im Elsaß – konzentrierte sich auch die Masse der jüdischen Niederlassungen in Deutschland. Ihre Zahl stieg seit der Mitte des 12. Jahrhunderts von etwa fünfzig in den folgenden zweihundert Jahren auf etwa eintausend – also um das Zwanzigfache – an. In weiten Gebieten dieser Altsiedellande befanden sich um die Wende zum 14. Jahrhundert – wenn auch des öfteren nur für kurze Zeit – Juden fast in jeder Stadt und auch noch in einigen Dörfern. In diesen oft stark agrarwirtschaftlich geprägten Orten war der wirtschaftliche Handlungsspielraum der dort ansässigen Juden in den weitaus meisten Fällen gering. Um so mehr waren die Juden in ihrer Mehrzahl auf kleine Geldgeschäfte auch mit ärmeren Teilen der städtischen Bevölkerung und nicht zuletzt mit den bäuerlichen und niederadligen Bewohnern des Umlandes angewiesen. Sofern in den Kleinstädten überhaupt eine Judengemeinde bestand, war deren Mitgliederzahl gering. Um so direkter waren die dort ansässigen Juden auf den Schutz durch die Stadtherren und die christlichen Stadtgemeinden angewiesen. Ebendieselben Altsiedellande waren in herrschaftlicher Hinsicht von der staufischen Reichsherrschaft bestimmt, die hier ihre Schwerpunkte besessen hatte. Mit dem Ende der Staufer und der anhaltenden Schwäche des nachstaufischen Königtums hatte sich in diesen alten Reichslanden ein kleingliedriges, höchst vielfältiges Herrschaftsgefüge erhalten und verfestigt, dessen überlokale und überregionale Komponenten infolge der Reichsgeschichte verkümmerten und nur in günstigen Situationen für kurze Zeit unter Einbeziehung möglichst vieler lokaler Kräfte aktiviert werden konnten.

Diese spezifischen Bedingungen bieten auch eine Erklärung, weshalb in denselben Altsiedellandschaften mit besonders hohen Anteilen kleiner jüdischer Niederlassungen vor der Mitte des 14. Jahrhunderts die meisten und schwersten Judenverfolgungen stattfanden. Dazu gehören die Pogrome um Werner von Oberwesel von 1287 bis 1289 und vor allem die ebenfalls schon erwähnten Rintfleischverfolgungen von 1298 wie auch die Armlederpogrome von 1336 bis 1338. Unter den aktiven Judenverfolgern dieser Pogrome hatten offenbar kleinere Adlige und Einwohner von ländlichen und kleinstädtischen Siedlungen einen sehr hohen Anteil. Zu diesen Antreibern gehörte auch der Ritter Wilhelm von Liebenstein. Er forderte im Sommer 1337 die Bürger von Koblenz auf, die Juden ihrer Stadt den Mördern auszuliefern, wie dies zuvor auch schon in mehreren kleineren Städten der Umgebung geschehen war. Mit der Tötung der Juden sollte – wie der Ritter argumentierte – verhindert werden, daß sie das Land täuschen, das Leiden, das Blut und das Erbe Christi vernichten, das heilige Volk (»plebem sanctam«) verschlingen wie ein Stück Brot und knurren wie die Hunde. Die Verteidiger der Juden setzte er den Häretikern und Sarazenen gleich. Tatsächlich kam es bald danach in dieser Stadt des Erzstifts Trier zu einem Pogrom, wobei Koblenz jedoch selbst unter den mittelgroßen Städten dieser Zeit eher eine Ausnahme darstellte. Die Pogrome des Jahres 1298, die erst nach dem Einschreiten des kurz zuvor gewählten und gekrönten Königs Albrecht I. eingedämmt werden konnten, hatten jedoch auch auf mehrere größere Städte Frankens übergegriffen. Allein die Pogrome in den Bischofsstädten Würzburg und Bamberg und in den Königsstädten Rothenburg, Nürnberg und Heilbronn wie auch in der zum Mainzer Erzstift gehörenden Stadt Tauberbischofsheim führten zur Ermordung von fast zweieinhalbtausend Juden. Ein beträchtlicher Teil der jüdischen Opfer hatte zuvor in den größeren Städten Zuflucht gesucht und war dort tatsächlich von nicht wenigen, freilich zu wenigen Christen geschützt worden. In der Abwehr der Judenverfolgung waren damals die großen Reichsstädte Augsburg und Regensburg wirklich erfolgreich.

Die erwähnten Pogromwellen des ausgehenden 13. und der dreißiger Jahre des 14. Jahrhunderts haben dazu geführt, daß danach offenbar in vielen Orten schon vor den großflächig wirksamen Pogromen zur Zeit des Schwarzen Todes keine Juden mehr gewohnt haben. Den Einschnitt vertieften noch die bisher schlimmsten Judenverfolgungen zwischen 1348 und 1350, von denen nur die Juden in wenigen großen Städten der Altsiedellande – wie Regensburg und Goslar – und weitgehend in den östlichen böhmischen und österreichischen Territorien verschont blieben. Nur offenbar in etwas mehr als der Hälfte jener Orte, in denen vor 1348 Juden nachzuweisen sind, wurden nach der Jahrhundertmitte wieder Juden ansässig: und zwar zumeist schon im Verlaufe des dritten Viertels des 14. Jahrhunderts. Wenn dennoch die Zahl jener Orte, in denen Juden zwischen 1350 und 1520 wenigstens zeitweise ansässig waren, jene vor 1348 sogar noch überschreitet, so ist dies allem Anschein nach teilweise auf eine größere Anzahl von jüdischen Niederlassungen in den östlichen Landschaften des Reichs zurückzuführen. In den westlichen Landschaften, wo nach der Mitte des 14. Jahrhunderts nur noch vereinzelt neue Städte entstanden, wurde diese Zahl hingegen durch Aufenthalte von Juden seit den ersten Jahrzehnten des 15. Jahrhunderts weit überwiegend in Dörfern und Märkten aufgefüllt. In diesen zumeist unbefestigten Siedlungen lebten in der Regel jeweils nur ganz wenige Juden, ohne zur Bildung einer örtlichen Gemeinde fähig zu sein. In mehreren Fällen befanden sich diese dörflichen Niederlassungsorte in der Nähe von Städten, aus denen die Juden zuvor vertrieben worden waren, unter der Herrschaft von Territorialherren, die oft genug mit den betreffenden Städten in Streit lagen. Auch sonst war diese ländliche Existenz der Juden das Ergebnis ihrer Vertreibungen vor allem aus den größeren Städten.

Aufgrund dieser seit dem ausgehenden 14. Jahrhundert einsetzenden Vertreibungen war der ständige Aufenthalt von Juden selbst in jenen Städten, in denen sie nach den Pogromen zur Zeit des Schwarzen Todes wieder aufgenommen worden waren, vielfach nur auf einige Jahrzehnte beschränkt. Die Unstetigkeit und Unsicherheit jüdischen Lebens in diesen Städten wurde rechtlich noch dadurch verschärft, daß den Juden nach der Wiederansiedlung – im Gegensatz zu der Zeit vor 1348 – oft nur ein befristetes Wohnrecht zugestanden wurde. Es wurde darüber hinaus vielfach nur einzelnen Juden und jüdischen Familien gewährt. Diese Unsicherheit steigerte sich im Verlaufe des 15. Jahrhunderts, als – wie beispielsweise in der ehemaligen Reichsstadt Eger – Vertreibungen und Wiederansiedlungen oft rasch aufeinander folgten. Ferner war selbst in den

meisten größeren Städten nach der Wiederansiedlung seit 1350 – zum Teil auch auf Betreiben der christlichen Stadtgemeinden – die Zahl der darin lebenden Juden weitaus geringer als vor der Mitte des 14. Jahrhunderts. Demgemäß waren die Voraussetzungen für ein intensives, nach innen und außen wirksames Gemeindeleben der Juden seit der zweiten Hälfte des 14. Jahrhunderts allgemein weitaus ungünstiger als zuvor. Dadurch wurde auch die Solidarität der Juden untereinander geschwächt.
Immerhin konnten die überlebenden Juden in fast allen Städten, in denen sie seit der Mitte des 14. Jahrhunderts wieder Aufnahme fanden, erneut – wenn auch in geringerer Zahl – in den zumeist zentral und günstig gelegenen Straßen und Vierteln wohnen, die vor den Pogromen den Juden zur Verfügung gestanden hatten. Auch wenn die neuangesiedelten Juden die Häuser und weiteren Gebäude, die ihren ermordeten Glaubensbrüdern früher gehört hatten, nun mieten oder käuflich erwerben mußten, wurde mit diesen Wohngebieten inmitten der Städte und der christlichen Bevölkerung doch noch ein wichtiges Kontinuitätselement gewahrt, das die bedeutende Rolle der Juden als Träger urbanen Lebens in Deutschland festhielt. Zu den wenigen Ausnahmen, in denen eine solche direkte Anknüpfung nicht mehr geschah, gehörte Nürnberg. Hier war das alte Wohngebiet der Juden seit 1349 in den städtischen Hauptmarkt umfunktioniert und ihre Synagoge – wie häufig auch anderwärts – in eine Marienkirche umgewandelt worden. Nunmehr wurde den schon sehr kurze Zeit nach dem Pogrom wiederzugelassenen Juden das Gelände ihres alten Friedhofs als Wohngebiet überlassen. Dieses auch von einigen Christen bewohnte Areal lag allerdings nicht weit von dem alten Judenviertel entfernt.
Von einer Ghettobildung kann man in deutschen Städten allem Anschein nach erst seit der Mitte des 15. Jahrhunderts sprechen, obwohl für solche wohnliche Abgrenzungen kirchliche Vorschriften schon seit dem 13. Jahrhundert erlassen und diese auf dem Basler Konzil nochmals eingeschärft worden waren. Das früheste, in dieser extremen Form im 15. Jahrhundert aber einzige Ghetto ließ die Reichsstadt Frankfurt seit 1462 gegen den Willen der Juden an abgelegener Stelle hinter der alten staufischen Stadtmauer errichten. Zu den frühen Fällen gehörte auch die Reichsstadt Donauwörth. Dort zwang der Rat die Juden nach der Judenordnung von 1493, in der bezeichnenderweise auch vom »stinkenden Volk der Juden« die Rede ist, zur Umsiedlung aus dem großen, nahe dem Rathaus gelegenen »Judenhaus« in eine sehr ungünstig gelegene Straße an der nördlichen Stadtmauer. Insgesamt sind derartige bauliche Absonderungen der Juden in Randlagen in oder auch vor den Städten eher typisch neuzeitlich. So wohnten auch die Juden zu Hildesheim nach ihrer Wiederansiedlung seit den zwanziger Jahren des 16. Jahrhunderts nicht mehr – wie in den

mittelalterlichen Jahrhunderten – in unmittelbarer Nähe zum Markt und zum Stadtzentrum, wenn auch die Bischofsstadt die »Judenstraße« 1411 mit Ketten, seit 1452 durch eine Mauer mit eingelassenem Tor zum Markt hin abgeschlossen hatte. Vielmehr wurden sie nun an der Peripherie auf einem ehemaligen Müllabladeplatz – dem »Lappenberg« – angesiedelt.

Die Verdrängung aus den größeren Städten bedeutete für die Juden, daß sie von den wirtschaftlich produktivsten Zentren des ausgehenden Mittelalters abgeschnitten wurden. Denn nur die größeren urbanen Mittelpunkte waren in der Lage, sich den neuen wirtschaftlichen Rahmenbedingungen, wie sie sich seit der Mitte des 14. Jahrhunderts nicht nur in dem starken Bevölkerungsrückgang verfestigt hatten, durch den Auf- und Ausbau eines marktorientierten, kapitalintensiven und spezialisierten Gewerbes anzupassen. Dieser tiefgreifende wirtschaftliche Wandel führte eben in solchen Städten – wie Köln, Nürnberg, Augsburg, Straßburg und Breslau – und ferner auch in Städtelandschaften mit einem ausgeprägten Exportgewerbe (wie dem oberschwäbisch-ostschweizerischen Leinenrevier) bei starkem Vordringen des Verlagssystems, von Handelsgesellschaften und Kartellen zu einer Ausweitung der wirtschaftlich abhängigen Gewerbetreibenden und insgesamt der Unterschichten. Daraus ergab sich im Verlaufe des 15. Jahrhunderts eine stärkere Konfrontation zwischen den Handwerkermeistern und den Gesellen. Letztere organisierten sich seit derselben Zeit lokal und auch teilweise regional in eigenen Bruderschaften, die relativ leicht für Gewaltaktionen mobilisierbar waren. Im Verlaufe des späteren 15. Jahrhunderts scheinen derartige wirtschaftlich-soziale Antagonismen auch eine größere Rolle bei städtischen Unruhen gespielt zu haben. Diese häuften sich an der Wende zum 16. Jahrhundert auch in vielen kleineren Städten – zu einer Zeit, in der ebenfalls die bäuerlichen Revolten stark zunahmen.

Bekanntlich war die bäuerliche Bevölkerung am stärksten von den negativen wirtschaftlichen Faktoren seit der Mitte des 14. Jahrhunderts betroffen. Dies ist an der starken Abnahme der Bewohnerzahl ländlicher und insgesamt primär agrarwirtschaftlich geprägter Siedlungen und an der enormen Ausweitung der Ortswüstungen abzulesen. Der negative Trend machte sich für die bäuerliche Bevölkerung abseits der großen Städte besonders empfindlich in dem langfristig erheblichen Rückgang der Getreidepreise bemerkbar. Doch waren die Bauernunruhen, die sich in vielen Landschaften im Westen Deutschlands seit dem ausgehenden 14. Jahrhundert ausbreiteten, keineswegs nur wirtschaftlich motiviert, sondern ebenfalls herrschaftlich und religiös. In ihnen artikulierte sich nicht zuletzt ein stärkeres Selbstbewußtsein der christlichen Dorf- und Landgemeinden. Darin äußerten sich schon früh – wie beispielsweise

1431/32 im Umland von Worms, dort offenbar vermischt mit hussitischen Tendenzen – auch antijüdische Einstellungen. Diese scheinen seit den Bundschuh-Aufständen des ausgehenden 15. Jahrhunderts noch massiver geworden zu sein. Ihnen waren die nun zunehmend auf ländliche Siedlungen beschränkten Juden noch schutzloser ausgeliefert als Konflikten und Unruhen in den größeren Städten. Dies gilt auch für die zahlreichen gewalttätigen Austragungen von Rechtsstreitigkeiten in der Form der Fehde. Sie zielten in erster Linie auf eine Schädigung der Untertanen des jeweiligen Gegners. Dafür waren die Bauern und noch mehr die Juden die bequemsten Opfer.

IV.

Die starke Abhängigkeit der Juden von den lokalen und regionalen Kräften war im spätmittelalterlichen Deutschland im wesentlichen eine Folge der spezifischen Herrschaftsverhältnisse, womit also die politisch-herrschaftlichen und sozialen Faktoren angesprochen werden. Die schon in hochmittelalterlicher Zeit gründenden Hindernisse für die Reichsherrschaft, eine Monarchie nach westeuropäischen oder auch normannisch-sizilischen Vorbildern zu entwickeln, erhöhten sich bekanntlich in den späteren Jahrhunderten. Dementsprechend konnten die Könige und Kaiser auch den zuerst von Friedrich II. in einer bestimmten Situation formulierten grundsätzlichen Anspruch auf die Herrschaftsrechte über die damals als kaiserliche Kammerknechte bezeichneten Juden nur in einem sehr beschränkten Umfang und insgesamt geringer werdenden Maße realisieren: und dies schon im 12. Jahrhundert, als etwa die englischen und französischen Könige ihre Rechte über die Juden intensiver und rücksichtsloser wahrnahmen.

Wie vielfach schon in den vorhergehenden Jahrhunderten unterstanden die Juden in den deutschen Landen seit dem weiteren 13. Jahrhundert zumindest außerhalb der engeren staufischen Reichslande faktisch weitgehend den bischöflichen und anderen Territorialherren. In diesen staufischen Reichslanden – den, wie schon mehrfach hervorgehoben, Verdichtungszonen jüdischer Ansiedlungen – gingen die nachstaufischen Könige verstärkt seit der Wende zum 14. Jahrhundert dazu über, ihre Nutzungsrechte über die Juden an geistliche und weltliche Herren zu verpfänden oder unter anderen Rechtstiteln zu veräußern, ohne dafür finanzielle oder andere konkrete Gegenleistungen zu erhalten. Da diese Entfremdung also die finanzielle Lage der Könige und Kaiser nicht verbesserte und deren Finanzbedarf sich vor allem in den zahlreichen Krisensituationen ins geradezu Unermeßliche steigerte, weiteten sie ihre Rechtsansprüche um so exzessiver aus. Dazu gehörte auch der Schuldenerlaß für Christen bei Juden. Als 1343 die Kanzlei Ludwigs des Bayern die Tilgung solcher Schulden zugunsten des Nürnberger Burggrafen verfügte, dehnte sie den Rechtstitel über die jüdischen Kammerknechte bis zur totalen Verfügungsgewalt über deren Leib und Gut aus, was entschieden der tatsächlichen Gewalt nicht nur dieses Kaisers widersprach. Ebenso charakteristisch ist die genau ein Jahr zuvor erlassene Verfügung desselben höchstumstrittenen Kaisers, der gegen die vorhergehenden Armleder-Pogrome nur wenig ausgerichtet hatte. Darin verlangte er von allen Juden im Reich, die mindestens zwölf Jahre alt waren und ein Vermögen von mehr als zwanzig Gulden besaßen, jährlich einen Gulden als Leibzins. Diese neue, zusätzliche Vermögenssteuer sollte vorgeblich zur Abdekkung der Unkosten des Kaisers beitragen und ihm einen wirksameren Schutz der Juden ermöglichen.

Noch schlimmer wirkten sich derartige Verhaltensweisen der Könige und Kaiser während und seit den schlimmen Pogromen um die Mitte des 14. Jahrhunderts aus. Dafür sei aufmerksam gemacht auf das habsüchtige Zusammenspiel von König Wenzel, dem ohnmächtigen Sohn Karls IV., und einer Vielzahl deutscher Städte, die sich keineswegs auf die Mitglieder der schwäbisch-rheinischen Städtebünde beschränkte, und an die anschließenden Aktionen deutscher Fürsten bei den gewalttätigen Schuldentilgungen seit 1385 und 1390. Wenzel und seine Nachfolger, die allesamt die Juden nicht wirksam schützen konnten und nur noch über sehr geringe »normale« Einkünfte von den Juden verfügten, erweiterten nicht zuletzt deswegen ihre Forderungen gegenüber den Juden mit neuen finanziellen Belastungen: so für die Krönungen, die Hussitenkriege und sogar die Konzilien von Konstanz und Basel.

Wenn auch nicht allein dadurch bedingt, so doch auch unter dem Einfluß der ausbeuterischen Politik der tatsächlich zum Schutz der Juden in den Kernlanden des Reiches unfähigen Könige und Kaiser schritt die unmenschliche Herabwürdigung der Juden zu bloßen Finanzobjekten fort und entfernte sich immer weiter von den Motiven und Verhaltensweisen des staufischen Kaisers Friedrich II., als er 1236 im Zusammenhang mit seinem erwähnten Freispruch der Juden von der Ritualmordanklage erstmals die Kammerknechtschaft der Juden formulierte. Diese schwerwiegende Veränderung brachte der hohenzollersche Markgraf Albrecht Achilles im Jahre 1464 – in extremer Sprache – zum Ausdruck, als er im vordergründigen eigenen Interesse die angeblichen Rechte des Königs anläßlich der Krönung so umschrieb: »es sey kundig im reich: so ein romischer konig wurdt erkoren und so er zu keyserlich wirde kompt und gekront wirdt, das er die Juden alle mag brennen nach altem herkommen oder gnad beweysen, den dritten pfennig ihres guts zu nehmen, damit si ir leben retten.«

Die immer wieder erweiterten Ansprüche der Kaiser trugen zu allgemeinen Verschlechterungen der Rechtsstellung der Juden und zu ihrer weiteren Verunsicherung auch dort bei, wo sie längst den diversen Landesherren unterstanden. Doch war auch ein großer Teil dieser Landesherren zu Zeiten verbreiteter antijüdischer Stimmungen oder gar anderwärts bereits wütender Pogrome kaum in der Lage, die ihnen unterstehenden Juden in diesen akuten Gefahren zu bewahren. Wie schon vereinzelt zuvor, überließen seit dem ausgehenden 13. Jahrhundert Könige wie auch Landesherren in solchen Zeiten auch christlichen Stadtgemeinden zusätzlich Nutzungsrechte an den dort ansässigen Juden. Selbst der luxemburgische Erzbischof Balduin von Trier – wohl der einflußreichste deutsche Fürst der ersten Hälfte des 14. Jahrhunderts – fürchtete sich, wie glaubhaft überliefert ist, zur Zeit der Armlederpogrome vor den Judenschlägern. So war es durchaus symptomatisch für die Macht vieler anderer Landesherren, daß derselbe Erzbischof im Mai 1338 der Trierer Stadtgemeinde vertraglich eine jährliche Schutzsteuer, die die dort ansässige jüdische Gemeinde zusätzlich aufzubringen hatte, zusicherte, wunschgemäß die Zahl der dortigen jüdischen Familien auf fünfzig beschränkte und den Trierer Bürgern zudem eine Reduzierung ihrer aufgelaufenen Schuldzinsen bei den Juden in Aussicht stellte.

Aus derartigen höheren Belastungen ergaben sich für die Juden größere Zwänge, bei ihren Geldgeschäften höhere Zinsen zu fordern, wodurch sich die Aggressionen gegen sie noch steigerten. Bei größeren Geldgeschäften mit Christen innerhalb und vor allem außerhalb der Städte waren die Juden zunehmend auf einen Rückhalt bei mächtigeren Landesherren angewiesen. Die Juden wurden damit zugleich zum Angriffsobjekt der Gegner dieser Landesherren. Eine wohl besonders weitgehende Kooperation mit »seinen« Juden betrieb der eben erwähnte Erzbischof Balduin von Trier offenbar zu seinem großen Vorteil, den er in seiner erfolgreichen Finanz- und Territorialpolitik und auch in seiner Reichspolitik bis hin zur Durchsetzung seines Großneffen Karl zum römischen König nutzte. Die Juden gerieten dabei in eine starke Abhängigkeit vom Erzbischof, der die reichsten unter ihnen geradezu als finanzpolitische Agenten nutzte und sie auch für die effektive, keineswegs beliebte Ausnutzung seiner umfangreichen Zollrechte einsetzte. Wie auch in anderen Fällen wurden die Trierer Juden damit zugleich zum Angriffsobjekt der Gegner des erzbischöflichen Territorialherren.

Ein latenter Konflikt bestand auch zwischen den jeweiligen Territorialherren und jenen Städten, die sich in einem Abhängigkeitsverhältnis zu ihnen befanden oder die in eine größere Abhängigkeit von ihnen zu geraten drohten. In diese Konflikte konnten auch die Verfügungsrechte über die inmitten der Städte lebenden Juden einbezogen werden. Derartige

Auseinandersetzungen verbanden sich zunehmend seit dem ausgehenden 13. Jahrhundert mit Konflikten zwischen den verschiedenen städtischen Gruppen um den Anteil an der politischen Führung in den Stadtgemeinden.

Diese politischen und sozialen Konflikteebenen haben das Leben der Juden im spätmittelalterlichen Deutschland wesentlich, wenn nicht entscheidend beeinflußt. Sie wirkten sich nicht zuletzt auf die Motivation und den Verlauf von Pogromen, später auch der Vertreibungen aus. Vor allem in den alten Reichslanden spitzten sie sich bei akuten politischen Krisen und in Zeiten von Thronkämpfen zu. Während Thronkämpfen begannen die Rintfleischverfolgungen von 1298 und ebenso die noch schlimmeren Pogrome zur Zeit des Schwarzen Todes. Die ohnehin schon zuvor oft umstrittenen Schutz- und Abhängigkeitsverhältnisse der Juden gerieten mit dem wittelsbachisch-luxemburgischen Thronstreit vor allem in den Jahren 1348 und 1349 in das Zentrum der politischen Auseinandersetzungen zu einer Zeit, in der diese religiöse Minderheit aufgrund der weitverbreiteten und von interessierten Individuen und Gruppen leicht instrumentalisierbaren Angst vor der »allerschlimmsten, bisher unerhörten Pest« ohnehin auf das Äußerste gefährdet war. Diese Rahmenbedingungen wurden durch das unverantwortliche Handeln vor allem des luxemburgischen Königs, vieler Landesherren – in besonders abscheulicher Weise des wettinischen Landgrafen von Thüringen und Markgrafen von Meißen – und anderer weltlicher und geistlicher Herren und führender städtischer Bürger verschlimmert. Sie alle nahmen für vordergründige wirtschaftliche und politische Vorteile die Plünderung und Ermordung der Juden in Kauf, initiierten sie selbst oder ließen sie durchführen. Andere – wie beispielsweise der wittelsbachische Pfalzgraf bei Rhein oder der Erzbischof von Magdeburg, mehrere Adlige und die führenden Bürger von Regensburg – traten hingegen erfolgreich für die Juden ein. Dabei waren sie durchaus auch auf die Wahrnehmung ihrer eigenen Vorteile bedacht.

Die Wiederansiedlung von Juden in Städten und Territorien, in denen zuvor ein großer Teil der Juden Pogromen zum Opfer gefallen war, nach der Mitte des 14. Jahrhunderts zeigt zur Genüge, daß die jeweiligen Herren und Stadtgemeinden von der Tätigkeit und nicht zuletzt von den nutzbaren Rechten über die Juden weiterhin auch in politischer Hinsicht Vorteile erwarteten. Mehr noch als zuvor strebten die Territorialherren und Städte seit dieser Zeit eine Monopolstellung über die Juden an, indem sie jeweils ihre Rechte gegenüber den konkurrierenden Gewalten zu festigen und auszubauen trachteten. Einige Territorialherren – wie zum Beispiel die Erzbischöfe von Trier – bedienten sich dabei auch gegenüber den Juden Rechtstiteln, wie sie sie damals gegenüber der bäuerlichen Bevölkerung durch Anknüpfung an leibrechtliche Abhängigkeiten durchzusetzen versuchten. In solchen Konkurrenzsituationen wurde auch der Handlungsspielraum der jüdischen Ortsgemeinden, soweit sich diese überhaupt wieder hatten bilden können, eingeengt.

Diesem verstärkten Druck war der Großteil der Juden nach der Mitte des 14. Jahrhunderts um so weniger gewachsen, als die vorhergehenden und auch in der Folgezeit des öfteren wieder auftretenden Verfolgungen, die weiteren Ausplünderungen, Tilgungen ihrer Guthaben und ihre insgesamt enorm gestiegenen steuerlichen und übrigen Belastungen ihre Vermögenssubstanz – und damit ihre primäre wirtschaftliche Handlungsfähigkeit – entscheidend geschwächt hatten und schwächten. Seit dem ausgehenden 14. Jahrhundert waren nur noch ganz wenige Juden in der Lage, bei größeren Geldgeschäften mit christlichen Finanziers zu konkurrieren. Die Einengung ihrer wirtschaftlichen Existenzbasis auf Pfandleihegeschäfte mit Angehörigen ärmerer ländlicher und städtischer Bevölkerungskreise, die von dem Geldgeschäft mit den Juden eine kurzfristige Lösung ihrer oft dauerhaften Notlage erwarteten, rückte die Juden zusätzlich in das Zentrum von sozialen Konflikten. Da diese – wie erwähnt – im 15. Jahrhundert nicht nur in den Exportgewerbestädten an Schärfe zunahmen, fand die sich an den Juden entzündende Kritik eine um so breitere Resonanz. Sie richtete sich auch gegen die Landesherren und Städte, soweit sie die Hauptnutznießer der Juden waren.

Soweit die bisherige, freilich in dieser Hinsicht besonders unbefriedigende Forschung erkennen läßt, waren die Fürsten und Stadträte um so eher zur Vertreibung der Juden bereit, wenn diese in der Mehrzahl verarmt und darüber hinaus die Verfügungsrechte über sie Ansatzpunkte für Eingriffe anderer Mächte und Anlaß zu weiteren Auseinandersetzungen boten. Bei den Städten war die Tendenz zur Vertreibung der Juden besonders stark, wenn – wie es oft geschah – Konflikte innerhalb der eigenen Gemeinde sich mit Angriffen von außen, insbesondere von Fürsten, verbanden. Vertreibungen aus dem Territorium erfolgten oft bei Regierungswechsel von geistlichen und weltlichen Fürsten. Bei solchen Gelegenheiten waren die Nachfolger besonders stark auf die Zustimmung und Hilfe der zum Lande gehörigen geistlichen und weltlichen Herren und auch der Stadtgemeinden angewiesen. Derart konnten diese Kräfte, die vielfach vor allem seit dem 15. Jahrhundert als Landstände eine festere Gestalt gewannen, um so leichter auch die Vertreibung der landesherrlichen Juden durchsetzen. Bei einer tatsächlichen oder vermeintlichen Veränderung der politischen Verhältnisse konnte der Vertreibung vornehmlich auf Drängen von Fürsten relativ rasch eine Wiederzulassung folgen. Bei Wiederansiedlungen hatten die Landesherren, die seit der Mitte des 15. Jahrhunderts eine zunehmende Zahl von Städten ihren nun

stärker organisatorisch gefestigten Staaten unterordneten, ihre frühesten und leichtesten Erfolge in den von ihnen am stärksten abhängigen Dörfern, Märkten oder auch kleineren Städten.
Wie die vielfach unter Wahrung der formalen Rechtsformen durchgeführten Vertreibungen ein Produkt der herrschaftlichen Verfestigungen waren und insofern für die Zeit seit dem ausgehenden 14. Jahrhundert symptomatisch sind, so äußerte sich die damit verbundene Ausbildung von Obrigkeitsformen auch in einer stärkeren Reglementierung des täglichen Lebens. Dafür waren die Kleiderordnungen, die in deutschen Städten seit der Mitte des 14. Jahrhunderts üblich wurden, nur eine Äußerungsform für die nun erst stärker auf breiter Front wirksame soziale Absonderung. Davon war die jüdische Minderheit weit mehr betroffen als die christlichen Randgruppen – wie Bettler und Dirnen und die Angehörigen anderer »unehrlicher« Berufe. Im Unterschied zum englischen Königreich, den meisten Territorien auf der iberischen Halbinsel und auch dem Königreich Frankreich wurde die bereits auf dem Vierten Laterankonzil von 1215 verlangte besondere Kennzeichnung von Juden – und übrigens auch Sarazenen – in Deutschland nach vereinzelten früheren Ansätzen erst etwa seit dem Konzil von Basel in scharf diskriminierender Absicht gefordert und immer mehr durchgesetzt. Relativ früh geschah dies zum Beispiel in der Stadt Augsburg auf Veranlassung der christlichen Stadtgemeinde im Jahre 1434, indem den Juden das Tragen eines gelben Rings auf ihren Kleidern – angeblich zur besseren Unterscheidung von Priestern – befohlen wurde. Nur vier Jahre später beschloß dieselbe Reichsstadt die Ausweisung der Juden. In Donauwörth schrieb die etwa 1493 erlassene städtische Judenordnung den Juden das Tragen einer Kappe und eines gelben Rings auf ihrem Mantel vor. An dieser verschärften Stigmatisierung der Juden hatten eifernde Propagatoren der Kirchenreform – wie der päpstliche Legat Nikolaus von Cues und sein noch schlimmerer franziskanischer Zeitgenosse Johannes von Capestrano – in den ersten Jahren der zweiten Hälfte des 15. Jahrhunderts einen hohen Anteil.

V.

Damit sind erneut die kirchlichen und christlich-religiösen Rahmenbedingungen angesprochen, auf die nun noch etwas genauer einzugehen ist. Die seit der zweiten Hälfte des 15. Jahrhunderts in Deutschland vor allem in den Altsiedellanden zunehmend erfolgreichen Versuche von geistlicher Seite, die Juden durch besondere Abzeichen – wie den gelben Ring für die Männer und den blauen Streifen für die Frauen – zu stigmatisieren und so den Kontakt mit den Christen zu erschweren, gingen nicht nur hier mit dem verstärkten Kampf gegen den nun als Todsünde verdammten

Wucher einher. Dieser Kampf richtete sich zwar auch gegen christliche Wucherer, doch waren die Juden das primäre Angriffsziel. Gegen sie waren die Emotionen gerade bei der breiteren Bevölkerung am leichtesten zu mobilisieren – und dies um so leichter, als vor allem seit dem 15. Jahrhundert sich die Verehrung der Leiden Christi nochmals steigerte und diese Passion auch in Spielen mehr als zuvor mit antijüdischen Akzenten drastisch in Szene gesetzt wurde.

Eine stärkere Mobilisierung der Massen für eine Besserung der offenkundigen religiösen und kirchlichen Mißstände bot sich nach dem Scheitern der Reform von oben als Ausweg an. Dafür setzte der franziskanische Inquisitor und Volksprediger Johannes von Capistrano in Deutschland im Zusammenhang und auch noch nach der Rundreise des päpstlichen Legaten Nikolaus von Cues seit 1451 ein für die Juden in Deutschland verhängnisvolles Fanal. So löste dieser schon zuvor besonders in Süditalien als Judenfeind hervorgetretene Franziskaner mit seiner monatelangen Predigttätigkeit gegen die Hussiten – also die Ketzer – und gegen die Juden in Breslau im Jahre 1453 den Vorwurf der Hostienschändung aus und initiierte einen schlimmen Pogrom, der vom Breslauer Rat gerichtlich formalisiert und exekutiert wurde. Allem Anschein nach machte Johann von Capistrano in den Jahren 1451 und 1452, als er seine haßerfüllten Predigten vor den herbeigezwungenen Juden in Regensburg und Nürnberg hielt, auch die Zwangspredigten gegen die Juden in Deutschland heimisch, wie sie nochmals auf dem Basler Konzil im Jahre 1434 gutgeheißen worden waren. Volkspredigten von Angehörigen der Bettelorden – insbesondere der Franziskaner –, aber auch von anderen Geistlichen wie Dompredigern, waren – so scheint es – seit dem 15. Jahrhundert die fürchterlichsten »Transporteure« antijüdischer Stimmungen. Die Juden wurden dabei immer mehr den Ketzern und schließlich auch den Hexen angeglichen, was auch im »Hexensabbat« Ausdruck fand.

Die antijüdische Agitation fand nun auch mit Hilfe der Druckkunst in Flugblättern eine massenhafte Verbreitung. Eine solche Breitenwirkung erzielten nun ebenfalls öffentliche Spiele wie Fastnachts-, Passions- und Fronleichnamsspiele. Die grausige Verrohung äußerte sich seit dem endenden 15. Jahrhundert vermehrt in der Ausgestaltung des Judeneides und in dem Motiv der Judensau, das ansatzweise bis ins 9. Jahrhundert zurückgeht, nun aber am widerlichsten dargestellt wurde.

Die Verbreitung, Anhäufung und Zuspitzung antijüdischer Einstellungen und Verhaltensweisen, die in ihren einfachen Formen vielfach in viel frühere Zeiten zurückreichten, waren auch und nicht zuletzt eine Folge der Vulgarisierung religiöser Gehalte und liturgischer Handlungen. Sie war allgemein die Kehrseite der kirchlichen Bemühungen, breitere Bevölkerungskreise anzusprechen und enger an die Kirche zu binden. Dieses Be-

streben erreichte seit dem 13. Jahrhundert mit den Bettelorden, die besser als städtische Seelsorgeorden zu bezeichnen sind, eine neue Qualität. Die bis dahin tatsächlich seelsorgerisch stark vernachlässigten breiteren Bevölkerungskreise bestanden in Deutschland – im Unterschied zu vielen romanischen Städtelandschaften – überwiegend aus Analphabeten. Um so größere Bedeutung gewann hier die vergröbernde sprachliche, bildliche und auch spielerische Darstellung religiöser Inhalte in der Volksseelsorge innerhalb und außerhalb der Kirchen. Diese Arten der Seelsorge produzierten Schablonen und Stereotypen. Die Volksseelsorge begünstigte auch sonst die Integration und kirchliche Legitimierung von emotional wirksamen Elementen in der Reliquienverehrung, in Wallfahrten und Prozessionen und auch in den im Verlauf des 15. Jahrhunderts geradezu massenhaft sich ausbreitenden Bruderschaften. Alle diese Formen erfuhren offenbar seit der Wende zum 15. Jahrhundert eine kräftige Steigerung. Bezeichnend für das 15. Jahrhundert, aber keineswegs für das gesamte Mittelalter ist ein Relief in der Kathedrale von Freising. Es stellte einen auf einer Sau reitenden Juden dar und trug die Inschrift: »So wahr die Maus die Katz nit frißt, wird der Jud kein wahrer Christ.«
Diese nicht nur religionsgeschichtlich bedeutsamen Vorgänge wurden im spätmittelalterlichen Deutschland wiederum vom Wandel der Herrschaftsverhältnisse beeinflußt, was hier ebenfalls nur angedeutet werden kann. Eine kräftige Antriebsfeder bildete dabei die Durchsetzung von Obrigkeitsformen. Sie hatte zur Folge, daß Funktionen, die ursprünglich von der Amtskirche eigenständig wahrgenommen wurden, zunehmend von den mächtigeren Landesherren und den größeren unabhängigen Städten kontrolliert oder sogar – wie schon früh das Hospitalswesen – übernommen wurden. Die Versuche zur Durchsetzung von Obrigkeitsformen mobilisierten aber zugleich ständische und gemeindliche Gegenkräfte. Daraus ergab sich in den Städten, aber auch in ländlichen Siedlungen ein stärkeres Bewußtsein von den religiösen Grundlagen und Funktionen der christlichen Gemeinde. Dieses gewann im Vorfeld und während der Reformation eine weitere religiös-politische Dimension.
In diese Entwicklungsstränge ist aber auch schon das Verhalten der damals größten und mächtigsten deutschen Stadt in den Jahren 1423 und 1424 einzuordnen, als Bürgermeister und Rat von Köln die Juden gegen den Protest des Erzbischofs und König Siegmunds aus ihrer Stadt vertrieben. Damals wandelten sie auch die nahe dem städtischen Rathaus gelegene Synagoge – und dies ist in vielerlei Hinsicht symptomatisch – von sich aus in die Ratskapelle Sankt Maria in Jerusalem um. Bei ihrer Rechtfertigung einige Jahre später gegenüber König Siegmund beriefen sie sich darauf, in dieser Weise zu Ehren des allmächtigen Gottes und der Gottesmutter Maria gehandelt zu haben. Als eines ihrer Hauptargumente für ihr

eigenmächtiges Handeln stützten sie sich konkret auf den Status ihrer Stadt als »heilige Stadt«, die die Juden mit ihren unchristlichen Füßen nicht mehr betreten sollten. Die Auffassung Kölns als »civitas sancta« läßt sich bis ins 9. Jahrhundert zurückverfolgen und damit bis in die Zeit, seit der in Köln eine Judengemeinde nachzuweisen ist.

VI.

Seit dieser Zeit, seit den ersten Anfängen der deutschen Geschichte hatten sich im Laufe eines halben Jahrtausends nicht nur die Städte grundlegend verändert, sondern insgesamt die Beziehungen der Christen zu den Juden. Sie spiegelten auch die Werthaltungen und Lebensgestaltungen von Christen und Deutschen. Dazu gehören antijüdische Einstellungen, Verfolgungen, Pogrome und Vertreibungen, aber auch die Tatsache, daß Juden und Christen für Jahrhunderte einander so nahe waren. Auch dafür ist die jahrhundertewährende Nähe von Synagoge und Rathaus in Köln ein Zeichen, bevor die Synagoge in die Ratskapelle Sankt Maria in Jerusalem umgewandelt wurde.

Dieses Zeichen wurde erst gegen Ende des Mittelalters beseitigt. Das endende Mittelalter bot den Juden in den deutschen Landen insgesamt weitaus schlechtere Lebensbedingungen als in den vorhergehenden Jahrhunderten. Es beeinflußte auch in dieser Hinsicht die Neuzeit, in der sich Christen gegenüber den Juden nicht nur in Deutschland keineswegs besser verhielten. Auch und gerade nach den Erfahrungen des 20. Jahrhunderts besteht kein Grund, fortschrittsgläubig und selbstgefällig vom »finsteren« Mittelalter zu sprechen.

Rainer Walz

Lage und Selbstverständnis der deutschen Juden im 16. Jahrhundert

I.

Die vielleicht größte Katastrophe des europäischen Judentums vor dem Holocaust war die Vertreibung der Juden aus Spanien im Jahr 1492 mit den sich anschließenden schrecklichen Ereignissen in Portugal.[1] Sie bestimmte im 16. Jahrhundert das Selbstverständnis der Juden in vieler Hinsicht. Auch wenn im Heiligen Römischen Reich schon wegen der staatlichen Zersplitterung die Vertreibungen kein so gewaltiges Ausmaß annehmen konnten, wurden sie doch von den Juden ganz auf dem Hintergrund jenes Ereignisses interpretiert. Einen Zusammenhang zu sehen lag nahe, hatte das Exil in der jüdischen Geschichte doch immer nicht nur politische, sondern vor allem religiöse Bedeutung gehabt. Die Liste der Ausweisungen aus Städten und Territorien des Heiligen Römischen Reiches war von beträchtlicher Länge. Hier seien nur genannt diejenigen aus Nürnberg (1498), Nördlingen (1502), Regensburg (1519), Rothenburg (1520) und Brandenburg (1510). Um 1520 gab es bedeutende Judengemeinden nur noch in Worms, Mainz, Frankfurt und Friedberg.
Was waren die Gründe für diese sich um die Wende zum 16. Jahrhundert häufenden Ausbrüche von Judenhaß?

1. Die mittelalterlichen Ritualmord- und Hostienfrevelbeschimpfungen hatten keineswegs aufgehört. Der Fall des Simon von Trient (1475) löste 1476 die Ritualmordbeschuldigung in Regensburg aus, bei welcher nur das Eingreifen des Kaisers Friedrich III. die Juden rettete. Eine Hostienfrevelbeschuldigung führte 1510 zur Verbrennung von 38 Juden in Brandenburg und zur Ausweisung des Restes.[2] Die Fälle setzten sich im 16. Jahrhundert fort.[3] Der Klerus lenkte dabei manchmal – ein gutes Beispiel ist Regensburg – geschickt von seinen Konflikten mit der städtischen Bevölkerung ab, welche wenige Jahre später in die Forderung nach Vertreibung des Ordensklerus mündeten.[4] Die oft verhängnisvolle Rolle der lokalen Geistlichkeit bei diesen Vorgängen darf aber zu keinem Pauschalurteil führen, bekämpfte doch die römische Kirche im Mittelalter z. B. die Ritualmordbeschuldigungen energisch. Die Kirche stand immer zwischen der Beschuldigung der Juden als Christusmörder und der eschatologisch begründeten Toleranzpflicht: Erst nach der Bekehrung der Juden sollte die Endzeit kommen; bis

dahin waren sie in ihrer bedauernswerten Existenz lebende Zeugen für die Wahrheit des Christentums!

2. Es gab auch Schuldzuschreibungen völlig anderer Art. Besonders gefährlich war der Vorwurf der Brandstiftung. Für heutige Menschen ist es unvorstellbar, daß im Spätmittelalter ein Jude, dessen Haus in Brand geraten war, lebend hineingeworfen wurde. Diese Praxis wurde sogar ausgedehnt: Man warf sie auch in brennende Christenhäuser.[5] Die Beschuldigung, Feuersbrünste angelegt zu haben, war einer der Gründe für die Vertreibung aus Böhmen im Jahr 1542. Manchmal benützte man auch die Zaubereibeschuldigung, wenn es darum ging, Juden zu erledigen, so noch um 1573 im Fall des brandenburgischen Hofjuden Lippold. Auch Vergiftungsvorwürfe spielten eine Rolle. Selbst Luther hatte die Juden am Ende seines Lebens wegen seiner Krankheit in Verdacht.[6]
3. Mit dem Vorrücken der Türken in Europa mehrten sich die Verdächtigungen, Juden betrieben Spionage für das Osmanische Reich, in welchem ja viele aus Spanien Vertriebene Aufnahme gefunden hatten.[7]
4. Eine ähnliche Sündenbockrolle spielten sie bald darauf in der Reformation, für welche man sie von katholischer Seite verantwortlich machte.
5. Am bekanntesten sind heute die wirtschaftlichen Gründe, die in der Tätigkeit der Juden als Kreditgeber bei im Vergleich zu heute recht hohen Zinssätzen lagen. In diese Rolle gerieten sie im Mittelalter, weil sie nach dem Ausschluß von allen anderen Berufen und wegen des kirchlichen Zinsverbotes für Christen eine Lücke füllten. Allerdings hatte sich um 1500 die wirtschaftliche Lage verschlechtert. Hatten die Juden früher oft große Geldbeträge verliehen, so waren ihre Gemeinden nun verarmt. Die Fürsten betrachteten sie seit dem 14. Jahrhundert als eine beliebig anzuzapfende Geldquelle, die man oft mit Schuldennachlässen, Inhaftierungen und Folterdrohungen aktivierte.[8] Die Folge war, daß um 1500 die Geldleihe meist nur noch in kleinem Maßstab betrieben werden konnte. Häufig handelte es sich um Pfandleihe an den gemeinen Mann, der alte Kleider oder Handwerkszeug versetzte. Diese Form der Pfandleihe ebenso wie der damit verbundene Kleinhandel löste vor allem bei den Zünften große Aggressionen aus. Das »Kleinbürgertum« war ein gefährlicher Handelspartner, dessen Armut und Verbitterung es tumultbereit machten und leicht ein Opfer von Demagogen werden ließen. Nun beherrschten nicht mehr wie 1349 zwar blutige und unkontrollierte, aber kaum nachhaltig wirkende Exzesse, sondern lang geplante, den Volkshaß nüchtern einkalkulierende Maßnahmen das Bild.[9] Wenige konnten oder wollten die objektiven wirtschaftlichen Zusammenhänge sehen. Zu diesen gehörte der

Apostat Johannes Pfefferkorn, der seine Kritik am wirtschaftlichen Verhalten seiner früheren Glaubensgenossen mit harten Vorwürfen an die Adresse der Fürsten verband.[10]

6. Bei den Reichsständen spielten meist politische Motive eine Rolle. Die Juden hatten im Reich die Stellung von kaiserlichen »servi camerae«, d. h. sie waren dem kaiserlichen Fiskus zugeordnet.[11] Die Bedeutung dieses Ausdrucks war umstritten. Es gab die allerdings nur selten geäußerte Ansicht, daß die Juden tatsächlich die Stellung von Sklaven hatten.[12] Sogar die Meinung wurde vertreten, daß der Kaiser das Recht habe, bei seinem Regierungsantritt sämtliche Juden verbrennen zu lassen.[13] Ganz überwiegend waren die Juristen jedoch der Auffassung, daß der Begriff nicht mit Sklaverei gleichzusetzen sei, sondern das Judenregal den anderen Regalien, etwa dem Berg- oder Münzregal, entspreche.[14] Die den Judenschutz beinhaltende Kammerknechtschaft ermöglichte dem Kaiser Eingriffe in die Angelegenheiten der Territorien, z. B. auch die Begrenzung der Besteuerung von Juden durch Territorialherren und Reichsstädte. Auf deren Seite löste dieses kaiserliche Interventionsrecht den Wunsch aus, von Juden frei zu sein. So plante z. B. der eher judenfreundliche Kurfürst Albrecht II. von Mainz 1515/16 aus diesem Grund eine die ganze Region betreffende Vertreibung.[15] Der den Juden kaum geneigte Maximilian I. – in seiner Regierungszeit wurden sie aus einigen Erbländern vertrieben – verhinderte diese geplante Ausweisung aus genau den entgegengesetzten Gründen.[16] Anders war dies innerhalb der Territorien. Wenn die Fürsten das Judenregal vom Kaiser erworben oder sonst an sich gebracht hatten und damit über eine von den Landständen unabhängige Geldquelle verfügten, so betrieben diese oft die Ausweisung, während die Fürsten sich ihr widersetzten. Die Landstände konnten sich in diesem Fall als die Vertreter des kleinen Mannes darstellen. Die Hinrichtung der Juden in Berlin 1510 war ein auf diese Weise zu erklärender Justizmord (der Bischof war rechtzeitig über die Unwahrheit der Anschuldigungen informiert worden), welcher den Kurfürsten durch Entziehung der ihm von den Juden zufließenden Gelder treffen sollte. Umgekehrt hatte die Ausweisung aus Brandenburg durch den Kurfürsten im Jahr 1446 mit der im Jahr darauf erfolgenden Wiederzulassung den Zweck, die vorher den Städten zustehenden Abgaben in die fürstliche Kasse zu lenken.[17]

Die explosive Mischung von höchst irrationaler Schuldzuweisung und sehr rationalem ökonomischen und politischen Kalkül erklärt vielleicht die Gewalt der Ausweisungsbewegung. In Deutschland herrschte um 1500 nach Meinung eines ausländischen zeitgenössischen Beobachters

eine extrem judenfeindliche Stimmung. Der Franzose Pierre de Froissard berichtete 1497, im Reich gerieten selbst die ruhigsten Männer in Aufregung, wenn die Rede auf die Juden und ihren Wucher komme.[18]
Doch auch wo sie nicht vertrieben wurden, war ihre Lage meist schwer. Das Spektrum der Bedrückungen war breit. Es begann mit vielen Schikanen im Alltag. Ein Frankfurter Rabbi berichtet z. B., daß man durch nichtjüdische Straßen gehenden Juden Schimpfnamen wie Hund und Aas nachrief. Die Attacken blieben nicht aufs Verbale begrenzt: Man warf mit Stöcken und Steinen und hetzte die Hunde auf sie. Diese Feindseligkeiten erzwangen sogar die Änderung religiöser Bräuche. Während z. B. die spanischen Juden bei Trauer den Kopf verhüllten, wagte man dies in Deutschland aus Angst vor Spott nicht. Aus demselben Grund konnte man sich hier nicht den in Spanien üblichen Brauch erlauben, die Chanukkaleuchter vor dem Haus aufzuhängen. Um nicht der Hexerei verdächtigt zu werden, vernachlässigte man die Sitte, bei Trauer das Bett zu erniedrigen, wie überhaupt die Angst, von Christen des Zaubers verdächtigt zu werden, besonders groß war.[19] Die Straßen waren für Juden offenbar so unsicher, daß die Gemeinden Sonderregelungen schufen, um Reisen bei gerichtlichen Auseinandersetzungen zwischen ihren Mitgliedern zu vermeiden.[20]
Neben den oben schon erwähnten wirtschaftlichen Risiken gab es in diesem Bereich zahllose Schikanen. Einem Müller bei Memmingen wurde z. B. auf Anfrage freigestellt, ob er für Juden mahlen wolle (1522). In demütigenden Vorschriften regelte man in dieser »judenfreien« Stadt, wie ein Jude sich zu verhalten hatte, wenn er durchreisen oder dort etwas erledigen wollte. Er mußte unter das Tor gehen, von wo an der Ratsknecht den mit einem gelben Ring Versehenen gegen eine Belohnung begleitete. Dabei durften keine Kreditgeschäfte gemacht werden.[21] In Regensburg weigerte man sich, für Juden zu backen oder Öfen zu setzen, ja verbot sogar den Hebammen Dienste bei ihnen.[22] Jahrelang betrieb man dort eine von Bischof und Papst gedeckte Rechtsverweigerung bei Schuldforderungen. Auf den religiösen Kern jüdischer Existenz zielten demütigende Zwangspredigten und Versuche, den Talmud zu beschlagnahmen und zu vernichten. Theologen betrachteten dessen Lehren als Abweichung von der Religion des Alten Testaments und stellten die Juden damit unter Häresieverdacht, um so auch die Pflicht zur Toleranz ihnen gegenüber wegzueskamotieren. Den bekanntesten Versuch zur Beschlagnahmung jüdischer Schriften zu Beginn des 16. Jahrhunderts stellte die Aktion des schon erwähnten Pfefferkorn dar. Sie löste den berühmtesten literarischen Streit vor der Reformation aus, der in den satirischen Dunkelmännerbriefen gipfelte.[23]
Den skizzierten judenfeindlichen Tendenzen der Zeit stehen andere,

wenn auch nicht gerade philosemitische, so doch tolerantere, an der jüdischen Religion und Kultur genuin interessierte Strömungen gegenüber, die sich allerdings weitgehend auf Teile der akademisch gebildeten Schicht beschränkten. Das in der Renaissance neu belebte Interesse für die Antike galt ursprünglich nur der griechischen und römischen Kultur. In Italien, wo die Juden trotz der zunehmenden Einschränkungen weit mehr von ihrer alten Stellung wahren konnten als im Norden, wandte man sich zuerst der alten jüdischen Kultur und Religion zu, für welche man vorher höchstens aus Gründen der Mission etwas übrig gehabt hatte. Vor allem das philosophische Bemühen von Pico della Mirandola regte die hebräischen Studien an. Er hoffte nicht nur, Aristoteles und Plato im Sinne einer Philosophia perennis vereinigen zu können, sondern glaubte auch, daß die jüdische Mystik (Kabbala) den wahren Schlüssel zum Verständnis der christlichen Religion biete, ja mehr als jede andere Wissenschaft die Gottheit Christi beweisen könne. In Deutschland war um 1500 Johannes Reuchlin der bedeutendste Wegbereiter der »studia hebraica«. Er hatte in Italien Pico kennengelernt, war aber weniger am philosophisch-theologischen Gehalt der Kabbala interessiert, als an der Gematrie, der sich in den Zahlenverhältnissen der heiligen Schriften verbergenden Geheimlehre. Seine Studien waren motiviert von der Theorie, das Hebräische sei die Ursprache, in welcher die Benennungen nicht Konventionen der Menschen, sondern von Gott gegeben seien. Seine Ehrfurcht vor dieser Sprache war so groß, daß er beim Lesen hebräischer Texte in Angst und Schrecken die Gegenwart Gottes verspürte.[24] All dies bewog ihn, den oben erwähnten Bestrebungen Pfefferkorns entgegenzutreten. Deren Erfolg hätte ja eine ernsthafte Beschäftigung mit der heiligen Sprache unmöglich gemacht. In dem Streit mit Pfefferkorn und dessen dominikanischen Helfern um die Konfiskation hebräischer Bücher entwickelte der Jurist Reuchlin eine am römischen Recht orientierte Begründung der Toleranz: Demnach gab es zwei erlaubte »sectae« im Reich, die der Christen und die der Juden; die letzteren waren dabei »concives«, Mitbürger, gleichermaßen Untertanen des Kaisers wie jene. Vielleicht schießen diejenigen Forscher übers Ziel hinaus, welche die durchaus vorhandenen judenfeindlichen Bemerkungen Reuchlins betonen und seine Toleranz nur aus wissenschaftlichen Motiven erklären.[25] Ganz sicher falsch ist die überkommene Meinung, in diesem Streit seien sich judenfeindliche Scholastiker und judenfreundliche Humanisten gegenübergestanden. Schon die Differenz zwischen Reuchlin und seinem bedeutenden humanistischen Juristenkollegen Ulrich Zasius über die Berechtigung zur Zwangstaufe jüdischer Kinder zeigt, daß diese Trennlinie nicht stimmt.[26] Eine negative Einstellung findet sich auch bei dem größten Humanisten jener Zeit, bei Erasmus von Rotterdam. Er bewunderte

Frankreich, weil es sich von Juden freigemacht hatte, wobei er, Luther vergleichbar, Juden, böhmische Schismatiker und Marranen in eine Reihe stellte. Zumindest zeitweise hielt er die hebräischen Studien wegen der Gefahr des Judaisierens für bedenklich. Im Gegensatz zu Reuchlin schätzte er die Kabbala durchaus nicht. Er teilte insgesamt die Vorurteile seiner Zeit, Versuche einer Ehrenrettung in diesem Punkt dürften wohl als mißglückt gelten.[27]

War der Humanismus doppelgesichtig, so zeigte die Reformation zunächst mit Luthers Schrift »Daß Jesus Christus ein geborener Jude sei« (1523) eine versöhnliche Haltung. Der Reformator erklärte die Verstocktheit der Juden damit, daß sie das Christentum in ganz verzerrter Gestalt kennengelernt hätten und man sie »gleich fur hunde hellt«, was ihre Abneigung gegen diese Religion nur zu begreiflich mache. Die Kenntnis der wahren Lehre – so seine Hoffnung – werde die Bekehrung zur Folge haben.[28] Vielleicht hat die Schrift von 1523 tatsächlich mäßigend gewirkt. In einer Anfang 1524 entstandenen Flugschrift wird von einem Lutheranhänger – vielleicht auf eine wahre Begebenheit zurückgehend – geschildert, wie er vor Nürnberg einem Juden begegnet (den er nur an der Sprache als solchen erkennt!), mit ihm zur Herberge geht (Christ: »ich will leyb vnnd leben bey dir lassen wie ein wander gesel dem andern«), dort mit ihm über Religion diskutiert und am Schluß sogar für ihn die Zeche bezahlt. Der Ton ist trotz der nicht zu überbrückenden Differenz versöhnlich.[29]

Die Faszination des alten Luther in der jüdischen Frage rührt vielleicht von der Möglichkeit, »to see one of the great men of Christendom with his pants down«.[30] In seinen Spätschriften kommt im Vergleich zu 1523 ein schroffer Wandel zum Ausdruck, dessentwegen sie noch von den Nationalsozialisten propagandistisch ausgeschlachtet werden konnten. In ihnen (Wider die Sabbater 1538, Wider die Juden und ihre Lügen 1543, Schem Hamphoras 1543) forderte er, wenn nicht die Vertreibung, so doch die moralische und wirtschaftliche Vernichtung der Juden. Zerstörung ihrer Synagogen, Zwangsarbeit und Zwangspredigten waren nun sein Programm, welches er in dem Paradox von der scharfen Barmherzigkeit zusammenfaßte. In der Judenfrage war Luther nun mit seinem altgläubigen Gegner Eck vereint.[31]

Der wohl wichtigste Grund für den Wandel zwischen 1523 und 1543 war das Entstehen einer antitrinitarischen (»judaisierenden«) Bewegung in Osteuropa, die von Luther als das Ergebnis einer jüdischen Verschwörung interpretiert wurde.[32] Vielleicht wog diese ganz konkret wahrgenommene Bedrohung beim Reformator schwerer als die anderen Momente: die Enttäuschung seiner anfänglichen Erwartungen; der zunehmende Verfolgungswahn, welcher ihm den Papst, die Türken, die

Schwärmer und die Juden als Agenten des Teufels erscheinen ließ; die Tatsache, daß man ihn von katholischer Seite schon früher des Judaisierens verdächtigt hatte.

Es gibt bei den Erklärungsversuchen eine Richtung, die vor allem Luthers theologische Konsistenz über die Jahrzehnte betont. Nach dem bedeutenden Reformationshistoriker H. Oberman war die diabolisch-eschatologische Kette (Papst – Ketzer – Juden – Türken – falsche Christen) der exegetische Schlüssel für Luthers Einstellung zu den Juden[33], der zwar im Alter zu einer neuen Judenpolitik, nicht aber einer neuen Sicht des Gesamtproblems gekommen sei. Dies soll in der Sache nicht bestritten werden, fraglich ist, ob es sich dabei um den entscheidenden Gesichtspunkt handelt. Auch Luther darf in dieser Frage nicht nur nach seinem eigenen, wenn auch noch so beeindruckenden theologischen System beurteilt werden, sondern er muß sich dem Vergleich stellen, wobei keineswegs einer primitiven Entlarvungshistorie das Wort geredet werden soll.

Bei diesem Vergleich fällt auf, daß ein solcher Wandel auch bei anderen Reformatoren eintrat, weswegen J. Friedman das Jahr 1538 als das Jahr der Wende bezeichnet hat.[34] Der oberdeutsche Reformator Martin Bucer äußerte sich in seinem Römerbriefkommentar (1536) noch gemäßigt. Wie Luther konnte er seine Einstellung auch nur als Paradoxie formulieren: »aversendi igitur sunt nobis simul et diligendi, habendi inimici et amici, oppugnandi et fovendi (...)«[35] Doch entfaltete er hier noch ein Programm, das sich vom späteren wohltuend abhebt. Die Christen sollten durch vorbildliches Verhalten der Mission unter den Juden zum Erfolg verhelfen, diese ehrlichen Berufen nachgehen können und von den Fürsten nicht länger als Schwämme benützt werden, damit sie nicht mehr den Haß der Bevölkerung auf sich zögen. 1538, bei der Entscheidung über die Ausweisung aus Hessen, nahm er eine an Luther erinnernde schroffe Haltung ein. Der weit mehr als dieser am Alten Testament orientierte Bucer postulierte gemäß seinem Kirchenbegriff die Pflicht der Obrigkeit zur Herstellung der Religionseinheit und sah deswegen die Duldung der Juden eher als erlaubte Ausnahme. Er argumentierte mit dem römischen Recht, betonte jedoch, anders als Reuchlin, die die Rechte der Juden einschränkenden Bestimmungen. Aus Deuteronomium 28, 43–45 (»Der Fremdling, der bei dir ist, wird immer höher über dich emporsteigen; du aber wirst immer tiefer heruntersinken. Er wird dir leihen, du aber wirst ihm nicht leihen können; er wird der Kopf sein, und du wirst der Schwanz sein«) zog er erschreckende Folgerungen. Nun forderte er nicht mehr die wirtschaftliche Eingliederung, sondern eine sklavenähnliche Stellung der Juden: Arbeiten in Bergwerken, bei der Kloakenreinigung u. ä. waren für sie vorzusehen, Toleranz höchstens noch zu tolerieren, weil ja die Christen als Reis auf die Juden als Ölbaum gepfropft waren, weswegen Gott mit ihnen mehr Barmherzigkeit habe als mit anderen Völkern.[36]

Bucer nahm dabei eine Mittelstellung ein zwischen der die Ausweisung fordernden hessischen Geistlichkeit und Landgraf Philipp dem Großmütigen, der auf Bucers Ratschlag antwortete: »Wir können aber bey vns nitt finden oder schließen, das man die Juden eben also hart vnd gantz enge halten sollte, als der gelehrten Ratschlag ausweiset.«[37] Vielleicht war es schon manchem Zeitgenossen ein Problem, warum die Theologen so viel unbarmherziger waren als dieser Fürst.[38] Trotz allem war die hessische Judenordnung von 1539 hart genug. Sie verbot – neben anderen einschränkenden bzw. kränkenden Regelungen – den Geschlechtsverkehr eines Juden mit einer Christin bei Todesstrafe.[39]

Ein ähnlich schroffer Wechsel wie bei Luther und Bucer ist übrigens bei Sebastian Münster zu beobachten, dem großen Hebraisten des 16. Jahrhunderts, der einem größeren Publikum nur als Kosmograph bekannt ist. Auch bei Münster war wohl das wichtigste Motiv für die Verhärtung, sich von dem Verdacht des Judaisierens zu reinigen, den die konfessionellen Gegner sich so oft an den Kopf warfen.

Wohltuend hebt sich davon der Nürnberger Reformator und Hebraist Andreas Osiander ab, der mit seiner mutigen Schrift gegen die Ritualmordbeschuldigung von 1529 gegen den Strom schwamm und sogar in einem Brief an Eliah Levita Luthers antijüdische Haltung kritisierte. Ähnlich verhielt sich der Züricher Reformator Heinrich Bullinger, der Luthers Schem Hamphoras in außerordentlich harten Wendungen tadelte.[40] Die Tatsache, daß den Genannten, aber auch dem unten noch vorzustellenden Führer der deutschen Judenschaften, Josel von Rosheim, das Krankhafte in Luthers Haltung auffiel, hat ihr eigenes Gewicht.

Blieb die negative Einstellung der Reformatoren in Hessen dank dem Landgrafen ohne die allerschlimmsten Folgen, so war dies anderswo nicht der Fall. Offenbar beriefen sich Teile der Bevölkerung zur Rechtfertigung ihres feindseligen Verhaltens tatsächlich auf Luthers Schriften. Die Vertreibung aus Sachsen 1536 ist wohl auch Luther zuzuschreiben, der sich sogar weigerte, Josel von Rosheim, den Repräsentanten der Juden, zu empfangen. An Joachim II. von Brandenburg tadelte Luther, daß er die Juden wieder zuließ.[41] Der exakte Nachweis der praktischen Wirksamkeit von Luthers Propaganda ist für Braunschweig erbracht worden, wo Luthers Argumente bei der Vertreibung 1546 ausschlaggebend waren. Zwar hatte sich auch dort um 1500 die Situation sehr verschlechtert, doch erst 1532 wurde die Schließung der Synagoge angeordnet und die Beteiligung von Christen an jüdischen Geschäften verboten. Als 1578 die Juden wieder zugelassen wurden, leistete die protestantische Geistlichkeit heftigsten Widerstand. Der Theologe Martin Chemnitz wies darauf hin, die Ausweisung 1546 sei »juxta consilium Lutheri« erfolgt. Hier dominierten eindeutig die religiösen über die wirtschaftlichen Motive.[42]

Die Wirkung der lutherischen Reformation auf die Judenpolitik war eher verhängnisvoll. Die Wende zum Positiven kam im Reich von der katholischen Seite. Insgesamt war die zweite Jahrhunderthälfte durch ein Kräftegleichgewicht der Konfessionen bestimmt. Weder mit friedlichen noch mit kriegerischen Mitteln konnte eine von ihnen den Sieg erringen. Dies zwang zum Arrangement. Bereitschaft zur Toleranz entstand – wenn auch zunächst nur aus der Not der Religionskriege. Für manche aufgeweckten Geister war aber Skepsis die Schwester der Toleranz, wofür der Franzose Montaigne das bekannteste Beispiel ist. Der Zwang zur Toleranz aus politischen Gründen und die Einsicht in ihre wirtschaftlichen Vorteile brachte auch für die Stellung der Juden eine Trendwende, die J. I. Israel für Mittel- und Westeuropa mit 1570 ansetzt. Im Reich hatte jedoch der katholische Kaiser Karl V. (1519–1556) schon lange vorher eine projüdische Politik betrieben, ganz im Gegensatz zu der in seinen Stammländern verfolgten Linie. Der Zusammenbruch jüdischen Lebens in Mitteleuropa wäre vollständig gewesen, hätte Karl ihn nicht verhindert.[43] Er handelte so, nicht nur um das Judenregal des Reichsoberhaupts zu wahren, sondern weil die Staatsräson ihn wegen der Judenfeindschaft der Protestanten auf die andere Seite treiben mußte. Dazu kam seine persönliche Hochachtung vor Josel von Rosheim.[44] Das Privileg des Kaisers von 1544 ist »das freiheitlichste und großzügigste, das je den Juden gegeben worden ist«. Es erlaubte diesen höhere Zinsen als den Christen, schützte die Synagogen, verbot Ritualmordbeschuldigungen ebenso wie Vertreibungen und erließ es ihnen, außerhalb des Wohnorts das Judenzeichen zu tragen. Sie dankten dem Kaiser seine Haltung, indem sie während des Schmalkaldischen Krieges in den Synagogen jeden Morgen und Abend für den Erfolg seiner Waffen beteten, und dies sogar in der dem gegnerischen Lager zugehörigen Reichsstadt Frankfurt a. M.[45] Anders als der Kaiser verhielten sich die Reichsstände auf den Reichstagen: Sie erließen Wucherverbote, bis der Reichstag von 1548 5% Zins erlaubte. Schon 1551 wurden wieder nachteilige Bestimmungen erlassen.[46]

Das Reichskammergericht zeigte eine wenn nicht judenfreundliche, so doch neutrale Haltung. In Prozessen behandelte es Juden als gleichberechtigte Partner. Obwohl unter Juristen das Sprichwort geläufig war, man könne einen Juden im Volk ohne Schaden genausowenig dulden wie einen Ziegenbock im Garten, herrschte in der juristischen Literatur die Ansicht vor, daß ihre Vertreibung ohne Grund nicht erlaubt sei und das auch für sie geltende römische Recht zur Duldung verpflichte, so lange sie friedlich und ruhig lebten. Anläßlich einer Klage der Juden in Orsenhausen nahm das Reichskammergericht die Argumentation Reuchlins auf, die Christen hätten die Juden als Bürger des Reichs neben sich zu dulden.[47]

In den katholischen Gebieten des Reiches war die Situation trotz der scharf antijüdischen päpstlichen Politik um die Jahrhundertmitte und trotz manch schlimmer Vorkommnisse insgesamt besser als bei den Protestanten. Im Wien Ferdinands I. lebten privilegierte (»hofbefreite«) Juden, in deren Diensten oft die weniger glücklichen Glaubensgenossen standen.[48] Die Ausweisung aus Prag 1542 wurde von den Landständen erzwungen. Als 1557 wieder die Vertreibung drohte, gab es sogar Interventionen von Adligen zu ihren Gunsten. In der zweiten Hälfte des 16. Jahrhunderts wurden in den österreichischen Ländern immer wieder Ausweisungsbefehle erlassen, jedoch schlecht durchgeführt. Das Urteil des zeitgenössischen jüdischen Historikers David Gans über Ferdinand I. ist trotz dessen z. T. feindseligen Maßnahmen recht günstig. Mit Maximilian II. läßt sich der Anfang des Wiederaufstiegs der Juden in Mitteleuropa bezeichnen. 1571 besuchte dieser Kaiser samt Hofstaat das Ghetto in Prag. Rudolf II. erließ 1577 ein sehr günstiges Privileg, das die Blüte jüdischer Kultur in der böhmischen Hauptstadt ermöglichte. Die Zahl der jüdischen Einwohner Prags wuchs von ein paar Dutzend um 1560 auf über 3000 um die Jahrhundertwende. Der mystisch orientierte Rudolf gewährte dem berühmten Juda Löw 1592 eine Audienz. Ähnlich waren auch die geistlichen Territorien relativ liberal. Bischöfe sorgten für die Wiederaufnahme von Juden, wie z. B. 1577 in Hildesheim, wo in einer langen Auseinandersetzung mit der Stadt der Kaiser zugunsten der Zuziehenden entschied.[49]

Bei den Protestanten erlangten unter Kurfürst Joachim II. von Brandenburg (1535–1571) Michel von Derenburg und Lippold als Hofjuden großen Einfluß. Der letztere mußte nach dem Tode des Kurfürsten furchtbar dafür büßen. Die Judengemeinde in Frankfurt wuchs gewaltig. Von ungefähr 20000 Einwohnern waren um 1600 3000 jüdisch. In dem antijüdischen Fettmilchaufstand (1612–1616) setzte der Kaiser (im Sinne des Patriziats) die Rechte der Juden durch. Positiv entwickelten sich die Gemeinden in Fürth und Altona.[50]

Es ist schwierig, verallgemeinernde Aussagen zu treffen. Insgesamt wurde in der zweiten Hälfte des 16. Jahrhunderts eine größere Rechtssicherheit erreicht, welche die Konsolidierung des folgenden Jahrhunderts vorbereitete. Die Zulassung der spanischen Juden in den Niederlanden mußte die Calvinisten beeinflussen, so daß der Haß Luthers und anderer langsam seine Wirkung an manchen Orten verlor.

II.

Wie antworteten die Juden auf das permanente Unrecht, auf die sozialen und geistigen Umbrüche in Renaissance und Reformation und auf die Tendenzwende am Ende des Jahrhunderts? Zunächst seien die sozialen, juristischen und organisatorischen Reaktionen beschrieben. Die schlimme Lage scheint erstaunlicherweise nicht zum Zusammenrücken der Minorität geführt zu haben. Im Gegenteil: Im 15. Jahrhundert nahmen die Konflikte in und zwischen den jüdischen Gemeinden eher zu. Als 1453 die Würzburger Juden vertrieben werden sollten, verweigerten die des benachbarten Heidingsfeld die finanzielle Hilfe mit der Begründung, sie seien nicht betroffen. Ein kritischer Punkt war der Zuzug in die Gemeinden, welche aus wirtschaftlichen Gründen ihre Größe streng kontrollierten. Oft siedelten sich Juden deswegen mit der Erlaubnis der christlichen Obrigkeit an, ohne die Einwilligung der Gemeinde einzuholen. Deren wichtigstes Disziplinierungsmittel war der »ḥerem«, der Bann. Doch auch dieser löste viel Streit aus, als das Aussprechen des Banns durch den Rabbi üblich wurde und viele unqualifizierte Rabbis ihn dazu benützten, ihren Gegnern zu schaden. Der Faktionalismus nahm zu. Aufsehen erregte es z. B., als dem Regensburger Gelehrten Israel Bruna um 1456 in der Synagoge ein Kreuz auf den Stuhl gemalt wurde. Klagen über Bedrückung durch die Gemeindevorsteher waren verbreitet.[51] Die Mißstände erschwerten eine adäquate Antwort auf die Herausforderungen. Da die einzelnen Gemeinden schon im Mittelalter eifersüchtig über ihre Unabhängigkeit gewacht hatten, war es nicht einfach, auf Synoden, die es schon im Hochmittelalter gegeben hatte, Geschlossenheit zu zeigen. So suchten z. B. die besonders betroffenen Frankfurter Juden die Unterstützung anderer Gemeinden gegen Pfefferkorns Bücherkonfiskation zu mobilisieren, was aber in einem Fehlschlag endete. Erfolgreicher war man mit der Abwehr des oben erwähnten Vertreibungsversuchs des Mainzer Erzbischofs. Eine bedeutende Synode fand 1582 statt. Sie stellte den Gang zu christlichen Gerichten bei innerjüdischen Streitigkeiten erneut unter Bannandrohung und behandelte Steuerfragen und die jüdische Selbstzensur. Diese sollte das Einschreiten christlicher Zensurbehörden gegen jüdische Bücher verhindern. Fünf jüdische Gerichtshöfe – in Frankfurt, Worms, Fulda, Friedberg und Günzburg – wurden anerkannt, neben und unter diesen Wallerstein bei Nördlingen und Schnaittach bei Nürnberg mit der Steuereinziehung beauftragt. Trotz solcher Ansätze gelang es wegen der territorialen Zersplitterung nie, kontinuierliche Reichsversammlungen zustande zu bringen, die in etwa der Vierländersynode in Osteuropa vergleichbar gewesen wären. Zwietracht und Sorge um Verlust der Selbständigkeit reichen als Erklärung für diesen Sachverhalt allein nicht aus, entscheidend war dem Kenner A. Maimon zufolge die Opposition der territorialen Obrigkeiten, welche zwar regionale Tagungen zuließen, aber Reichsversammlungen wegen der daraus folgenden engeren Bindung der Juden an den Kaiser nicht wünschten.[52]

Im 16. Jahrhundert lebte die Institution des Reichsrabbiners wieder auf, gegen welche, da vom König oktroyiert, die Juden vorher noch heftig opponiert hatten.[53] Doch trat dieser Oberrabbi ganz in den Hintergrund gegenüber dem eigentlichen Vertreter der Interessen der Juden des ganzen Reiches, Josel von Rosheim (um 1478–1554). Josel war vom Kaiser als Führer der Juden und auch als imponierende Persönlichkeit anerkannt, als »Regierer« und »Befehlshaber« auch von ihnen selbst akzeptiert. Er wurde zur beherrschenden Gestalt im deutschen Judentum des 16. Jahrhunderts, verhandelte mit Kaiser, Fürsten und Städten, war zur Stelle, wenn eine Ritualmordbeschuldigung vorlag oder eine Ausweisung drohte, schlichtete Streitigkeiten in den Gemeinden, trat im Bauernkrieg für von Bauernheeren bedrohte Gemeinden ein und besiegte in einer Disputation auf dem Reichstag von 1530 den Apostaten Antonius Margharita. Sogar die Prager Gemeinde zog ihn zur Schlichtung innerer Streitigkeiten heran.[54] Nach seinem Tod fand sich kein Ersatz. Gegen Ende des 16. Jahrhunderts übernahm die Prager Gemeinde die Rolle einer Vertreterin der Juden des Reichs am Kaiserhof in Prag.[55]

Neben den Versuchen kollektiver Gegenwehr gibt es auch Beispiele dafür, daß einzelne Juden sich mutig und lange dem Unrecht widersetzten. J. Ferber in Nordhausen wurde 1550 der Lästerung beschuldigt, Jesus sei ein Zimmermann und ein mutwilliger Student in Jerusalem gewesen, dessen Übeltaten die Obrigkeit zu Recht bestraft habe. Justus Jonas, Reformator und Luthers Kampfgefährte, beschwerte sich beim Rat und verlangte die Ausweisung, doch konnte Ferber gegen Erhöhung des Zinses auf 20 Gulden bleiben. Nach dem kaiserlichen Judenfreiheitsprivileg von 1551 wurde er vor die Wahl gestellt, die Stadt zu verlassen oder 100 bzw. wenigstens 50 Gulden zu bezahlen. Ferber bezeichnete das Privileg als erschlichen, klagte vor dem Reichskammergericht und wurde durch eine »einstweilige Verfügung« in seinem Recht geschützt. Er wohnte noch 1553 in Nordhausen, sogar ohne den Zins zu zahlen, und verließ es erst in diesem Jahr nach nochmaliger Ausweisung, erzwang aber durch eine Beschwerde beim Grafen von Honstein und dem Herzog von Braunschweig einen ihm die Rückkehr erlaubenden Vergleich. Doch nahm er sein Recht nicht wahr, sondern kam nur noch zu Geschäften in die Stadt, deren Rat er 1570 am Reichskammergericht verklagte.[56] Das Beispiel zeigt, daß die Rechtlosigkeit im Gegensatz zum Dritten Reich nur relativ war und die Möglichkeiten von der politischen und verfassungsrechtlichen Situation in den einzelnen Territorien abhingen.

Für die geistige Bewältigung der Situation gab es zwei die gesamte jüdische Geschichte bestimmende entgegengesetzte Wege: die Assimilation an die Umwelt oder die von einem mehr oder weniger starken Messianismus begleitete Abschließung. Um die Reaktionen der deutschen Juden zu bewerten, ist es zunächst erforderlich, sich ein grobes Bild von ihrer Kultur zu machen. Um 1500 waren sie der Hauptbestandteil der aschkenasischen Juden, zu welchen ursprünglich auch die 1394 vertriebenen französischen gehört hatten. Weiter zählten dazu die an Bedeutung zunehmenden osteuropäischen Juden. Von den Sephardim, den Glaubensgenossen des spanischen Kulturbereichs, unterschieden sich die Aschkenasim in ihren Riten, aber auch in ihrer Weltanschauung und ihrer Einstellung zur christlichen Umgebung. Die Sephardim, noch geprägt von der für sie glücklicheren arabischen Herrschaft, hatten ein sehr viel größeres Interesse an der antiken und christlichen Philosophie und Kultur und brachten neben dem überragenden Maimonides (gest. 1204) andere bedeutende Philosophen hervor, während das aschkenasische Judentum vor allem große Halakisten (Gesetzesinterpreten) aufwies. Das aschkenasische Judentum war geprägt durch die Erfahrungen des Martyriums, das mit den Kreuzzügen begann. Charakteristisch dafür ist die Figur des Chassid, der bei der Erfüllung des Gesetzes freiwillig ein Übersoll leistete, sein Leben der Buße weihte und das Leiden glorifizierte. Doch nicht nur die Chassidim, sondern das aschkenasische Judentum insgesamt befolgte das Gesetz strenger als das sephardische.[57]

Es ist in der Forschung umstritten, wie weit die Gleichung Sephardim = Bereitschaft zu positiver Auseinandersetzung und Aschkenasim = Abschließung aufging. Doch die von den Christen auferlegte Ghettoisierung erzeugte auch auf der jüdischen Seite entsprechende Tendenzen. Eine Folge der schlechten Behandlung war es sicherlich, wenn manche gelehrte Juden auf größtmögliche Distanz zu den Christen drängten. Hatte es im Hoch- und Spätmittelalter Bestrebungen zur Milderung der im Gesetz vorgesehenen strikten Trennung von den Heiden gegeben, so scheint sich die entgegengesetzte Tendenz nun verstärkt zu haben.[58] Der berühmte Rabbi Israel Isserlein (1390–1460) z. B. nahm auf Reisen eigene Geräte mit, um nicht das Geschirr von Nichtjuden benützen zu müssen. Es gibt aber für das Spätmittelalter noch viele Belege für gesellschaftlichen Austausch. So badeten trotz Verbot Christen in jüdischen Bädern und umgekehrt, besuchten Juden Turniere (vielleicht um die Qualität von Pferden einschätzen zu können), spielten Karten mit Christen und ließen christliche Schneider in ihre Häuser kommen. Man verkaufte Öl an Priester, obwohl man wußte, daß es zu religiösen Zwecken gebraucht wurde, für welchen Fall ein solcher Handel verboten war. Beim Aufenthalt in Gasthäusern wurden Juden oft nicht als solche erkannt. Das Tragen des

Erkennungszeichens wurde nicht strikt durchgeführt. Unter 20 Juden, so eine Quelle, soll es nur einer getragen haben.[59]

Die philosophisch-theologische Bewältigung der geistigen Umbrüche des 16. Jahrhunderts wurde vornehmlich vom sephardischen und italienischen Judentum geleistet. Nach der Vertreibung aus Spanien begann eine neue Geschichtsphilosophie und Mystik. In den ersten Jahrzehnten versuchte sich ein gesteigerter Messianismus in der genauen Berechnung des endzeitlichen Datums. Dafür steht Isaak Abravanel, der dies für 1503 errechnete.[60] Eine erregte Messiaserwartung ergriff um die Jahrhundertwende auch die deutschen Juden. Ascher Lämmlein, beeinflußt von Abravanel, war der erste aschkenasische Jude, der als Messias figurierte. Die Erwartungen waren groß, Bußübungen zur Vorbereitung des Ereignisses wurden überall durchgeführt. David Gans berichtete noch am Ende des 16. Jahrhunderts, daß sein Großvater den Ofen für die Mazzotbrote zerstörte, weil er glaubte, das Passahfest im folgenden Jahr in Palästina feiern zu können.[61] Die bizarren Vorgänge um D. Reubeni und S. Molko mit dem Auftritt auf dem Reichstag in Regensburg 1532 beweisen eine ähnlich intensive Erwartung der Endzeit. Trotzdem war das aschkenasische Judentum eher durch Skepsis gegen millenaristische, gar militante Strömungen, wie es sie im sephardischen gab, gekennzeichnet. Eine eher fundamentalistische, die absolute Transzendenz und Unergründlichkeit Gottes betonende Auffassung herrschte vor.[62]

Auch die deutsche Reformation wurde – und hier berühren sich christliches und jüdisches Geschichtsdenken – eschatologisch verstanden. Jüdische Denker warteten gespannt auf revolutionäre Veränderungen in der Christenheit und suchten nach Symptomen in christlichen (und islamischen) Bewegungen, die eine Hinwendung zum Judentum anzeigten. Schon Hus hatten sie irrtümlicherweise als judaisierend betrachtet. Nun glaubten sie, daß der große Konflikt innerhalb der christlichen Religion deren Ende anzeige. In Luther sahen sie einen die Irrtümer des Christentums entlarvenden und damit zum Judentum tendierenden Reformer, den sie wegen seines Kampfes gegen Rom bewunderten. Typisch ist dafür die vielleicht legendenhafte Begegnung in Worms, wo zwei Juden Luther aufsuchten, um ihn von der Richtigkeit ihrer Religion zu überzeugen. Erst später erfolgte – durchaus nicht überall – die negative Bewertung der Reformation.[63]

Doch mahnte die politische Situation zur Vorsicht, konnte doch eine allzu intensive Enderwartung von den Christen als Vorbereitung eines Umsturzes gedeutet werden. Verantwortungsbewußte Führungsfiguren bremsten, wie schon in der Zeit des rabbinischen Judentums, die Naherwartung. Ein gutes Beispiel dafür bietet Josel von Rosheim. Er vermied wohl aus den genannten Gründen nach außen hin jeden Messianismus, die introvertierte Verarbeitung des Schicksals überwog bei ihm. Er war sicherlich durch den mittelalterlichen Chassidismus stark geprägt und glaubte, durch Gebet, Fasten und Entsagungen den Lauf der Dinge ändern zu können. So schrieb er z. B. einmal einen Erfolg seiner Fußwanderung von Rosheim nach Prag zu und sah es als ein Wunder an, daß während der Angriffe Bucers die Unschuld der in Brandenburg 1510 Ermordeten zutage kam. Andrerseits betrachtete er die Verfolgungen auch als Strafe für die Sünden der Juden. Er gab seinen Glaubensgenossen den Rat, sich gegen Bucer »keineswegs (zu) widersetzen« und niemanden zu schmähen, sondern alles mit Geduld zu tragen. »Dann Got schickt uns kein widerwertigkeit zu handen, wir haben dann das verdient.«[64] Die Vertreibungen aus Bayern-Landshut, Nürnberg und Augsburg waren seiner Meinung nach von jüdischen Denunzianten verursacht worden.[65] In fast alttestamentlicher Weise betrachtete er aber auch nicht selten Unglücksfälle bei Christen als Strafe Gottes für die Bedrückungen. Die Niederlage des Kurfürsten von Sachsen im Schmalkaldischen Krieg war ihm eine Strafe für die 1536 verfügte Ausweisung. Die Christen teilte er – nach einem in der Situation verständlichen Schwarzweißschema – in günstig Gesinnte und Feinde ein. Eine besondere Verachtung empfand er für Martin Luther offenbar seit dessen Weigerung, ihn auch nur zu empfangen. Dessen Schrift »Wider die Juden und ihre Lügen« bezeichnete er als »solch grob unmenschlich buch«. Auf sie berufe sich die Volksmeinung, daß Gott es verzeihe, wenn man einen Juden an Leib oder Gut beschädige. »Dorumb ist von keinen glerten nie derhört worden, dass mit uns armen juden also thiranischer weis mit gwalt handeln.« Werde man ihnen keinen Glauben oder Landfrieden halten, nur weil sie nicht glaubten, was Luther glaube, »wurdt sich das gor weit einrayssen, denn er verwurft noch vil grosere und hohere im gwalt dan wir arme vertruckte sein, die er dan auch urteilt, sie beten das kalb vom Aron an, wurd in auch ubelir gen dan uns juden«.[66] Josel war allerdings auch offen für die Kritik an von Juden geübten Mißbräuchen. Zwar verteidigte er die Zinsnahme mit folgendem Argument: »Dwyl wir auch so hart unter den völkern mit zoll, gleyt und iarlichen tribut auch schatzung getrungen werden, mehr dann kein volk uf der erden wonende darumbe sy sich selbs gegen uns verursachen, müssen sy wir fur dieselbigen frembden achten (...)« (die Juden durften nur von Nichtjuden Zins nehmen, R. W.!). Doch gebe es unter den Juden auch viele Ungelehrte und Unverständige, die sich nicht mit dem »kleinen mass« begnügten und mehr verlangten, als das eigene Gesetz ihnen erlaube. Dies rühre aber daher, daß sie unter den Völkern wohnten »und sehen den greyt (Habgier, R. W.) under der welt und haben den verstand nit der heylgen geschrift nachzufolgen (...) Aber der vergift luft, der under der ganzen welt regiert (seit Adam), der weyet uns auch

an, da von der greyt untrew, hoffart und alle laster entspringen (...).«[67] Diese Einsicht ließ ihn 1530 ein Reformprogramm entwerfen, das von einer Versammlung in Augsburg gebilligt wurde. Verdeckter Wucher, Zinseszins, Pfandleihe auf verdächtige Gegenstände wurden verboten, von Söhnen und Dienstleuten von Christen durften Pfänder ohne Wissen der Eltern bzw. Herren nicht genommen werden, gegen Schuldner sollte man mäßig vorgehen.[68] Politisch führte die Abneigung gegen die Protestanten Josel ganz an die Seite des Kaisers. Zur Abwehr von Angriffen argumentierte er mit den alten Privilegien, wies darauf hin, daß die Juden als Untertanen des Reichs unter dem römischen Recht stünden und ihnen als Bürgern des Reichs z. B. der Zugang zu einer Stadt gestattet werden müsse.[69] Doch ging er auch über das positive Recht hinaus und nahm in bewegenden Worten ein allgemeines Menschenrecht für sein Volk in Anspruch: »Dan wir auch menschen, von Gott dem almechtigen auf der erden ze wonen geschaffen, bei euch und mit euch ze wonen und handlen.«[70] Diese Argumentation wies vielleicht schon über die korporative Ordnung des Ständestaats hinaus, war jedoch ohne religiös-revolutionäre bzw. militante Konnotation. Josel suchte einen pragmatische Lösungen ermöglichenden Mittelweg, keinen Umsturz.
Eine noch nicht genannte Folge der Vertreibung aus Spanien war das Aufblühen einer jüdischen Geschichtsliteratur. Hatte es diese im Mittelalter so gut wie gar nicht gegeben, so verursachte der Schock des Exils das Bedürfnis, Vergangenheit, Gegenwart und Zukunft neu zu interpretieren. Die meisten dieser Werke wurden von sephardischen Juden geschrieben.[71] Der einzige zu nennende aschkenasische Geschichtsschreiber ist der 1541 in Lippstadt geborene und 1613 in Prag gestorbene David Gans. Er steht symbolisch dafür, daß sich das kulturelle Zentrum des aschkenasischen Judentums nach Osten verlagert hatte und dort die geistige Auseinandersetzung mit den Umbrüchen der Zeit stattfand. David Gans veröffentlichte 1592 den Zemach David (Sproß Davids), der, so M. Breuer, eine neue Periode in der intellektuellen Entwicklung des Judentums einleitete. In Prag befaßten sich – die herausragende Gestalt war Juda Löw – die Juden mit Philosophie und Naturwissenschaften, waren also gegen das aschkenasische Ideal des ausschließlichen Talmudstudiums. Als Astronom und Spezialist für jüdische Chronologie kam Gans zur Geschichtsschreibung. Da er Latein nur bruchstückhaft konnte, benützte er neben den jüdischen (hier auch Azariah de Rossi) vor allem die deutschsprachigen Geschichtswerke des 16. Jahrhunderts ausgiebig. Es handelt sich um eine für interessierte Laien, nicht für Gelehrte geschriebene Weltchronik. Weit weniger als Josel betonte er den Zusammenhang zwischen dem Schicksal der Juden und ihrem sittlichen Verhalten, er rückte sogar die Leiden seines Volkes in den Hintergrund, weil diese den Christen ja

immer als Beweis dafür gedient hatten, daß Gott die Juden verlassen und die Christen zu seinem Volk erwählt habe. Gans drehte den Spieß um, indem er auf die Schrecken der Religionskriege hinwies, während derer sein eigenes Volk unbeschädigt geblieben sei, und die Leiden der Christen zum Thema machte, um so die Instabilität dieser Religion den Lesern vor Augen zu führen. Sein Geschichtsbild war an den vier Weltmonarchien orientiert, wobei er, wie unter Juden üblich, das vierte Reich mit dem Christentum identifizierte (während die Protestanten es mit dem Papsttum gleichsetzten). In der Frage, wie weit die biblische Chronologie sich nach der Vermehrung des geographischen und historischen Wissens noch halten ließ, welche der in Italien lebende, der Renaissance gegenüber viel stärker aufgeschlossene Azariah de Rossi aufgeworfen hatte, war er konservativ.[72]

Für die allgemeine Geistesgeschichte wichtiger ist die kosmographische und astronomische Arbeit von David Gans. An ihr kann abgelesen werden, wie gebildete Juden auf die Entdeckungen und die kopernikanische Revolution reagierten. Am Beginn des Jahrhunderts waren sie von den Entdeckungen fasziniert, weil diese die Spekulation über die verlorenen zehn Stämme Israels neu belebten, deren Auffinden eschatologische Bedeutung hatte. Der schon erwähnte David Reubeni trat ja als Repräsentant dieser Stämme auf und fand sogar beim Papst Anklang mit seinem Plan, zusammen mit diesen in Indien vermuteten Juden das Heilige Land von Osten her zu erobern, wofür sich sogar der sonst skeptische Farissol begeisterte.[73] Für Gans dagegen handelte es sich dabei nur noch um ein historisches und geographisches Problem, er tadelte die geographischen Irrtümer früherer Schriftsteller und bemerkte, daß das sagenhafte Reich des Priesters Johannes und das Gebiet der zehn Stämme ebensoweit auseinander lägen wie Orient und Okzident. Gans beschäftigte sich auch mit anderen geographisch-theologischen Fragen. Die Kugelgestalt der Erde ließ die geographische Zentralität Jerusalems und die Universalität des Sabbats zum Problem werden. Gans befragte über letzteres Kepler, Tycho Brahe und Johannes Müller, die ihm natürlich keine passende Antwort geben konnten.[74]

In der Astronomie war für den in engem Kontakt mit Kepler und Brahe stehenden Gans die Brahesche Hypothese, derzufolge die Sterne nicht an Sphären befestigt waren, sondern sich frei bewegten, geradezu eine Offenbarung. Dies war ja die ursprüngliche, im Talmud erwähnte jüdische Astronomie. Hatte noch Maimonides dem ptolemäischen Weltbild den Vorzug gegeben und den wissenschaftlichen Vorrang der Griechen mit dem schlimmen Schicksal des jüdischen Volkes erklärt, so war es nun für Gans ein epochaler Triumph, daß die bedeutendsten nichtjüdischen Astronomen der Epoche das ursprüngliche jüdische Weltbild bestätigten.

Entsprechend dem Stand der Zeit hielt Gans allerdings wie Brahe am modifizierten geozentrischen Weltbild fest, in welchem die Planeten um die Sonne kreisten. In dieser Auffassung unterschied er sich nicht von vielen großen Zeitgenossen. Gans steht für eine relativ unvoreingenommene Auseinandersetzung mit der christlichen Renaissancekultur, sicherlich getragen von einem Optimismus in bezug auf die Zukunft des christlich-jüdischen Verhältnisses, wie er zum Goldenen Zeitalter des osteuropäischen Judentums paßte.[75]

Die bedeutendste Gestalt des mittel- und osteuropäischen Judentums im 16. Jahrhundert war Juda Löw (Maharal) (1512?–1609), der weiteren Kreisen vor allem durch die Golemsage bekannt ist. Seine Familie stammte aus Worms, sein Leben verbrachte er in Posen, Nikolsburg und Prag. In dieser Stadt stand er in engem Kontakt mit dem Hoffaktor Meysel, mit dessen Hilfe er eine Schule aufbaute, 1592 hatte er eine Audienz bei dem sich für Geheimlehren interessierenden Kaiser Rudolf II. Mehr als Gans war Juda Löw ein zwischen Mittelalter und Renaissance stehender Mensch. Verwandt mit den Strömungen der Renaissance war sein Kampf für eine Reform der Erziehung, gegen die jüdische Form der Scholastik (»pilpul«), die Orientierung an den Quellen der Religion (Bibel, Mischnah), seine Auffassung vom Menschen als durch Sprache definiertes Wesen und seine Anthropologie, die den Menschen als an allen drei Seinsebenen (Körper, Seele, Intellekt) teilhabendes, in der »emtsah« (Mitte, Zentralbegriff seiner Philosophie) angesiedeltes Wesen betrachtete. Mittelalterlich waren seine Art der Bibelinterpretation und seine Strenge in bezug auf das Gesetz.[76]

Die Erörterung kann nicht die gesamte Philosophie des Maharal, sondern nur die mit der jüdischen Geschichte seiner Epoche zusammenhängenden Fragen betreffen. Das spanische Exil und die Bedrückungen der Epoche insgesamt veranlaßten den Maharal, eine von Juda ha-Levi (gest. um 1141) eingeführte Unterscheidung zur Beziehung zwischen Juden und heidnischen Völkern aufzunehmen und zwischen ihnen einen substantiellen Unterschied zu konstatieren. Zu jeder Nation gehört, so Juda Löw, ein ihrer Natur entsprechendes Territorium. Jedes Volk ist eine besondere Species und hat seine eigene Form, Sprache, Speise und Kleidung. Die Sonderstellung des jüdischen Volkes hebt Juda in aller Schärfe hervor. Dessen Erwählung beruht allerdings nicht auf Verdiensten, sondern nur auf Gnade, und kann aus genau diesem Grund auch nicht durch sündhafte Existenz verlorengehen. Israels besondere Beziehung zu Gott ist vergleichbar der zwischen Mann und Frau oder Vater und Sohn. Die eigentliche Menschheitsgeschichte beginnt erst mit Abraham, da Adam seine ursprüngliche Gottesnähe nie ganz verlor. Die Erschaffung der Völker ist akzidentell zu der Israels. Die spezielle Natur des jüdischen Volkes macht es schwierig, Proselyten einzuordnen. Die Lösung ist, daß diese von vornherein als potentielle Juden betrachtet werden und diese inhärente Möglichkeit bei der Bekehrung zum Ausdruck kommt.[77]

Die Beziehung Israels zu den anderen Nationen kann komplementär oder kontradiktorisch sein. Zu manchen ist die Beziehung wie die zwischen Mann und Frau (weswegen die gegenwärtige Beherrschung Israels durch andere unnatürlich ist). Dies gilt für die Beziehung des alten Israel zu Ägypten, aber auch für die zu Ismael (also den Arabern, allgemeiner der Welt des Islam). Dagegen ist die Beziehung zu Edom eine solche zwischen Mann und Mann, d. h. kontradiktorisch. In der Gegenwart Judas galt aber die Gleichsetzung von Edom mit Rom bzw. dem Christentum! Ohne Zweifel drückt sich in dieser Konstruktion die Lage zur Zeit Judas aus, wenn er auch die Sympathie für die islamische Welt nicht offen aussprechen konnte. Hatte es im Mittelalter Strömungen gegeben, die arabische Herrschaft mit Edom zu identifizieren[78] und so die Bedrückungen durch den Islam theologisch einzuordnen, so war dieser nun in ein recht günstiges Licht gerückt, denn erst unter christlicher Herrschaft waren die Juden aus Spanien vertrieben, von den Türken aber mit offenen Armen aufgenommen worden.

Bei der äußeren Lage des jüdischen Volkes – und damit argumentierten ja die Christen – konnten Uneingeweihte diese Sonderbeziehung zu Gott nicht ahnen. Dem Exil, Kardinalproblem jüdischen Denkens, gilt auch die Aufmerksamkeit Judas. Es besteht in dem Verlust des Territoriums und der Autonomie und in der Zerstreuung. Es ist für Juda Löw ein unnatürlicher Zustand, ein Bruch in der Weltordnung und schon deswegen Beweis für die kommende Erlösung. Es symbolisiert den Verlauf der Geschichte, die aus Entfernungen von und Versöhnungen mit Gott besteht. Abraham, in Ur, »im Exil« geboren und zum gelobten Land gekommen, wird für Juda zum Urbild menschlicher Existenz überhaupt.[79] Wie andere vor ihm sucht er die verschiedenen Exile aus besonderen Sünden des Volkes zu erklären. Ursache des ägyptischen Exils war die Glaubensschwäche Abrahams, der von Gott ein Zeichen für die Gewährung Kanaans verlangte. Der lange Aufenthalt in der Wüste war auf Verleumdung nach dem Bericht der Spione zurückzuführen (Numeri 14,1), die Schuld an der Zerstörung des Tempels und dem babylonischen Exil hatten sexuelle Sünden, Mord und Abgötterei. Während Babylonier und Perser, so die Sicht Judas, Körper und Seele zu zerstören suchten, wollten die hellenistischen Griechen den Intellekt (= Torah) zerstören. Das Römische Reich, mit dem Christentum identifiziert, unterdrückte Körper, Seele und Intellekt. Juda sieht das Ende dieses Reiches zwar nahe, glaubt aber doch schon Verbesserungen in der Gegenwart zu spüren. Seine eigene Epoche vergleicht er einem – allerdings noch streitbeladenen – Dialog zwischen Eheleuten. In seiner Messiaserwartung ist er sehr zurückhaltend und beteiligt sich nicht an den spekulativen Berechnungen, sondern betont die damit verbundenen moralischen und gesellschaftlichen Probleme. Er verhält sich hier ähnlich wie Josel von Rosheim, mit dem zusammen er in diesem Punkt für das aschkenasische Judentum charakteristisch ist. Dieses pflegte, anders als etwa der Sepharde Abravanel, keinen militanten, an Rache orientierten Millenarismus, sondern eine durch Thorastudium und Frömmigkeit bestimmte Erwartungshaltung.[80] Die messianische Erwartung setzte Juda in ein moralisch-soziales Reformprogramm um und glaubte, so Hindernisse für die Ankunft des Messias beseitigen zu können.

Ein wichtiges Ziel dieser Reform war es, die vom Gesetz gegenüber den Nichtjuden vorgeschriebene Distanz einzuhalten, deren wichtigstes Symbol für ihn die Vermeidung nichtjüdischen Weines war. Diese Frage besaß eine lange Tradition. Das Gesetz verbot nicht nur das Trinken von heidnischem Wein, sondern auch den Handel mit ihm. Bei Verstößen dagegen befürchtete man unerlaubte soziale Kontakte, vor allem Heiraten zwischen Juden und Christen. Doch ließ sich das Verbot nicht in aller Strenge aufrechterhalten, weil man z. B. in Mähren den Juden die Schulden oft in Wein bezahlte. Weniger strenge Gelehrte als Juda rechtfertigten dies damit, daß im Unterschied zu den Heiden der rabbinischen Zeit die Christen mit dem Wein keine Idolatrie betrieben. Juda griff 1592 die laxe Weinpraxis in einer Predigt an und schleuderte deswegen sogar den Bann gegen das mährische Rabbinat. Bei seinem Kampf für eine strenge Handhabung war die Zahlenmystik der Kabbala wichtig: Die Worte »jajin« (= Wein), Israel und »sod« (= Geheimnis) haben alle den Zahlenwert 70.[81]

In seinen theologischen Begründungen früherer Exile spiegelt sich seine Einschätzung der inneren Lage der jüdischen Gemeinden der Zeit, in welchen seiner Meinung nach Verleumdungen und Haß vorherrschten, wobei der Vorwurf unehelicher Geburt eine große Rolle spielte. Dies war der sogenannte Nadlerismus. Juda selbst hatte gegen derartige Verleumdungen zu kämpfen, was vielleicht seine Betonung dieser Sünde erklärt. Das Heilmittel sah er in einer Reform der Erziehung und des Rabbinats. Die Rabbinen waren seiner Meinung nach von den Reichen abhängig, ihr Amt käuflich geworden. Sie sollten aber Führer, gleichsam Könige ihrer Gemeinde sein mit nicht zu kurzen Wahlperioden und einer Besoldung, so daß die Annahme von Geschenken für Amtshandlungen wegfallen konnte. In der Erziehung war es sein Ziel, auch den Kindern von Armen Bildung zu ermöglichen.[82]

Der am Schluß behandelte Juda Löw steht gleichsam in der Mitte zwischen der spätmittelalterlichen Ghettoisierung und der fast zwei Jahrhunderte nach ihm einsetzenden Emanzipationsbewegung. Er hatte das spanische Trauma und die Verfolgungen in Mitteleuropa theologisch zu verarbeiten, nahm aber gleichzeitig die Besserung der Verhältnisse gegen Ende seines Lebens wahr. Er symbolisiert damit auf der jüdischen Seite sein Jahrhundert, die Paradoxie der Absonderung vom Fremden und dessen Aufnahme. Vielleicht fiel den Juden die Anpassung an die geistigen Umbrüche der Zeit, vor allem an die kopernikanische Revolution, leichter als vielen Christen. Juda Löw zeigt dies mit seiner Unterscheidung zwischen »thora« und »chokma«, zwischen geistlicher Weisheit und weltlicher Wissenschaft als zwei Seinsebenen, zwischen denen es nicht zu Interferenzen kommen kann. Der Assimilation stand, anders als in der Epoche der Emanzipation und danach, die religiöse Differenz im Weg, die noch nicht durch die Aufklärung gemildert und eine nationale Integrationsideologie überbrückt wurde.

Auch die Einstellung der Christen zu den Juden war paradox. Einerseits brauchte und privilegierte man diese immer noch, andererseits stieß man sie weg und behandelte sie wie Untermenschen. Die bei manchen Judenfeinden wie Eck, Luther und Zasius zu verzeichnenden Haßausbrüche lassen die von vielen Forschern so sehr betonte Unterscheidung zwischen dem mittelalterlichen religiösen Antijudaismus und dem modernen rassischen Antisemitismus fast vordergründig erscheinen. Vielleicht haben nur die Begründungen gewechselt, während der Bedarf nach Ausgrenzung einer Minderheit – zur Bestätigung der eigenen Identität und zur Abfuhr von Aggressionen – das Universelle ist. Für das 16. Jahrhundert stellt sich dabei die Frage, welche besondere Rolle die Juden in der Reihe der Feindbilder (neben ihnen konfessionelle Gegner, Türken, Hexen) spielten. Die Türken waren zu weit weg, beim konfessionellen Gegner und bei Hexen handelte es sich um Feinde, die aus dem eigenen Kulturbereich kamen. Die Juden dagegen waren räumlich nah und kulturell fern, eigneten sich deswegen zur Ausgrenzung einer Minderheit gut. Ein Rätsel des Jahrhunderts besteht aber darin, daß es in ganz anderer Weise als frühere und spätere offenbar mehrere Angstgegner benötigte. Vielleicht liegt dies daran, daß die Ängste zugenommen hatten und die Identitätsstiftung des modernen Europa diese Vielfalt der Gegner brauchte. Vielleicht ist es andererseits kein Zufall, daß mit dem Beginn der großen Hexenverfolgungen und Religionskriege sich ein neues Ventil öffnete und der Druck auf die Juden nachließ.

Stefi Jersch-Wenzel
Die Juden im Zeitalter der Aufklärung

Für T. J.

Im Dezember 1784 erschien in der »Berlinischen Monatsschrift« der 26. von insgesamt 28 Briefen »Über Berlin. Von einem Fremden«, dem der Neuherausgeber des Jahres 1987 den Titel »Die Juden in Berlin als Beispiel für gesellschaftlichen Aufstieg durch Bildung« gab.[1] Autor der in Briefform abgefaßten Artikelserie war kein »Fremder«, wie die Zeitgenossen meinten oder meinen sollten, sondern der Berliner Gymnasialdirektor und Mitherausgeber der Zeitschrift, Friedrich Gedike[2], der später Mitglied im Oberkonsistorium der lutherischen Kirchenbehörde war und sich in leitenden Positionen der preußischen Schulaufsicht für eine Reform des preußischen Schulwesens einsetzte.[3]
Die Herausgeber dieses »wichtigsten aufgeklärten Journals im letzten Drittel des 18. Jahrhunderts«[4], der Bibliothekar Johann Erich Biester und der genannte Friedrich Gedike, gehörten selbst zum engsten Kreis der Berliner Aufklärer. Eine Analyse der beruflichen und ständischen Herkunft ihrer rund 300 Autoren in den Jahren 1783 bis 1796 macht deutlich, daß und warum es sich bei ihnen »nicht um eine prinzipielle Oppositionsbewegung gehandelt haben dürfte«, sondern daß diese »aktiven Aufklärer Reformen in Staat, Gesellschaft und Kirche anstrebten«.[5]
In diese eher realitätsbezogene als philosophisch-theoretische Richtung der Spätaufklärung zielt auch Gedikes eingangs genannter Brief, wenngleich diejenigen seiner Ausführungen, die das unendliche Vertrauen des Aufklärers in die Fortschrittsmächtigkeit von Bildung und weltlicher Erziehung auch im Hinblick auf die Juden deutlich machen, einen breiten Raum einnehmen. Welchen Eindruck vermittelte dieses vielgelesene und hochgeschätzte Journal seinem Lesepublikum von den Juden dieser Zeit? Wie sahen sich die Juden selbst dargestellt, soweit sie zum Leserkreis der »Berlinischen Monatsschrift« gehörten, also weltliche Bildung für erstrebenswert und deutsche populärwissenschaftliche Aufklärungsliteratur für lesenswert hielten?
Da Gedike sich in den voraufgegangenen Briefen mit verschiedenartigen Erziehungs- und Ausbildungsinstitutionen und deren Problemen beschäftigt und Reformvorschläge unterbreitet hatte, begann er seinen 26. Brief mit dem Überleitungssatz: »Wichtige Schulanstalten scheinen mir hier noch die der jüdischen Nation.«[6] Als wichtige Schule im Sinne des reformfreudigen Pädagogen Gedike konnte in Berlin nur die 1778 von Da-

vid Friedländer und Isaak Daniel Itzig begründete erste öffentliche »Jüdische Freyschule« gelten.[7] Ihr Unterrichtsprogramm – »Schreiben, Rechnen, Buchhalten, Zeichnen, die hebräische, die deutsche, und die französische Sprache, und die mathematische Geographie«[8] – wich einschneidend von den traditionellen, religiös geprägten jüdischen Bildungszielen ab. Es rückte sie in die Nähe der im 18. Jahrhundert entstehenden christlichen Realschulen, die ebenfalls häufig auf privater Gründungsinitiative beruhten.[9] Nicht nur die Unterrichtsfächer, sondern auch die Öffentlichkeit der Prüfungen und die kostenlose Aufnahme armer Schüler, die aufgrund der »freywilligen Beysteuer wohlthätiger und edel denkender Personen«[10] mitunterrichtet werden konnten, interessierten die Zeitgenossen und unter ihnen vor allem die Vertreter der Spätaufklärung. Es folgten bald weitere Schulgründungen von Juden in anderen deutschen Städten mit ähnlicher Zielsetzung, von denen aber nicht bekannt ist, ob sie in der Berliner Freischule ihr Vorbild sahen: 1786 die Samsonschule in Wolfenbüttel, 1791 die Königliche Wilhelmsschule in Breslau, 1799 die Herzogliche Franzschule in Dessau, 1801 die Jacobsonschule in Seesen, 1801 die Industrieschule für jüdische Mädchen in Breslau, seit 1804 der Ausbau des Philanthropins in Frankfurt am Main usw.

Was faszinierte die Zeitgenossen an diesen jüdischen Schulgründungen so sehr? Das Bedürfnis gelehrter Juden, sich Wissen anzueignen, das nicht aus jüdischen Quellen stammte, war nicht neu. Jüdische Gelehrte, vor allem Rabbiner, in Polen und Litauen wie in deutschen Territorien wandten sich bereits in der ersten Hälfte des 18. Jahrhunderts voller intellektuellen Interesses vor allem mathematischen, medizinischen, astronomischen und generell naturwissenschaftlichen und ebenso philosophischen Studien zu, erlernten zu diesem Zweck moderne europäische Sprachen, wie Französisch, Deutsch oder Holländisch, beherrschten aber zumeist auch Latein, sammelten – sofern sie sich nicht zu Bildungszwecken an andere Orte begeben hatten – in ihren Häusern die entsprechenden Bücher und gaben ihr so erworbenes Wissen an Schüler weiter.[11] Sie taten dies zum Teil nicht unangefochten von ihren orthodoxen Gemeindeautoritäten. Ihr Interesse und ihre Studien gelangten durchaus zur Kenntnis christlicher Gelehrter, und zuweilen standen beide auch miteinander in wissenschaftlichem Gedankenaustausch. Der mehrfach unternommene Versuch, aus diesem Grund »die Auflösung der jüdischen Traditionsgesellschaft... mindestens um ein halbes Jahrhundert« vorzudatieren, ist jedoch, trotz einer ganzen Reihe von dafür zusammengestellten Belegen, umstritten.[12] Anders als die sephardischen Juden in Holland und Frankreich, die sich seit dem Ende des 17. Jahrhunderts über die Aneignung von weltlichem Wissen hinaus der Kultur ihrer Umgebung anzunähern begannen, war das Interesse der aschkenasischen Juden in Deutschland und Polen an den sich mit der Aufklärung sprunghaft entwickelnden »modernen« Wissenschaften zunächst rein intellektueller Art, ohne Auswirkungen auf die jüdische Religion und Philosophie und vor allem auf die jüdische Lebenswelt.[13] Jacob Katz unterscheidet daher zwischen »Variationen und Abweichungen vom traditionellen Muster«, die »von dem Traditionssystem neutralisiert« wurden, und »Elemente[n] eines neuen Entwicklungsprozesses«, die »das System als solches unterminierte[n]«.[14]

Derartige grundlegend neue Elemente zeichneten sich mit der in größerem Umfang seit der Mitte des 18. Jahrhunderts einsetzenden Hinwendung von Juden zum Bildungsideal der preußisch-norddeutschen Aufklärung ab; sie schloß die Erklärung des Judentums als einer Vernunftreligion ein und hatte als einen ihrer wesentlichen Inhalte die Einführung der hochdeutschen Sprache als Umgangs- und Kultursprache sowie die »Reinigung« des Hebräischen vom nunmehr als Jargon begriffenen Jiddischen als Sprache der Religion zum Ziel.[15] Für die Zeitgenossen fanden diese Tendenzen in der Berliner Jüdischen Freischule einen ebenso greifbaren wie zukunftsweisenden Ausdruck. Noch fast ein Jahrhundert später urteilte Ludwig Geiger: »... der jüdische Knabe sollte die deutsche Sprache erlernen und deutsche Bildung erhalten ... [Die ersten 500–600 Absolventen] wurden Sendboten eines neuen Geistes für ganz Deutschland ... jene Berliner Schule behielt ihren bleibenden Werth als das erste, feste Merkzeichen einer neuen Zeit«.[16]

Wenn Johann Georg Krünitz nur vier Jahre nach der Gründung der Schule dieses »jüdische Erziehungs-Institut in Berlin, ... eins der besten dieser Nation« pries, so geschah es, weil dort Juden »zu gesitteten, brauchbaren, dem Nebenmenschen und dem State nützlichen Männern gebildet wurden«.[17] Obwohl diese und vergleichbare, im selben Tenor bei den Aufklärern häufig zu findende Urteile nicht einer gewissen Arroganz entbehren, zeugen sie nicht nur von der Genugtuung darüber, daß die »verstockten« Juden nun endlich ihre von der Aufklärung als Aberglauben empfundene Religion nicht mehr zum alleinigen Mittelpunkt ihres geistigen Lebens machten. Vielmehr steht hinter derartigen Äußerungen auch das veränderte christliche Religionsverständnis. Die Rationalisierung des Glaubens, die Kritik am Gottesgnadentum der Fürsten und die Forderung nach einer säkularisierten Staatsgrundlage, die sprunghafte Entwicklung der Erfahrungs-, aber auch anderer Wissenschaften, all das führte zu einer anderen Einstellung gegenüber den Juden und vor allem gegenüber denen, die bereit waren, im Verständnis der Zeitgenossen »über die wichtigsten Gegenstände menschlicher Aufklärung nachzudenken«.[18]

In der ersten Phase von derartigen Änderungen grundlegender Einstellungen kann es zu deren Überschätzung kommen. Von christlicher Seite

geschah das in dem hier zur Diskussion stehenden Bericht des Pädagogen Gedike bei der Beurteilung einer weiteren jüdischen Schule. Er unterscheidet zwischen großen und kleinen Beispielen, bei denen »wohltätige Ergüsse des von den Juden ausgehenden Lichts sich jetzt sogar auf die alleinherrschenden und allein klugen Christen verbreiten«. Als große Beispiele nennt er »Moses Mendelssohn, Herz und andere treffliche Menschen von großem Geist und edlem Gefühl, als deren Schüler aufgeklärte Christen aller Stände, selbst der höchsten, sich so gern bekennen«, und als »kleines, aber nicht unmerkwürdiges Beispiel« bezeichnet er »die Freischule, die ein reicher hiesiger Jude auch für eine bestimmte Anzahl Christenkinder gestiftet hat; nämlich Benjamin Veitel Ephraim für die in seiner Manufaktur von brabanter Spitzen arbeitenden Kinder«.[19] Auch Friedrich Nicolai lobt diese Einrichtung, denn die »Kinder können schon in den Lehrjahren etwas verdienen, und werden auch im Lesen und Schreiben unentgeldlich, sie seyn Christen oder Juden, unterrichtet«.[20] Bei beiden fehlt ein Hinweis darauf, daß es sich bei den Zöglingen um Waisenkinder handelte, deren Arbeitskraft der Unternehmer zunächst einzeln, später saalweise vom/beim Waisenhaus pachtete.[21]
Die gewerbliche Nutzung der Arbeitskraft von Anstaltsinsassen, auch und gerade von Waisenkindern, war schon in der ersten Hälfte des 18. Jahrhunderts verbreitet. Systematisch und in großem Umfang wurde sie aber in Potsdam und später auch in Berlin erst durch die Ephraims betrieben, die beispielgebend auf eine ganze Reihe anderer Manufakturunternehmer im In- und Ausland wirkten. Diese Waisenkinder waren billige, anstellige Arbeitskräfte, die durch das Fehlen von sozialfamiliärem Rückhalt auf das Leben in der Anstalt, auf die Einhaltung der dort geltenden Hausordnung angewiesen und damit in Disziplin geübt waren. Zweifellos bedeutete es einen Fortschritt, daß Ephraim die Vermittlung von schulischem Grundwissen in den Tagesablauf der Zöglinge einbezog. Auch war die generelle Elementarschulbildung jener Zeit so schlecht und der Schulbesuch der Kinder durch die Mitarbeit beim familiären Broterwerb so unregelmäßig, daß jede neue Initiative eine Verbesserung darstellte. Bedenkt man allerdings, daß die über 200 Waisenkinder – es waren in der Regel Mädchen – zunächst rund 60 Stunden in der Woche arbeiteten, dann vorübergehend eine Ermäßigung auf etwa 40 Stunden erhielten, zu denen allerdings nach kurzer Zeit wieder acht von den geplanten 12 Schulstunden als Arbeitszeit hinzukamen, so blieben bei diesem von den Aufklärern begrüßten pädagogischen Experiment ganze vier Stunden wöchentlichen Unterrichts für die von der körperlichen Arbeit völlig überforderten Kinder.[22] Die Anerkennung richtete sich also eher auf die erzieherische Absicht als auf deren Realisierung.
Sie galt aber gleichermaßen dem Initiator, denn: »Zur allgemeinen Ver-

breitung der Kultur und freieren Denkungsart trägt der Umstand hier sehr bei, daß so viele reiche Juden zugleich aufgeklärt sind. Es ist wohl nicht bloß bei diesem Volk, sondern allenthalben so, daß der Reiche auch leicht der Weise heißt.«[23] Obwohl die Einschätzung, daß zwischen Reichtum, Aufgeklärtheit und Weisheit eine kausale Verbindung bestehe, in den Vertretern der später voll ausgeprägten kapitalistischen Wirtschaftsform nur selten bestätigt wird, zeugt sie von einer veränderten Einstellung gegenüber erworbenem – d. h. nicht durch Geburt erlangten – Reichtum generell und dem von Juden erwirtschafteten speziell. Zugrunde gelegt wird dabei die im 18. Jahrhundert – auch bei den Aufklärern – nicht gerade selbstverständliche Sicht, daß die Juden »in ihrer ersten Anlage eine kluge, tätige, starke und edle Nation« seien, die auch noch »unter dem grausamen politischen Druck von unsrer und dem theologischen Druck von ihrer eignen Seite« seit dem Mittelalter in der Lage gewesen seien, »tätige Unternehmer großer Anlagen, sinnreiche Erfinder besonderer Hilfsmittel (z. B. des ganzen Wechselhandels), kluge Vertraute despotischer Fürsten, zuverlässige Handelsleute in freien Republiken...«[24] hervorzubringen. Angesichts der erfolgreichen Wirtschaftstätigkeit einzelner Juden, die keineswegs unkritisch gesehen wird, sind aus dieser Sicht die Hemmnisse vergessen oder waren vorher nicht zur Kenntnis genommen worden, die diese zu überwinden hatten: die Manufakturunternehmer unter ihnen den Widerstand der zünftig organisierten Handwerker; die Geld- und Warenhändler den Vorwurf der eingesessenen Kaufleute, sie handelten wucherisch, wenn nicht betrügerisch; die mit großen Handelsaufträgen, der Versorgung des Hofes mit Geld und Luxusgütern sowie mit diplomatischen Missionen beauftragten Hoffaktoren den Widerstand der Hofbediensteten und der Bürokratie, die um ihre Einflußsphäre bangten und Intrigen inszenierten oder schließlich mit ihnen Bündnisse eingingen.

Bei der Überwindung dieser Schwierigkeiten war eine gewisse Lockerung der teils auferlegten, teils selbstgewollten Isolation unerläßlich, die aus jüdischer Sicht einem Ausscheren aus dem tradierten Gruppenverständnis gleichkam: Die nach wirtschaftlichem Erfolg Strebenden mußten ihre Verhandlungen in deutscher Sprache führen; ihr äußeres Erscheinungsbild mußte dem bei Hofe gängigen entsprechen; Kollisionen zwischen einem Leben nach den jüdischen Religionsgesetzen und wichtigen Geschäftsterminen waren zu vermeiden usw. Hinzu kam ein wachsendes Bedürfnis nach sozialem Ansehen, auch außerhalb der jüdischen Gemeinde, das sich in einem nach außen sichtbaren hohen Lebensstandard äußerte. Friedrich Nicolai beschreibt das »Daniel Itzigsche Haus« in der Burgstraße so: »Ein schönes Gebäude, worin auch verschiedene von Fechhelm gemalte Säle (wovon des einen Decke aufgeklappt werden und zur Lauberhütte dienen kann), eine schöne Gemäldesammlung, eine wohlgebaute Synagoge oder Hauskapelle, und ein Bad befindlich sind«.[25]

In dieser Kombination von wirtschaftlichem Erfolg, begrenzter Bewahrung jüdischer Tradition und Loyalität gegenüber dem Herrscher als dem Garanten der Rechtssicherheit[26] war diese schmale jüdische Oberschicht in der ersten Generation nicht Träger der Aufklärung, aber sie trug erheblich dazu bei, daß die Kontakte zwischen Juden und Nichtjuden nicht mehr ausschließlich auf den unumgänglichen geschäftlichen Bereich beschränkt blieben.[27] Ihre Repräsentanten nutzten diese Möglichkeit nicht nur für sich und ihre Familien, sondern setzten sich auch für die Verbesserung der Lebensbedingungen ihrer Glaubensgenossen ein. Unter ihren Nachkommen finden sich zwar tatkräftige und ideenreiche Vertreter der Aufklärung, wie David Friedländer oder Isaak Daniel Itzig, doch gehörten sie nicht zu den Initiatoren dieser Bewegung. Diese kamen ganz überwiegend aus einfachen Verhältnissen. Weder Moses Mendelssohn noch Naphtali Herz (Hartwig) Wessely, Markus Elieser Bloch, Isaak Euchel oder Markus Herz entstammten einer durch wirtschaftlichen Aufstieg angesehenen Familie. Am ehesten trifft das noch auf Aaron Salomon Gumpertz, den Mentor Mendelssohns, zu. Doch scheint dieser Unterschied den Zeitgenossen nicht ins Auge gefallen zu sein.

Vielmehr wird eine andere Unterscheidung deutlich, nämlich die zwischen den wenigen wirtschaftlich Erfolgreichen und den Intellektuellen auf der einen Seite und der Masse der am Rande des Existenzminimums lebenden Juden auf der anderen Seite. »Verwildert ist die Nation freilich im Ganzen«, heißt es bei Gedike, der damit eben diese Masse meint. Dem negativen Begriff der Verwilderung korrespondiert im Positiven der der systematischen Ordnung und Disziplin, die der nach Rationalität strebende Aufklärer vermißt. Doch macht er an dieser Stelle dafür nicht die jüdische Religion verantwortlich, sondern die äußeren Umstände jüdischer Existenz in der Diaspora: »... ohne Oberhaupt, ohne Schutz, ohne Vaterland, ohne Eigentum, fast allenthalben feindlich angesehen und behandelt«, habe die »jüdische Nation« die »Listen und Ränke, die sie gegen ihre Unterdrücker für erlaubt hielt und womit sie sich gegen offenbare Intoleranz und Tyrannei wehrte«, quasi als Überlebensstrategie entwickelt. Dadurch sei sie zwar »verwildert und unmoralisch«, aber nicht zu »Stumpfheit und trägem Gleichsinn erniedrigt« worden.[28]

In einer frühen Form des Minderheitenvergleichs nennt er andere Gruppen, die im Gegensatz zu den Juden unter äußerem Druck ihre Identität aufgegeben haben, »die Wenden, die Mohren, die Amerikaner, die Zigeuner, und was sonst für Nationen unter der barbarischen Herrschaft der Christen haben erliegen müssen«.[29] Die den naturrechtlichen Grundsätzen entsprechende aufklärerisch-menschenrechtliche Zielsetzung des Autors ist unverkennbar, ebenso die Erkenntnis, daß Ungleichheit nicht natürlich, sondern historisch bedingt ist. Gleichwohl vermißt man einen Hinweis auf die krasse Ungleichheit im eigenen Lande in Form der in Preußen besonders hart praktizierten Leibeigenschaft – sie betraf immerhin 5/7 der preußischen Bevölkerung –, denn zumindest theoretisch gehörte die Ablehnung der ständisch fundierten Rechtsungleichheit, einschließlich derjenigen der Leibeigenen, zu den Maximen der Aufklärung.[30] Es scheint, als sei es Gedike vor allem um nichtchristliche Gruppen gegangen, wobei ihm offenbar nicht bewußt war, daß die Zigeuner – wenn auch in modifizierter Form – katholische Christen waren; sie hatten wie die Juden weder ›Oberhaupt‹ noch ›Vaterland‹ und lebten, wenn sie überhaupt geduldet wurden, wie diese mit minderem Rechtsstatus. Anders verhielt es sich bei den ›Wenden‹, den ›Mohren‹ und den ›Amerikanern‹, die auf ihrem eigenen Grund und Boden durch gewaltsame Landnahme unterworfen wurden: die Wenden, also alle Slawen zwischen Elbe und Oder, im Zuge der Christianisierung im 10. und 11. Jahrhundert, die schwarze Bevölkerung Afrikas und die Ureinwohner Amerikas im Gefolge der europäischen Kolonialpolitik seit dem 15. Jahrhundert, die ebenfalls von einer starken christlichen Missionstätigkeit begleitet wurde, vor allem aber durch Rohstoffausbeutung und Sklaverei geprägt war.

Aus der heutigen Kenntnis der Geschichte dieser Gruppen ist der Vergleich mit den Juden schwer nachvollziehbar, und es ist auch fraglich, ob die Juden, wenngleich positiv herausgehoben, in den Augen der Zeitgenossen dadurch nicht fremder erschienen, als sie es in der Realität waren, indem sie in einem Atemzug mit als exotisch empfundenen Völkern genannt wurden. In jedem Fall dürfte der Vergleich dem ganz und gar religiös fundierten Selbstverständnis der Juden als Gruppe widersprochen haben.

Die Absicht des Aufklärers, auf Unrecht generell hinzuweisen und die Verantwortlichen dafür zu nennen, bleibt jedoch mutig, zumal er die eigene Obrigkeit dabei nicht ausspart. Zu der »freien edlen erhabenen Denkungsart, der richtigen Aufklärung und der moralischen Vollkommenheit mancher hiesigen Juden« sei es nicht durch »größere Duldung von seiten der Regierung« gekommen, heißt es, sondern *trotz* der ihnen auferlegten Restriktionen.[31] Als Beispiel dafür nennt er die hohen Abgaben, die sie zu entrichten haben; die Zwangsabnahme von Porzellan aus der Berliner Manufaktur; die solidarische Haftung bei Diebstählen; die Beschränkungen im Erwerbsleben. In der Tat öffnete sich die Schere zwischen ihrer Teilnahme am geistigen, gesellschaftlichen und kulturellen Leben Preußens und ihrer Wirtschaftstätigkeit, einschließlich der innova-

torischen Leistungen in Handel und frühindustrieller Produktion, auf der einen Seite und ihrer Rechtslage auf der anderen seit der Mitte des 18. Jahrhunderts immer stärker. Abgesehen von den wenigen Generalprivilegierten, die mancherlei Vergünstigungen zugestanden bekamen, fand die preußische Bürokratie immer neue Mittel und Wege, eine jüdische Existenz zu verteuern. Ohnehin mußten Juden die normalen, auch von Christen zu zahlenden Abgaben entrichten, hinzu kamen die Schutzgelder, die sie gemeinsam (»in solidum«) aufzubringen hatten. Die solidarische Haftung galt keineswegs nur bei Diebstählen, sondern erstreckte sich auch auf Schäden, die durch Bankrotte entstanden waren, auf die Ersetzung von Hehlergut bei der Pfandleihe usw. Letztlich führte diese Regelung nicht zur ›Solidarität‹, sondern zu gegenseitiger Kontrolle, zu Mißtrauen und zur Abwehr der sogenannten »Unvergleiteten«, nicht mit Schutzbriefen versehenen Glaubensgenossen, für die die Gemeinden mitaufzukommen hatten. Indem den Judenältesten vom Staat aufgetragen wurde zu beobachten, ob ein Gemeindemitglied in Konkurs zu gehen oder aus anderen Gründen zu verarmen drohte und damit »zum gemeinen Beitrage der öffentlichen Lasten und Gebühren bald untüchtig werden« könnte, wurden Aufsichtsfunktionen in die Gemeinden verlagert, die für das Zusammenleben der Gruppe eine schwere Belastung darstellten.[32]
Um diese Diskrepanz zwischen der von den Aufklärern gepriesenen ›freien edlen erhabenen Denkungsart‹ und ›moralischen Vollkommenheit‹ mancher Juden – es seien »so viele von so freier vorurteilsloser Denkungsart«, heißt es bei Gedike – und dem preußischen Einfallsreichtum bei der Nutzung ihrer Zahlungskraft zu verdeutlichen, seien einige der von ihnen zusätzlich zu leistenden Abgaben genannt[33]: Da sie selbst als nicht wehrfähig galten, hatten sie Gelder an die Rekrutenkasse für die ersatzweise Besoldung von Rekruten zu zahlen; zur Feuersozietät mußten sie, da sie selbst dazu keinen Zutritt hatten, Beiträge leisten, damit bei einem Brand auch ihre Häuser gelöscht wurden; auch die Erlaubnis, einen eigenen Kalender drucken zu dürfen, mußte bezahlt werden usw. Hinzu kamen Abgaben zu bestimmten Anlässen, zum Beispiel bei der Bestätigung der Wahl der Ältesten einer Gemeinde, bei Trauungen, Scheidungen, Reisen oder bei der »Ansetzung« ihrer zweiten und dritten Kinder, also bei deren Begründung einer selbständigen Existenz auf der Basis eines eigenen Schutzbriefes. Hier kam die erwähnte zwangsweise Abnahme von minderwertigem Porzellan aus der Berliner Manufaktur vor allem zum Tragen. Je nach Anlaß und Vermögen des Antragstellers wurde willkürlich eine bestimmte, in der Regel immens große Menge Porzellan festgesetzt, die der Betroffene kaufen und nachweisbar im Ausland verkaufen mußte, um die staatliche Exportrate zu erhöhen. Anlässe dafür waren außer der Ansetzung der Kinder auch bereits deren Heirat, die

Gewährung eines zusätzlichen Privilegs oder die Genehmigung zum Hauskauf. Angesichts der rigoros eingeschränkten Möglichkeiten wirtschaftlicher Betätigung blieb zur Erfüllung dieser Forderungen nur ein schmales Spektrum von Erwerbsfeldern[34]: die tradierten Funktionen der Juden im Geld- und Warenhandel, die von Christen nicht in gleichem Umfang und nicht mit gleicher Effizienz wahrgenommen, sondern eher mit Verachtung angesehen wurden, und die Suche nach neuen, noch nicht ›besetzten‹ Bereichen in Handel und Industrie, die dem Innovationsinteresse absolutistisch-merkantilistischer Politik entgegenkamen, aber auf das Mißtrauen der in die sich nur allmählich lockernden Reglements von Gilden und Zünften eingebundenen christlichen Handel- und Gewerbetreibenden stieß.

Trotz dieser den Lebensspielraum permanent einengenden Vorschriften besaß Preußen mit seiner vergleichsweise ausgeprägten Rechtssicherheit eine starke Anziehungskraft für Juden in anderen deutschen Territorien, aber auch in anderen europäischen Staaten, weil dort häufig zur Diskriminierung noch die Rechtsunsicherheit hinzukam.

Ob auch nur die wirtschaftlich Erfolgreichen unter ihnen sich dadurch als »die Juden Friedrichs des Großen«[35] verstanden, sei dahingestellt – die weniger Erfolgreichen taten es sicher nicht, zumal der Herrscher die Existenzbedingungen der Juden nicht nach seinem sonstigen toleranzpolitischen Credo festlegte. Sicher traf es zu, daß die – zu diesem Zweck beschäftigten – Hoffaktoren »im offiziellen Verkehr nur mit den Beamten der Hauptstadt und der Provinzen« standen und »wie diese, einen Teil der staatlichen Maschinerie« bildeten. Und in eben dieser Funktion nahmen sie auch »lebhaften Anteil an den politischen Geschehnissen und wirtschaftlichen Entwicklungen« und »verfolgten die Vorgänge während des 7jährigen Krieges, den sie zu gewinnen halfen, mit tiefer Spannung«.[36] Für die Mehrheit der Juden zutreffender dürfte die ironisierende Einschätzung des Buchhalters in der Seidenfabrik von Isaak Bernhard, Moses Mendelssohn, gewesen sein, der im März 1762, also in der Schlußphase des Siebenjährigen Krieges, an seine noch in Hamburg lebende Braut Fromet Gugenheim schrieb: ». . . und nun mehr habe ich Ihnen eine Neuigkeit zu melden. Gestern sind unsere [Niederlassungsrechte] accordirt worden. Nun mehr sind Sie so gut als R. Mausche Wesel ein preußischer Unterthan, und müssen die preußische Partey ergreifen. Sie werden also auf gut preußisch alles glauben, was zu unserem Vorteil ist. Die Russen, die Türken, die Amerikaner stehen uns alle zu Dienst, und erwarten nur unsern ersten Wink. Unsere Münz wird noch besser werden als Banco, die ganze Welt wird Sicherheit in Berlin suchen, und unsere Börs wird berühmt seyn, von dem Schloßplatz bis an unser Haus. Dieses alles müssen Sie glauben, denn Sie haben [Niederlassungsrechte in] Berlin«.[37]

Angesichts der rechtlichen Einschränkungen und der Mühen beim Broterwerb, mit denen die Mehrheit der jüdischen Bevölkerung leben mußte, wenn sie in der tradierten Form an ihrem Glauben festhalten wollte, herrschte eine distanzierte Haltung gegenüber der aufgeklärt-absolutistischen Obrigkeit vor. Das gilt auch für die Zentren der Aufklärung wie Berlin, Königsberg und Breslau, die zugleich Zentren der Assimilation waren, oder für Universitätsstädte wie Halle und Frankfurt a. d. Oder, wo Juden am frühesten in Deutschland das Medizinstudium ermöglicht wurde.[38] Es gilt um so mehr von den über das ganze Reich verstreut liegenden preußischen Besitzungen, die vergleichsweise lose an das Regierungszentrum in Berlin angebunden waren, wie die Bistümer Halberstadt und Minden, die Grafschaften Mark und Ravensberg und das Herzogtum Kleve, in denen noch aus vorpreußischer Zeit Juden lebten. Und es gilt vollends für die Gebiete, die im Laufe des 18. Jahrhunderts unter preußische Herrschaft gerieten, vor allem für diejenigen, die durch die Teilungen Polens preußisch wurden und in denen seit dem späten Mittelalter Juden zwar zum Teil in äußerst ärmlichen Verhältnissen und angefeindet, aber kontinuierlich in großer Zahl lebten.

Die Diskussionen der Aufklärer über die »bürgerliche Verbesserung der Juden« entzündete sich nicht an dieser für sie schwer durchschaubaren Vielfalt von »Judenschaften« mit jeweils unterschiedlicher Geschichte und Rechtslage, sondern an »den einzelnen ›Gebildeten‹«, die sie vor Augen hatten. »›Bildung‹ und ›Verbesserung‹ des angeblich durch den Handel verdorbenen jüdischen Charakters wurden Aufklärern wie Dohm nahezu synonym.« Kulturelle Assimilation, einschließlich einer Reform des Judentums, als »notwendig zu erbringende Vorleistung für den Anspruch auf Emanzipation«[39] war allerdings zunächst eher eine Forderung der jüdischen Aufklärer. Aus der Sicht nichtjüdischer Aufklärer sollte »die bürgerliche Verbesserung der sittlichen und religiösen vorgehen«, meint J. G. Krünitz, dann würden »auch der Juden ihre Vorurtheile sich verlieren, wenn man nur einmahl zu Gliedern der Gesellschaft sie erhoben hat, und nicht mehr sie zwingt, die hartnäckige Anhänglichkeit an ihre ererbte Lehren als das einzige Interesse anzusehen, welches sie in der Welt haben«.[40] Schärfer formuliert es Gedike mit ausdrücklichem Bezug auf Dohm, »daß die bürgerliche Verbesserung der Juden viele ihrer jetzigen Religionsgrundsätze zerstören würde und – müsse! Diese Grundsätze sind in der Tat mit dem Wohl des Staates oft unvertragsam und werden immer die gewünschte bürgerliche Verbesserung hindern«.[41] Während Krünitz auf vergleichbare historische Entwicklungen vertraut – er zieht häufig Parallelen zur Frühgeschichte des Christentums, als dessen Vertreter noch Mitglieder »einer kleinen verachteten Secte« waren[42] –, ist bei Gedike wie bei Dohm bereits der

Grundsatz der »Erziehungspolitik« gegenüber den Juden angelegt, die den Prozeß der Emanzipation in Form der stückweisen Erteilung von Rechten im deutschsprachigen Raum über fast ein Jahrhundert prägte.

Wie also sahen sich die Juden des ausgehenden 18. Jahrhunderts im zentralen Organ der preußisch-norddeutschen Aufklärung, der »Berlinischen Monatsschrift«[43], dargestellt? Für die strenggläubigen, nicht der Aufklärung verpflichteten unter ihnen mußte die mit Staunen verbundene Bewunderung, mit der der Autor die Geschwindigkeit und Gründlichkeit bei der Hinwendung mancher Juden zur nichtjüdischen Geisteswelt lobte, eine ernsthafte Bedrohung darstellen. Auch wenn sie speziell diesen Text nicht gelesen haben mögen, gab er doch den Tenor einer sich in Teilen der Öffentlichkeit wandelnden Einstellung gegenüber denjenigen Juden wieder, die diesen neuen Bestrebungen folgten, während alle anderen, auch sie selbst, als ›verwildert und unmoralisch‹, dies aber nicht unabänderlich, sondern im Verständnis der Aufklärung als erziehungsbedürftig, betrachtet wurden. Sie mußten die Anziehungskraft dieses Entwicklungsprozesses vor allem auf die junge Generation ebenso fürchten wie die Kosten, die die ›bürgerliche Verbesserung‹ für die Fortexistenz der jüdischen Lebenswelt absehbar bringen würde. Die offenen Auseinandersetzungen zwischen den Vertretern dieser Richtung und den Anhängern einer Reform des Judentums brachen allerdings erst aus, nachdem eine erste Taufwelle um die Jahrhundertwende die Krise der jüdischen Gemeinschaft deutlich gemacht hatte und die ›bürgerliche Verbesserung‹ in Form des Emanzipationsedikts von 1812 in begrenztem Umfang Realität geworden war.

Für die den Ideen der Aufklärung verbundenen Juden war die Argumentation Gedikes nicht neu. Sie standen in der »halbneutralen Gesellschaft«[44] jener Jahre mit Staatsbeamten, rationalistischen Geistlichen und literarischen Aufklärern wie ihm in engem Kontakt, sei es zu philosophischen Erörterungen, sei es aus geselligem Anlaß.[45] Die Aussage, daß die »jetzige Generation der Juden ... eine wahre Epoche in der neuern Geschichte dieses Volks« vollbringe, die »sicherlich Einfluß auf die ganze Nation und ihre künftigen Schicksale haben« werde[46], mag sie gleichwohl in der Verfolgung ihrer Ziele und vor allem bei deren Verbreitung bestärkt haben. Wie zutreffend diese Prognose im Hinblick auf den Identitätswandel von großen Teilen des Judentums in Deutschland gewesen ist, hat sich in den der Aufklärung folgenden Jahrzehnten erwiesen, und ebenso, wie wenig die grundlegenden Veränderungen in den Wertvorstellungen und Verhaltensnormen dieser Gruppe tradierte, fest eingewurzelte Einstellungen zu ihr bei der sie umgebenden Gesellschaft nachhaltig revidieren konnten.

Shulamit Volkov
Die Dynamik der Dissimilation: Deutsche Juden und die ostjüdischen Einwanderer

Die Historiographie des modernen Judentums hat für gewöhnlich eine von zwei Linien verfolgt. Entweder hat sie die Geschichte der Juden in Deutschland als einen schrittweisen, konsequenten und erfolgreichen Prozeß der Assimilation dargestellt, oder sie hat sich auf die Hindernisse auf dem Wege zur rechtlichen, gesellschaftlichen oder kulturellen Integration konzentriert und die Hoffnungen auf eine echte Emanzipation, geschweige denn eine vollständige Assimilation der Juden als illusorisch und trügerisch betrachtet. Die erste Interpretationslinie war zunächst in Deutschland selbst und danach in den wichtigsten Anlaufstationen der deutsch-jüdischen Emigration in England und den USA vorherrschend. Die andere beherrschte die sog. zionistische Schule, vor allem in Israel. Tatsächlich sind in dieser Historiographie wiederholt die alten Kontroversen vom Beginn des Jahrhunderts, die Argumente des Centralvereins deutscher Staatsbürger jüdischen Glaubens (CV) gegen die Zionistische Vereinigung für Deutschland (ZVfD), aufgegriffen worden, und einige Historiker finden sie anscheinend noch immer relevant. Zwar haben der Holocaust und seine Folgen die relative Stärke der beiden Lager verändert, aber im wesentlichen scheint die Debatte unverändert geblieben zu sein und von Zeit zu Zeit wieder angefacht zu werden.
In den letzten Jahren haben sich jedoch die Aussichten auf eine andere Art der Historiographie sehr verbessert. Hauptsächlich, aber keineswegs ausschließlich von Historikern einer neuen Generation geschrieben, ist diese Historiographie natürlich nicht völlig frei von alten Ideologien, aber sie ist wenigstens bereit, mit neuen Methoden und Werkzeugen zu experimentieren und andere Gesichtspunkte anzuwenden. Es ist nicht nur so, daß man es einfach leid ist, eine anachronistische Sache zu vertreten; vielmehr hat sich das Leben in der Diaspora wie in der zionistischen Heimat anders entwickelt als erwartet. Wie es so oft der Fall ist, sind wir aufgerufen, aufgrund neuer Informationen und neuer Forschungsstrategien, vor allem aber aufgrund der sich wandelnden Umstände unseres eigenen Lebens unsere Ansichten von der Vergangenheit zu revidieren.[1]
Bei dem Versuch, die Geschichte des deutschen Judentums neu zu denken und auf sie eine etwas andere Perspektive anzuwenden, lege ich im folgenden den Akzent weder auf die assimilatorischen Kräfte bei der Ent-

wicklung der jüdischen Gemeinschaft in Deutschland, die die Juden zunehmend zu Deutschen wie andere auch machte, noch auf die abstoßenden Kräfte einer antisemitischen Wirtsgesellschaft, die unter dem Nationalsozialismus unvorstellbare Dimensionen erreichten. Statt dessen möchte ich mich auf die von innen heraus wirkenden Kräfte konzentrieren, die die deutschen Juden sogar gegen ihren eigenen Willen wieder auf sich selbst zurückführten. Ich möchte nicht behaupten, daß diese Kräfte kurz- oder langfristig mächtiger oder wichtiger waren als die assimilatorischen Tendenzen. Ich möchte nur das Augenmerk auf sie lenken und sie für diesmal nicht als Rand-, sondern aus Hauptthema behandeln. Die Untersuchung der Dissimilation erlaubt schließlich auch gewisse Einblicke in die Assimilation. Es könnte sich sogar heraustellen, daß beide untrennbar und – wie ich sagen würde – dialektisch miteinander verbunden sind.

I.

Historiker des Wilhelminischen Deutschland sind sich mehr oder weniger darüber einig, daß irgendwann im letzten Jahrzehnt des 19. Jahrhunderts erstmals gewisse Tendenzen bemerkbar wurden, die dem ursprünglichen Assimilationsbestreben von Juden in der deutschen Gesellschaft entgegenwirkten. Tatsächlich waren diese Tendenzen schon das ganze Jahrhundert hindurch am Werk gewesen. Sie mögen das bei deutschen Juden verbreitete und anhaltende Emanzipationsverständnis erklären, wonach Emanzipation ein Aufruf zur Integration, aber auch zu einer gewissen Wahrung der Tradition war. Sie mögen die fortgesetzten Bemühungen der Juden überall im Land erklären, zumindest etwas von dem zu retten, was für sie besonders und einzigartig war. Ja, sie mögen unentbehrlich sein, ein wesentliches Charakteristikum der deutsch-jüdischen Sozial-, Kultur- und Geistesgeschichte zu erklären: das Bestreben auf »Verschmelzung« *und* »Eigenart«.[2] Für den spezifischen Zweck dieses Essays kann man diese generelle, übergreifende Perspektive beiseite lassen und braucht nur das Wirken dissimilatorischer Kräfte bei Juden in Deutschland seit den 1890er Jahren anzunehmen. Zu diesem Zeitpunkt offenbaren jene Kräfte eine deutliche Tendenz und müssen in jeder Untersuchung der geistigen Kontroversen oder der Organisationsgeschichte des deutschen Judentums zu jener Zeit berücksichtigt werden.[3] Besonders dringlich ist die Erklärung dieser Tendenz zur Dissimilation bei den sich bewußt und bereitwillig assimilierenden Juden. Wie kamen sie dazu, sich auf ihre jüdische Einzigartigkeit zu besinnen und sie zur Geltung zu bringen? Was veranlaßte diese Menschen – gewiß eine Minderheit, aber keine unbedeutende –, ihre jüdische Identität wieder hochzuhalten, wo sie sie gerade völlig aufgegeben zu haben schienen?

Die Dissimilation nährte sich m. E. aus zwei Kräften: der Feindseligkeit und Exklusivität der Wirtsgesellschaft und der inneren Dynamik der Assimilation selbst. Ich werde zunächst aufzeigen, wie diese Kräfte, beide auf ihre Weise, dissimilatorische Reaktionen innerhalb der jüdischen Gemeinschaft und bei einzelnen Juden in Deutschland hervorriefen. Dann werde ich ausführlicher skizzieren, wie ein einzelner Faktor in der modernen Geschichte des deutschen Judentums diesen Prozeß beeinflußte, ihm eine bestimmte Wucht gab und dazu beitrug, verborgene Tendenzen ans Licht zu bringen. Ich werde mich also kurz mit der objektiven und dann mit einigen Aspekten der subjektiven Seite der Dissimilation befassen – zuerst mit dem Phänomen selbst und dann mit dem Prozeß seiner Wahrnehmung.

Jeder Versuch einer Erklärung der Dissimilation muß offensichtlich bei dem äußeren Hindernis beginnen, das der Assimilation entgegenstand: den Kräften des Antisemitismus. Unter den Gegebenheiten des Deutschen Reichs muß der Antisemitismus der wesentlichste Einzelfaktor bei der Renaissance des jüdischen Selbstbewußtseins gewesen sein. Es sind viele individuelle Biographien bekannt, die die Geschichte einer Rückkehr zu der einen oder anderen Form des Jüdischseins als Reaktion auf den Druck einer bigotten, vorurteilsvollen und feindseligen Umwelt beschreiben. Noch interessanter sind vielleicht die kollektiven dissimilatorischen Reaktionen des deutschen Judentums auf organisatorischer und Gemeinschaftsebene. Seit der Mitte des Jahrhunderts führten die Aufnahmebeschränkungen für Juden in zahlreichen Clubs und Vereinen zu jüdischen Parallelgründungen.[4] Charakteristisch ist die Geschichte des B'nai B'rith, der als jüdisches Pendant zu den angeblich freidenkerischen Freimaurerlogen geschaffen wurde und als Reaktion auf den bei Logenmitgliedern oft vorherrschenden Antisemitismus gedacht war.[5] Langfristig einflußreicher waren jedoch die jüdischen Studentenverbindungen und vor allem der CV. Hier gab es eine Organisation, die explizit als Reaktion auf die antisemitische Herausforderung aufgebaut worden war, aber obwohl sie dazu errichtet worden war, ein Forum für das gemeinsame Werk der Abwehr zu bieten, wurde auch sie allmählich zu einem weiteren Zentrum und Ausgangspunkt für die Rückkehr. Außerdem förderte das Netz der gesellschaftlichen Parallelgruppen der Juden den Prozeß einer »negativen Integration« und schuf Einrichtungen, die in Wirklichkeit der weiteren Absorption der sozialen und kulturellen Werte der dominanten Gesellschaft Vorschub leisteten. Der CV war hingegen eine einzigartige jüdische Körperschaft, zu der es in der allgemeinen deutschen Umwelt keine Parallele gab und die das Ziel verfolgte, die Zurückweisung nicht zu kompensieren, sondern zu bekämpfen.[6]

Zeitpunkt und spezifischer Gehalt der modernen antisemitischen Bewegung in Deutschland bestimmten schließlich die Elemente innerhalb des Judentums, die von dieser Bewegung am schlimmsten getroffen wurden. Sie waren es, die dazu getrieben wurden, eine geeignete Reaktion zu finden. Es waren nicht die traditionellen, orthodoxen Elemente, die zur Reaktion gezwungen wurden, sondern die liberalen, die Reformjuden; nicht die noch halb ausgeschlossenen Gemeinden in Dörfern und Kleinstädten, sondern die Integrierten, die Assimilierten, die »Erfolgreichen« in den großen städtischen Zentren. *Sie* wurden veranlaßt, ihre Position zu überdenken; *sie* empfanden den Druck, *sie* wurden in eine neue Gewissensforschung gestürzt. Es waren nicht nur berufliche Qualifikationen, die für die Tatsache verantwortlich waren, daß sehr erfolgreiche oder vielversprechende Anwälte die Führung des CV übernahmen, sondern der Umstand, daß *sie* oder ihresgleichen es waren, für die die Vorurteile der Öffentlichkeit erhebliche und oft unüberwindliche Hindernisse aufwarfen.[7]

Der neue Antisemitismus war für die aufstrebenden Juden der ersten und zweiten Generation der Emanzipation nicht so gefährlich wie für diejenigen, die es scheinbar »geschafft« hatten, die arriviert waren. Durch die Mühen und Opfer ihrer Eltern bestens gerüstet und durch ihre Begabung und den selbstbewußten Umgang mit allen Bildungsgütern bestens qualifiziert, wurden sie nun daran gehindert, nach ganz oben zu kommen, Ordinarius zu werden oder angesehene Posten auf höherer Verwaltungsebene zu erreichen. Von ihren eigenen Kollegen wurden sie nun, ungeachtet ihrer Leistungen, endgültig zurückgestoßen. Ein halbes Jahrhundert früher hatten sich Männer und Frauen in dem Bemühen, die letzte Hürde auf dem Weg zum Erfolg zu nehmen, oft zur Konversion entschlossen. Gegen Ende des Jahrhunderts wurde dies jedoch deutlich als Irrweg gebrandmarkt und mit offener Verachtung betrachtet.[8] Zwar entschieden sich noch immer manche für die Konversion bzw. die inoffizielle, aber damit vergleichbare säkulare Abwendung vom Judentum. Aber viele, die ihr Judentum ernsthaft als eine von den Launen des Schicksals ihnen aufgebürdete Last empfanden, begannen nun, die Sache mit anderen Augen anzusehen. Anstatt sich noch weiter abzuwenden, suchten sie nach neuen Wegen der Rückkehr.

Aber der Antisemitismus war, wiewohl eine mächtige, so doch nicht die einzige Kraft, die zur Dissimilation drängte. Ich habe an anderer Stelle ausführlicher zu erläutern versucht, daß zwar der besondere Prozeß der sozialen Integration und kulturellen Assimilation der Juden in Deutschland den Zerfall der alten, traditionellen jüdischen Gemeinschaft begünstigte, daß er aber gleichzeitig eine neue Bindung zwischen den Juden schuf, die auf einer gemeinsamen, entschieden modernen »intimen Kultur« basierte.[9] Außerdem hatten deutsche Juden die einzigartige Fähigkeit, auf die Herausforderung der Moderne zu reagieren, was ihnen einen relativen Vorsprung vor dem konkurrierenden deutschen Bürgertum gab und sie schließlich zu einer eigenen bürgerlichen Schicht werden ließ. Angesichts der Vorurteile ihrer Umwelt und der Restriktionen, denen ihr sozialer Aufstieg ausgesetzt war, agierten die Angehörigen dieser Schicht bewundernswert erfolgreich. Aber genau jene Kräfte, die sich durch ihren spektakulären gesellschaftlichen Aufstieg und ihre weitgehende Assimilation auszeichneten, erwiesen sich oft als Katalysatoren der Dissimilation.

Überall, wo Juden sich in den Großstädten und in einer begrenzten Zahl von Berufen konzentrierten, erreichten sie ein ähnliches Bildungsniveau und entwickelten ähnliche Einstellungen zum Familienleben, zur Erziehung der Kinder, zum anzustrebenden Lebensstil und zur einzuschlagenden Karriere. Sie teilten die Begeisterung für das deutsche Theater sowie für Literatur und Kunst, häufig auch das Faible für Wagner und den ausgesprochenen Geschmack an der Moderne. Es war nur natürlich, daß sie sich in denselben gesellschaftlichen Kreisen bewegten und untereinander neuartige Berührungspunkte fanden. Gewiß wehrten sie sich gemeinsam gegen Beleidigungen und Zurückweisungen von außen, doch fühlten sie sich auch durch eine Fülle gemeinsamer Erfahrungen, Lebensentwürfe, Hoffnungen und Wünsche positiv zu ihrem eigenen, einzigartigen Milieu hingezogen. Wider Willen gerieten sie teilweise in die soziale Isolation, obgleich ihre Gemeinschaft nicht von gesellschaftlicher Exklusivität, sondern von der sozialen Anziehung unter Gleichen bestimmt war.

Dies alles deutet auf eine komplexe Dynamik, die sicherlich weiterer Untersuchungen bedarf. Unzweifelhaft aber wurde die Gemeinschaft der Erfolgreichen, Begabten, Gebildeten und Einflußreichen zum Identifikationsobjekt für die armen und gewöhnlichen Juden. Was sie zusammenführte, war wohl die soziale Ausgrenzung und die gemeinsame private Kultur, aber auch der gemeinsame Stolz auf ihre kollektive Leistung und der gemeinsame Glaube an deren Verheißung. Sie wurden auf ihre Gemeinsamkeit zurückgeworfen durch das negative Bild, das sich eine antisemitische Gesellschaft von ihnen machte, aber auch durch das positive Gegenbild, das aufzurichten eine gelungene Assimilation ihnen erlaubte. So trugen sowohl der Antisemitismus als auch der Assimilationsprozeß dazu bei, einen dialektischen Prozeß der Dissimilation in Gang zu setzen.

II.

Wenn jedoch dieser ganze Prozeß keine Randerscheinung bleiben sollte, galt es, ihn als das zu erkennen und zu würdigen, was er war. Es liegt im Wesen der Dissimilation – so wie es auch im Wesen ihres Pendants, der Assimilation, liegt –, daß es sie schwächen muß, wenn ihre Existenz ignoriert oder geleugnet wird. An diesem Punkt verbanden sich mehrere Elemente in der Geschichte des deutschen Judentums und förderten nicht nur die dissimilatorischen Tendenzen selbst, sondern auch die Notwendigkeit, diese Tendenzen wahrzunehmen, anzuerkennen und zu akzeptieren. Von diesen Elementen gewann die sogenannte »Ostjudenfrage« besondere Bedeutung. Sie war vielleicht dasjenige Thema, das mehr als jedes andere den deutschen Juden ständig einen Prozeß der Umwertung und Neubesinnung aufzwang und die Dissimilation zu einem bewußten Prozeß machte, den man kaum mehr leugnen konnte und praktisch akzeptieren mußte.

Die »Ostjudenfrage« ist folkloristisch überfrachtet, sogar im Vergleich mit anderen Themen in der modernen deutsch-jüdischen Geschichte, die habituell von vorgefaßten Meinungen und konventionellen Gedanken belastet sind. Neuerdings haben jedoch zwei hervorragende Werke, die einander stützen und ergänzen, vieles von der Verwirrung beseitigt und uns eine Fülle neuer Fakten und Zahlen beschert, die zu erneuter Diskussion und weiteren interpretatorischen Bemühungen auffordern. Es handelt sich um Steven E. Aschheims ›Brothers and Strangers‹ sowie um Jack L. Wertheimers ›Unwelcome Strangers‹.[10] Bei der folgenden Untersuchung über die Auswirkung der Ostjudenfrage auf die Dissimilation stütze ich mich stark auf diese beiden Werke. Ich werde mich mit diesem speziellen Thema, wie im vorangegangenen, allgemeineren Teil, zuerst aus der Sicht des Antisemitismus und dann durch die Analyse der Assimilation befassen.

Daß der Zustrom von Ostjuden nach Deutschland zum Wiederaufleben des deutschen Antisemitismus gegen Ende des 19. Jahrhunderts beitrug, galt seinerzeit als gesichert. Seit Beginn der Einwanderungswelle in den achtziger Jahren waren jüdische Organisationen wie der Deutsch-Israelitische Gemeindebund (DIGB) und jüdische Zeitungen wie die ›Allgemeine Zeitung des Judentums‹ ernsthaft besorgt. Ja, die geschlossene Einigkeit, die der DIGB anstrebte, schien angesichts der neuen sozialen und kulturellen Gefahr aus dem Osten besonders notwendig zu sein. Die Organisation appellierte sogar an die Behörden, um den Zuzug zu kontrollieren und zu begrenzen, und das damals ventilierte Problem wurde später noch endlos durchgekaut. Alle Juden würden für die Taten und Untaten der »Schnorrer« aus dem Osten haftbar gemacht, so hieß es, und die schwer erkämpfte Respektabilität und gesicherte Staatsbürgerschaft der einheimischen deutschen Juden gerate ernsthaft in Gefahr, diskreditiert zu werden.[11]

Heinrich von Treitschkes Bemerkungen über den von den Ostjuden in Deutschland eingeschleppten Dreck und Verfall, die mit dem Beginn der neuen antisemitischen Welle Ende der siebziger Jahre zusammenfielen und selbst für die Verhältnisse dieses notorischen Verleumders von Gift strotzten, stießen auf das erwartete zwiespältige Echo. Typisch war die Reaktion Harry Breßlaus, der die Unterscheidung zwischen einheimischen Juden und den rückständigen Neuankömmlingen wiederholte, nur um sodann mehr Zeit und Geduld für den Prozeß der vollen Integration *aller* Juden in die überlegene Kultur Deutschlands zu fordern.[12] Noch zwanzig Jahre später ging der neu gegründete Hilfsverein, so eindrucksvoll seine Wohltätigkeitsarbeit unter den Ostjuden wirklich gewesen war, eindeutig von der Voraussetzung einer tiefen kulturellen Kluft zwischen Ostjuden und Westjuden und der absoluten Überlegenheit der letzteren aus. Als Dachorganisation für umfassende Sozialarbeit unter den bedürftigen Einwanderern zog es der Hilfsverein gleichwohl vor, die Ostjuden als Übergangselemente zu betrachten und möglichst viele von ihnen möglichst rasch nach Amerika weiterzuverfrachten.[13] Bei einer CV-Konferenz, die 1904 in Hannover stattfand, vertrat James Simon ganz offen die Notwendigkeit der Berufsausbildung für russische und galizische Juden, um sie schließlich »exportfähig« zu machen.[14] Hier war der Ausdruck einer tätigen und engagierten Solidarität verbunden mit der Furcht vor der Reaktion der Nichtjuden und einer tiefsitzenden, echten Antipathie gegen den Eindringling aus dem Osten.

Der unablässige Zustrom von Ostjuden hielt das alte Stereotyp vom fromm-orthodoxen Juden, dem kleinen Spekulanten und Schnorrer, lebendig. Es nötigte in verstärktem Maße die Assimilierten, sich von ihm zu distanzieren. Die Ostjuden mögen durch das Wiederentfachen alter judenfeindlicher Vorurteile die antisemitische Bewegung in Deutschland marginal gestärkt haben. Wichtiger war jedoch, daß sie für die Assimilierten das negative jüdische Bild lebendig hielten, indem sie alles darstellten, was diese nicht zu sein versuchten, und deren Entfremdung vom Judentum vertieften und beschleunigten.

Aber wie der Antisemitismus generell, hatte auch seine ostjudenfeindliche Version einen dissimilatorischen Effekt. Aschheim beschreibt überzeugend die Vermischung von altem und neuem Bild des Juden, von »Kaftan« und »Krawatte«, wie er es treffend nennt.[15] Von Treitschke bis zum ›Stürmer‹, so erklärt er, war die Verbindung beider Bilder stets konstitutiv für Theorie und Praxis des deutschen Antisemitismus, während die Unterschiede marginal blieben. Nach und nach mußten auch die deutschen Juden dies wahrnehmen. Im Laufe der Zeit und mit dem Fortdauern des Zustroms von Ostjuden wurde immer deutlicher, daß der Antisemitismus sich nicht nur, ja nicht einmal primär gegen die unassimilierten Ghettojuden des alten Typs richtete, wie ihn die Ostjuden personifizierten. Es erwies sich sogar als unmöglich, einen Teil der Feindseligkeit, sei es auch nur zeitweilig, auf sie abzulenken. Das tatsächliche Vorkommen von Kaftanjuden in den Straßen des großstädtischen Deutschlands war für die Antisemiten unerheblich. Sie konnten sein Bild auch in seiner Abwesenheit heraufbeschwören, und es gab mehr als genügend populäres kulturelles Material dafür. Die Hauptangriffsfläche boten ohnehin die einheimischen Juden, der Krawattentyp, die Assimilierten. In dem Maße, wie der antisemitische Feldzug andauerte, wurde seine wahre Natur zunehmend deutlich, und die deutschen Juden mußten sich allmählich damit auseinandersetzen.

III.

Zentral für diesen Erkenntnisprozeß war der entscheidende Umstand in der Ostjudenfrage: daß es sie nämlich in Wirklichkeit überhaupt nicht gab, oder besser gesagt, daß sie nicht isoliert existierte und untrennbar mit der größeren Frage der Assimilation zusammenhing. So gesehen ist es unerläßlich, einige relevante Zahlen noch sorgfältiger und genauer zu betrachten.[16]

Im Jahre 1910 besaßen zwischen 11 und 12 Prozent aller Juden in Deutschland – rund 70000 Männer, Frauen und Kinder, zumeist aus dem sogenannten Osten – nicht die deutsche Staatsangehörigkeit, sondern waren im rechtlichen Sinne Ausländer. Die meisten dieser Einwanderer ließen sich in einigen wenigen größeren deutschen Städten nieder und gehörten zu den am stärksten urbanisierten Gruppen im damaligen Deutschland. Manche kamen aus Städten im Osten, aber für die meisten verband sich mit der Übersiedlung von einem Land in das andere der Übergang von einer ländlichen Lebensform zu einer städtischen oder sogar großstädtischen Umwelt. Am Vorabend des Ersten Weltkrieges stammten 57 Prozent aller ausländischen Juden aus Galizien, 8 bis 10 Prozent aus Ungarn. Zwei Drittel dieser Einwanderer hatten also Deutsch als Muttersprache und waren vor ihrer Einwanderung in einer germanisierten oder sich germanisierenden Welt großgeworden. Diese Menschen bewahrten, wenn sie Deutsch sprachen, mehr als nur einen Anklang ans Jiddische, eine erkennbare fremde Intonation, die Überbleibsel talmudischer Beredsamkeit und eine Prise galizischen Witzes. Indessen kannten sie sich häufig erstaunlich gut in ihrem Schiller aus oder waren zumindest in der literarischen Subkultur der ›Gartenlaube‹ bewandert.[17] Sie mögen also wirklich »Kinder zweier Kulturen« gewesen sein, aber sie waren nur selten völlig fremd in Deutschland.[18] Die besser Gebildeten – und das waren nicht unbedingt die besser Situierten – hatten für gewöhnlich eine Gymnasialausbildung erhalten, bevor sie nach Deutschland kamen. Andere beherrschten zumindest flüssig die Sprache und brachten große geistige Offenheit für neue kulturelle Gehalte mit. Unter den »Galizianern« gab es viele tatkräftige, anpassungsfähige und aufgeschlossene Menschen, aber natürlich auch zwangsläufig einige sehr arme und sehr ungebildete.[19]

Der rechtliche Zwang, der diese Einwanderer direkt den bestehenden deutsch-jüdischen Institutionen zuführte, entsprach völlig ihren eigenen Wünschen und Ambitionen. Bezeichnenderweise schlossen sich viele der Neuankömmlinge den zentralen liberalen Synagogengemeinden in den großen Städten an, was deutlich ihren Wunsch verriet, dem geachteten, aufstrebenden, nach außen orientierten jüdischen Sozialmilieu anzugehören.[20] Daß sie schließlich von den bestehenden lokalen Gemeinschaften absorbiert wurden, war praktisch unvermeidlich. Aus lokaler Sicht gesehen, wurden die Gemeinschaften durch die kontinuierliche Einwanderung immer heterogener. Das lokale Establishment sah sich ständig mit der Notwendigkeit konfrontiert, neue Elemente zu absorbieren. Dies mußte geschehen, gern oder ungern, und es ging selten ganz schmerzlos ab.[21]

Allerdings war die ganze Situation nicht neu. Wenn wir sechzig oder achtzig Jahre zurückblicken, bietet sich uns ein ganz ähnliches Bild. Zwar hatte die große Einwanderung über die preußischen Grenzen noch nicht eingesetzt, aber die Ostjudenfrage gab es auch damals schon. Zwischen 1824 und 1871 wanderten rund 50000 Juden aus der Provinz Posen in die älteren preußischen Gebiete ab.[22] Weitere 50000 kamen zwischen 1877 und 1905 auf demselben Weg nach Deutschland. Auch sie zogen hauptsächlich in die großen städtischen Ballungsgebiete, vor allem in und um Breslau und Berlin. Auch sie sprachen häufig schon deutsch und waren bereit zur Akkulturation. Auch sie suchten raschen Anschluß an die etablierten einheimischen jüdischen Gemeinden.

Die polnischen »Hosenverkäufer«, die Treitschke in Rage brachten, waren Juden, die aus Posen kamen. Der typische »Ostjude«, den Georg Hermann der Nachwelt überlieferte, der arrogante Neffe Julius Jacobi, der dem kultivierten Jettchen Gebert Anfälle von körperlicher Übelkeit verursachte, kam aus Posen.[23] Diejenigen Urgroßeltern Gershom Scholems, die nicht aus der früher polnischen Provinz Schlesien kamen, stammten aus Posen.[24] Salman Schocken, Rudolf Mosse, Heinrich Graetz, Eduard Lasker und Arthur Ruppin wurden alle in der Provinz Posen geboren.[25] Während zu Beginn des 19. Jahrhunderts mehr als 40 Prozent aller preußischen Juden in dieser Provinz lebten, stellten sie 1910 nur noch etwas über 7 Prozent der jüdischen Gesamtbevölkerung Preußens dar. Ihre Abwanderung nach Westen dauerte praktisch ohne Unterbrechung seit 1833 an. Als 1881 die erste Untersuchung über die jüdische Masseneinwanderung aus dem Osten erschien, konnte man nur in bezug auf Posen von einer großen jüdischen Wanderungsbewegung sprechen.[26] Selbst in den achtziger Jahren des vorigen Jahrhunderts, dem Jahrzehnt der russischen Pogrome, war die Zuwanderung aus Posen zahlenmäßig stärker als die von Juden weiter östlich. Posener Juden wurden noch weithin als Ostjuden betrachtet, doch sah man sie damals gelegentlich auch schon als »Mischlinge« an.[27] Angesichts der neuen galizischen Massen begann man sie nun endlich als echte deutsche Juden zu akzeptieren.

Die Geschichte des deutschen Judentums im Jahrhundert der Emanzipation ist in der Tat vor allem eine Geschichte der Wanderung – aus einer Kultur in die andere, aus dem Dorf in die Stadt, aus der Kleinstadt in die Metropole, aus dem Osten in den Westen.[28] Die Elemente der Mobilität erkennt man bei den meisten Juden in Deutschland, aber bei den Einwanderern aus dem Osten zeigen sie sich am deutlichsten. Sie verkörperten das Wesen des Assimilationsprozesses, demonstrierten am besten seine Schwierigkeiten und spiegelten seine Absurditäten. Das Miterleben ihres Kampfes erwies sich für viele einheimische Juden als lehrreiche Erfahrung – und den Kampf mitzuerleben wurde immer unvermeidlicher.

Juden aus dem Osten setzten sich sogleich dasselbe Hauptziel wie die deutschen Juden der damaligen Zeit: den sozialen Aufstieg. Die deutschen Juden wurden damals zu einem Teil des deutschen Bürgertums, indem sie sich auf ihre privaten und gemeindlichen Leistungen stützten, um die beiden unentbehrlichen Merkmale des Bürgertums zu erwerben: Besitz und Bildung. Die Ostjuden waren von Anfang an ein nicht wegzudenkender Bestandteil dieser Entwicklung. Sie ließen ihn sogar nur um so spektakulärer erscheinen. Schließlich war ihr geographischer und kultureller Ausgangspunkt besonders entlegen. Die Posener Juden, weit östlich in den früheren polnischen Gebieten siedelnd, waren bis weit in die 1830er Jahre hinein fest in einer orthodoxen, jiddischen Kultur verankert. Aber sowohl in der Provinz als auch überall sonst, wohin diese Juden auf dem Weg nach Westen gelangten, meisterten sie bravourös Akkulturation und sozialen Aufstieg – oft innerhalb einer einzigen Generation.[29] Sie nahmen energischen Anteil an der wirtschaftlichen Entwicklung der Provinz und überforderten wiederholt deren Bildungseinrichtungen. Der Prozentsatz an jüdischen Mädchen und Jungen, die mehr als nur Grundschulausbildung erhielten, war nirgendwo in Preußen so hoch wie in Posen.[30] Jüdische Familien schienen in jeder Generation mindestens einen hervorragenden Arzt in die wohlhabenden – und manchmal auch in die ärmeren – Vororte Berlins zu schicken. Diejenigen, die sich auf ihre Geschäftsverbindungen und ihren Unternehmergeist verließen, waren sicher, später einmal ihren Anteil an Ärzten, Juristen und Gelehrten zu stellen. Im Kontext einer sehr großen Gemeinschaft, in der gesellschaftlicher Erfolg das oberste Ziel war, mußten diese strebsamen, fleißigen, ehrgeizigen Menschen zu einem integrierenden Bestandteil werden. Sie mögen nicht völlig willkommen gewesen sein, als sie noch die neu angekommenen Parvenüs waren, aber man konnte sie nicht mehr ignorieren, sobald sie es geschafft hatten.

Die Liste der Juden, die zum deutschen Kultur- und Wissenschaftsleben beigetragen haben, enthält viele Namen aus Posen. Bei einer raschen Durchsicht jener Leute, die in den ersten zwanzig Jahrgängen des ›Leo Baeck Institute Year Book‹ behandelt wurden, zeigt sich, daß ein Drittel von ihnen in Posen und Galizien *geboren* wurde, nicht gerechnet jene, deren Eltern unmittelbar nach ihrer Geburt aus Posen gekommen sind. Einige der hervorragendsten deutschen Juden waren letztlich nichts anderes als »Pollacken«. Unter den Ostjuden wurden zuerst mährische und böhmische Juden als Deutsche akzeptiert. Dann wurden aus Posen gebürtige Einwanderer allmählich zu einem geachteten Teil der Gemeinde. Die Galizier, die um die Jahrhundertwende kamen, setzten einfach einen Prozeß fort, der bereits früher begonnen hatte, und befanden sich am Vorabend des Ersten Weltkrieges bereits auf dem Weg in die deutsche Gesellschaft, ja womöglich schon auf dem Weg nach oben.

Die beste Beschreibung der Situation des galizischen Juden im Vorkriegsdeutschland findet sich in der Prosa Shmuel Yosef Agnons. Vor seinen Zeigenossen zeichnete Agnon sich dadurch aus, daß er bemerkenswert frei von Gruppenvorurteilen war und sich nicht dem Diktat der Archetypen beugte. Er erkannte und entfaltete die Dichotomie von Ostjuden und Westjuden in ihrer ganzen Komplexität und Absurdität und ihren Anflügen von Tragik und Heiterkeit.[31] Herr Lublin, in dessen Geschäft Agnon aus irgendeinem Grund einen müßigen Samstagabend verbringen mußte, war als elfjähriger Ausreißer aus seinem galizischen *schtetl* nach Leipzig gekommen.[32] Er war zunächst bei einer Verwandten als Hausiergehilfe »angestellt« worden. Dann machte er rasch seinen Weg nach oben, wobei er unglaubliche Zähigkeit und überraschende Geschäftstüchtigkeit bewies. Am Vorabend des Ersten Weltkriegs betrachtete sich Lublin, so Agnon, wie andere deutsche Juden in der Stadt als loyalen, patriotischen deutschen Staatsbürger jüdischen Glaubens. Von seinem Glauben war allerdings nicht mehr viel übrig, wie Agnon trocken vermerkt; aber Deutscher war er mit Leib und Seele. Lublin hatte die Tochter seines früheren Chefs geheiratet und mit ihr ein mustergültiges deutsches Heim gegründet; hier erzog er seine Kinder, die auf die Namen Heinz, Thomas und Gerda hörten, in dem vollkommen bürgerlichen und vollkommen deutschen Geist, den er selbst mittlerweile in sich aufgenommen hatte. Zum Erstaunen seiner ortsansässigen Verwandten wurde Lublin anscheinend auch von der nichtjüdischen Elite der Stadt respektiert, für die er stets mit klugen, originellen und nützlichen Ratschlägen zur Stelle war. Mit untrüglichem Gespür beschreibt Agnon die Widersprüche in der sozialen Existenz dieses Mannes und spielt auf die verborgenen Details an, die Lublins galizische Herkunft verraten: sein Unbehagen im Theater, seine besonderen Familien-Empfindlichkeiten und vor allem seinen eigenartigen Witz und Humor. Entsprechend kamen im Heim seiner sich assimilierenden Schwiegereltern immer wieder Reste ihrer jüdischen Herkunft an die Oberfläche, was Agnon Anlaß zu besonders sarkastischen Stellen gibt.

Schließlich erlangte Lublin nur ein bis zwei Generationen später die Segnungen der deutschen Kultur seiner Schwiegereltern. Seine Nachbarn etwa, die zu den berühmten Leipziger Pelzhändlern gehörten, waren nur wenig früher in die Stadt gekommen – aus Rußland, Litauen oder Posen.[33] Nun waren die Galizier an der Reihe. Ende des 19. Jahrhunderts waren sie überall im Aufbruch. Der Vater Fritz Kortners war ein kleiner Straßenuhrmacher, einer dieser hebräisch lesenden, jiddisch sprechenden galizischen Juden. Victor Adler und Sigmund Freud stammten aus kleinen mährischen Städtchen an der galizischen Grenze,[34] und diese Liste läßt sich leicht verlängern.

IV.

Anders jedoch als bei den Einwanderern aus Posen wurde die Absorption der galizischen Juden durch eine Reihe von Faktoren erschwert. Zum einen umfaßte die Einwanderungswelle aus Osteuropa, die in den achtziger Jahren begonnen hatte, auch eine ziemlich große Zahl russischer Juden. Nach den Pogromen versuchten viele aus den zaristischen Ländern zu fliehen, und 1890 waren 10000 von ihnen mehr oder weniger für immer in Deutschland eingewandert.[35] Im Gegensatz zu den Posenern und den Galiziern und auch im Gegensatz zu den ungarischen Einwanderern waren diese Menschen leicht als Fremde zu erkennen. Ihre Sprache, ihre Gewohnheiten, ihre Denkweise und ihre Interessengebiete: Alles verriet ihre Herkunft, und sie selbst machten kaum den Versuch, das zu verbergen. Ihr Anteil an der Einwanderungswelle nahm jedoch rasch ab, und im Vergleich zu den Größenordnungen von Galiziern und Posenern wurde das russische Element allmählich verschwindend gering.

Zweitens eignete den ostjüdischen Einwanderern Ende des 19. Jahrhunderts vermutlich ein niedrigeres soziales Profil als ihren Posener Vorgängern um die Jahrhundertmitte, wenngleich präzise Angaben hierüber fehlen. Während die deutsch-jüdische Bevölkerung zunehmend wohlhabender wurde, bevölkerten Ostjuden die jüdischen Wohlfahrtseinrichtungen und »erweiterten das Berufsspektrum« der jüdischen Gemeinde beträchtlich.[36] Am bedeutsamsten war aber wohl, daß die neu Zugewanderten, zumal die Galizier, die um die Jahrhundertwende nach Deutschland kamen, auf eine eingesessene jüdische Gemeinde trafen, die die Anfangsstadien von Emanzipation und Assimilation bereits hinter sich gelassen hatte und dabei war, in ein neues Stadium einzutreten. Während der Zeithorizont durch den herannahenden Krieg beschnitten wurde, gestaltete sich der Zugang zum etablierten jüdischen Milieu immer schwieriger. Die Barrieren wurden höher.

Um die Zeit, als Agnons Herr Lublin seinen Weg in der deutsch-jüdischen und in der deutschen Gesellschaft überhaupt machte, war eine relativ große Anzahl zuvor germanisierter Juden bereits an der Spitze ihres sozialen Aufstiegs angelangt – entweder, weil es höher einfach nicht mehr ging, oder aber, weil die von einer bigotten Gesellschaft aufgetürmten Hindernisse sich als unüberwindlich erwiesen. Diese zweite, dritte und mitunter sogar vierte Generation sozialer Aufsteiger verlor nun allmählich das Interesse an dem Weg nach oben. Das Ringen um *Anerkennung* trat rasch an die Stelle des Bemühens um soziale Mobilität. Die Menschen waren eifrig damit beschäftigt, ihren Besitzstand zu wahren, Status und Prestige zu erwerben. Sie rangen nicht mehr darum, richtig akkulturiert zu sein, sondern darum, es auch wissen zu lassen. Unter den gegebenen Umständen waren sie gezwungen, besondere Anstrengungen zu unternehmen, um es in jeder Hinsicht etwas besser zu machen als das nicht-jüdische deutsche Bürgertum. Vor allem waren sie bestrebt, sich im Zelebrieren der Rituale bürgerlichen Lebensstils und bürgerlicher Gesittetheit hervorzutun. Die noch immer existierende alte Generation der Parvenüs stellte da ein akutes Problem dar; aber wirklich unerträglich waren die Neuankömmlinge.[37]

Norbert Elias hat mit seiner sorgfältig erarbeiteten Beschreibung der Transformation der alten Krieger-Aristokratie in einen zivilisierten Hofadel unbeabsichtigt auch einen Kommentar zur Geschichte des deutschen Judentums gegeben.[38] Seine Unterscheidung zwischen einem frühen Stadium des sozialen Aufstiegs und der Assimilation einerseits und einer Periode der Konsolidierung und eines neuen Selbstbewußtseins andererseits ist für diese Diskussion von zentraler Bedeutung. So erregten die Ostjuden in den Frühphasen der Emanzipation Unmut und Befremden, aber auch eine gewisse Verbundenheit und Sympathie, und wurden schließlich vermöge ihrer wirtschaftlichen, gesellschaftlichen und kulturellen Leistungen von der Gemeinschaft absorbiert. Später jedoch, als es hauptsächlich um den Status ging, betrachtete man die Ostjuden als größte Quelle der Verlegenheit, die den besser situierten, besser akkulturierten, besser assimilierten Juden schlaflose Nächte bereiteten. Um Elias' Begriffe zu gebrauchen waren »Scham« und »Peinlichkeit« in der Tat die beiden wichtigsten Gefühlspole dieser Generation. Scham empfand man, wenn man auch nur einen Moment lang die strengen Regeln des Zivilisationsspiels vergaß oder mißachtete. Peinlichkeit rief das unangemessene Verhalten anderer hervor. Aufgrund der strengen Verhaltensregeln, die die deutschen Juden sich selbst auferlegten, war Scham etwas, das sie immer empfanden. Ihr besonderes Verantwortungs- und Solidaritätsgefühl aber hielt sie auch dauernd in einem Zustand des Peinlichberührtseins. Jüdische Solidarität wurde denn auch häufig mobilisiert, wenn es um die Ostjuden ging, die zumeist die Armen und Bedürftigen waren. Aber nach den strengen Regeln der jüdischen Klassengesellschaft blieb diesen Menschen zum größten Teil der Zutritt zum gutbürgerlichen jüdischen Heim verschlossen. Die reichen, wohlhabenden und tatkräftigen Galizier verschafften sich trotz ihrer mangelhaften Sitten und ihrer Unkultiviertheit »Zutritt«, so wie andere Juden sich früher trotz ihres Jüdischseins den »Zutritt« zur bürgerlichen Gesellschaft verschafft hatten.

In diesem Stadium der Assimilation bestärkte das antisemitische Gerede manche Juden in dem Entschluß, die letzten Verbindungen zu ihrem Jüdischsein abzubrechen. Andere hingegen begannen jetzt erst, die Tragweite des notwendigen Bruches zu erkennen und zu ermessen. Sie machten sich jetzt klar, daß ein solcher Bruch nur allzu oft auf den völligen Bruch mit den nächsten Angehörigen hinauslaufen mußte, ja in gewissem Sinne auf den Bruch mit sich selbst. Außerdem mußten sie angesichts des ständigen Zustroms von Ostjuden ihr eigenes Leben kritisch reflektieren und neue Definitionen für ihre Existenz als Juden suchen. Sie waren dabei, über die Grenzen ihres eigenen selbstgefälligen, soliden, bürgerlichen Deutschseins hinauszugehen.

In einem Brief an seine Eltern schrieb Franz Rosenzweig im Juni 1916: »Über die Ostjuden schreibt man nicht unvernünftiger als über die Westjuden; nur kommt es bei den Ostjuden alles so auf einen Schlag; aber wenn man sich die ganze Literatur der sagen wir nur letzten zwanzig Jahre über die Westjuden einmal auf ein knappes Jahr zusammengedrängt dächte, so wäre es auch, um mit unsern ›ostjüdischen‹ Groß- bzw. Urgroßeltern zu sprechen, ein schöner Bild. Es *gibt* eben keine Ostjudenfrage, es gibt nur eine Judenfrage – und selbst die gibt es eigentlich nicht. Überlegt Euch übrigens nur, daß die ganze deutsche Angst vor den Ostjuden ja nicht auf die Ostjuden als solche, sondern auf dieselben als zukünftige Westjuden (also Euresgleichen) geht.«[39]

Eine Generation von Juden, die von der Angst um den sozialen Aufstieg relativ frei war, begann, nach innen zu schauen. Es waren die Jahre Freuds und der großen jüdischen Kulturkritiker, die Zeit des Zustroms von Juden in die Mitgliederschaft und den Vorstand der Sozialdemokratischen Partei, die Zeit des aufkommenden Zionismus. Der ständige Umgang mit der Ostjudenfrage – die Konfrontation mit den Parvenüs – kam dieser Neubesinnung sehr zugute. In den Fremden sich selbst zu erkennen und anzuerkennen, war für den gesamten Prozeß entscheidend wichtig. Nicht zufällig waren es die Wiener Juden, die eine so bedeutende Rolle in diesem Prozeß spielten. Schließlich war Wien die wahre Hauptstadt Galiziens, die ständig mit neuen Einwanderern aus dem Osten aufgefüllt wurde.

Ein Aspekt dieses Umdenkprozesses war, daß die Ostjuden allmählich mit anderen Augen angesehen wurden – nicht von allen und nicht überall, aber jedenfalls von einer bedeutsamen, profilierten und entschiedenen Minderheit. »Die ostjüdischen Mitglieder erregten mein ganz besonderes Interesse, und nicht nur meines... Es ist nicht übertrieben, wenn ich sage, daß es damals, besonders in den Jahren des ersten Weltkrieges und kurz nachher, bei den Zionisten geradezu so etwas wie einen Kult alles Ostjüdischen gab.«[40] Das war zweifellos zum großen Teil Ausdruck eines Generationenkonflikts, aber es mag auch noch etwas anderes gewesen sein: der Beweis eines neuen Selbstgefühls. Die Juden begannen, die Heterogenität ihres Zusammenlebens zu akzeptieren und das positive Potential dieses Pluralismus anzuerkennen. Für viele von ihnen bedeutete das, daß sie die Grenzen der Assimilation erreicht hatten und prompt an der Schwelle halt machten. Von hier aus konnte man nur noch den Weg zurück und nach innen antreten, um eine neue Definition der eigenen Identität und oft auch neue Selbstachtung zu suchen.

Reinhard Rürup
Jüdische Geschichte in Deutschland
Von der Emanzipation bis zur nationalsozialistischen Gewaltherrschaft

Jede Beschäftigung mit der Geschichte der Juden in Deutschland muß heute von der Tatsache ausgehen, daß diese Geschichte zwischen 1933 und 1945 in Verfolgung, Vertreibung und Völkermord endete.[1] Die Verbrechen an den deutschen und europäischen Juden geschahen im Namen des deutschen Volkes, und sie wurden von Angehörigen des deutschen Volkes ausgeführt. Gewiß wurden nicht alle Deutschen in gleicher Weise schuldig, aber es gab neben den unmittelbaren Tätern eine große Zahl von Mitschuldigen – solche, die bei der Planung und Vorbereitung der Verbrechen mithalfen, und solche, die einfach wegsahen und keinen Versuch unternahmen, das Unrecht zu verhindern, solange es noch möglich war. Für die Mehrheit der Deutschen galt, daß es nicht nur die Allmacht der Polizei, sondern auch ihre eigenen antijüdischen Vorurteile waren, die sie daran hinderten, sich in irgendeiner Weise solidarisch zu den verfolgten Juden zu verhalten.

Die Verfolgung und die systematische Ermordung der Juden sind ein Faktum der deutschen Geschichte, das sich in seinen qualitativen und quantitativen Dimensionen einer angemessenen Erklärung oder gar einem umfassenden Verständnis entzieht. Auschwitz, so ist mit Recht gesagt worden, läßt sich nicht verstehen. Es läßt sich allerdings noch weniger »bewältigen«, wie uns die gängige Redeweise von der Notwendigkeit der »Vergangenheitsbewältigung« lange Zeit zu suggerieren versuchte. Der Völkermord an den deutschen und europäischen Juden und seine Vorgeschichte können aus der deutschen Geschichte nicht wegdiskutiert werden, sie können nicht gegen die unbestreitbaren Leistungen (oder auch die Leiden) des deutschen Volkes vor 1933 oder nach 1945 aufgerechnet werden, und sie lassen sich auch nicht durch Vergleiche mit ebenfalls großen Verbrechen in anderen Ländern relativieren.

Ein gleichsam unbefangener Blick auf die deutsch-jüdische Geschichte, der von diesem Faktum absehen würde, ist heute nicht mehr möglich. Vordringlich ist deshalb in der Tat die Untersuchung der Ursachen und Voraussetzungen der sogenannten »Judenpolitik« des Nationalsozialismus und ihrer Steigerung bis zur »Endlösung« im Völkermord. Die deutsche Geschichte muß immer wieder auf diejenigen Elemente »abgeklopft« werden, die den Weg in den Wahnsinn und das Verbrechen vorbereitet und erleichtert haben. Wir müssen so genau wie möglich Bescheid wissen über die Spannungen und Belastungen in der deutsch-jüdischen Geschichte, über die Entstehung und Entwicklung des modernen Antisemitismus, über den Zustand einer Gesellschaft, in der ein radikaler, rassistischer Antisemitismus die staatliche Macht erobern und verbindliche Herrschaftsideologie werden konnte.

Das alles ist zweifellos notwendig, aber es ist für ein Verständnis der deutsch-jüdischen Geschichte nicht ausreichend. Vielmehr ist sogar die Gefahr damit verbunden, diese Geschichte nahezu ausschließlich als die Vorgeschichte der Katastrophe zu sehen. Das aber würde bedeuten, daß die Ermordung der deutschen Juden schließlich auch zu einem Verlust ihrer Geschichte führen würde, soweit sie mehr war als die bloße »Vorgeschichte« ihres plötzlichen und furchtbaren Endes. In den Empfehlungen der deutsch-israelischen Schulbuchkommission – deren Arbeit der Verbesserung vor allem der Geschichtsbücher beider Länder gilt – haben wir vor drei Jahren nachdrücklich darauf hingewiesen, daß die Aufklärung über die Ursachen und Folgen der Judenfeindschaft allein nicht ausreicht, daß sie vielmehr ergänzt werden muß durch die Beschäftigung mit den langen Phasen der gemeinsamen Geschichte von Juden und Nichtjuden, die durch die – relative oder vollständige – Abwesenheit von Spannungen und Konflikten, durch gemeinsame Interessen und gemeinsame Arbeit (auch gemeinsames Leiden) gekennzeichnet sind. Die Juden, so wurde betont, sollten in unseren Geschichtsbüchern – und in unseren Köpfen – nicht lediglich als Objekte und Opfer der Geschichte existieren.[2] Wird der Geschichte der Vorurteile und Verfolgungen eine zu einseitige Aufmerksamkeit geschenkt, so kann daraus eine Verzerrung der geschichtlichen Wirklichkeit entstehen, die ungewollt neuen Vorurteilen Vorschub leistet – wenn man von den Juden nämlich gar nichts anderes mehr erfährt, als daß sie immer wieder Gegenstand von Haß und Gewalt gewesen sind.

Die nationalsozialistische Herrschaft bedeutete nicht nur die unvorstellbare Steigerung des Judenhasses und der antijüdischen Gewalt, sondern auch das Ende einer jüdischen Geschichte in Deutschland, die seit dem Beginn der Emanzipation immer mehr zu einer deutsch-jüdischen Geschichte geworden war. Die Juden, die von den Nationalsozialisten verfolgt, vertrieben, ermordet wurden, waren – um den Titel eines Vortrags von Peter Gay aufzunehmen – »in Deutschland zu Hause«[3], die allermeisten seit vielen Generationen, mit allen Fasern ihrer Existenz in deutscher Sprache und Kultur verwurzelt. Sie waren durchaus nicht nur Objekte einer gegen sie gerichteten Politik, sondern Subjekte des historischen Prozesses, Mithandelnde und Mitgestaltende der deutschen Geschichte. Gewiß, sie waren eine Minderheit, und es gab Spannungen und Konflikte, es gab Antisemitismus, aber sie waren in der wilhelminischen Zeit oder in der Weimarer Republik keine Außenseiter der Gesellschaft mehr.

Die anderthalb Jahrhunderte zwischen dem Beginn des Emanzipationszeitalters und der »Machtergreifung« der Nationalsozialisten waren eine Zeit des sozialen Aufstiegs und der staunenswerten Leistungen in fast allen Bereichen des gesellschaftlichen Lebens. Es war eine große, in mancher Hinsicht einzigartige Geschichte, die abrupt und schrecklich endete und die so vollständig zerstört wurde, daß auch ihre Spuren in der Geschichte verwischt wurden. Heute wissen wir daher in der Regel mehr über die Geschichte des Antisemitismus und die Verbrechen an den Juden als über die Juden und ihre Geschichte in Deutschland.

Wir sollten deshalb künftig vermehrte Anstrengungen unternehmen, die jüdische Geschichte in Deutschland – die spätestens seit dem Beginn der Emanzipation ein untrennbarer Bestandteil der allgemeinen deutschen Geschichte ist – in ihrer Gesamtheit zu erkennen, in allen ihren Höhen und Tiefen, vor allem aber in ihrer Widersprüchlichkeit. Es ist eine Geschichte voller Brechungen und Gegensätze, voller Leistungen, Erfolge und Katastrophen. Es ist eine reiche, lebendige und zutiefst menschliche Geschichte – und es ist immer eine Geschichte von Juden und Nichtjuden, eine Beziehungsgeschichte, die durch Spannungen, aber auch durch Gemeinsamkeiten, durch gemeinsame Ziele und gemeinsames Streben charakterisiert ist. Es handelt sich auch um keine isolierte Geschichte, sondern um einen Bestandteil des allgemeinen historischen Prozesses, seiner Beschleunigungen, seiner Verzögerungen und seiner Krisen. In dieser Perspektive will ich versuchen, einige Grundprobleme der deutsch-jüdischen Geschichte seit dem Beginn der Emanzipation zu skizzieren und zu diskutieren.

Juden waren in einzelnen deutschen Landschaften schon zu Hause, ehe es eine »deutsche Geschichte« oder ein Deutsches Reich gab. Vor fast zweitausend Jahren lebten sie in den Heerlagern und Städten der Römer an Rhein und Donau. Wir wissen nicht genau, wie kontinuierlich die jüdische Siedlung in diesen Gebieten war, doch steht fest, daß die Juden im Reich Karls des Großen zeitweise eine wichtige Rolle spielten, und mehrere Jahrhunderte lang waren sie auch geachtete Bewohner der großen mittelalterlichen Städte am Rhein und in anderen Teilen Deutschlands. Sie unterschieden sich in religiöser und auch in manch anderer Hinsicht von ihren christlichen Mitbürgern, aber sie lebten nicht von ihnen getrennt. Eine entscheidende Wendung zum Schlechten trat erst um 1100 ein, als die Kreuzfahrerheere auf dem Wege nach Palästina plündernd und mordend über die jüdische Bevölkerung deutscher Städte herzufallen begannen. Bald darauf errichtete die christliche Kirche immer festere Schranken zwischen Christen und Juden und propagierte eine entschieden antijüdische Einstellung. Damit begann eine jahrhundertelange Zeit der Unterdrückung, der Verfolgung und auch der Verachtung der Juden von Seiten der Christen – in Deutschland, aber auch in den meisten anderen europäischen Ländern. Als um 1350 die Pest in Mitteleuropa wütete, wurden die Juden sogar zu Tausenden als »Sündenböcke« für das unerklärliche Geschehen getötet. Die Überlebenden flohen in großer Zahl nach Polen und begründeten dort ein neues Zentrum jüdischen Lebens, das nicht nur in seiner Sprache, dem Jiddischen, der deutschen Kultur des späten Mittelalters verbunden blieb.

In Deutschland wurden die Juden auch in der Folgezeit, bis ins 18. Jahrhundert hinein, immer wieder aus einzelnen Fürstentümern und freien Städten vertrieben – angesichts der großen territorialen Zersplitterung auf dem Gebiet des Heiligen Römischen Reiches Deutscher Nation bedeutete das jedoch nicht eine vollständige Vertreibung und Ausschließung von deutschem Boden wie in Frankreich, England, Spanien oder Rußland. Auch die Reformation brachte, trotz anfänglicher Hoffnungen, keine Besserstellung der Juden. Der Protestantismus war den Juden gegenüber nicht weniger intolerant als die alte Kirche. Juden waren für Jahrhunderte in Deutschland – das sich darin nicht von anderen Ländern unterschied – Menschen mit minderen Rechten, verachtete, teilweise gehaßte Außenseiter der Gesellschaft. Sie lebten nun in der Regel in weitgehender Isolierung von der christlichen Bevölkerung. Sie durften keinen Grundbesitz erwerben, keine Landwirtschaft und keinen ordentlichen Handel betreiben und auch kein zünftiges Handwerk ausüben. Ihre materielle Basis waren der Hausierhandel, das Pfandleihgeschäft und der den Christen verbotene Geldhandel – Tätigkeiten, durch die das Verhältnis zur nichtjüdischen Umwelt keineswegs verbessert wurde. Sie hatten keine wirkliche Heimat, da ihre Aufenthaltsrechte prinzipiell beschränkt waren und ihre »Schutzbriefe« nicht für die Nachkommen galten – obwohl die Landesherren in der Regel an ihren hohen Steuerleistungen interessiert waren.

Unter diesen Umständen waren die Beziehungen zwischen den Juden – als einer kleinen Minderheit – und der christlichen Gesellschaft in ganz Europa, sieht man von einigen wenigen Sonderentwicklungen einmal ab, denkbar schlecht. Unbeschadet der besonderen wirtschaftlichen Funktionen, die die Juden innerhalb der ständischen Gesellschaft ausübten, galt ihre Existenz durchweg als unerwünscht. Sie waren von der jeweiligen Mehrheit der Bevölkerung durch Religion, Sprache, Kultur und Abstammung deutlich unterschieden und bildeten auch in wirtschaftlich-sozialer Hinsicht eine weitgehend einheitliche Gruppe. Abgesehen von den wenigen Familien, die seit dem 17. Jahrhundert als sogenannte »Hoffaktoren« im Dienste der Fürsten – als Warenlieferanten, Kreditgeber, Bankiers und Manufakturunternehmer – reich geworden waren, lebten die Juden überwiegend in großer Armut, als ein Händlervolk, das seine Existenz in den kümmerlichen Nischen der allgemeinen Gesellschaft zu fristen trachtete. Sie galten als Fremde, und ihre Fremdheit wurde nicht selten als bedrohlich empfunden. Gegen sie richteten sich alle Vorurteile, die in einer agrarischen, überwiegend statischen Gesellschaft dem scheinbar »unproduktiven« Handel und dem Geld- und Bankwesen galten. Und natürlich waren sie in der christlichen Tradition, die fest in der Volkskultur verwurzelt war, noch immer das Volk der »Gottesmörder«, das Volk derjenigen, die sich hartnäckig und verstockt dem göttlichen Heilsangebot verweigerten, und das Volk, das in seiner Zerstreuung und in seinem ärmlichen, verachteten Zustand sichtbarer Ausdruck des anhaltenden göttlichen Strafgerichts war.

Angesichts dieser Verhältnisse bedeutete es eine entscheidende Wendung, daß im späten 18. Jahrhundert plötzlich der Gedanke aufkam, daß die überlieferte Existenz der Juden nicht einfach hingenommen werden müsse, sondern verändert werden könne. Man erkannte jetzt, daß die Beziehungen zwischen Juden und Christen durch die Jahrhunderte der Unterdrückung, Verfolgung und Absonderung geprägt worden waren und daß die von den Christen vielbeklagten Lebens- und Wirtschaftsformen der Juden im wesentlichen ein Ergebnis dieser Geschichte waren. In diesem Sinne schrieb Christian Wilhelm Dohm in seinem epochemachenden Buch »Über die bürgerliche Verbesserung der Juden«, das 1781 und 1783, in zwei Teilen, in Berlin erschien, nun die klassischen Sätze: »Daß die Juden Menschen, wie alle übrigen, sind; daß sie also auch wie diese behandelt werden müssen; daß nur eine durch Barbarei und Religionsvorurteile veranlaßte Drückung sie herabgewürdigt habe; daß allein ein entgegengesetztes, der gesunden Vernunft und Menschlichkeit gemäßes Verfahren sie zu besseren Menschen und Bürgern machen könne; daß das Wohl der bürgerlichen Gesellschaft erfordere, keinem ihrer Glieder den Fleiß zu wehren und die Wege des Erwerbs zu verschließen; daß endlich verschiedene Grundsätze über die Glückseligkeit des künftigen Lebens nicht in diesem bürgerliche Vorzüge und Lasten zur Folge haben müssen: dies sind so natürliche und einfache Wahrheiten, daß sie richtig verstehen und ihnen beistimmen, beinahe eins ist.«[4]

Hier wurden, wie unmittelbar ersichtlich ist, die Grundgedanken der Aufklärung zur Richtschnur einer neuen Bestimmung des Verhältnisses zwischen Juden und Christen genommen. Menschlichkeit, Vernunft und Staatsinteresse verbanden sich zu der Forderung, die Juden endlich wie alle anderen (christlichen) Menschen zu behandeln, sie nicht länger zu diskriminieren, sondern sie in die entstehende neue, bürgerliche Gesellschaft zu integrieren. Damit wird zugleich deutlich, daß die nun beginnende Emanzipation der Juden – d. h. ihre rechtliche Gleichstellung und ihre soziale Integration – ein Teilaspekt der umfassenderen Emanzipation der bürgerlichen Gesellschaft war. Das überlieferte Verhältnis zwischen Juden und Christen wurde in dem Augenblick problematisch, in dem die alte, ständisch gegliederte und in der Regel absolutistisch regierte Feudalgesellschaft sich aufzulösen begann. An ihrer Stelle zeichneten sich die Umrisse einer neuen Gesellschaft ab, für die die alten Schranken der Stände, Zünfte und Kirchen keine Geltung mehr haben würden – eine Gesellschaft des wirtschaftlichen Fortschritts und der freien Konkurrenz, die sich auf die Freiheit des Individuums und des Eigentums gründen sollte. In einer solchen Gesellschaft konnte es keinen Grund mehr geben für die Ausschließung und Isolierung der Juden oder für ihre mindere Rechtsstellung, und man konnte sogar daran denken, sich auf dem Wege zu dieser Gesellschaft die spezifischen Fähigkeiten und Erfahrungen der Juden zunutze zu machen – Überlegungen, die bei manchen der Reformer anzutreffen sind.

Ablauf und Tempo des Emanzipationsprozesses waren damit im Kern abhängig von dem allgemeinen Prozeß der Herausbildung und Ausformung der modernen Gesellschaft, und es läßt sich in der Tat nachweisen, daß in Phasen rascher gesamtgesellschaftlicher Entwicklung auch die Emanzipation der Juden voranschritt, während in Zeiten wirtschaftlicher Krisen und politischer Reaktion auch die Emanzipation der Juden stagnierte. So wurden die ersten Reformansätze in Deutschland und Österreich unter den Vorzeichen des aufgeklärten Absolutismus formuliert, erfolgte international der erste Durchbruch im Gefolge der Französischen Revolution von 1789, kam es zu den ersten Emanzipationsgesetzen in Deutschland im Rahmen der preußischen Reformpolitik und der Strukturreformen der deutschen Rheinbundstaaten im Zeitalter Napoleons. Umgekehrt bedeutete die Restaurationszeit nach 1815 eine weitgehende Stagnation auch hinsichtlich der Judenemanzipation, und das gleiche gilt für die Reaktionszeit nach der Revolution von 1848/49, deren Anläufe zu einer völligen Gleichstellung der Juden wie so vieles andere steckengeblieben waren. Beendet wurde die Emanzipationsgesetzgebung in Deutschland daher nicht zufällig unter den Vorzeichen der industriell-gewerblichen und auch der landwirtschaftlichen Hochkonjunktur der 1860er Jahre, im Rahmen der umfassenden Reformmaßnahmen, durch die eine weitgehend liberale Wirtschafts- und Sozialordnung in Deutschland geschaffen wurde. In diesem Augenblick und unter diesen Umständen war die »Judenfrage«, über die man jahrzehntelang erbittert gestritten hatte, plötzlich leicht zu lösen. Man verzichtete auf alle weiteren Debatten und erklärte die Rechtsgleichstellung zu einer Frage des Prinzips. Es war in der Tat der allgemeine Entwicklungsstand der Gesellschaft, der es nun nicht mehr zuließ, daß eine bestimmte Gruppe von Bürgern auf Grund eines Religionsunterschiedes – denn dieses war die einzige rechtlich relevante Unterscheidung, da mit der Taufe ohnehin alle früheren Rechtsbeschränkungen hinfällig wurden – weiterhin rechtlich benachteiligt wurde.

Sehr treffend ist dieser Zusammenhang 1863 in der dritten Auflage des berühmten liberalen »Staatslexikons« von Rotteck/Welcker formuliert worden. Dort heißt es: »Die Geschichte der Judenemanzipation bildet ein interessantes und lehrreiches Blatt in der Geschichte des allgemeinen Fortschritts zur Humanität und des politischen Fortschritts, der die Staaten aus der Sphäre der Willkür und der Rechtsungleichheit allmählich zur Gestaltung des Rechtsstaats und der Rechtsgleichheit führte, der daher auch innerhalb des Staates kein politisch abgesondertes, für das Ganze totes Element mehr duldete, sondern alle Kräfte für das Ganze zu verwerten trachtete. Der Gang der Judenemanzipation ist daher für die einzelnen Staaten ein Prüfstein und ein Maßstab ihrer Gesamtentwicklung und ihres Verhaltens zu den humanen politischen Forderungen der Zeit, und es darf behauptet werden, daß die volle Entwicklung des Rechtsstaates sich nirgends vor der vollständigen Judenemanzipation, wenn auch nicht immer mit derselben, vollzogen haben wird.«[5]

Die Emanzipation der Juden war, aufs ganze gesehen, nicht das Ergebnis einer plötzlichen Hochschätzung des Judentums oder eines aufklärerisch-liberalen »Philosemitismus«, sondern eine notwendige Konsequenz der modernen Staats- und Gesellschaftsentwicklung. Sie war insofern – und darauf werde ich noch zurückkommen – weniger von den Interessen der Minderheit als von den Interessen der Mehrheit her gedacht. Hier lag ihre Chance, hier lagen aber auch ihre Belastungen und Gefahren. Dennoch gehört sie zu den wichtigen, unaufgebbaren Resultaten des aufklärerischen und liberalen Denkens. Mit der Emanzipation war nach Jahrhunderten des Hasses und der Unterdrückung erstmalig die Chance gegeben, zu einem grundlegend neuen und zukunftsträchtigen Verhältnis von Juden und Nichtjuden zu gelangen.

Das Zeitalter der Judenemanzipation erstreckte sich über fast ein Jahrhundert, von 1780 bis etwa 1870. Es war ein europäischer Vorgang, der nicht auf einzelne Staaten beschränkt blieb, sondern den ganzen Kontinent erfaßte – mit Ausnahme des russischen Reiches, wo die rechtliche Gleichstellung erst mit der Revolution von 1917 erfolgte. Im Hinblick auf die deutsche Geschichte ist dabei von Bedeutung, daß die politische Theorie der Emanzipation, das Programm der gleichberechtigten Eingliederung der Juden in die allgemeine Gesellschaft, hier zuerst formuliert und intensiv öffentlich diskutiert wurde. Ich habe bereits auf das Buch von Dohm hingewiesen, und es verdient betont zu werden, daß seine Grundüberlegungen – durch eine französische Übersetzung und durch die Vermittlung des Grafen Mirabeau – auch die beginnenden Reformdiskussionen im vorrevolutionären Frankreich wesentlich beeinflußten. Deutschland war also das Ursprungsland der Emanzipationstheorie, war das Land, in dem das revolutionär Neue einer prinzipiell veränderten Beziehung zwischen Juden und Nichtjuden zuerst gedacht und systematisch erörtert wurde. Das bleibt eine Grundtatsache sowohl der deutschen als auch der allgemeinen jüdischen Geschichte, wenn auch die rechtliche Gleichstellung zuerst im Frankreich der Revolution erfolgte.

Daß die Emanzipationsdebatte ihren Ausgang von Deutschland, genauer: von Berlin nahm, war durchaus kein Zufall. Die Forderung der Emanzipation war ein Teil der allgemeinen Reformforderungen der allmählich stärker werdenden bürgerlichen Aufklärungsbewegung, deren deutsches Zentrum im späten 18. Jahrhundert Berlin wurde. Mindestens ebenso wichtig war aber die Entwicklung der Berliner Judenschaft seit der Mitte des 18. Jahrhunderts. Es waren nämlich die Berliner Juden – die nicht geringe Zahl erfolgreicher Unternehmer und die kleine, aber einflußreiche Gruppe jüdischer Intellektueller um Moses Mendelssohn –, die den entscheidenden Erfahrungshintergrund für die Entwicklung der emanzipatorischen Theorie bildeten. In Berlin war es eine tägliche praktische Erfahrung, daß Juden tatsächlich gleichberechtigte Partner eines aufgeklärten Bürgertums und nützliche Glieder des Staates sein konnten. An der Oberschicht des Berliner Judentums orientierte sich die Erwartung der Reformer, daß es – wenn man die rechtlichen Schranken beseitigen würde – schon bald in sozialer Hinsicht keinen wesentlichen Unterschied zwischen Juden und Christen mehr geben würde.

Die jüdische Geschichte im Berlin der zweiten Hälfte des 18. Jahrhunderts war aber noch aus einem anderen Grunde von mehr als lokaler, ja auch von mehr als nationaler Bedeutung. Hier entstand eine kleine, aber höchst wirkungsmächtige Gruppe jüdischer Aufklärer, deren Interessen nicht mehr durch die innerjüdische – von der Außenwelt weitgehend abgeschlossene – Welt begrenzt waren, sondern sich auf das allgemeine wissenschaftliche und kulturelle Leben der Zeit richteten. Sie lösten sich aus der Tradition der jüdischen Gelehrsamkeit, die ganz durch Thora und Talmud bestimmt war, und öffneten sich dem Denken der europäischen Aufklärung, an dem sie aktiven Anteil zu nehmen begannen. Damit unternahmen sie den revolutionären Versuch, die Möglichkeit jüdischer Existenz in einer aufgeklärten, nichtjüdischen Gesellschaft theoretisch und praktisch zu begründen. Im Mittelpunkt dieser Bewegung stand Moses Mendelssohn, der in seiner Person und in seinem Werk Judentum und Aufklärung miteinander zu versöhnen suchte. Als er 1786 starb, war die Frage, ob ein Jude in einer nichtjüdischen Gesellschaft leben könne, entschieden. Der »Aufbruch aus dem Ghetto«[6] hatte begonnen, auch von jüdischer Seite waren die Voraussetzungen für den Prozeß der Emanzipation und Integration in die moderne Gesellschaft geschaffen. Durch Mendelssohn und seine Mitstreiter errang Berlin – und mit Berlin Deutschland – einen unverlierbaren Platz in der Weltgeschichte des Judentums: Es wurde zur Wiege des modernen Judentums, das sich nicht länger von der Außenwelt abkapselte, sondern sich als aktiver, mitgestaltender Teil der entstehenden modernen Gesellschaft verstand.

Daß eine Existenz zwischen jüdischer Tradition und moderner Welt einer ständigen Gefährdung ausgesetzt war, kann im Rückblick nicht überraschen. Die weitere Geschichte in Deutschland ist durch eine allmählich stärker werdende Entfremdung vom überlieferten, gleichsam »ganzheitlichen« Judentum, aber auch durch das anhaltende Ringen um die Neubestimmung jüdischer Existenz unter den so grundlegend veränderten Verhältnissen gekennzeichnet. Viele dieser Reformversuche – von der Begründung einer »Wissenschaft des Judentums« über die Entwicklung einer liberalen Theologie bis zur neuen Orthodoxie – beeinflußten die Entwicklung des modernen Judentums weit über die deutschen Grenzen hinaus. Sie wurden zum Anstoß, oft auch zum Modell entsprechender Entwicklungen in anderen europäischen Ländern und in Nordamerika.

Je weiter die allgemeine Entwicklung voranschritt, um so mehr stellte sich die Frage, wie weit eine jüdische Existenz auch ohne die Zugehörigkeit zur jüdischen Religionsgemeinschaft denkbar oder wünschenswert war. Der Einfluß der Religion wurde im Zuge der allgemeinen Säkularisierungstendenzen allmählich geringer, und auch in den christlichen Religionsgemeinschaften wurden die religiösen Bindungen schwächer. Übertritte aus dem Judentum zum Christentum führten deshalb nicht mehr automatisch zum Verlust aller verwandtschaftlichen und gesellschaftlichen Beziehungen zu anderen Juden, bedeuteten nicht mehr einen unumgänglichen radikalen Bruch mit den bisherigen Lebensverhältnissen. Die Toleranz nahm zu, und sie wurde durch die auf allen Seiten wachsende religiöse Indifferenz natürlich erleichtert. Man konnte sich, wie aus der Biographie Heinrich Heines bekannt ist, taufen lassen und sich dennoch weiterhin als Jude fühlen, weil man seine Herkunft, Tradition und Lebenswelt (einschließlich der offenen und verdeckten Diskriminierungen) nicht verleugnen mochte. Seit der Einführung der Zivilstandsregister zu Beginn des deutschen Kaiserreichs war es dann ohnehin möglich, aus der Synagogengemeinde auszutreten, ohne zu einer christlichen Konfession überzutreten (was bis dahin die einzige Form der rechtlich verbindlichen Lösung aus dem Judentum gewesen war). Deutschland war zweifellos nicht das einzige, aber seit dem Beginn der Emanzipation bis ins 20. Jahrhundert hinein stets eines der wichtigsten, auch international einflußreichsten Experimentierfelder moderner jüdischer Existenz.

Für die Zeitgenossen des Emanzipationsprozesses war es eine Selbstverständlichkeit, daß dieser Prozeß von einer sozialen und kulturellen Annäherung der Juden an die nichtjüdische Gesellschaft begleitet sein würde. Emanzipation und Assimilation erschienen als zwei Seiten des gleichen historischen Vorgangs – wobei die rechtliche Gleichstellung der Assimilation vorangehen konnte, wie in Frankreich, oder aber die Assimilation die Gleichstellung vorbereiten sollte, wie es in Deutschland überwiegend gesehen wurde. In Frankreich wie in Deutschland bestand aber bei Juden und Nichtjuden kein Zweifel daran, daß die Juden sich ändern sollten und ändern würden, daß sie aus ihrer älteren, vorbürgerlichen Lebensweise den Weg in eine bürgerliche Existenz finden würden. Der Weg dazu wurde über Sprache und Bildung, über Arbeit und Geselligkeit gesucht.

Die Assimilation an die deutsche Kultur und Gesellschaft vollzog sich in einem erstaunlichen Tempo, in den Städten noch schneller als in den kleinen ländlichen Siedlungen und bei den nachwachsenden Kindern noch durchgreifender als in der älteren Generation. Aus jüdischen Familien wurden deutsche Familien jüdischer Religion und mit gewissen jüdischen Traditionen. Selbst in den Synagogen gab es zahlreiche Reformen, die darauf zielten, sie den christlichen Kirchen ähnlicher zu machen, und auch den Rabbinern – denen neben der Rabbinerausbildung nun ein volles Universitätsstudium abverlangt wurde, was bei sehr vielen zum Erwerb des Doktor-Titels führte – wurden vermehrt Aufgaben zugewiesen, die ihre Stellung, ganz im Gegensatz zur jüdischen Tradition, derjenigen von christlichen Pfarrern annäherte. Alle diese Tendenzen wurden von den staatlichen Behörden gefördert, aber sie entsprachen zugleich den Wünschen und Interessen der jüdischen Bevölkerung, insbesondere ihrer geistigen und sozialen Führungsgruppen. Die Assimilation galt als Chance, und lediglich die Vertreter der alten Orthodoxie sahen in ihr, wie in allen Neuerungen, die eine Öffnung zur nichtjüdischen Welt bedeuteten, aus naheliegenden Gründen eine schwere Gefahr für das Judentum.

Bemerkenswert ist in diesem Zusammenhang die im frühen 19. Jahrhundert einsetzende Diskussion über die richtige Bezeichnung der Juden. Die badischen Beamten, die sich für die Gleichstellung der Juden einsetzten, begannen von »Untertanen des mosaischen Religionsbekenntnisses« statt von »Juden« zu sprechen und versuchten ausdrücklich, die Bezeichnung »Jude« überhaupt zu vermeiden, um, wie es in einem Schriftstück hieß, »den gehässigen Sektennamen zugleich mit der alten Idee des Volkes, die daran haftet, zu beseitigen und so im Gesetze selbst, das amalgamieren soll, keinen neuen Reiz zum Zwiespalt zu verewigen«.[7] Auch in der Folgezeit fehlte es nicht an Versuchen, den Begriff »Jude« aus dem Verkehr zu ziehen, und in den Regierungsakten vieler deutscher Staaten

sprach man ebenso wie in den Parlamenten immer häufiger von »Israeliten« statt von »Juden«. Diese Tendenz wurde auch von vielen Juden aufgegriffen, so daß beispielsweise der Oberrat der badischen Juden sich selbst als »Oberrat der badischen Israeliten« bezeichnete. Soweit der Begriff »Israeliten« in Gebrauch kam und blieb, diente er in erster Linie als Konfessionsbezeichnung: »Israelit« wurde parallel gesetzt zu Katholik oder Protestant, während an dem Begriff »Jude« viel stärker die Geschichte des jüdischen Volkes, die ethnisch-kulturelle Gemeinschaft und die die Gesamtheit des Lebens umfassende Religion hafteten.
Auf der Bezeichnung »Jude« bestanden vor allem die Judengegner, aber auch manche Juden, die mit neuem Selbstbewußtsein jüdisch waren – so gab Gabriel Riesser beispielsweise schon in den 1820er Jahren einer von ihm herausgegebenen Zeitschrift den programmatischen Titel »Der Jude« (und Martin Buber tat rund hundert Jahre später das gleiche). Die von den Antisemiten zeitweise bevorzugte Bezeichnung »Semit« bzw. »Semitentum« setzte sich im allgemeinen Sprachgebrauch – außer im Begriff »Antisemitismus« – nicht durch. Die erste Organisation, die in den 1890er Jahren alle deutschen Juden (oder jüdischen Deutschen) zusammenzufassen versuchte, nannte sich »Centralverein deutscher Staatsbürger jüdischen Glaubens« – es war seinem Selbstverständnis nach kein Verein von in Deutschland lebenden Juden, sondern von Deutschen, die einer bestimmten Religionsgemeinschaft angehörten. Das war ein Ausdruck der erfolgreichen, zu diesem Zeitpunkt in vielen Familien schon seit vielen Jahrzehnten abgeschlossenen Assimilation, der vollständigen Integration in die deutsche Gesellschaft. Man konnte nicht mehr von »Deutschen« einerseits und von »Juden« andererseits sprechen, sondern nur noch von Christen und Juden oder von jüdischen Deutschen und nichtjüdischen Deutschen, wenn der Religionsunterschied nicht mehr entscheidend war.
Wir haben bereits gesehen, daß die Emanzipationspolitik, wenn man darunter die Entscheidungen von Regierungen und Parlamenten über die Aufhebung der älteren Rechtsbeschränkungen der Juden versteht, in hohem Maße abhängig war von der allgemeinen Durchsetzung liberaler Politik und bürgerlicher Strukturen in Wirtschaft und Gesellschaft. Spätestens um die Mitte des 19. Jahrhunderts wurde immer deutlicher, daß der Assimilations- und Integrationsvorgang auf der sozialen Ebene den Entscheidungen der Politiker zum Teil weit vorausgeeilt war. Als in Preußen nach der gescheiterten Revolution von 1848 erneute Debatten darüber aufkamen, ob der Grundsatz des »christlichen Staates« die Verfassungsbestimmung, daß der Genuß der staatsbürgerlichen und bürgerlichen Rechte vom jeweiligen Religionsbekenntnis unabhängig sei, für die Juden einschränke, antwortete Ludwig Philippson, einer der wichtigsten

Sprecher der deutschen Juden im 19. Jahrhundert, in seiner »Allgemeinen Zeitung des Judentums« im Januar 1850: »Was nennt ihr denn Emanzipation? Etwa jene paar Worte, die da besagen: von jetzt an seid ihr zum aktiven und passiven Wahlrecht befähigt und zum Staatsdienst berechtigt? Fürwahr, das ist nur die letzte Konsequenz der realen Emanzipation. ... Ihr emanzipiert die Juden nicht, sie selbst haben sich längst emanzipiert, ihr vollendet nur ihre äußere Emanzipation. Von der Zeit an, wo die Juden aus dem Ghetto heraustreten, wo sie teilnehmen an allen industriellen und intellektuellen Bestrebungen der Menschheit, wo ihre Kinder Schulen, Gymnasien, Universitäten besuchen, wo ihre Männer an Wissenschaft, Kunst, Industrie und Gewerk sich beteiligen, wo ihre Frauen der allgemeinen Bildung sich befleißigen – von dem Augenblick an sind sie emanzipiert und brauchen nicht erst auf einige Worte der Verfassung zu warten.«[8]

Das Selbstbewußtsein, das aus diesen Sätzen spricht, ist Ausdruck des inzwischen Erreichten. Aus den Außenseitern der Gesellschaft waren selbstbewußte Bürger geworden, die nicht nur wirtschaftlich erfolgreich waren, sondern auch in wachsendem Maße an den öffentlichen Angelegenheiten teilnahmen, oft sogar in führenden Positionen. Das hatte sich in extremen Situationen wie der 48er-Revolution gezeigt, es war aber auch eine alltägliche Erscheinung. Juden wurden nicht nur Mitglieder, sondern auch Vorstände von bürgerlichen Vereinen, geselligen Verbindungen oder Interessenvertretungen wie Handelskammern oder Industriekomitees. Sie wurden auch Stadtverordnete und Parlamentsabgeordnete – und das heißt immer: sie wurden in politische und andere Ehrenämter von der Mehrheit der nichtjüdischen Mitglieder oder Wähler gewählt. Von den 1850er Jahren an gab es die ersten jüdischen Richter und die ersten Universitätsprofessoren, seit 1868 sogar einen ersten jüdischen Minister (den badischen Finanzminister Moritz Ellstätter). Gewiß bestanden noch immer Vorurteile und praktische Diskriminierungen, aber die Tendenz war doch ganz eindeutig. Selbst wenn die preußische Verfassung dem Prinzip des »christlichen Staates« folge, sehe die Wirklichkeit schon ganz anders aus, argumentierte beispielsweise ein jüdischer Bürger aus dem westfälischen Werl im Jahre 1850, indem er darauf hinwies, »daß wir vom Volk als gleichgestellt betrachtet werden, daß man den Juden nicht mehr aus der Gesellschaft ausstößt, sondern im Gegenteil ihn gern sieht, ihn bei Gemeindeangelegenheiten zu Rate zieht ...«[9]

Die Hochkonjunktur der 1850er und 60er Jahre bis 1873, die den Durchbruch der Industriellen Revolution trug, aber auch dem Handwerk und der Landwirtschaft eine lange Phase der Prosperität bescherte, verstärkte und beschleunigte die Tendenzen der sozialen Integration. Mit der Gründung des Kaiserreichs, des kleindeutschen Nationalstaates, schien nicht nur die Emanzipationsgesetzgebung zu einem endgültigen Abschluß gekommen zu sein, sondern auch ein Zeitalter der gemeinsamen Geschichte von Juden und Nichtjuden anzubrechen, in dem die alten Vorurteile nur noch eine geringe und bald gar keine Rolle mehr spielen würden. Tatsächlich aber war das Gegenteil der Fall: Innerhalb weniger Jahre entstand eine neue »Judenfrage«, die dieses Mal nicht mehr emanzipatorisch, sondern antisemitisch gestellt wurde. Es entstand der moderne Antisemitismus, der eine erneute Ausgrenzung der Juden aus der modernen Gesellschaft zum Ziel hatte.

Dieser neue Antisemitismus, der sich von der älteren Judenfeindschaft deutlich unterschied, wurde nicht aus anderen Ländern übernommen. Er war kein ideologisches Importgut, sondern ein Produkt der deutschen Geschichte, ein Resultat der ersten großen Krise der bürgerlichen Gesellschaft in Deutschland. Gerade das Land, in dem sich die Möglichkeit eines neuen, positiven Verhältnisses zwischen Juden und Nichtjuden zuerst abgezeichnet hatte, in dem die politische Theorie der Emanzipation entwickelt worden war, wurde nun zum Ausgangspunkt des modernen Antisemitismus, der dann auf andere Länder übergriff. Die Geschichte des Wortes »Antisemitismus« wirft darauf ein bezeichnendes Licht: Es entstand als ein politisches Schlagwort, als Selbstbezeichnung der neuen Judenfeinde im Herbst 1879 in Deutschland, genauer: in Berlin, setzte sich im deutschen politischen Sprachgebrauch innerhalb weniger Monate durch und wurde von hier aus in die anderen europäischen Sprachen übernommen. Das Wort machte Karriere und mit ihm die neue judenfeindliche Bewegung.

Wie war es möglich, daß ein neuartiger Antisemitismus gerade in dem Augenblick entstand, in dem die Emanzipation zu einem vorläufigen Abschluß gekommen war? Und was war eigentlich neu an diesem Antisemitismus? Aus der Geschichte der Juden war er offensichtlich nicht zu erklären: Die sozialen Spannungen und Konflikte, die immer mit dem Integrationsprozeß einer Minderheit verbunden sind, waren deutlich geringer geworden, die Assimilation der jüdischen Bevölkerung war weit fortgeschritten. Die alten Vorurteile waren zwar nicht verschwunden, aber sie waren schwächer geworden und hatten ihre soziale Sprengkraft verloren. Es waren deshalb die allgemeinen gesellschaftlichen Verhältnisse, die den plötzlichen Umschwung bewirkten. Der Antisemitismus war ein Produkt der ersten großen Krise der bürgerlichen Gesellschaft in Deutschland.

Diese Krise hatte viele Seiten: die Wirtschaftskrise, die durch den sogenannten »Gründerkrach« von 1873 ausgelöst wurde; die Modernisierungskrise, die mit dem raschen Tempo der Industrialisierung und dem gesellschaftlichen Strukturwandel zusammenhing; die Krise des nationalen Bewußtseins, die aus dem Gefühl der inneren Unsicherheit nach der Nationalstaatsgründung entstand: die allgemeine Sinnkrise, die aus dem Bedeutungsverlust der Kirchen und dem Unverständnis für Inhalt und Formen moderner Kultur erwuchs. Dabei war es charakteristisch für die 1870er Jahre, daß das Krisenbewußtsein, das sich geradezu epidemisch ausbreitete, die aktuellen wirtschaftlichen und sozialen Nöte bei weitem überstieg. Überall regte sich eine zumeist vage antikapitalistische Gesellschafts- und Kulturkritik, die in ihrer politischen Stoßrichtung eindeutig antiliberal war. Und tatsächlich gerieten in dieser Krise die liberalen Normen ebenso ins Wanken wie die liberalen Parteien, die seit 1878/79 ihre Rolle als »regierende Partei« (im Bündnis mit Bismarck) nicht nur vorübergehend, sondern auf Dauer verloren. Die Vorherrschaft des Liberalismus, die in der öffentlichen Meinung als unanfechtbar gegolten hatte, brach plötzlich zusammen, so daß nunmehr Humanität, Rationalität oder Kosmopolitismus (»Weltbürgertum«) mit Zustimmung breiter bürgerlicher Schichten als bloße liberale Phrasen denunziert werden konnten. Auch der Nationalismus verlor seine Bindung an die bürgerlich-liberale Bewegung und begann ein innenpolitisches Aggressionspotential freizusetzen, das zum Instrument konservativer Politik wurde und seine Spitze gegen die »Reichsfeinde« unterschiedlichster Provenienz richtete. Das »Zeitalter des Liberalismus«, wie unvollkommen es in Deutschland auch immer gewesen sein mochte, war Ende der siebziger Jahre in Deutschland vorüber.

Unter diesen Umständen entstand ein Klima der sozialen Aggression, das sich in der Suche nach »Sündenböcken« und in der Tendenz zu Ausnahmegesetzen äußerte und für alle traditionell vorurteilsbesetzten und noch nicht voll integrierten Minderheiten gefährlich werden konnte. Der innenpolitische Kampf richtete sich gegen Sozialisten, Katholiken und nationale Minderheiten wie Polen und Elsässer – ein großer Teil der kollektiven Unlustgefühle aber wurde auf die Juden abgeleitet. Die Juden wurden jetzt gerade wegen ihrer fortgeschrittenen Assimilation, wegen ihrer starken Verbürgerlichung und natürlich auch wegen ihrer wirtschaftlichen Erfolge als Hauptrepräsentanten des ebenso beklagten wie bekämpften liberal-kapitalistischen Systems angesehen. Ihre volle rechtliche Gleichstellung war erst vor wenigen Jahren erfolgt und galt daher noch nicht als selbstverständlich, und trotz aller Assimilation wiesen sie als soziale Gruppe noch immer gewisse Elemente der Andersartigkeit, des von der jeweiligen Mehrheitsbevölkerung zumindest leicht Abweichenden auf.

Das grundsätzlich Neue des modernen Antisemitismus ergibt sich aus diesen Zusammenhängen seiner Entstehung. Der Antisemitismus war die erste nicht-konservative Protestbewegung gegen die moderne Gesellschaft (– und insofern auch ein Vorläufer des Faschismus). Er wurde von den Konservativen – vorübergehend auch vom politischen Katholizismus – in ihrem Kampf gegen den Liberalismus instrumentalisiert, behielt aber von diesem Zeitpunkt an stets eine gewisse Eigenständigkeit, er war mehr als nur ein Instrument anderer politischer Kräfte. Im Hinblick auf die Juden war von besonderer Bedeutung, daß dieser Antisemitismus eine Reaktion auf die inzwischen vollzogene Gleichstellung und die fortgeschrittene Integration der Juden darstellte. Er war nicht nur zeitlich, sondern auch sachlich ein post-emanzipatorisches Phänomen. Während die ältere Judenfeindschaft in erster Linie auf der religiösen Differenz beruhte und den eher verachteten Außenseitern der Gesellschaft galt, wandte sich der moderne Antisemitismus gerade gegen die emanzipierten Juden, deren Einfluß auf die allgemeine Gesellschaft als zu groß und vor allem als schädlich angesehen wurde.

Der Antisemitismus organisierte sich politisch, in besonderen Parteien oder in parteiübergreifenden sozialen Bewegungen. Wichtig für die weitere Entwicklung war, daß er nun zu einer umfassenden »Weltanschauung« wurde. Er bekämpfte nicht nur einzelne Juden oder bestimmte jüdische Gruppierungen, sondern glaubte, über die neu gestellte »Judenfrage« alle wichtigen Probleme der Gegenwart und Zukunft lösen zu können. Er behauptete, in den Juden den Schlüssel zum Verständnis und zur Lösung allgemeiner gesellschaftlicher Probleme gefunden zu haben. Dieses Zerrbild einer Gesellschaftstheorie bildete den eigentlichen Kern des neuen Antisemitismus, es begründete seinen umfassenden Anspruch, seine Radikalität und seine Aggressivität. Verstärkt wurde diese Entwicklung durch die wachsende Bedeutung des Denkens in rassistischen Kategorien, die hinsichtlich der Juden schon bald biologistisch verengt und strikt deterministisch gefaßt wurden. Für den Antisemitismus in seiner rassistischen Prägung war weder die Taufe erwünscht noch die Assimilation an die deutsche Kultur oder die vollständige Integration in die deutsche Gesellschaft – im Gegenteil: alles das, so wurde fortan argumentiert, würde die Juden nur weniger sichtbar und damit um so gefährlicher machen.

Es ist hier weder möglich noch nötig, diesem Bild weitere Einzelheiten hinzuzufügen. Der neue Antisemitismus war seit den 1870er Jahren eine soziale Tatsache, mit der Juden künftig leben mußten. Sein politisches Gewicht blieb bis zum Ende des Kaiserreichs gering, soweit es die Möglichkeit betraf, antijüdische Gesetze durchzusetzen. Bis 1933 gab es, wie stark auch immer der Antisemitismus sein mochte, keinerlei rechtliche Einschränkung, keine neuen Sonderrechte für die Juden. Daß der Antisemitismus in einer besonderen Krisensituation entstanden war, bedeutete allerdings nicht, daß der mit dem Abklingen der Krise wieder verschwinden würde. Er blieb vielmehr ein unübersehbarer Bestandteil der deutschen Politik und mehr noch der deutschen Gesellschaft.

Bis zum Aufstieg des Nationalsozialismus waren die fanatischen Antisemiten in den kleinen Zirkeln und Sekten, die sogenannten »Theoretiker« und die lautstarken Agitatoren, weniger wichtig als der praktische Antisemitismus der Verbandsfunktionäre und der alltägliche Antisemitismus der »anständigen Leute«. Im wilhelminischen Deutschland bildete sich im Bürger- und Kleinbürgertum, auch in Teilen der Arbeiterschaft, eine Art »überparteilicher«, geradezu selbstverständlicher Antisemitismus aus, der gar keiner besonderen Begründung oder Rechtfertigung mehr zu bedürfen schien. Die »antisemitische Gesellschaftsstimmung«, wie Friedrich Naumann das einmal nannte,[10] war nicht besonders militant, sie grenzte sich vom sogenannten »Radau-Antisemitismus« ebenso ab wie von extremen Formen des Rassismus – und sie machte gerade dadurch den Antisemitismus in Deutschland gesellschaftsfähig. Selbst Mitglieder und Anhänger liberaler Parteien praktizierten diesen Gesellschaftsantisemitismus, indem sie Vereinen oder Verbänden – beispielsweise studentischen Korporationen – angehörten, die seit den 1890er Jahren keine Juden als Mitglieder mehr duldeten.

Dieser Antisemitismus mochte den Zeitgenossen – darunter vielen Juden – als harmlos erscheinen, war es aber keineswegs, da er entscheidend dazu beitrug, fast die gesamte deutsche Gesellschaft – mit weitgehender Ausnahme der sozialistisch organisierten Arbeiterschaft – antisemitisch zu durchsetzen. Da auch eine Reinigungskrise, wie sie die Dreyfus-Affäre in Frankreich um die Jahrhundertwende darstellte, in Deutschland ausblieb, fehlte großen Teilen der Bevölkerung die Abwehrbereitschaft, als die Antisemiten des deutsch-völkischen Lagers gegen Ende des Ersten Weltkrieges und in der Frühphase der Weimarer Republik plötzlich eine erfolgreiche Offensive starteten. In einer neuen – durch Krieg, Niederlage und Revolution hervorgerufenen – Krise der bürgerlichen Gesellschaft radikalisierte und verbreiterte sich der Antisemitismus, gewann er an politischer Bedeutung. Die Funktion des Antisemitismus war – von den völkischen Bünden, Orden und Parteien bis hin zur NSDAP, die alle diese Gruppierungen seit der Mitte der zwanziger Jahre mehr oder weniger beerbte – ganz eindeutig: Wer den »Kampf gegen den Juden« proklamierte, wollte den Sturz der Republik, die Zerstörung der parlamentarischen Demokratie, die Vernichtung der sozialistischen Bewegung (der »Marxisten« und Kommunisten) und die radikale Zerschlagung aller modernen Kunst und Kultur.

Die Darstellung der antisemitischen Entwicklungen, so notwendig sie ist, darf uns allerdings nicht zu der Annahme verleiten, das jüdische Leben in Deutschland sei von den Anfängen des Kaiserreichs bis zum Ende der

Weimarer Republik in erster Linie durch den Antisemitismus geprägt gewesen. Die deutsch-jüdische Geschichte war weit mehr als nur eine Geschichte der Anfeindungen und Vorurteile, der sozialen Spannungen und Diskriminierungen. Gewiß, es gab all das, und es ist auch richtig, daß Juden in bestimmten Karrieren – als Richter, als Professoren, als leitende Beamte, vom praktischen Ausschluß aus dem Offizierskorps gar nicht zu reden – vor allem während des Kaiserreichs extrem benachteiligt waren. Dennoch ist die Sozialgeschichte der Juden in Deutschland bis 1933 im wesentlichen eine Erfolgsgeschichte. Und das gilt nicht nur für den materiellen Erfolg, für den wirtschaftlichen und sozialen Aufstieg, der gewiß nicht unbeträchtlich war. Es hat kein anderes Land gegeben – die USA übernahmen eine vergleichbare Rolle erst mit einer deutlichen zeitlichen Verzögerung –, in dem es eine solche Entfaltung jüdischer Begabungen auf allen Gebieten der Wissenschaft und Kunst gab und in dem gleichzeitig der Einfluß jüdischer Menschen auf allgemeine kulturelle und soziale Entwicklungen so groß war. Deutschland war das Land der großen Chancen für die jüdischen Individuen, und es war für mehrere Generationen auch das Zentrum modernen jüdischen Lebens. Ich habe bereits auf die wichtigen religiösen und wissenschaftlichen Entwicklungen innerhalb des Judentums hingewiesen, und es ist bezeichnend, daß auch die Verhandlungssprache der frühen Zionistenkongresse wie selbstverständlich Deutsch war (– in der modernen jüdischen Geschichte hatte das Deutsche bis 1933 eine Stellung und Funktion, die dem Englischen unserer Gegenwart vergleichbar ist).

»Der Aufstieg der deutschen Juden«, schrieb der amerikanische Historiker Fritz Stern, einer der besten Kenner der neueren deutschen Geschichte, in seinem neuesten Buch, »war einer der spektakulärsten Sprünge einer Minderheit in der Gesellschaftsgeschichte Europas«. Er fügte freilich gleich hinzu: »Aber ihre neue Rolle an hervorragender Stelle war quälend unsicher und erinnerte an die verzweifelte Prahlerei Disraelis gegenüber dem jungen Montefiore: ›Sie und ich gehören einer Rasse an, die alles tun kann, nur nicht versagen‹.«[11] Es mag sehr wohl sein, daß gerade die Existenz der alten Vorurteile und später des modernen Antisemitismus sich dahin auswirkte, daß die Bereitschaft, außerordentliche Leistungen zu erbringen, bei Juden größer war als bei ihren nichtjüdischen Zeitgenossen, daß der Zwang zum Erfolg stärker verspürt, die gesetzten Ziele hartnäckiger verfolgt wurden. Minderheiten können sich in dieser Weise durchaus von der jeweiligen Mehrheitsgesellschaft unterscheiden, und die besonderen Bedingungen, unter denen Juden in einer Gesellschaft lebten, in der Antisemitismus eine so große Rolle spielte, mochten diese Tendenz verstärken.

Überblickt man die anderthalb Jahrhunderte zwischen dem Beginn der

Emanzipation und 1933, so fallen die großen und dramatischen Veränderungen in der sozialen Struktur der deutschen Juden auf. Aus den vorbürgerlichen Existenzen, die überwiegend eher am Rande des Existenzminimums lebten, waren Bürger geworden, die dem Mittelstand, teilweise dem höheren Bürgertum, in einer schmalen Gruppe auch den wirklich reichen Leuten angehörten. Wir können hier nicht in die Details der Einkommensverhältnisse oder des Sozialprofils der jüdischen Bevölkerung im Kaiserreich oder in der Weimarer Republik gehen, es besteht aber gar kein Zweifel daran, daß es sich um eine im Vergleich mit der Gesamtbevölkerung sehr moderne, auch relativ wohlsituierte Sozialgruppe handelte. Ihre Steuerleistungen waren in vielen Orten drei-, vier-, fünfmal höher als es ihrem Bevölkerungsanteil entsprochen hätte. Diese Tatsache läßt sich – ebenso wie die gesamte Aufstiegsmobilität – historisch vor allem durch die Startvorteile erklären, die die deutschen Juden beim Übergang in die industriell-kapitalistische Gesellschaft durch ihre traditionelle Konzentration im Bankwesen und im Handel, bald auch in den freien Berufen hatten – Vorteile, die allerdings allmählich schwächer geworden waren, da auch die Mehrheitsbevölkerung in ständig steigendem Maße in diese Wirtschaftsbereiche drängte. So waren beispielsweise in den zwanziger Jahren zwar nicht weniger Juden als um 1870 im Bankgeschäft tätig, ihre Bedeutung aber war stark zurückgegangen, da sich die Zahl der Nichtjuden unter Inhabern und Beschäftigten der Banken um ein Vielfaches erhöht hatte. Die Juden waren gewiß nicht, wie Werner Sombart 1911 behauptet hatte, die Begründer des modernen Kapitalismus [12], aber sie waren doch diejenige Sozialgruppe in Deutschland, die am stärksten durch den Kapitalismus – und auch durch die moderne Kultur – geprägt war; was, wie wir gesehen haben, dazu führte, daß sie in Krisenzeiten besonders leicht zu »Sündenböcken« für die Kosten und Fehlentwicklungen des kapitalistischen Wirtschafts- und Gesellschaftssystems werden konnten.

Es gab natürlich weiterhin jüdische Familien, die in äußerst bedrängten Verhältnissen lebten – kleine Händler, notleidende Handwerker, schlecht verdienende Angestellte, hungernde Intellektuelle –, und im frühen 20. Jahrhundert entstand, vor allem in Berlin, aber auch im Ruhrgebiet, auch ein jüdisches Industrieproletariat von einigen zigtausend Menschen, die überwiegend aus Osteuropa eingewandert waren. Insgesamt war jedoch der Trend zum Mittelstand und zum höheren Bürgertum unverkennbar. Soweit eine bürgerliche Kultur in Deutschland im Laufe des 19. Jahrhunderts entstand, hatten die Juden daran einen erheblichen Anteil. Das begann mit den Berliner Salons um 1800, und es führte über den bildungsbürgerlichen Hausstand zu den großbürgerlichen Familien, von denen Theodor Fontane 1890 schrieb: »... unserm von mir aufrichtig geliebten Adel gegenüber (habe ich) einsehen müssen, daß uns alle Freiheit und feinere Kultur, wenigstens hier in Berlin, vorwiegend durch die reiche Judenschaft vermittelt wird«.[13] Zwei Jahrzehnte später schrieb ein Berlin-Kritiker, der den auffälligen Mangel an großen bürgerlichen Familien beklagte, die in langer Tradition mit der Geschichte der Stadt verbunden waren: »In der Tat ist das bürgerliche Patriziat, soweit davon in Berlin überhaupt die Rede sein kann, im wesentlichen aus dem Judentum hervorgegangen.« Und er setzte hinzu: »nirgends aber sind sie (die Juden) so zu Vertretern einer bürgerlichen Familienkultur geworden wie in Berlin«.[14]

Zu den auffälligen Besonderheiten der jüdischen Bevölkerung gehörte schon im frühen 19. Jahrhundert ihr im Vergleich zur Gesamtbevölkerung ganz ungewöhnlich hoher Anteil an allen Einrichtungen der höheren Bildung. Die Juden setzten wie keine andere Gruppe der deutschen Gesellschaft auf Bildung – auf Bildung als Selbstverwirklichung des Menschen, aber auch auf Bildung als ein wichtiges Mittel des sozialen Aufstiegs. Während viele christliche Familien die mit der höheren Bildung verbundenen Kosten scheuten, investierten die deutschen Juden durchweg mit Nachdruck in die Zukunft ihrer Kinder, womit sie zugleich in der alten jüdischen Tradition der besonderen Hochschätzung der Gelehrsamkeit und der intellektuellen Leistung standen. Um nur wenige Daten zu nennen: 1880 waren bei einem Bevölkerungsanteil von wenig mehr als einem Prozent fast 11% aller preußischen Gymnasiasten jüdisch; 1911 besuchten 9% aller nichtjüdischen und 64% aller jüdischen Schüler in Preußen eine weiterführende Schule; um 1900 lag der jüdische Anteil an den preußischen Studenten bei 10%. Das waren eindrucksvolle Zahlen, die sich dadurch, daß die Juden in einem weit überdurchschnittlichen Maße verstädtert waren, also eher Zugang zu höheren Bildungsanstalten hatten, nur teilweise erklären lassen. Da die Beamtenstellen den Juden weitgehend versperrt blieben, führten die hohen Studentenzahlen beinahe zwingend zu einem hohen Anteil an den sogenannten freien Berufen, was insbesondere für die Ärzte, die Rechtsanwälte, aber auch die Journalisten galt.

Es wäre naheliegend, nun auf die großen Leistungen einzugehen, die einzelne Juden – und zwar nicht wenige – in der Wissenschaft und Kunst, aber auch in der Wirtschaft und Politik erbracht haben. Die Bilanz wäre bemerkenswert, zumal wenn man so wenig beachtete Bereiche wie die Sozialmedizin, die Sozialarbeit und ähnliche Tätigkeitsfelder einbeziehen würde. Ich beschränke mich – stellvertretend für vieles – auf eine Zahlenangabe und ein Zitat. Bis 1933 fielen von allen vergebenen Nobelpreisen rund 30% an Deutsche (mehr als an jede andere Nation): Davon waren wiederum fast 30% jüdisch (in der Medizin sogar 50%) – was immer auf dem Hintergrund eines Bevölkerungsanteils zu sehen ist, der 1933 0,9% betrug (in absoluten Zahlen rund 500000). Das Zitat ist von Gottfried Benn, der 1933 vorübergehend zum Anhänger des Nationalsozialismus wurde: »Der Glanz des Kaiserreichs, sein innerer und äußerer Reichtum, verdankte sich sehr wesentlich dem jüdischen Anteil der Bevölkerung. Die überströmende Fülle von Anregungen, von artistischen, wissenschaftlichen, geschäftlichen Improvisationen, die von 1918–1933 Berlin neben Paris rückten, entstammte zum großen Teil der Begabung dieses Bevölkerungsanteils, seinen internationalen Beziehungen, seiner sensitiven Unruhe und vor allem seinem todsicheren Instinkt für Qualität.«[15] Der Gehalt dieser Aussage ließe sich ohne Schwierigkeiten mit vielen Beispielen belegen, von den Künstlern über die Verleger und Kunsthändler bis zu den großen Mäzenen der Kunst und der Wissenschaft.

Wir können diese Andeutungen der jüdischen Sozialgeschichte hier nicht weiter verfolgen. Es geht auch nicht in erster Linie um die großen Leistungen, die unersetzlichen Beiträge deutscher Juden zur deutschen Kultur – schon gar nicht in der Weise, als ob die Juden gegenüber den Angriffen der Antisemiten tatsächlich einer Rechtfertigung durch außergewöhnliche Leistungen bedurft hätten. Es gab natürlich auch die einfachen Leute, den kleinen Geschäftsmann, der wenig Interesse an moderner Kunst oder Literatur hatte, und den jüdischen Frontsoldaten, der im Ersten Weltkrieg kämpfte wie andere auch und später Mitglied im »Reichsbund jüdischer Frontsoldaten« wurde, der politisch rechts und jedenfalls streng deutsch-national war. Entscheidend ist, daß der Prozeß der Integration und Assimilation trotz antisemitischer Agitation und trotz der Allgegenwart antijüdischer Vorurteile ständig voranschritt und für viele Familien schon seit mehreren Generationen abgeschlossen war, als die Nationalsozialisten begannen, die gesamte Entwicklung in kürzester Zeit wieder rückgängig zu machen. Die Unterschiede zwischen den jüdischen und nichtjüdischen Berliner Gymnasiasten bestanden um 1914, wie ein früherer jüdischer Schüler im Rückblick formulierte, nur noch darin, daß die einen nicht in die Kirche und die anderen nicht in die Synagoge gingen. Die vorhandenen Vorurteile gegen Juden verhinderten auch nicht, daß die Zahl der sogenannten »Mischehen« zwischen Juden und Christen so drastisch zunahm, daß in der Weimarer Republik bereits ein Viertel aller Juden, die eine Ehe eingingen, nichtjüdische Partner heiratete.

Wenn es also eine akute Gefahr in der Beziehung zwischen Juden und Nichtjuden gab, dann ging es dabei – ganz anders als die Antisemiten ständig behaupteten – um die Existenz der Juden. Ihre Zahl wurde deutlich kleiner, wegen der anhaltend niedrigen Geburtenrate und wegen der Verluste an die nichtjüdische Bevölkerung (stärker durch »Mischehen« als durch Taufen). Jüdische Autoren sprachen daher in den zwanziger

Jahren im Hinblick auf den demographischen Befund von einem »Untergang der deutschen Juden«[16]. Und es sei daran erinnert, daß die zionistische Bewegung in Deutschland nicht nur eine Reaktion auf den Antisemitismus darstellte, sondern auch eine Reaktion auf die Intensität der Integration und Assimilation, die als eine Bedrohung des besonderen jüdischen Lebens, als das Ende einer eigenständigen jüdischen Geschichte gesehen wurde.

Genau zu diesem Zeitpunkt brach mit der »Machtergreifung« der Nationalsozialisten die Katastrophe über die deutschen Juden herein – nicht ohne Vorwarnungen, im ganzen aber doch mit einer Plötzlichkeit, die nahezu alle Betroffenen überraschte. Es hatte einige hellsichtige Zeitgenossen gegeben, unter ihnen den jüdischen Schriftsteller Lion Feuchtwanger, der schon im Januar 1931 in der Berliner Zeitung »Welt am Abend« schrieb: »Was also die Intellektuellen und die Künstler zu erwarten haben, wenn erst das Dritte Reich sichtbar errichtet wird, ist klar: Ausrottung. Das erwarten denn auch die meisten, und wer irgend unter den Geistigen es ermöglichen kann, bereitet heute seine Auswanderung vor. Man hat, wenn man unter den Intellektuellen Berlins herumgeht, den Eindruck, Berlin sei eine Stadt von lauter zukünftigen Emigranten.«[17] Aber auch Feuchtwanger, der 1933 zu den ersten gehörte, denen die deutsche Staatsangehörigkeit aberkannt wurde, kaufte noch ein Haus im Grunewald. Es gab andererseits tatsächlich nicht wenige jüdische Künstler, Wissenschaftler und Journalisten, die noch vor 1933 auswanderten, weil sie das Unglück ahnten und für sich und ihr Land keine Zukunft mehr sahen.

Die Geschichte der antijüdischen Politik seit 1933, der Entrechtung, Diskriminierung, Ausplünderung und Vertreibung der deutschen Juden, schließlich der Ermordung aller europäischen Juden im deutschen Machtbereich kann hier nicht mehr im einzelnen dargestellt werden. Zum ersten Mal kam 1933 in einem modernen Staat eine politische Bewegung an die Macht, in deren Programm der Antisemitismus nicht beiläufig, sondern zentral war. Zum ersten Mal wurde damit der moderne Antisemitismus, der bis dahin nie mehr als das Kampfinstrument einer Oppositionsbewegung gewesen war, zur Herrschaftsideologie eines totalitären Systems. Der Antisemitismus gewann damit, was ihm bisher gefehlt hatte, nämlich Macht, und zwar die volle Macht, die durch keine konkurrierenden Kräfte mehr in Schranken gehalten wurde.

Was seit 1933 mit den Juden geschah, stellte einen radikalen Bruch mit dem Erbe der Aufklärung und des Liberalismus, mit den grundlegenden Normen der modernen Gesellschaft dar. Von Anfang an ging es um mehr als einzelne Beschränkungen, ging es um die prinzipielle Aufhebung der Emanzipation, um das Ungeschehenmachen von hundertfünfzig Jahren deutscher und europäischer Geschichte. Was das sofort, ohne alle die späteren Schrecken, bedeutete, möchte ich durch zwei Zitate beleuchten. Der 86jährige Maler Max Liebermann, bis 1933 Präsident der preußischen Akademie der Künste, schrieb im Juni 1933 in einem Brief nach Tel Aviv: »Wie ein fürchterlicher Alpdruck lastet die Aufhebung der Gleichberechtigung auf uns allen, besonders aber den Juden, die wie ich, sich im Traume der Assimilation hingegeben hatten... So schwer es mir auch wurde, ich bin aus dem Traume, den ich mein langes Leben geträumt habe, erwacht.«[18] Der berühmte Chemiker und Nobelpreisträger Fritz Haber schrieb im Mai 1933: »Ich bin so bitter wie nie zuvor. Ich bin in einem Maße deutsch gewesen, daß ich es erst jetzt voll empfinde...«[19] Drei Monate später formulierte er in einem Brief an Albert Einstein: »Ich war in meinem Leben nie so jüdisch wie jetzt!«[20]

Im nachhinein lassen sich verschiedene Phasen der Judenverfolgung erkennen, die sich zeitlich zum Teil überschneiden, systematisch aber deutlich unterscheidbar sind. Eine erste Phase galt neben der Entrechtung vor allem der sozialen Ausgrenzung der Juden. Sie reichte von den ersten Berufsverboten über die »Nürnberger Gesetze« bis zur äußerlichen Kenntlichmachung. Der soziale Kontakt zwischen Juden und Nichtjuden wurde immer mehr geschwächt und schließlich praktisch aufgehoben. Die Juden wurden künstlich zu Fremden gemacht, zu »Fremden im eigenen Lande«. »Aus Nachbarn wurden Juden« lautet der Titel eines neuen Buches, mit dem dieser Prozeß auf eine präzise Formel gebracht worden ist.[21] Eine zweite Phase, die 1937 einsetzte und vor allem durch die Verdrängung der Juden aus der gewerblichen Wirtschaft gekennzeichnet ist, bezweckte in erster Linie die Austreibung der Juden aus dem Deutschen Reich, wobei der November-Pogrom von 1938 eine wichtige Rolle spielte. Mit Kriegsbeginn, spätestens mit dem Überfall auf die Sowjetunion im Juni 1941 begann die dritte Phase, die Phase des systematischen Völkermords. Unmittelbar hinter den in die Sowjetunion vorrückenden Truppen führten die sogenannten »Einsatzgruppen« aus SS und Polizei Massenerschießungen der jüdischen Bevölkerung durch, ohne Unterschied des Alters oder des Geschlechts. Als ein deutliches Zeichen dafür, daß es bei den nun einsetzenden Deportationen aus Deutschland und allen europäischen Ländern im nationalsozialistischen Macht- und Einflußbereich nicht mehr um Vertreibung, sondern um Mord, um Völkermord ging, erfolgte 1941 ein ausdrückliches Verbot der bis dahin so nachdrücklich betriebenen Auswanderung von Juden. Mit über fünf Millionen Toten war 1945 schließlich der Plan, die gesamte jüdische Bevölkerung Europas zu ermorden, in einem Ausmaß verwirklicht, das noch immer jedes Vorstellungsvermögen übersteigt.

Der mörderische Antisemitismus der Nationalsozialisten bedeutete das

Ende der deutsch-jüdischen Geschichte. Diese Geschichte war bis 1933 – allem Antisemitismus zum Trotz – eine große Geschichte. Sie ist auch heute noch eine faszinierende, angesichts des furchtbaren Endes aber ebenso bedrückende Geschichte. Die gesamte deutsche und erst recht deutsch-jüdische Geschichte steht heute notwendigerweise unter dem Schatten des Völkermords. Dennoch ist es immer wieder nötig, auch die andere, die positive Tradition zu sichern – die großartige Entfaltung schöpferischer jüdischer Kräfte im Rahmen der deutschen Gesellschaft und nicht zuletzt auch die wichtigen innerjüdischen Entwicklungen, die in anderen Ländern bis in die Gegenwart hinein fortwirken. Die Geschichte der Juden in Deutschland war von der jüdischen Aufklärung und dem Beginn der Emanzipation an bis 1933 eine Geschichte, die eine offene, eine positive Zukunft hatte – für Juden und Nichtjuden. Die Hoffnungen, die sich damit verbanden, sind auf furchtbare Weise zerstört worden, aber es ist wichtig, sie nicht in Vergessenheit geraten zu lassen.

Trude Maurer
Die Juden in der Weimarer Republik

»Die ›Judenfrage‹ für die deutsche Geschichte des zwanzigsten Jahrhunderts als sozialgeschichtliches Thema zu plazieren, ist schwierig, weil diese Frage immer ein Verbrechensthema der Zeitgeschichte bleiben wird.«[1] Mit diesem Satz springt Dirk Blasius in seiner glänzenden Betrachtung der von Monika Richarz vorgelegten Edition jüdischer Lebensgeschichten von einer ausführlichen Erörterung des 19. Jahrhunderts direkt in die Zeit der nationalsozialistischen Herrschaft.

Gewiß hat er damit in der angedeuteten Perspektive der Geschichte der »Judenfrage« als Teil der deutschen Geschichte recht. Die Entrechtung und gesellschaftliche Ausgrenzung der Juden hat die Emanzipation rückgängig gemacht[2] und die so kurze, nur *ein* Lebensalter währende Epoche der rechtlichen Gleichstellung der Juden in Deutschland beendet, bevor dann Vertreibung und schließlich systematischer Mord ihr Ziel der Ausrottung eines ganzen Volkes auf dem europäischen Kontinent fast erreichten. Dieses Geschehen – oder genauer: dieses Handeln – ist in der Geschichte einzigartig.[3] Es dominiert daher nicht nur die gesamte, auch spätere jüdische Geschichte des 20. Jahrhunderts, sondern gibt auch unserem Blick auf die Jahrzehnte davor eine bestimmte Perspektive, und dies *kann* gar nicht anders sein: Wir müssen die antisemitische Propaganda, Ausschreitungen, aber auch das mangelnde Eintreten für die vollständige Verwirklichung der jüdischen Gleichberechtigung daraufhin untersuchen, ob und inwieweit sie den späteren Maßnahmen den Boden bereiteten. Dieses Problem aufzuwerfen, heißt zugleich, *keine* lineare, zwangsläufige Entwicklung von der antisemitischen Ideologie zur Mord-Tat anzunehmen. Die Fragen nach Vorzeichen, Vorstufen, Verbindungslinien sind nötig, aus wissenschaftlichen wie aus moralischen Gründen, aber sie bergen auch die Gefahr in sich, die Betrachtung auf eine Perspektive einzuengen, in der die Juden nur als Objekt und Opfer erscheinen. Doch die Geschichte des Antisemitismus ist *nicht* die Geschichte der Juden. Eine solche Perspektive ergibt sich freilich zwangsläufig, wenn man von der jüdischen Minderheit als einem Problem für die Gesellschaft spricht. Und dies meint der Begriff »Judenfrage« in seiner alten Bedeutung aus dem 18. Jahrhundert[4] wie in seiner antisemitischen Zuspitzung im 20.[5] Dabei ist die Gesellschaft als nichtjüdische gedacht, also schon impliziert, daß die Juden außerhalb stehen.

Für die Studien über die Weimarer Republik, die sowieso im Vergleich zum Kaiserreich und zum Nationalsozialismus nur wenig erforscht ist, war die Perspektive der Stellung der Gesellschaft zu den Juden, geleitet von der Frage nach der Ausbreitung des Antisemitismus, bisher vorherrschend.[6] Die Juden selbst rückten immerhin in ihrem »Abwehrkampf« gegen den Antisemitismus als Handelnde in den Blick.[7] Erst in den letzten Jahren aber sind eingehende Darstellungen über einzelne jüdische Gemeinden erschienen, die mit der Vielfalt der behandelten Aspekte und der Differenziertheit ihrer Betrachtung unsere Kenntnis über die Juden selbst in der Weimarer Republik wesentlich erweitern und vertiefen.[8] Weitere Arbeiten gelten Einzelfragen wie der jüdischen Identität[9] und den Ostjuden.[10] Ausführlich behandelt werden einzelne Aspekte auch in organisationsgeschichtlichen Studien, die in einem größeren Untersuchungszeitraum die Weimarer Republik mit umfassen.[11]

Man sieht: Allmählich gewinnt die Geschichte der Juden in der Weimarer Republik die ihr gebührende Aufmerksamkeit. Die Jahrzehnte, die Blasius mit einem großen Satz übersprungen hat, müssen in mindestens zwei einzelnen Schritten durchmessen werden: zunächst der Erste Weltkrieg, dann die Weimarer Republik. Und dies will ich heute mit Ihnen tun – dabei die nichtjüdische Umwelt nicht ausklammern (denn zweifellos gaben die Einstellung der Bevölkerungsmehrheit und die offizielle Politik gegenüber den eingesessenen und den neu zuwandernden Juden den Rahmen vor, innerhalb dessen die jüdische Gemeinschaft sich entwikkelte), aber doch die Juden in den Mittelpunkt rücken.

Als der Erste Weltkrieg begann, eilten die deutschen Juden geschlossen zu den Fahnen. Diese Geschlossenheit war keinesfalls selbstverständlich; denn obwohl die Juden nur etwa 1% in der Gesamtbevölkerung des Reiches ausmachten und von außen als Einheit betrachtet wurden, war diese winzige Gruppe in sich doch stark aufgefächert:

Ihr Beschäftigungsprofil hob sich zwar von dem der Nichtjuden deutlich ab: Über 60% waren im Wirtschaftsbereich Handel und Verkehr tätig, ein gutes Viertel in Industrie und Handwerk, 8% im öffentlichen Dienst und in den sogenannten »freien Berufen«, unter 2% in der Landwirtschaft. Von der deutschen Gesamtbevölkerung dagegen arbeitete noch immer über ein Drittel in der Landwirtschaft, 40% in Industrie und Handwerk, nur 12% in Handel und Verkehr, 6% im öffentlichen Dienst und in den freien Berufen.[12]

Doch diese Klassifizierung nach Tätigkeitsbereichen überdeckt große wirtschaftliche und soziale Abstufungen innerhalb des Haupterwerbszweigs der Juden. Auch wenn man im Handel nur die Selbständigen ins Auge faßt, ist der Abstand groß zwischen dem Hausierer, dem kleinen Ladenbesitzer im Dorf oder in der Stadt, dem Viehhändler, dem Inhaber eines etablierten Fachgeschäfts, dem Kaufhausbesitzer, dem Metallgroßhändler oder Bankier.

Gehörten die Juden in ihrer Mehrheit auch bereits zur städtischen Bevölkerung – was ihrer spezifischen Berufsstruktur entsprach – und zu einem beträchtlichen Teil sogar zur großstädtischen, so gab es doch im Südwesten des Reichs, in Hessen, Bayern, Baden und Württemberg, noch ein ausgeprägtes Landjudentum.[13] Und auch die jüdischen Städter hatten eine starke regionale Prägung. Die Nürnbergerin Julie Meyer-Frank erinnert sich an den Kreis ihrer Münchner Verwandten, die überwiegend orthodoxen Feuchtwangers, so: »Seine Mitglieder waren kulturell nicht nur Deutsche, sondern ausgesprochene Bajuwaren.«[14]

Religiös war die Mehrheit der deutschen Juden liberal. Nur eine Minderheit hielt am überlieferten Ritus und den strengen, jeden Bereich des Lebens bis ins kleinste regelnden religiösen Vorschriften fest. Und diese Minderheit spaltete sich wiederum in jene, die in der Einheitsgemeinde des Ortes blieben, der jeder jüdische Bürger durch Gesetz angehörte, und jene, die von der in Preußen seit 1876 bestehenden Möglichkeit des Austritts zwecks Gründung einer eigenen Gemeinde Gebrauch machten (die sogenannte Separat- oder Austritts- im Gegensatz zur Gemeindeorthodoxie).[15]

Das *nationale* Selbstverständnis der Mehrheit der deutschen Juden formulierte Walther Rathenau 1916: »Mein Volk sind die Deutschen, niemand sonst. Die Juden sind für mich ein deutscher Stamm, wie Sachsen, Bayern oder Wenden.«[16] Mit dem zweiten Satz drückte er aber zugleich das Weiterbestehen einer spezifischen Eigenart aus, die er mit der regionalen Prägung anderer Gruppen der deutschen Bevölkerung gleichsetzte. Die deutschen Juden sind *als* deutscher Stamm Teil des deutschen Volkes.

Eugen Fuchs, der Vorsitzende der größten deutschjüdischen Organisation, schrieb ein Jahr später: »Ich bin Deutscher von Nation, Jude von Religion und Stammes wegen. Wie mir die Zugehörigkeit zu Preußen, die schlesische Heimat, das Kaufmannshaus der Eltern, die akademisch-juristische-advokatorische Tätigkeit eine gewisse Prägung aufgedrückt haben, so hat es ganz besonders auch das jüdische Elternhaus, die jüdische Umwelt getan, in der ich erzogen bin und in der ich weiter lebe. Aber diese Art und Stammesprägung differenziert mich nicht in nationaler Beziehung von den deutschen Christen, beeinträchtigt meine Zugehörigkeit zur Gattung Volk nicht und entfremdet mich dem Deutschtum so wenig, so wenig die besondere Stammesprägung in nationaler Beziehung den friesischen Bauern vom rheinischen Industriearbeiter oder vom Berliner Proletarier trennt.«[17]

Fuchs differenziert stärker als Rathenau – er nennt die verschiedenen sein

Selbstverständnis prägenden Einflüsse: die nationale, bundesstaatliche, regionale Herkunft, das soziale, religiöse und kulturelle Milieu des Elternhauses, die Formung durch Bildungsgang und Berufstätigkeit. Damit kommt er einer Beschreibung der Vielfalt sozialer Beziehungen sicher näher als Rathenau, und doch wird damit noch deutlicher, daß beide ihr nationales Selbstverständnis *verteidigen müssen* und es auf eine ähnliche Formel bringen, bei der die jüdische Eigenart als sekundär eingestuft wird. Rathenau schrieb an einen christlichen Freund, der völkische Anschauungen vertrat. Fuchs war der Vorsitzende des Centralvereins deutscher Staatsbürger jüdischen Glaubens, dessen Name bereits das Programm der Organisation umreißt: Verteidigung der staatsbürgerlichen Gleichheit und Pflege der deutschen Gesinnung der Juden, Widerlegung antisemitischer Vorwürfe. Er replizierte einem Vertreter der »radikalen« zweiten Generation deutscher Zionisten, Kurt Blumenfeld, der die 1912 vom Delegiertentag der Zionistischen Vereinigung für Deutschland angenommene Resolution initiiert hatte, daß alle Zionisten die Pflicht hätten, »die Übersiedlung nach Palästina in ihr Lebensprogramm aufzunehmen«.[18]

Die Zionisten betrachteten die Juden als eigenes Volk. Einer der frühesten deutschen Anhänger des Nationaljudentums hatte dessen Selbstverständnis noch vor der Gründung des Centralvereins auf die Formel »deutscher Staatsbürger jüdischer Nationalität«[19] gebracht, die sich zwar nicht durchsetzte, aber doch zur Abgrenzung gegenüber der vom Centralverein repräsentierten Mehrheit der deutschen Juden geeignet erscheint. Allerdings war die radikale Interpretation des nationaljüdischen Bekenntnisses auch im zionistischen Lager nicht unangefochten. Franz Oppenheimer warnte 1913 vor dem Gebrauch des Begriffs »national«: »Ich kann ganz gut zugleich jüdischnational und deutschnational sein. Man darf eben nicht Gegensätze konstruieren, wo keine vorhanden sind. (...) Herr Blumenfeld verlangt von uns, wir sollen in erster Linie Juden sein. Soll ich aber an erster Stelle schlafen oder essen oder arbeiten? Für mich ist alles wichtig. Ich bin ein guter Jude, ein ausgezeichneter Deutscher, habe deutsches Kulturgefühl, jüdisches Stammesbewußtsein, märkisches Heimatbewußtsein.«[20]

Diese Verwurzelung auch der Zionisten in Deutschland ist vielfach belegt,[21] und sie haben sie – wie die Anhänger des Centralvereins – mit ihrem Einsatz im Ersten Weltkrieg bewiesen. Beide Organisationen riefen ihre Anhänger dazu auf, sich *freiwillig* zum Kriegsdienst zu melden und dabei *besondere* Opfer zu bringen. Warum aber sollten sie sich »über das Maß der Pflicht hinaus« (so die Formulierung des Centralvereins) anstrengen?[22] Die Zionisten knüpften zur Begründung an die jüdische Tradition an: »Der Adel unserer vieltausendjährigen Geschichte verpflichtet. Wir rufen Euch auf, im Sinne des alten jüdischen Pflichtgebots mit ganzem Herzen, ganzer Seele und ganzem Vermögen Euch dem Dienste des Vaterlands hinzugeben.« Sie sollten zeigen, »daß wir stammestreuen Juden zu den besten Söhnen des Vaterlandes gehören«.[23] Man wird aus dieser Selbstcharakterisierung gewiß eine Abgrenzung gegenüber den Anhängern des CV heraushören dürfen und die Betonung, mindestens genau so gute Deutsche wie jene zu sein.[24] Keine der beiden Organisationen erwähnte die Staatsbürgerschaft, sondern beide betonten mit dem Begriff »Vaterland« die starke *emotionale* Verbundenheit mit Deutschland. Der besondere Einsatz sollte nicht nur den Schutz der »Frauen und Kinder gegenüber den Feinden des Landes« gewährleisten, er sollte auch den »Millionen und Abermillionen von Unterdrückten im russischen Reiche« gelten – unter ihnen besonders den Juden.[25] Daß die deutsche und österreichische Armee für deren »Befreiung«[26], ja »Erlösung«[27] kämpften, war die Überzeugung vieler jüdischer Zeitgenossen. Zugleich aber sollte der Einsatz der deutschen Juden im Krieg beweisen, daß die Vorbehalte der nichtjüdischen Umwelt ihnen gegenüber der Grundlage entbehrten, antijüdische Einstellungen unhaltbar waren. Nachdem sie 1869/71 die rechtliche Gleichstellung erlangt hatten, hofften sie, daß nun auch die Integration in die deutsche Gesellschaft vollendet werden könne.[28] *Sie* akzeptierten den vom Kaiser proklamierten Burgfrieden: »Wir deutschen Juden kennen trotz aller Anfeindungen in den Zeiten des Friedens heute keinen Unterschied gegenüber andern Deutschen. Brüderlich stehen wir mit allen im Kampfe zusammen.«[29]

Doch die Antisemiten brachen den Burgfrieden bald. Ihre Bewegung nahm einen neuen Aufschwung und machte organisatorische Fortschritte, jetzt auch im Besitz- und Bildungsbürgertum.[30] Doch was schlimmer war: Die Regierung ordnete 1916 eine statistische Erhebung über die Dienstverhältnisse der deutschen Juden im Krieg an. Sie bezog sich dabei ausdrücklich auf Klagen der Bevölkerung, daß sich die Juden dem Heeresdienst entzögen, und gab vor, diese widerlegen zu wollen. Doch bereits die Anordnung der »Judenzählung« implizierte, daß die Anschuldigungen der Judengegner bis zum Beweis des Gegenteils als berechtigt gelten konnten. Diese Wirkung wurde noch dadurch verstärkt, daß die Regierung nach Abschluß der Untersuchungen weder die Ergebnisse publizierte, noch den zugrunde liegenden Vorwürfen öffentlich entgegentrat.[31]

Franz Oppenheimer, der sich selbst in den Dienst des Komitees zur Befreiung der russischen Juden, bald Komitee für den Osten genannt, gestellt hatte, das mit dem Auswärtigen Amt zusammenarbeitete, kritisierte 1917 nicht nur die Politik Deutschlands als Besatzungsmacht gegenüber den Ostjuden. Er machte auch das ganze Ausmaß der Enttäuschung und Ver-

bitterung der deutschen Juden über die innenpolitische Entwicklung deutlich:
»Der Burgfrieden ist nicht gehalten worden. (...) Wir werden den Burgfrieden halten bis zum Frieden. Das sagt nicht, daß wir jede Beleidigung dulden werden. Aber wir wissen, daß wir nach dem Kriege nichts anders zu erwarten haben als den alten Kampf in verschärfter Form. (...)
Wir haben den Blutpreis ehrlich bezahlt, und wir werden um unser Recht kämpfen, das man uns freiwillig nicht gibt. Und wir wissen – gegen wen!«[32]
Dem Staat gegenüber mußten die deutschen Juden nach der Etablierung der Republik weniger heftig für ihre Gleichberechtigung kämpfen, als es 1917 scheinen mochte. Doch die Herausforderung durch die antisemitische Bewegung nahm sogar noch zu.
Im Krieg war die Koordinierung der antisemitischen Bewegung noch nicht gelungen. Etwa 400 völkische Organisationen und 700 antisemitische Zeitschriften gab es am Anfang der Weimarer Republik.[33] Doch diese Zahlen sollten in erster Linie als Beleg für die Verbreitung, nicht nur für die Zersplitterung verstanden werden. Auf Initiative des Alldeutschen Verbands entstand 1919 der Deutschvölkische Schutz- und Trutzbund.[34] Er umfaßte bis zu seinem Verbot nach dem Mord an Walther Rathenau ca. 200000 Personen. Seiner Agitation ist besondere Bedeutung zuzumessen, da er nicht nur – wie die meisten Zeitschriften – einen festen Leserkreis ansprach, sondern ständig Sonderaktionen und Werbekampagnen in Betrieben, Kasernen, Gaststätten, öffentlichen Verkehrsmitteln und Schulen durchführte. Damit unterschied er sich zugleich von den politischen Parteien, die sich nur vor den Wahlen direkt an die Bevölkerung wandten. Allein 1920 verteilte er 20 Millionen Flugblätter, Handzettel und Aufkleber, die speziell für die jeweilige Zielgruppe gestaltet waren.
Neben dieser außerparlamentarischen Organisation standen die diversen völkischen Parteien: vor allem die Deutschvölkische Freiheitspartei, die sich 1922 von den Deutschnationalen abspaltete, und die Nationalsozialisten. Für sie alle, aber auch für die Deutschnationalen, war die Judenhetze ein wesentlicher Teil ihrer Propaganda.[35]
Als gedrängte Zusammenfassung der verschiedenen antisemitischen Vorwürfe sei nur die »Ostdeutsche Rundschau« (Bromberg) vom 25.6.1919 zitiert:
»Die Juden haben unseren Siegeslauf gehemmt und uns um die Früchte unserer Siege betrogen. Die Juden haben die Axt an die Throne gelegt und die monarchische Verfassung in Stücke geschlagen. Die Juden haben die innere Front und dadurch auch die äußere zermürbt. Die Juden haben unseren Mittelstand vernichtet, den Wucher wie eine Pest verbreitet, die

Städte gegen das Land, den Arbeiter gegen den Staat und (das) Vaterland aufgehetzt. Die Juden haben uns die Revolution gebracht, und wenn wir jetzt nach dem verlorenen Kriege auch noch den Frieden verlieren, so hat auch Juda sein gerüttelt Maß von Schuld. Darum, deutsches Volk, vor allem das Eine – befreie dich von der Judenherrschaft.«[36]

Angeblich jüdische Züge, die hier noch fehlen, sind Unsittlichkeit und Kriminalität. Die Bilder, die die Antisemiten für Juden gebrauchten – Krankheiten, Ungeziefer, Parasiten – drückten meist nicht mehr einen Vergleich aus, sondern *identifizierten* die Juden mit Pest, Krebsschaden, Heuschrecken, Blutegeln.[37]

Besonders in den frühen Jahren der Republik konnten die antisemitischen Agitatoren dabei an den ostjüdischen Zuwanderern, die sich z. T. durch Kleidung, Sprache und Lebensweise deutlich von der deutschen Umwelt abhoben, viel besser als an deren deutschen Glaubensgenossen sinnfällig machen, daß die Juden Fremde seien. Und angesichts der enormen wirtschaftlichen und politischen Schwierigkeiten der jungen Republik verbreiteten sich antisemitische Sichtweisen in bezug auf die *Ost*juden auch in den liberalen und sozialistischen Parteien, die im Prinzip für die Gleichberechtigung der Juden eintraten, also die staatsbürgerliche Gleichstellung der deutschen Juden verteidigten und sich für die Gleichbehandlung der jüdischen mit den christlichen Ausländern aussprachen.

Dabei verliehen die Parlamentarier und verantwortlichen Politiker mit ihrer Beteiligung an der öffentlichen Diskussion über die Gefahren der Einwanderung für die deutsche Gesellschaft und ihrer realitätsfremden Überschätzung der Zahl der Einwanderer den Behauptungen der Antisemiten eine gewisse Berechtigung. Die nichtakkulturierten Ostjuden verkörperten für die Liberalen und Sozialisten das Ghetto. Darüber hinaus trug zu ihrer abwehrenden Haltung sicher auch bei, daß die republiktragenden Parteien von den völkischen Propagandisten als Förderer der ostjüdischen Einwanderung und als abhängig von ostjüdischem Geld dargestellt, die Republik als »Judenrepublik« diskreditiert und so in die Defensive gedrängt wurde. Trotzdem bleibt als Ergebnis, daß die Bedenken, die viele Deutsche gegen die antisemitische Propaganda und ein rigoroses antijüdisches Vorgehen hatten, sofern *deutsche* Juden betroffen waren, gegenüber den fremd wirkenden Ostjuden wegfielen. Oder noch schärfer: Die Haltung der Nicht-Antisemiten und sogar vieler Gegner des Antisemitismus war nicht so gefestigt, daß sie nicht gegenüber einer bestimmten Gruppe von Juden ins Wanken gebracht werden konnte.[38]

Eine neue Radikalität verliehen die Deutschnationalen und Antisemiten ihren Forderungen nach einem rigoroseren Vorgehen gegen die ausländischen Juden, indem sie dem traditionellen Verlangen nach Sperrung der

Grenzen für Neuzuwanderer und Ausweisung der bereits in Deutschland befindlichen Ostjuden nun auch die Internierung in speziellen Lagern sowie auf der äußersten Rechten die Enteignung und den Widerruf bereits vollzogener Einbürgerungen hinzufügten. Sie verbanden dies auch häufig mit der Forderung nach rechtlichen Beschränkungen für die *deutschen* Juden – etwa bei der Zulassung zu Staatsprüfungen und zum Referendariat, zum Staatsdienst überhaupt, Verbot des Vieh- und Getreidehandels, Kennzeichnung der Juden, Entzug der staatsbürgerlichen Rechte. Solche Anträge wurden üblicherweise abgelehnt.

Wichtiger als einzelne Abstimmungserfolge[39] aber sind die Aktionen in den frühen Jahren der Weimarer Republik und in der Weltwirtschaftskrise. Damit nahm der Antisemitismus eine neue, »terroristische«[40] Qualität an. Ich erinnere nur an die Ermordung Walther Rathenaus und an das Attentat auf den Publizisten Maximilian Harden im selben Jahr. In Oberschlesien gab es 1920–1922 wiederholt Ausschreitungen gegen Juden. Im Lauf des Jahres 1923 kam es zu Plünderungen und Teuerungskrawallen in verschiedenen Städten des Reichs, so im November auch in Berlin. Doch wurden sie dort von antisemitischen Agitatoren in pogromartige Ausschreitungen im Scheunenviertel umfunktioniert, wo sich viele ostjüdische Einwanderer konzentrierten.[41] Die Polizei übrigens griff erst durch, nachdem sich der preußische Innenminister eingeschaltet hatte. Zuvor dagegen hatte sie nicht die Täter, sondern ca. 200 Überfallene festgenommen und z. T. sogar mißhandelt. Die Überfälle häuften sich dann in den späten Jahren der Weimarer Republik, besonders ab 1930, und meist richteten sie sich gegen alle Juden ohne Unterschied.[42]

Für eine staatliche Judenpolitik bestand in der Weimarer Republik kein Anlaß. Alle Staatsbürger genossen gleiche Rechte und mußten nach ihrer Befähigung und ihren Leistungen zu öffentlichen Ämtern zugelassen werden (Art. 109, 128 der Weimarer Verfassung). Was darin bereits impliziert ist, hob die Verfassung noch ausdrücklich hervor: daß die bürgerlichen und staatsbürgerlichen Rechte vom religiösen Bekenntnis unabhängig seien (Art. 136 Abs. 2).

Die Rechte der jüdischen *Gemeinschaft* wurden durch die Artikel über die Religionsgesellschaften (137 und 138 der Verfassung) geregelt, wobei allerdings der Begriff der Körperschaft des öffentlichen Rechts als solcher und der öffentlich-rechtliche Charakter der Religionsgesellschaften umstritten waren. Unzweifelhaft waren die einzelnen Synagogengemeinden solche Körperschaften.[43]

Darüber hinaus bestanden fast in allen Ländern des Reichs Landesverbände der jüdischen Gemeinden. Und auch der größte, der preußische, wurde, obwohl de jure nie als solche anerkannt, in der Praxis sowohl von der Reichsregierung wie von der preußischen Staatsregierung wie eine

Körperschaft des öffentlichen Rechts behandelt. 1925 schließlich wurde auch im preußischen Staatshaushalt ein den Millionenbewilligungen für die Kirchen entsprechender Posten für die jüdische Religionsgemeinschaft eingestellt.

So bleibt festzuhalten, daß in der Weimarer Republik die Juden nicht nur als einzelne Staatsbürger gleiche Rechte genossen, sondern endlich auch kollektiv als Religionsgemeinschaft den christlichen Kirchen gleichgestellt wurden.

Neben der formalen Gleichberechtigung ist aber auch die Frage nach der tatsächlichen *Gleichbehandlung* aufzuwerfen, die hier nur an Beispielen illustriert werden kann. Konnten die Juden öffentliche Ämter erlangen und unangefochten ausüben? Immer wieder kam es vor, daß jüdische Richter von den Angeklagten vor Gericht abgelehnt wurden. Schließlich gab der preußische Justizminister im Landtag eine Erklärung ab, daß er die »völlig unbegründeten Angriffe gegen die jüdischen Richter (...) unbedingt« zurückweise[44], und erklärte es dann 1930 in einer allgemeinen Verfügung für unzulässig, Berufs- und Laienrichter nach ihrer Konfession oder Parteizugehörigkeit zu befragen. Die anderen Länderjustizminister folgten dem preußischen Beispiel.[45]

Auch bei den politischen Ämtern ist ein Fortschritt zu verzeichnen. Erstmals konnten Juden als Bürgermeister, Minister und hohe Staatsbeamte das öffentliche Leben mitgestalten.[46] Doch bedeutend war ihr Anteil nur in der Revolutionszeit.[47] Nach der Ermordung Walther Rathenaus gab es nur noch einen jüdischen Minister im Reichskabinett, Rudolf Hilferding, 1928–29 für die Finanzen zuständig. In den Länderregierungen amtierte kein jüdischer Minister mehr, und auch unter den Parlamentsabgeordneten wurden die Juden zurückgedrängt. Nicht nur die linksliberale Deutsche Demokratische Partei, die häufig als »Judenpartei« apostrophiert wurde, versuchte, das Hervortreten von Juden im Rampenlicht der Öffentlichkeit zu beschränken, und gestaltete dementsprechend ihre Kandidatenlisten. Auch bei den Kommunisten ergibt sich ein ähnliches Bild: Waren 1924 von 62 Abgeordneten 6 Juden, so gab es in der kommunistischen Fraktion des letzten Reichstags der Republik 1932 nicht einen einzigen mehr. Nur bei den Sozialdemokraten wurden bis zuletzt – d. h. bis zu den Wahlen im März 1933, bereits unter nationalsozialistischer Herrschaft – Juden aufgestellt und bildeten in der Republik jeweils ein Zwölftel bis ein Zehntel der SPD-Fraktion im Preußischen Landtag und im Reichstag.[48]

Für die Frage der Gleichbehandlung ist aber auch wichtig, ob die einzelnen Juden als Staatsbürger und die jüdische Gemeinschaft den gleichen staatlichen *Schutz* genossen wie die Christen. Nach wiederholten Ausschreitungen verurteilte der preußische Innenminister in einem Runderlaß 1931 die »antisemitische Verhetzung« endlich »aufs schärfste« und ersuchte die Landespolizeibehörden, »diesem Treiben mit allen Mitteln tatkräftig entgegenzuwirken«, ja schon vorbeugend tätig zu werden, um die Religionsausübung auch der Juden zu gewährleisten.[49]

Doch solche Anweisungen der Verantwortlichen bestätigen nicht nur den Willen zur Gleichbehandlung. Daß sie nötig wurden, läßt wohl auch die Deutung zu, daß die Polizei ihrer Pflicht, alle Bürger des Reichs zu schützen, nicht immer ausreichend nachgekommen war.

Als letztes Beispiel sei schließlich das Thema »Juden und Justiz« erläutert. Dabei geht es nicht um die strafrechtliche Verfolgung von Juden – *sie* war nur in Ausnahmefällen Gegenstand der Beschwerde[50] –, sondern um von Juden als Klägern angestrengte Gerichtsverfahren. Während Einzelne mit Beleidigungsklagen häufig ihr Recht fanden, allerdings oft erst in den höheren Instanzen, blieben die Juden gegen *Kollektiv*beleidigungen schutzlos – nur Einzelpersonen konnten Strafanträge stellen und mußten dann nachweisen, daß bei der Beleidigung immer bestimmte Personen gemeint gewesen seien. Obwohl das Reichsgericht im Lauf der Jahre in verschiedenen Fällen den Tatbestand der Kollektivbeleidigung als gegeben anerkannt hatte – etwa bei den im Ersten Weltkrieg in Belgien kämpfenden Truppen, den Großgrundbesitzern einer Provinz, den christlichen Geistlichen –, blieb es im Fall der Juden bei seiner 1881 getroffenen ablehnenden Entscheidung. Auf dem Gebiet des Zivilrechts ging es vor allem darum, gegen Boykottaufrufe von völkischer Seite eine einstweilige Verfügung zu erwirken. Daß das Schächtverbot in einzelnen Ländern den Verfassungsgrundsatz der Religionsfreiheit verletzte, steht außer Zweifel. Doch insgesamt ist dieser Komplex des Rechtsschutzes noch nicht ausreichend untersucht, um zu einer abschließenden Einschätzung zu kommen.[51]

Zusammenfassend ist festzustellen, daß der Rassestandpunkt, den die Antisemiten einnahmen, in der offiziellen Behandlung der Juden keine Rolle spielte, sondern die Staatsbürgerschaft ausschlaggebend war. Doch neben der hier erörterten Frage, ob die Gleichheit vor dem Gesetz auch in eine gleiche Behandlung umgesetzt wurde, stellt sich die weitere, ob Gleichbehandlung nur identische Behandlung sein kann oder ob bei der Verfolgung des gleichen Ziels – etwa des Schutzes – für eine bestimmte Bevölkerungsgruppe nicht vielleicht andere oder zusätzliche Maßnahmen nötig sind. Die Juden nur als Staatsbürger zu betrachten, könnte auch eine Art von Blindheit gegenüber ihren besonderen Schwierigkeiten bedeuten. Dies scheint etwa der Fall zu sein, wenn der preußische Innenminister Severing die Zuwanderung der Ostjuden ganz von dem Problem der deutschen Juden trennen wollte. Schließlich hatten die Antisemiten beide Komplexe verknüpft und versuchten so, die von ihnen gestellte

»Judenfrage« zu verschärfen. Die Feststellung, der Staat sei den Juden »nur in ihrer Eigenschaft als Staatsbürger« zum Schutz verpflichtet, läuft dann auf die Ablehnung hinaus, die Juden als *Juden*, als angegriffene Minderheit zu betrachten.[52]

Durch das hier angeschnittene Thema der Politik gegenüber den zuwandernden Ostjuden wird die Frage der Gleichbehandlung noch einmal in ein neues Licht gerückt: Die Verhinderung der Zuwanderung war das oberste Ziel dieser Politik. Und wenn diese Richtlinie auch für jegliche Einwanderung formuliert wurde, besteht kein Zweifel, daß sie an der Ostgrenze rigoroser gehandhabt wurde als im Westen. Doch für die Behandlung der bereits in Deutschland befindlichen Ostjuden konnte die Regierung Preußens, das von der Zuwanderung am stärksten betroffen war – etwa 70 % der ausländischen Juden im Reich lebten hier – der Maxime der Gleichbehandlung aller Ausländer im Rahmen der geltenden fremdenpolizeilichen Bestimmungen Anerkennung verschaffen. Das heißt nicht, daß sie auch gänzlich verwirklicht wurde. Es gibt genug Beispiele dafür, daß die Entscheidungen der zuständigen Beamten von antisemitischen Wahrnehmungen geprägt wurden. Doch wurden auch viele Ausweisungsverfügungen auf dem Beschwerdeweg von höheren Instanzen, bis hin zum preußischen Innenminister, wieder aufgehoben.

Neben der unzulänglichen Verwirklichung der Gleichbehandlung in Preußen und z. T. unzureichendem Schutz ist aber in bezug auf die Ostjuden auch zu berichten, daß andere deutsche Länder gelegentlich Massenausweisungen vorzunehmen versuchten, die völkerrechtlich nicht zulässig waren und die sich eindeutig gegen die Ostjuden, nicht gegen Ostausländer generell, richteten. Hierin wird man einen Erfolg der antisemitischen Bewegung sehen können – auch unabhängig von der Frage, ob der bayerische Generalstaatskommissar bei der Ausweisungsaktion 1923 den Nationalsozialisten entgegen- bzw. zuvorkommen wollte.[53]

Die deutschen Juden erkannten deutlich, daß die Antisemiten die Ostjuden als sichtbarstes Angriffsobjekt in den Vordergrund rückten, aber eigentlich alle Juden meinten. Deshalb versuchten sie mit großer Beharrlichkeit, in ihren Zeitschriften die antisemitischen Vorwürfe gegen die Ostjuden zu widerlegen, und sprachen sich gegen jegliche Ausnahmebehandlung aus.[54]

Die Ostjuden stellten etwa ein Zehntel der Ausländer im Reich. Ihre Aussonderung aus dieser Gruppe konnten die deutschen Juden nicht akzeptieren, denn sonst hätten sie gewärtigen müssen, daß eines Tages analog auch sie aus der Gesamtheit der deutschen Staatsbürger herausgelöst und speziellen Beschränkungen unterworfen würden.

Um den Grad der Integration der Juden in die deutsche Gesellschaft zu bestimmen, müssen aber neben dem öffentlichen und politischen Leben auch die privaten Beziehungen und als Übergangsbereich das Vereinsleben betrachtet werden.

Gershom Scholem hat darauf aufmerksam gemacht, daß die Autobiographien bekannter deutscher Juden vermutlich den Eindruck vermitteln, »daß ein lebhafter Verkehr zwischen Juden und Nichtjuden auch im gesellschaftlichen Leben über etwaige geschäftliche Beziehungen hinaus existierte. Meine eigenen Erfahrungen und die Berichte meiner Freunde, die aus derselben Schicht stammen, stimmen mit diesem Bild in keiner Weise überein. Eines Tages begann mir aufzufallen, daß in unser Haus ausschließlich Juden zu Besuch und zu freundschaftlichem Verkehr kamen und daß meine Eltern ausschließlich zu Juden zu Besuch gingen. Die Ausnahmen beschränkten sich auf formelle Anlässe, bei denen Berufskollegen meines Vaters aus dem typographischen Gewerbe (...), aus der Krankenkasse, in der er ehrenamtlich tätig war, oder einem Verein, dem er angehörte, zu Gratulationen erschienen. Und auch dies geschah fast durchweg ohne Begleitung ihrer Ehefrauen. (...) Diese relativ weitgehende, wenn auch in häuslichen Diskussionen oft geleugnete soziale Abschließung der Juden war in Handel und Gewerbe besonders stark, während in den freien Berufen eher eine gesellschaftliche Öffnung zu nichtjüdischen Kollegen bestand.«[55]

Man findet, wenn man die Erinnerungen nicht prominenter Juden liest,[56] sowohl die Bestätigung, daß sich der private Freundeskreis hauptsächlich auf Juden beschränkte, wie auch die Schilderung herzlicher Beziehungen zu Nichtjuden. Sicher muß da stark nach dem sozialen Umfeld differenziert werden. Berichte wie der von Liselotte Stern, die als Tochter eines Pferde- und Getreidehändlers in Weikersheim aufwuchs und bei der weihnachtlichen Bescherung in der evangelischen Kirche mit ihrem Bruder immer die *ersten* Geschenke erhielt – sie waren die einzigen jüdischen Kleinkinder am Ort – und die ihrerseits an Pessach ihren Bekannten Mazze brachten,[57] findet man häufiger, gerade in dörflichen und kleinstädtischen Gemeinden.

Eine Rolle spielt gewiß auch die soziale Schicht. Es gibt Hinweise darauf, daß die Kontakte im gehobenen Bürgertum, im Kleinbürgertum und in der Unterschicht häufiger und enger waren als in der Mittelschicht.

Schließlich sollte auch sorgfältig auf das nationale, kulturelle und religiöse Selbstverständnis der Berichtenden geachtet werden. Was bedeutet für sie ihre Zugehörigkeit zum Judentum? Die Erinnerungen zeigen jedenfalls dies: Weder die Akkulturation noch das Aufgeben der religiösen Gebote reichen aus, um freundschaftliche Kontakte zu Nichtjuden herzustellen. Aber umgekehrt bedeutet das Einhalten etwa der Speisegesetze und der Schabbatgebote nicht, daß der Freundeskreis sich auf Juden beschränken mußte. So berichtet der Sohn eines Würzburger orthodoxen

Zahnarztes, daß er sogar den Weihnachtsabend bei einer christlichen Familie verbrachte.[58] Und Rahel Straus, die in Karlsruhe aufgewachsene Tochter des Rabbiners einer Separatgemeinde, eine der ersten Frauen in Deutschland, die studierte, später als Ärztin in München praktizierte, orthodox lebte und Zionistin war, wurde schon durch ihren außergewöhnlichen Bildungsweg an christliche Freundinnen gebunden. Doch auch sie stellte fest, daß es Situationen gab, in denen trotz freundschaftlicher Beziehungen eine Trennwand zwischen Juden und Christen stand.[59]

Ob die Abgeschlossenheit des jüdischen Lebenskreises oder die Beziehungen zu Nichtjuden betont werden – in beiden Fällen stellt sich noch mehr als bei anderen Memoiren und Autobiographien die Frage, wie stark die erinnerten und mitgeteilten Gesamteindrücke von späteren Erfahrungen mitgeformt wurden. Wer die gehässige und systematische Ausgrenzung der Juden schon in den ersten Jahren der nationalsozialistischen Herrschaft erlebte, von der Deportation und Ermordung ganz zu schweigen, wird alles Frühere in anderem Licht sehen: Die spätere Erfahrung mag ihn sowohl das Nebeneinander ohne nähere Beziehung als Vorstufe der Trennung betrachten lassen, wie sie ihm auch nachbarliche oder freundschaftliche Beziehungen gerade im Kontrast zur späteren Verfolgung in rosigem Licht erscheinen lassen kann. Hier sind noch eingehende Untersuchungen, gerade auch auf lokaler Ebene, nötig, um die Vielfalt mitgeteilter Erfahrungen ordnen und bewerten zu können.[60]

Dasselbe gilt für den Übergangsbereich zwischen privatem und öffentlichem Leben: die Vereine. Es leuchtet gewiß ein, sie als *einen* »Indikator für den Grad der Integration in die nichtjüdische Gesellschaft«[61] zu betrachten; denn der Eintritt bzw. die Aufnahme von Juden in Vereine setzt bei ihnen *und* bei den Nichtjuden die Bereitschaft zur Gemeinschaft voraus. Man kann durchaus in derselben Stadt in einem Bereich, etwa dem Sport, zahlreiche Juden in den allgemeinen Vereinen finden und das Fehlen spezieller jüdischer Organisationen feststellen, während bei geselligen Vereinen eine deutliche Trennung in jüdische und nichtjüdische besteht.[62]

Das Beispiel zeigt, daß auch dieser Gradmesser keine klare Antwort im Sinn einer bestehenden oder fehlenden Integration gibt – und daß zusätzlich zu den mitgeteilten Beobachtungen der Organisationsgrad von Juden überhaupt berücksichtigt werden müßte.

Die jüdischen Vereine führen uns nun, nachdem wir die Stellung der Juden im Staat und in der Gesellschaft der Weimarer Republik erörtert haben, zum internen Leben der jüdischen Gemeinschaft. Sein eigentliches Zentrum war die jeweilige lokale Gemeinde. Daneben bestanden traditionelle Vereine, die zur gemeinsamen Erfüllung bestimmter religiöser Pflichten eingerichtet wurden – etwa eine Beerdigungsbruderschaft; oder ein Verein zur Ausstattung bedürftiger Bräute; meist mehrere Wohltätigkeitsvereine; in vielen Städten auch lokale Komitees für ostjüdische Flüchtlinge und Durchwanderer.

Nachdem im 19. Jahrhundert die Reformbewegung das religiöse Leben umgestaltet hatte, bildete sich bald eine – viel kleinere – Gegenbewegung der Frommen, die keineswegs als beharrend oder gar rückwärts gewandt verstanden werden darf, sondern ihrerseits versuchte, die Gebote der Thora mit der Teilnahme am modernen Leben und an der deutschen Kultur zu verbinden.[63] Diese religiösen Bewegungen schufen sich dann auch jeweils ihre eigenen überregionalen Organisationen.[64]

Allerdings schloß sich nur eine kleine Minderheit der deutschen Juden solchen Bewegungen an, und mit der zunehmenden religiösen Indifferenz und Säkularisierung verlor auch die Gemeinde an Bedeutung für den Einzelnen. Wie viele Christen nur noch zu den höchsten Festen in die Kirche gingen, gab es die »3-Tage-Juden« (Joachim Prinz), die nur noch am zweitägigen Neujahrsfest (Rosch Haschana) und am Versöhnungstag (Jom Kippur) den Gottesdienst in der Synagoge besuchten.

Außer diesen religiösen gab es die zwei großen weltanschaulichen Organisationen, von denen ich eingangs sprach: die Zionistische Vereinigung mit maximal 20000 Mitgliedern und den Centralverein deutscher Staatsbürger jüdischen Glaubens, der ca. 70000 Einzelmitglieder hatte, aber durch korporative Mitgliedschaft vieler Gemeinden etwa 300000 Juden repräsentierte.

Die Bipolarität der Anschauungen, die diese beiden Organisationen verkörperten, wurde in der Weimarer Zeit durch die Gründung des Verbands nationaldeutscher Juden geschwächt; denn wenn die Zionisten die Priorität des Judentums betonten, der Centralverein eine Synthese von Deutschtum und Judentum anstrebte, so war für die Nationaldeutschen Juden die unauflösliche Verbundenheit »mit deutschem Wesen und deutscher Kultur« allein ausschlaggebend. Sie erkannten keinerlei historische oder kulturelle Gemeinsamkeit mit den Juden anderer Länder an und sprachen über die Ostjuden in einer Weise, die von der der radikalen Antisemiten kaum zu unterscheiden ist. Sie forderten die Zionisten zur Auswanderung oder, sofern sie in Deutschland blieben, zum Verzicht auf die Staatsbürgerrechte auf. Sie diskreditierten die Anhänger des Centralvereins als »Zwischenschichtler«, die zur Empfindung eines echten – ob nun deutschen oder jüdischen Nationalgefühls – nicht fähig, sondern innerlich zerrissen seien und deshalb all jene unerfreulichen Eigenheiten verkörperten, die oberflächliche Beobachter für typisch jüdisch hielten.[65] Der Verband war offiziell parteipolitisch neutral, doch bestanden nicht nur Affinitäten, sondern auch personelle Verbindungen zur Deutschen Volkspartei.[66] Doch gelegentlich wurde bei den nationaldeutschen Juden schon in der Weimarer Zeit eine Übersteigerung des Nationalgefühls sichtbar, die sie nicht nur realitätsfremd,[67] sondern sogar für völkisches und nationalsozialistisches Denken anfällig machte.[68] Im Organisationsspektrum der Juden in Deutschland repräsentierte der Verband nationaldeutscher Juden mit seinen 3000 Mitgliedern allerdings nur eine winzige Minderheit, und er wurde von allen anderen jüdischen Organisationen heftig kritisiert.

Noch eine weitere Organisation entstand nach dem Krieg: der Reichsbund jüdischer Frontsoldaten (RjF). Ursprünglich hatte sein Gründer an einen Verband gedacht, der *alle* – also auch nichtjüdische – Soldaten des Ersten Weltkriegs umfassen sollte. Doch daß dies nicht möglich, andererseits in dem bereits im November 1918 gegründeten Stahlhelm für die Juden kein Platz war, brauche ich nicht näher zu erläutern. Vor allem aber sahen sich die jüdischen Soldaten vor die Notwendigkeit gestellt, angesichts der nichtveröffentlichten Ergebnisse der Judenzählung und der verleumderischen Schmähungen der Antisemiten, *ihren* Anteil an den deutschen Kriegsanstrengungen zu beweisen. Der Verband betonte dabei sein Vertrauen in die Gerechtigkeit des deutschen Volkes. Eine Scheidewand wolle er nicht aufrichten und sich deshalb nach Erreichen seiner Ziele auflösen. Wo die Gemeinschaft mit Nichtjuden gesucht wird, muß aber die Schaffung eines besonderen jüdischen Bundes problematisch erscheinen. Dies war die Gründung des Reichsbunds *auch*, wenn man sie vom Standpunkt der nötigen Abwehr des Antisemitismus betrachtet. Denn dafür bestand neben dem CV noch der sogenannte Abwehrverein, in dem Juden und Nichtjuden zusammenwirkten. Mußte eine zusätzliche Organisation da die Kräfte nicht zersplittern? Doch der RjF, der sich in den ersten Jahren unter den jüdischen Organisationen nur schwer behaupten konnte, 1926 aber schließlich 40000 Mitglieder umfaßte, hatte hier Neues beizutragen: Neben die »Abwehr durch das Wort« stellte er die »Abwehr durch die Tat«. Damit meine ich nicht so sehr die Förderung der körperlichen Ertüchtigung und der Ansiedlung von Juden als Bauern auf dem Land, die sich ja nicht zuletzt daraus erklären, daß Juden das von Nichtjuden geschaffene jüdische Stereotyp und die mit ihm verknüpfte Hochschätzung der körperlichen Kraft und Verbundenheit mit der Scholle übernahmen. Vor allem bedeutete »Abwehr durch die Tat« auch, daß der RjF Selbstschutzgruppen aufstellte. Sie traten besonders bei den Ausschreitungen im Scheunenviertel 1923 hervor, waren aber auch in späteren Jahren aktiv. Gelegentlich arbeiteten sie sogar mit dem Reichsbanner Schwarz-Rot-Gold als Saalschutz zusammen.[69]

Als letzte der neugegründeten Organisationen möchte ich Ihnen den Verband der Ostjuden vorstellen. Da sich die Formen ihrer Religionsausübung von denen der deutschen Juden wesentlich unterschieden, hatten sie eigene Betstuben und Synagogen. Um das religiöse Leben zu organisieren, gab es die bereits traditionellen Synagogenvereine. Neben sie waren in den letzten Vorkriegsjahren ostjüdische Wohlfahrtsvereine getreten. Nun entstanden auch Jugendvereine, Arbeiterkulturvereine, Landsmannschaften. In erster Linie widmeten sie alle sich der gegenseitigen Hilfe, dienten aber auch der Geselligkeit. Doch 1919 schufen sich die Ostjuden eine überregionale Organisation, in der 1930 etwa 100 Vereine zusammengeschlossen waren. Damals hatte der Verband etwa 20000 Mitglieder. Während er zunächst hauptsächlich neu angekommenen Flüchtlingen Hilfe leistete, rückte später die Tätigkeit für die ansässigen Ostjuden, besonders die sogenannte Mittelstandsarbeit, in den Vordergrund. In den späten zwanziger Jahren widmete sich der Verband zunehmend der ostjüdischen Identitätspflege und versuchte so, Auflösungstendenzen entgegenzuwirken. Außerdem vertrat er die Rechte der Ostjuden innerhalb der jüdischen Gemeinden. Zwar war er jüdischnational orientiert, doch bemühte er sich gerade in der Zusammenarbeit mit den Zionisten auf Gemeindeebene um Selbständigkeit und Unabhängigkeit von ihnen. Er sprach von einer »Synthese zwischen altjüdischem Leben, dem Geist des neuen Milieus und den Erfordernissen des (...) wirtschaftlichen und kulturellen Lebens«.[70] Diese Parallelen mit der Zielsetzung deutschjüdischer Organisationen und die Tatsache, daß mehrere Tausend Verbandsmitglieder bereits die deutsche Staatsbürgerschaft hatten, deuten auf eine langfristige Eingliederung jener Ostjuden, die sich nicht zur baldigen Weiterwanderung gezwungen sahen, in den deutschen Lebens- und Kulturkreis hin.[71]

Neben diesen größten und wichtigsten überregionalen Organisationen gab es Zusammenschlüsse bestimmter Berufsgruppen, wie z. B. der Kaufleute im »Herzlbund« oder der Handwerker im Zentralverband selbständiger jüdischer Handwerker Deutschlands, deren Namen sogleich auf die weltanschauliche Ausrichtung und lockere oder engere Verbindung mit der Zionistischen Vereinigung bzw. dem Centralverein hinweisen. Um die Verbreitung von Wissen über die jüdische Religion, Geschichte und Kultur bemühten sich jüdische Volkshochschulen in Berlin und Breslau, das Freie Jüdische Lehrhaus in Frankfurt, später auch in Stuttgart und Mannheim, die Vereine für jüdische Geschichte und Literatur.[72]

Nachdem ich all diese Vereinsaktivitäten vorgestellt habe, könnte man annehmen, die Gemeinden hätten sich ausschließlich religiösen Aufgaben gewidmet. Doch sie unterhielten z. T. eigene Schulen, fast immer eigene Fürsorgeeinrichtungen. Insofern gingen die Auseinandersetzungen über das Wesen der Gemeinde an der Realität vorbei: Wenn die Zionisten die *Volksgemeinde* forderten, die Zentrum des gesamten jüdischen Lebens sein und alle jüdischen Aufgaben – auch soziale und kulturelle –

wahrnehmen sollte, stießen sie auf den Widerspruch der CV-Anhänger, die die jüdische Gemeinde als reine *Religionsgemeinde* betrachteten und fürchteten, die Zionisten wollten durch die Volksgemeinde den jüdischen Lebenskreis völlig vom deutschen abtrennen. In Wirklichkeit waren die jüdischen Gemeinden mehr als Kultusgemeinden – aber doch keine Volksgemeinden.

Doch neben den traditionellen Fürsorgetätigkeiten stellten sich in der Weimarer Republik neue Aufgaben: Infolge der Inflation und der Weltwirtschaftskrise trat durch Kapitalverlust und Arbeitslosigkeit eine relative Verarmung ein. In Berlin wurde 1931 fast ein Viertel, in München ein Fünftel der jüdischen Gemeinde in irgendeiner Form von der Gemeinde unterstützt. Jüdische Arbeitnehmer waren gegenüber christlichen benachteiligt, weil nicht nur Nichtjuden sie nicht einstellen wollten, sondern auch jüdische Arbeitgeber dies besonders gegen Ende der Weimarer Republik vermieden, um sich nicht dem Vorwurf einer besonderen Begünstigung ihrer Glaubensgenossen auszusetzen.

Diese Probleme konnten nicht mehr lokal gelöst werden. Bereits im Krieg, 1917, war die Zentralwohlfahrtsstelle der deutschen Juden gegründet worden. Die fürsorgerische und arbeitsvermittelnde Tätigkeit für die Ostjuden wurde im Arbeiterfürsorgeamt der jüdischen Organisation Deutschlands zentralisiert, in dem sich für diese Aufgabe auch die ideologischen Gegner Centralverein und Zionisten zusammenfanden. Mitte der zwanziger Jahre setzte dann ein Prozeß der organisatorischen Umgestaltung der zentralen Institutionen des gesamten jüdischen Wohlfahrtswesens ein. Dabei wurde auch die alte jüdische Anschauung der »Zedakah« wiederbelebt, die Wohltätigkeit und Gerechtigkeit gleichsetzt. Zedakah ist die Pflicht dessen, der über mehr Mittel verfügt, und das Recht des Bedürftigen.[74] Der Wandlungsprozeß ist durch Zentralisierung und Professionalisierung gekennzeichnet. Damit wurde schließlich auch statt der traditionellen Wohltätigkeit eine bewußte Sozialpolitik angestrebt.[75]

Eines ihrer Ziele war die Berufsumschichtung, die zu einer »Normalisierung« der jüdischen Berufsstruktur führen sollte. Fortschritte in dieser Richtung sind, wenn man die Daten von 1907 und 1933 vergleicht, kaum festzustellen. Doch ist hierbei zu bedenken, daß über die Hälfte der 1933 Erwerbstätigen über 40 Jahre alt war, also ihre Berufswahl vor dem Krieg getroffen hatte. Bei den Jugendlichen, die dies in der Weimarer Republik taten, ist durchaus ein Trendumschwung zu verzeichnen. Er führt weg vom selbständigen Handel in abhängige Angestelltenberufe, zu manueller Tätigkeit und weiter verstärkt in die freien Berufe.[76]

Angesichts der geschilderten Verhältnisse erscheint es nicht plausibel, daß viele Juden später behaupteten, erst von Hitler wieder an ihr Judentum erinnert worden zu sein.[77] Schon die Kinder wurden in der Schule gewahr, daß sie als »anders« betrachtet wurden – auch wenn solche Bemerkungen vielleicht nur bei den üblichen Balgereien zwischen Jungen gemacht wurden und man nachher weiter miteinander spielte.[78] Und die Erwachsenen konnten nicht umhin, zumindest aus der Zeitung oder durch Flugblätter von den fortgesetzten Schmähungen der Antisemiten sowie den gelegentlichen Ausschreitungen zu erfahren. Wenn sie aufmerksam waren, nahmen sie vielleicht auch wahr, wie die verantwortlichen Politiker und die Parteien taktische Rücksicht gegenüber den Antisemiten übten.

Im innerjüdischen Bereich sollte man für die Frage nach dem *jüdischen* Bewußtsein vor allem die Vielzahl von Organisationen und Vereinen und den Organisierungsgrad der jüdischen Bevölkerung bedenken. Man kann sagen, daß nahezu die Hälfte außer ihrer Gemeindezugehörigkeit keine Bindung an eine jüdische Organisation eingegangen war.[79] Aber sollte man nicht lieber betonen: Mehr als die Hälfte der Juden *waren* Mitglieder in einer spezifisch jüdischen Vereinigung? Dies ist gewiß nicht nur als Reaktion auf das Ausgeschlossensein von manchen sogenannten allgemeinen, de facto also eine antijüdische Haltung einnehmenden Vereinigungen zu deuten. Und die Organisationsvielfalt muß nicht Zersplitterung anzeigen. Sie kann auch ein Zeichen der verschiedenen Möglichkeiten jüdischen Selbstverständnisses, der bewußten Differenzierung und damit der Vitalität der Judenheit in Deutschland sein.[80]

Daß keine Gesamtorganisation auf Reichsebene geschaffen wurde, muß nicht notwendig ein Defizit sein. Es kann auch »ein liberales Mißtrauen gegenüber Uniformität« bedeuten – oder daß eine gemeinsame Lobby nicht wünschenswert, vielleicht auch nicht nötig schien.[81]

Die Zahl der Austritte blieb, insgesamt gesehen, klein. Sich taufen zu lassen, galt als »Charakterlosigkeit«. Gewiß wirkte da die alte Maxime weiter, daß man eine belagerte Festung, eine zur Verteidigung gezwungene Gemeinschaft, nicht verläßt.[82] Aber gewiß war auch die Taufe nun weniger »nötig« als früher. Deutsche Staatsbürger konnten als Juden Professoren oder Richter werden. Nicht zuletzt aber wurde die »Idee der Selbstbewahrung«[83] stärker. Der Direktor des Centralvereins, Ludwig Holländer, hielt 1932 einen Vortrag »Warum sind und bleiben wir Juden?« Die Haltung des deutschjüdischen Bürgertums, das 20 Jahre zuvor das Judentum ebenso wie die Religion für eine überwundene Sache erklärt habe, habe sich inzwischen geändert, weil die Menschen wieder der Religion zugänglicher geworden seien und erkannten, daß das Judentum nicht bloß eine Religion, sondern eine »soziologische Erscheinung« sei, aus der der Einzelne sich nicht willkürlich ausschließen könne.

»Es läßt sich nicht verwischen, daß wir jahrhundertelang ein Volk waren, und wenn wir, sagt der Redner, heute kein Volk mehr sind, sondern Angehörige des deutschen Volkes, müssen wir doch so ›wie jeder andere deutsche Stamm auf unsere Stammesgeschichte stolz sein‹.«[84]

Gerade in der Begegnung mit den Ostjuden erkannten die Sprecher auch der dem CV zuneigenden Mehrheit der deutschen Juden, daß das Judentum mehr als eine Abstammungs- und Religionsgemeinschaft sei; nämlich eine Schicksals- und vielleicht sogar, wie es der liberale Rabbiner Felix Goldmann beschrieb: eine Gefühlsgemeinschaft.[85]

Mit dieser stärkeren Betonung der jüdischen Komponente im Centralverein und mit dem wachsenden Bewußtsein der Notwendigkeit der Abwehr des Antisemitismus bei den Zionisten näherten sich die beiden gegensätzlichen Richtungen in den späten Jahren der Republik etwas aneinander an, obwohl ihre grundsätzlichen Auffassungen bestehen blieben.

Die Erfahrungen der Juden in der Weimarer Republik waren sowohl eine wachsende Integration – im öffentlichen Bereich etwa ablesbar an dem Erwerb von Beamtenstellen, im privaten an der steigenden Zahl von Mischehen – wie auch das Wachsen und die Radikalisierung der antisemitischen Bewegung. Doch hatte man schon mehrfach antisemitische Wellen überstanden. Man hatte eine gewisse Erfahrung in der Bekämpfung des Antisemitismus erworben, erkannte die Gefahr der nationalsozialistischen Bewegung und zog die Konsequenz, ihr nicht nur mit den *traditionellen* Mitteln der »Abwehr« – d.h. mit überwiegend rational argumentierender publizistischer Tätigkeit und mit Rechtsschutz – zu begegnen, sondern darüber hinaus die republikanischen Parteien zu unterstützen, auch finanziell.[86] Wenn die Juden die nationalsozialistische Bewegung schließlich trotzdem unterschätzten, so mag dies gerade daher rühren, daß sie an den Antisemitismus gewöhnt waren.[87] Und vor allem: Diese Fehleinschätzung war nicht auf sie beschränkt.

Wenn die deutschen Juden Mitte der zwanziger Jahre auf das vergangene Jahrhundert zurückblickten, war der Fortschritt »mehr als eindrucksvoll, er war einfach (...) wunderbar«.[88] So hat es der Historiker Peter Gay gesagt, der 1923 in Berlin geboren wurde. Und sie fühlten sich, wie später ein Zionist noch in Palästina bestätigte, in Deutschland »wirklich zu Hause«.[89] Gewiß gab es Anlaß zur Sorge – aber auch zur Hoffnung auf weitere Fortschritte. Die Erfahrungen, die die Juden in der Weimarer Republik machten, waren ambivalent,[90] die Zeichen der Entwicklung gemischt, ja widersprüchlich.[91] Bis kurz vor der Aufhebung der Gleichberechtigung 1933–1935 und dem dann durch Vertreibung und Mord gewaltsam gesetzten Ende war die Zukunft der Juden in Deutschland offen.

Dirk Blasius
Zwischen Rechtsvertrauen und Rechtszerstörung
Deutsche Juden 1933–1935

I.

1964 erschien in der Bundesrepublik ein Buch, das in der historischen Forschung gänzlich unbeachtet blieb, obwohl es Befunde enthält, die nahe am Geschehenskern der jüdischen Katastrophe in Deutschland liegen: »Psychiatrie der Verfolgten«[1]. Psychiater berichteten über ihre gutachtlichen Erfahrungen an jenen Opfern der nationalsozialistischen Verfolgung, die von einer höllischen Zeit gezeichnet waren und der Hölle der Konzentrationslager hatten entkommen können. In die »psychischen Bilder« der Geächteten und Verfolgten war der extreme Lastcharakter einer Welt eingeschrieben, die sich für die jüdische Bevölkerung in den 30er Jahren katastrophenhaft zu wandeln begann. Besonders die Einbrüche im Rechtsgefüge bedingten schwere traumatische Erschütterungen der Daseinssicherheit. Die psychiatrische Anamnese schloß die Lebensgeschichte der Einzelnen an kollektive historische Belastungssituationen an; in der NS-Zeit war das Leben der Juden in Deutschland permanent bedroht. Mochte auch der Gedanke an physische Vernichtung noch außerhalb des Befürchtungshorizonts der jüdischen Bevölkerung liegen, die von den braunen Machthabern betriebene Annihilierung ihrer geschichtlich-sozialen Existenz war für sie eine im Hinblick auf Selbstwertgefühl und Selbstverständnis kaum verkraftbare Erfahrung.
Geht man den Spuren von Depersonalisierungserlebnissen nach, so kommt dem Recht eine besondere Bedeutung zu. Zunächst mag es überraschen, die Kategorie des Rechtsvertrauens für eine Zeit in Anspruch zu nehmen, die für die Juden einen Totalverlust an Rechtssicherheit brachte. Die Unrechtshandlungen des »Dritten Reichs« gegenüber jüdischen Menschen hätten kaum massiver sein können. Dennoch ist es unter dem Gesichtspunkt ihrer Lebenssituation und Bewußtseinslage lohnend, sich die Schrittfolge und die Mechanismen rechtlicher Ausgrenzung näher anzusehen. Unsere Einsichten in eine zerbrechende Zeit hängen nicht zuletzt vom historischen Verstehen jener ab, die an den Perfidien dieser Zeit zerbrochen sind.
Oft sind die Phasen und Stufen der NS-Judenpolitik beschrieben und dokumentiert worden, einer Politik, die nach 1933 mit vermeintlich undramatischen Akzenten auf der Rechtsebene einsetzte, ihre Fortführung in

einer Steigerung gesetzmäßigen Unrechts fand und schließlich in eine Phase mündete, in der die Frage nach Recht und Unrecht obsolet geworden war und der offene, Leben auslöschende Terror den schleichenden Terror der Rechtlosstellung des Einzelnen verdrängt hatte.[2] Mit Recht ist das Judenpogrom vom November 1938 als ein Einschnitt gewertet worden, der aus den juristischen Erniedrigungsritualen ein »öffentliches«, die Identität der deutschen Juden zerstörendes Erniedrigungsritual gemacht habe.[3] Auch für die Zeitspanne von 1933 bis zum Zweiten Weltkrieg verdunkelt sich der Horizont des Verstehens, wenn man Unrecht, Ächtung und Gewalttätigkeit bilanziert, denen sich jüdische Menschen ausgesetzt sahen. Sie hatten ein Leben am Rande des Rechts zu führen, preisgegeben einer nationalsozialistischen Selbstherrlichkeit, die auf die Vernichtung der bürgerlichen Existenz und des Selbstwertgefühls der noch in Deutschland verbliebenen Juden abzielte. Das oft unbedachte Gerede im sogenannten Historikerstreit wäre weniger selbstgefällig ausgefallen, wenn diese schlichten und doch so schmerzlichen historischen Wahrheiten nicht von den großen Thesen verdrängt worden wären. Meines Erachtens braucht die von Martin Broszat geforderte »gewissenhafte historische Erkundung« der NS-Zeit durchaus nicht mit einer »allgemeinen Relativierung moralischer Probleme« erkauft werden – eine Gefahr, die Saul Friedländer sieht.[4] Die Frage nach dem jüdischen Selbstverständnis zwischen Rechtsvertrauen und Rechtszerstörung verspricht einen Zugewinn an Authentizität. Sie verschiebt die Perspektive von der Unrechtshandlung auf die Unrechtserfahrung, entblößt das rechtsstaatliche Tarnpotential des nationalsozialistischen Unrechtsstaates, und vor allem wirft sie, wie es Fritz Stern einmal ausgedrückt hat, neues Licht auf »das menschliche Schicksal in der inhumansten aller Epochen«.[5] Jüdische Existenz unter den Bedingungen der NS-Politik ist nicht nur eine reine Opfergeschichte, sondern auch eine solche von Selbstbehauptung und Widerstand.[6] Eine an die Erfahrungen und das Verhalten der jüdischen Menschen rückgebundene Perspektive läßt die Züge von Menschsein in einer unmenschlichen Zeit sichtbar werden. Zu diesem Menschsein gehörten Not und Verzweiflung; es gehörte aber auch die Hoffnung dazu, die Illusion, ja, der todbringende Irrtum. Irren ist menschlich – das jüdische Irren über den Grundcharakter des nationalsozialistischen Systems ein Ausdruck beschädigter Menschlichkeit.

Es sind diese Fragen, die jenseits einer nackten Verfolgungsgeschichte einer weiterzutreibenden historischen Erörterung bedürfen. Das »Plädoyer für mehr Historisierung der NS-Zeit« (M. Broszat) hat auch die historischen Opfer dieser Zeit mit einzubeziehen; nur von ihnen her erschließt sich der Kern der historischen Wahrheit.

Peter Gay hat in einem nachdenklichen Artikel mit dem Titel »In

Deutschland zu Hause« die oft gemiedene Frage gestellt: »Warum waren Deutschlands Juden so blind, so selbst-verführt?«[7] Hätten sie nicht schon in den 20er Jahren nach Palästina auswandern sollen, um dem zu entgehen, was nach 1933 auf sie einstürmte? Gay geht behutsam mit diesen Fragen um, findet Worte der Verteidigung für ein Verhalten, das nur als ererbtes, d. h. vor dem Hintergrund der langen deutsch-jüdischen Geschichte erklärbar ist. Für diese Geschichte sind die rechtlichen Gewährleistungen und Versagungen ein Schlüssel, ja das Recht bildet den Kristallisationskern jüdischen Lebens in Deutschland. Mit der Entstehung und Entfaltung der bürgerlichen Gesellschaft, das hat Reinhard Rürup gezeigt, war der Vorgang der Judenemanzipation eng verbunden, einer Emanzipation, die über das Recht eingeleitet und auf Dauer gestellt wurde.[8] Das Selbstverständnis der jüdischen Bevölkerung in Deutschland im Vorfeld der nationalsozialistischen Diskriminierungs- und Ausgrenzungspolitik ist ohne die Erfahrungsgehalte der großen rechtlichen Emanzipationsschübe im 19. Jahrhundert nicht denkbar. In diesem Jahrhundert des Ringens um eine zukunftsoffene Gesellschaft lockerten die Rechtsüberzeugungen und -prinzipien des Liberalismus Verstrebungen der Privilegiengesellschaft der alten Ständeordnung immer mehr auf. Der Anteil der jüdischen Intelligenz an der Herbeiführung einer staatsbürgerlichen Ordnung war groß. Diese Ordnung wurde zum Bestandteil jüdischer Identität. Das starke Rechtsvertrauen der Juden, aus dem dann spezifische Probleme jüdischer Existenz in der Phase nationalsozialistischer Rechtszerstörung erwachsen sind, hat seine eigene Geschichte. Die Emanzipationsgesetzgebung war nicht nur eingelagert in den Ausbau des Rechtsstaats in Deutschland, sie war selbst Bestandteil dieses bedeutsamen historischen Vorgangs.

Hier ist an wichtige Rahmendaten zu erinnern, die auf die politische Gestaltungskraft des liberalen Bürgertums unter Einschluß seines jüdischen Anteils verweisen: die Einführung der Verwaltungsgerichtsbarkeit in den 60er und 70er Jahren; die an preußischen Vorbildern orientierten Reichsjustizgesetze der frühen Bismarckzeit – das Strafgesetzbuch für das Deutsche Reich von 1871, Gerichtsverfassungsgesetz und Strafprozeßordnung von 1877, das Bürgerliche Gesetzbuch von 1900, das, von Eduard Lasker parlamentarisch auf den Weg gebracht, Vertragsfreiheit, Eigentumsfreiheit und Vererbungsfreiheit als rechtliche Grundfiguren der Privatautonomie einführte. Über das Recht erfolgte eine in vieler Hinsicht geglückte Einpassung der jüdischen Bevölkerung in die deutsche Gesellschaft. Die Bedeutungsdimension des Rechts für Integration und Assimilation zieht sich als breite Bewußtseinsspur durch die von Monika Richarz so einfühlsam herausgegebenen »Selbstzeugnisse« jüdischen Lebens im Kaiserreich.[9] Das Recht garantierte »politische Ruhe« und »bürgerliche

Behaglichkeit«. Man wiegte sich auf jüdischer Seite »in dem Gefühl einer geträumten Sicherheit. Es ging aufwärts mit der Menschheit – man wußte das ganz sicher – und wir Begünstigten, die wir gerade damals leben durften, standen auf einem Gipfel, wie er noch nie erreicht worden war«, dies die Erinnerung einer 1894 geborenen Jüdin aus begütertem Hause.[10]

Das Recht war im 19. Jahrhundert das Medium, in dem sich die Judenemanzipation vollzog; mit dem Erbe dieses Jahrhunderts hängt zweifellos auch die wichtige Rolle zusammen, die Juden im Gesamtbereich der Rechtspflege spielten. Die starke Hinwendung zu den Rechtsberufen ist nicht zuletzt ein Ausdruck jüdischen Rechtsvertrauens. Selbst kurze Zeit nach dem Machtantritt der Nationalsozialisten – im Juni 1933, als viele Akademiker schon aus ihren Berufen und Stellungen ausgesperrt waren, war der Anteil der Juden an der Berufsgruppe der Anwälte, Notare und auch Richter immer noch verhältnismäßig hoch.[11] Als mit den ersten Diskriminierungsgesetzen im Frühjahr 1933 das »Dritte Reich« seine in der Gruftwelt der Vernichtungslager endende antijüdische Politik begann, war in Teilen der jüdischen Bevölkerung das Bewußtsein für die drohende Gefahr noch wenig geschärft. Gerade das in juristischen Berufen tätige, etablierte jüdische Bürgertum verließ sich auf seine historischen Erfahrungen, die widrige Zeitläufe zu relativieren schienen. Das überlieferte Recht stellte in seinen Augen einen Sockel dar, der auch der braunen Welle standhalten würde.

Zwar kam es unmittelbar nach der Machtergreifung zu einem Flucht- bzw. Emigrationsschub von ca. 25000 Juden, doch in der Anfangsphase des NS-Regimes bildete die Emigration noch keineswegs die Hauptreaktion der jüdischen Bevölkerung auf ihre Bedrohung.[12] Der durch Ausweisung, Auswanderung und Geburtenrückgang verursachte Bevölkerungsverlust der Juden betrug zwischen 1933 und 1939 auf Reichsebene 57,4 Prozent, von 502799 auf 213930 – doch dieser Prozeß der erzwungenen Dezimierung verlief nicht gleichmäßig. Die große Fluchtwelle begann erst mit dem Jahr 1938 und steigerte sich 1939 auf die Zahl von 78000 jüdischen Emigranten. Monika Richarz hat davon gesprochen, daß in den 30er Jahren das Leben der Juden in Deutschland nur noch ein Leben auf Abruf gewesen sei.[13] Die Bilanz ausgelöschten jüdischen Lebens bestätigt dies. Einschließlich der noch aus ihren Zufluchtsländern deportierten deutschen Juden und einschließlich der schon 1938 aus dem Reich abgeschobenen Ostjuden ist etwa ein Drittel der jüdischen Bevölkerung, die Anfang 1933 in Deutschland lebte, der Vernichtung zum Opfer gefallen.

Daß Auswanderung die einzige Überlebensstrategie angesichts tödlicher Lebensbedrohung war, wurde Teilen der jüdischen Bevölkerung erst im

Verlauf der 30er Jahre bewußt. Die Memoiren der den Holocaust Überlebenden belegen die äußeren Schwierigkeiten und auch die inneren Hemmnisse, einen definitiven Emigrationsentschluß zu fassen. Dieser Entschluß bedeutete nicht nur den Ausstieg aus der bisherigen beruflichen und sozialen Existenz und ein Überantworten des eigenen Lebens sowie des familialen Zusammenhalts einer ungewissen Zukunft; Emigration bedingte zugleich auch eine Revision des Denkens, der Anschauungen, der historisch gewachsenen Überzeugungen. Gerade in diesem Bereich taten sich für viele jüdische Menschen Barrieren auf, die einer letzten Klarsicht ihrer persönlichen Gefährdung und der allgemeinen politischen Situation im Wege standen.

Es entsprach einem Grundmuster jüdischer Selbstwahrnehmung und Selbsteinschätzung nach 1933, daß im jüdischen Selbsthilfewerk der Gedanke eine wichtige Rolle spielte, auf dem Weg des Rechts das NS-Unrecht in für die Betroffenen erträgliche und kalkulierbare Bahnen lenken zu können. Die Aktivitäten des alten »Centralvereins deutscher Staatsbürger jüdischen Glaubens«, jener Repräsentanz des liberalen jüdischen Bürgertums im Kaiserreich, schlossen Rechtshilfe ebenso ein, wie das verzweigte Organisationsnetz der im September 1933 begründeten »Reichsvertretung der deutschen Juden« – sie mußte sich nach den Nürnberger Gesetzen »Reichsvertretung der Juden in Deutschland« nennen – Rechtsberatung organisierte.[14] Das überlieferte Recht erschien der jüdischen Bevölkerung als Ausfallbürgschaft für die verlorengegangene Sicherheit ihrer Lebensverhältnisse, auch als Bollwerk gegen die Skrupellosigkeit der nationalsozialistischen Politik. Zweifellos gilt es die sozialen Grenzen eines oft grenzenlosen Rechtsvertrauens zu sehen. Das etablierte Judentum unterschätzte stärker die politische Gefahr als weniger begüterte und gebildete Menschen, die schon 1933 gezwungen waren, eine Irrfahrt durch Länder und Lager mit ungewissem Ausgang anzutreten. Politische und religiöse Grundüberzeugungen, die Nähe zum zionistischen Gedankengut – all dies schärfte oder trübte den Blick; vor allem aber war das Gespür für die Wirkungswucht dessen, was sich nach 1933 in Deutschland ereignete, ein Generationsproblem. Hier haben autobiographische Zeugnisse einen hohen Quellenwert.

In dem Bericht eines in der Illegalität überlebenden und Auschwitz überstehenden jüdischen Jungen, der 1926 in einer mitteldeutschen Kleinstadt geboren wurde, spiegelt sich ein typisches Familienschicksal.[15]

Die Eltern des Jungen verblieben in ihrer Heimatstadt, solange es ihnen möglich war. Sie betrieben trotz aller Schwierigkeiten beharrlich ihren Textil- und Eisenwarenhandel weiter und zogen erst 1937 nach Berlin. Auch hier dachte man nicht an Emigration, sondern gründete eine neue Existenz; der Vater spezialisierte sich auf Wäscheausstattungen für Emigranten. Im Rückblick wird dieses Verhalten der älteren Generation scharf kritisiert, wenn auch der Sohn weiß, daß der versinkende Mensch sich an den letzten Strohhalm klammert, der ihm gereicht wird. Dieser Strohhalm war das Recht in seiner überlieferten Form. Der Sohn schreibt über die Situation des Vaters in Berlin: »Mein Vater, so wie die meisten anderen Juden, hatte die Nazis noch immer nicht erkannt. Es wurde, in der Provinz jedenfalls, von jenen Juden, die die wahre Absicht der Nazis erkannt hatten, nichts getan, um den ungeschulten Glaubensgenossen, die keinen politischen und historischen Weitblick hatten, klarzumachen, daß es im Hitler-Deutschland für Juden und ›Nichtarier‹ keine Zukunft gab. Mein Vater ging nur aus seinem Geschäft, weil er einsah, daß er finanziell zugrunde gehen würde, wenn er dies nicht täte. Obwohl schon damals – meist aus den Großstädten – viele Juden Deutschland verließen, dachten mein Vater und mit ihm Tausende anderer Glaubensgenossen nie an eine Auswanderung. Genau wie jeder Christ – wir sollten lieber ›Arier‹ sagen, denn ein Christ brauchte bei weitem noch kein ›Arier‹ nach dem Nazigesetz zu sein – mindestens *einen* anständigen Juden (›Nichtarier‹) kannte, so kannte auch jeder Jude (›Nichtarier‹) einige hochanständige, ihm wohlgesonnene Christen (›Arier‹), die ihm aus jeder Situation helfen würden. Dies entsprach, wenn auch nicht immer, so doch in den meisten Fällen den Tatsachen. ›Weshalb soll ich auswandern‹, sagte mein Vater und mit ihm viele tausend anderer Juden. ›Es wird nicht alles so heiß gegessen, wie es gekocht wird‹, fuhr er fort. ›Wir leben schließlich in einem Rechtsstaat. Was kann mir schon passieren, ich bin Frontkämpfer, habe vier Jahre für mein Vaterland an der Westfront gekämpft, war Unteroffizier und habe das Eiserne Kreuz zweiter Klasse.‹ Die meisten Übergriffe auf die jüdische Bevölkerung, besonders an kleineren Orten, wurden als ›Einzelaktionen‹ bezeichnet, von denen man in Berlin angeblich nichts wußte und die man nicht tolerieren würde.«

Liest man dieses Quellenzeugnis, so scheint die antijüdische Politik des Nationalsozialismus für die Betroffenen selbst keineswegs von jener Eindeutigkeit gewesen zu sein, die ihr in den Augen des Historikers zweifellos zukommt. Reinhard Rürup hat vor dem Hintergrund der langen und erfolgreichen Emanzipationsgeschichte der Juden in Deutschland auf den tiefen historischen Einschnitt aufmerksam gemacht, der sich in den 30er Jahren vollzog.[16] Es habe sich bei den Maßnahmen der Nationalsozialisten um keinen vorübergehenden Rückfall in längst vergangene Zeiten der Judenfeindschaft und -verfolgung gehandelt, sondern um etwas grundsätzlich Neues – nicht um einen Stopp, sondern um das Ende der Emanzipation. »Um die besondere Qualität dessen zu begreifen, was mit den Juden in Deutschland zwischen der ›Machtergreifung‹ und dem Beginn des Völkermords geschah, muß man sich klarmachen, daß in diesen Jahren bereits die Hoffnungen und die Ergebnisse von rund anderthalb Jahrhunderten deutscher und europäischer Geschichte radikal zerstört wurden.«[17] Das Urteil Rürups über das abrupte und definitive Ende der Emanzipation soll im folgenden der Ausgangspunkt von Überlegungen sein, die den Geschehensablauf stärker vom zeitgenössischen Erfahrungshorizont aus zu gliedern beabsichtigen.

II.

Radikal waren die Eingriffe der Nationalsozialisten in die Überlieferungsbestände deutsch-jüdischer Geschichte zweifellos, doch sie waren auch kalkuliert. Will man die Struktur der antijüdischen Politik in den frühen 30er Jahren verstehen, darf man nicht nur auf den neuen Radikalismus sehen, der sich in den Inhalten dieser Politik abbildet; man hat auch darauf zu achten, wieviel Vergangenheit diese Politik festhielt, nicht aus Überzeugung, wohl aber aus Berechnung. Es ist verständlich und nachvollziehbar, wenn sich, bedingt durch den Druck der Verhältnisse, die Aufmerksamkeit der Zeitgenossen dem zuwendete, was als Fortbestand von Tradition interpretiert werden konnte. In den Augen der jüdischen Bevölkerung mußte sich der latente Terror der Paragraphen weit weniger bedrohlich ausnehmen als der massive Terror der Straße.

Es waren zwei Gesetze des nach dem Ermächtigungsgesetz von allen Verfahrensregeln entbundenen nationalsozialistischen Gesetzgebers, die Anfang April 1933 tief in die berufliche Existenz des jüdischen Bürgertums eingriffen. Das war einmal das am 7. April 1933 ausgefertigte »Gesetz zur Wiederherstellung des Berufsbeamtentums« und das »Gesetz über die Zulassung zur Rechtsanwaltschaft« vom selben Tage.[18] Bei der Interpretation dieser sowohl politischen wie rassischen Diskriminierungsgesetze wird oft vergessen, daß sie ein Stück nationalsozialistisch-deutschnationaler Koalitionspolitik darstellen.[19] Die in den ›Akten der Reichskanzlei‹ überlieferten Kabinettsprotokolle weisen die politische Rechte von v. Papen bis Hugenberg und Seldte in makabrer Komplizenschaft mit den Nationalsozialisten als Gesetzesinitiatoren aus.[20] Man kann aus diesem Vorgang sicherlich die Breite eines antisemitischen Grundkonsenses herauslesen;[21] doch aus der Sicht der Betroffenen schien die Beteiligung der Deutschnationalen auf die Fortsetzung eines Antisemitismus zu deuten, der in der Vergangenheit immer bezähmbar gewesen war und nie lebensbedrohliche Formen angenommen hatte. Der Kompromißcharakter des frühen NS-Staates verdeckte den qualitativen Sprung, der sich in seiner Judenpolitik vollzog. So konnten auf Seiten der jüdischen Verbände Illusionen sich halten oder auch neu genährt werden, die über den wahren Charakter des neuen Regimes und die wirkliche Lage, in die jüdische Menschen geraten waren, hinwegtäuschten.

Oft ist den Verlautbarungen jüdischer Organisationen Opportunismus unterstellt worden. Liest man diese Dokumente auf Zwischentöne hin, so spiegelt sich in ihnen eine tiefe Verletzlichkeit, das ganze Ausmaß an Beschädigungen, das der noch kaum im Sattel sitzende NS-Staat jüdischem Leben in Deutschland zufügte. Der ›Reichsbund jüdischer Frontsoldaten‹ unterstrich in einer Denkschrift an Hitler vom 4. April 1933 seine nationale Zuverlässigkeit und pochte für die junge Generation der Juden auf gleichberechtigte Teilnahme »in allen Einrichtungen der Wehrhaftmachung«.[22] Das Motiv dieser Ausführungen war nicht nationales Pathos, sondern die Sorge vor existenzvernichtender und identitätszerstörender nationaler Ausgrenzung. »Nach den Blutopfern und Diensten für das Vaterland glauben wir, daß die deutschen Juden Anspruch auf den ungeminderten Besitz der Staatsbürgerrechte haben. Mit tiefem Schmerz müssen wir jedoch sehen, wie uns unsere Ehre genommen und wie der wirtschaftlichen Existenz weitester jüdischer Kreise die Grundlage entzogen wird.«[23] Auch hier erscheint das Recht, das ungeminderte Staatsbürgerrecht als Bestandsbürge menschlicher Lebensverhältnisse in einem Staat, der Menschlichkeit an der rassischen Grenzlinie entlang aufzuspalten beabsichtigte. Man erkannte auf jüdischer Seite diese Absicht, doch man setzte auf die Gegenkraft der Tradition. Diese Strategie ist bis zu den Nürnberger Gesetzen vom September 1935 nie ganz aufgegeben worden, und sie hat Aufbau und Leistungen des großen jüdischen Sozialwerks in den 30er Jahren immer begleitet.

Die Betonung nationaler Verdienste und die Ablehnung des marxistischen Internationalismus waren besonders für das orthodoxe Judentum in Deutschland Möglichkeiten, mit den NS-Machthabern ins Gespräch zu kommen. Diese Gruppierungen hatten es von ihren Wertbindungen am schwersten, das Geschehen des Jahres 1933 zu verarbeiten und die eigene Position neu zu überdenken. Wie paralysiert das glaubensstrenge Judentum war, geht aus einer Eingabe an den Reichskanzler vom 4. Oktober 1933 hervor.[24] Nicht die Verbeugungen vor Hitler interessieren, sondern auch hier wieder die tiefe Not, der Appell, jüdischen Menschen einen »Lebensraum innerhalb des Lebensraumes des deutschen Volkes« zu gewähren, der ihnen die Möglichkeit beläßt, ungefährdet und ungeschmäht ihrem Beruf und ihrer Religion nachgehen zu können. Im Oktober 1933 hatte sich die Rechtslage für die deutschen Juden zwar verschlechtert, aber sie war kalkulierbar geblieben. Auch besaßen Juden weiterhin die einer Rechtsperson zustehenden prozessualen Rechte sowohl im Zivil- wie im Strafrechtsbereich. Dieses schmale Privileg war freilich gefährdet, weil die Druckwelle der Diskriminierung immer stärker wurde. Zeugnisse einer oft unerträglichen psychischen Last sind die angstvollen, selbstquälerischen Formulierungen der Eingabe an Hitler. Gerade die religiös ausgerichteten Juden wollten »die Überzeugung nicht aufgeben, daß es nicht das Ziel der deutschen Regierung ist, die deutschen Juden zu vernichten... Aber wenn wir uns täuschen, wenn Sie, Herr Reichskanzler, und die von Ihnen geführte nationale Regierung, wenn die verantwortlichen Mitglieder der Reichsleitung der NSDAP sich in der Tat als Endziel die Ausmerzung des deutschen Judentums aus dem deutschen Volke gesetzt haben sollten, dann wollen wir uns nicht länger Illusionen hingeben und lieber die bittere Wahrheit erfahren. Uns offen die Wahrheit zu sagen, liegt in Ihrem und im Interesse des ganzen deutschen Volkes. Dann würden wir es vorziehen, Ihre Absicht als Tatsache zu betrachten und müßten uns danach einrichten. Wir bekennen, daß dies für uns eine unsägliche Tragödie wäre.«[25] Die Tragödie des deutschen Judentums bestand nicht in seinen Illusionen; sie bestand, zumindest für einen langen Zeitraum, in den Verkleidungen und Vermummungen der NS-Politik, die diese Illusionen nährten.

Unmittelbar vor Erlaß des Gesetzes zur Wiederherstellung des Berufsbeamtentums intervenierte der Repräsentant des alten Deutschland, der Reichspräsident v. Hindenburg, bei Hitler, der Symbolfigur der neuen nationalen Energie, zugunsten von jüdischen Beamten, die im Ersten Weltkrieg für Deutschland gekämpft hatten.[26] Hindenburg wandte sich gegen die geplante Amtsentlassung von Richtern, Rechtsanwälten und Justizbeamten aus Gründen »jüdischer Abstammung«. Aus einem »menschlichen Gefühl« heraus solidarisierte er sich mit »alten Frontkameraden« und appellierte an Hitler, diesen Personenkreis, soweit er ansonsten keinen Anlaß zur Sonderbehandlung gebe, im Dienste zu belassen. Die gewundene Antwort Hitlers hielt das Prinzip antijüdischer Politik fest, wenn er auch bei der anstehenden gesetzlichen Regelung Kompromisse andeutete. In der Tat enthielt das Gesetz zur Wiederherstellung des Berufsbeamtentums Bestimmungen, die von jüdischer Seite als Zugeständnis eines ›Lebensraums‹ ausgelegt werden konnten. Zwar hieß es, daß Beamte, die nicht arischer Abstammung sind, in den Ruhestand zu versetzen seien (§ 3);[27] doch sollte das nicht für Beamte gelten, »die bereits seit dem 1. August 1914 Beamte gewesen sind oder die im Weltkrieg an der Front für das Deutsche Reich oder für seine Verbündeten gekämpft haben oder deren Väter oder Söhne im Weltkrieg gefallen sind« (§ 3, Abs. 2). Auch das gleichzeitig erlassene Gesetz über die Zulassung zur Rechtsanwaltschaft enthielt Ausnahmebestimmungen.[28] In der Kabinettssitzung vom 7. April 1933 hatte Hitler diese passieren lassen, zugleich aber die Vorläufigkeit dieser Regelung betont.[29] Die Zulassung von Rechtsanwälten, die nicht arischer Abstammung waren, sollte generell bis zum 30. September 1933 zurückgenommen werden, diese Vorschrift aber, analog dem Gesetz zur Wiederherstellung des Berufsbeamtentums, nicht für diejenigen Personen gelten, »die bereits seit dem 1. August 1914 zugelassen sind oder im Weltkriege an der Front für das Deutsche Reich oder für seine Verbündeten gekämpft haben oder deren Väter oder Söhne im Weltkriege gefallen sind« (§ 1, Abs. 2).

Man darf die Wirkung der Widersprüchlichkeit, die in den beiden ersten großen Rassengesetzen des »Dritten Reichs« lag, auf die von ihnen betroffenen Menschen nicht unterschätzen. Hier konnte sich die Vorstellung eines Abschleifens der großen antisemitischen Parolen verfestigen. Für die in juristischen Berufen tätige jüdische Intelligenz waren die Anfänge des Nationalsozialismus nicht das Ende der Emanzipation, sondern nur eine schwieriger gewordene Etappe. Zur Durchführung des Gesetzes über die Rechtsanwaltschaft hieß es in einer Verlautbarung des Preußischen Ministeriums des Innern vom 11. Mai 1933: »Insgesamt sind in Preußen 11814 Anwälte bisher zugelassen gewesen, davon 8299 Arier und 3515 Juden. Von diesen Juden waren 735 Frontkämpfer und 1383 Alt-Anwälte. Gegen 923 Juden und 118 Kommunisten sind Vertretungsverbote erlassen worden. Insgesamt sind an jüdischen Anwälten künftig 2158 zugelassen.«[30] Auf Reichsebene behielten fast 70 Prozent, d. h. von 4585 jüdischen Rechtsanwälten 3167 ihre Zulassung; von 717 Richtern und Staatsanwälten »nichtarischer Abstammung« verblieben 336 im Dienst.[31] Diese Zahlen zeigen einmal den hohen Grad sozialer Integration und Assimilation der Juden in Deutschland, sie zeigen aber auch, daß zumindest anfangs der Nationalsozialismus bestrebt war, seine antisemitischen Phobien nicht ausufern zu lassen.[32] Das hinausgezögerte Ende der Emanzipation wurde für viele Menschen zu einer Verhaltensfalle; ein Strohhalm, nicht mehr, war das, was die Nationalsozialisten mit ihrer »Ariergesetzgebung« offerierten. Ausländische Beobachter sahen hier klarer. »Es herrscht in diesem Lande schreiendes Unrecht«, berichtete der britische Botschafter in Berlin Ende März 1933 nach London.[33] Das NS-Regime steuerte nicht zuletzt aus außenpolitischen Erwägungen in der Judenfrage zunächst einen vorsichtigen Kurs. In einer Rede vor dem Diplomatischen Korps und der ausländischen Presse hob der Reichsminister des Innern, Wilhelm Frick, am 15. Februar 1934 »den Weg des Rechts und der Gesetzmäßigkeit« hervor, den der nationalsozialistische Staat zu gehen entschlossen sei.[34] Schwülstige Worte verdrehten hier die Tatsachen, denn schon am 26. April 1933 war es z. B. auf Grund des Gesetzes zur Wiederherstellung des Berufsbeamtentums in Preußen zur Massenentsetzung von Hochschullehrern, euphemistisch Beurlaubungen genannt, gekommen – ein erster Schritt, wie es hieß, »zur Umgestaltung der Hochschulen und zur Wiederherstellung ihres bodenständigen Charakters«.[35] Biedermännisch führte Frick aus: »In dem Rechtsstaat Deutschland war nur der gesetzliche Weg möglich! Aber wir haben die nichtarischen Beamten nicht einfach ausgestoßen, sondern sie in Ehren und mit Versorgungsbezügen pensioniert. Gesetzmäßiger und milder konnte der völkische Staat nicht vorgehen.«[36] Es war ein Täuschungsmanöver, das hier inszeniert wurde, nicht nur gegenüber dem Ausland, sondern auch gegenüber den Betroffenen. Milde im Umgang mit den sogenannten »fremdrassigen Elementen« hat es nie gegeben, sondern nur harte, unmenschliche, das Recht schamlos beugende Kalküle.

III.

Mit den Nürnberger Gesetzen vom 15. September 1935, dem Gesetz zum Schutze des deutschen Blutes und der deutschen Ehre und dem Reichsbürgergesetz, demaskierte sich der nationalsozialistische ›Rechtsstaat‹, wurde dieser Staat zu einem Staat des offenen Unrechts. Die hohe Ministerialbürokratie feierte in ihren offiziösen Kommentaren den Ausstieg aus einer langen rechtsstaatlichen Tradition. Für sie hatte der 30. Januar 1933 auch die Rechtswelt verändert. So schrieben die Spitzenbeamten im Reichsministerium des Innern, Arthur Gütt und Herbert Linden, die gemeinsam mit Franz Maßfeller, einem Vertreter des Reichsjustizministeriums, eine juristisch-medizinische Erläuterung des Blutschutz- und Ehegesundheitsgesetzes verfaßten: »Die Machtübernahme durch den Nationalsozialismus am 30. Januar 1933 ist nicht zu vergleichen mit dem Wechsel einer Regierung in einem demokratisch-parlamentarisch regierten Land, sondern sie bedeutet den Sieg einer völkischen Weltanschauung.«[37]

Nicht nur Teile der jüdischen Bevölkerung, sondern auch weite Teile der deutschen Gesellschaft gaben sich in den Anfangsjahren des NS-Regimes der Illusion hin, es handele sich bei Hitler um eine Fortsetzung der vorangegangenen Präsidialregierungen; nur der Stil der Politik, nicht aber ihr Grundriß habe sich geändert. Mit welcher Konsequenz Politik auf Weltanschauungspolitik reduziert wurde, unterstrichen dann die Nürnberger Gesetze. Sie stellten, wie der damalige Oberregierungsrat im Reichsministerium des Innern, Hans Globke, zusammen mit seinem Staatssekretär Wilhelm Stuckart schrieb, »die blutmäßig bedingte klare Scheidung zwischen Deutschtum und Judentum« auf eine »gesetzliche Grundlage«.[38] Zwar sollten die Nürnberger Gesetze dem Judentum ein »Eigenleben in gesetzlichen Grenzen« garantieren – mit der Freiheit der Religionsausübung, des kulturellen Lebens, der Erziehung und der wirtschaftlichen Betätigung; doch wie hohl diese Versprechungen waren, zeigt der Anschlußsatz: »Die Juden müssen sich damit abfinden, daß ihr Einfluß auf

die Gestaltung des deutschen Lebens ein für allemal vorbei ist.« »Dissimilation« war das Programm, und damit wurde eine gnadenlos betriebene Rückwärtsrevision der langen Emanzipationsgeschichte freigegeben.[39]
Gegenüber den entwürdigenden Bestimmungen des ›Blutschutzgesetzes‹, das Eheschließungen und eheähnliche Verbindungen zwischen Juden und Deutschen unter Strafe stellte, ist das Reichsbürgergesetz in der Literatur eher unter dem Gesichtspunkt juristischer Ziselierarbeit gesehen worde. Hier liegt fraglos eine Unterschätzung dieses Gesetzgebungskomplexes. Das Reichsbürgergesetz veränderte die Lebensverhältnisse der in Deutschland verbliebenen Juden, es drängte sie auf eine rechtliche Paria-Position ab und beeinflußte indirekt auch die Rechtsprechung gegenüber der jüdischen Bevölkerung.

Was war die Kernbestimmung des Reichsbürgergesetzes?[40] Es unterschied zwischen dem »Reichsbürger« als dem alleinigen Träger der vollen politischen Rechte und dem »Staatsangehörigen«. Reichsbürger war nur der Staatsangehörige »deutschen oder artverwandten Blutes«. Diese rechtliche Privilegierung des ›arischen‹ Reichsbürgers ging einher mit einer massiven Rechts- und Statusminderung des jüdischen Staatsangehörigen. Die Erste Verordnung zum Reichsbürgergesetz vom 14. November 1935 legte fest, daß ein Jude ein öffentliches Amt nicht bekleiden könne. »Jüdische Beamte treten mit Ablauf des 31. Dezember 1935 in den Ruhestand.«[41] Die ›Ausnahmen‹ des Gesetzes zur Wiederherstellung des Berufsbeamtentums vom April 1933 waren gestrichen. Sie lebten in einer schwachen Garantie der ruhegehaltsfähigen Dienstbezüge fort. Das Deutsche Beamtengesetz vom 26. Januar 1937 bekräftigte: »Beamter kann nur werden, wer deutschen oder artverwandten Blutes ist und, wenn er verheiratet ist, einen Ehegatten deutschen oder artverwandten Blutes hat.«[42] Von rigoroser Wirkung war das Reichsbürgergesetz auch für die jüdischen Rechtsanwälte, eine Berufsgruppe, die den Rechtsschutz der Juden meist professionell organisierte. Im Rückgriff auf das Reichsbürgergesetz legte eine Verordnung vom 27. September 1938 lapidar fest: »Juden ist der Beruf des Rechtsanwalts verschlossen. Soweit Juden noch Rechtsanwälte sind, scheiden sie ... aus der Rechtsanwaltschaft aus. Die Zulassung jüdischer Rechtsanwälte ist zum 30. November 1938 zurückzunehmen.«[43] Übrig blieb für jüdische Anwälte der Status jüdischer Konsulenten, die nur Rechtsangelegenheiten von Juden vor Gerichten und Verwaltungsbehörden vertreten konnten.

Nach den Nürnberger Gesetzen konnte von einer Kaschierung nationalsozialistischer Rechtszerstörung nicht mehr die Rede sein. Stuckart/Globke beseitigten nicht zuletzt auch bei denen die letzten Zweifel, die gemeint waren: »Kein nach der nationalsozialistischen Revolution erlassenes Gesetz ist eine so vollkommene Abkehr von der Geisteshaltung und der Staatsauffassung des vergangenen Jahrhunderts wie das Reichsbürgergesetz. Den Lehren von der Gleichheit aller Menschen und von der grundsätzlich unbeschränkten Freiheit des einzelnen gegenüber dem Staate setzt der Nationalsozialismus hier die harten, aber notwendigen Erkenntnisse von der naturgesetzlichen Ungleichheit und Verschiedenartigkeit der Menschen entgegen. Aus der Verschiedenartigkeit der Rassen, Völker und Menschen folgen zwangsläufig Unterscheidungen in den Rechten und Pflichten der einzelnen. Diese auf dem Leben und den unabänderlichen Naturgesetzen beruhende Verschiedenheit führt das Reichsbürgergesetz in der politischen Grundordnung des deutschen Volkes durch.«[44]

Das Recht als der Kraftspender der Judenemanzipation war zur Waffe ihrer Zerschlagung geworden. Und doch, auch wenn sie den Glauben an das Recht verloren hatten, jüdische Menschen blieben auf das Recht angewiesen. ›Juden vor Gericht‹ ist das wohl traurigste Kapitel in der modernen deutschen Rechtsgeschichte. Hier soll nicht auf die Perversionen im Bereich des Strafrechts verwiesen werden, auf die üblen Verfahren wegen Rassenschande und Beleidigung der deutschen Rassenehre, mit denen Juden besonders nach 1935 überzogen wurden.[45] Schon vor den Nürnberger Gesetzen begegnet in Zivilprozessen die Praxis rechtsändernder Auslegung.[46] Besonders Arbeitsgerichte verweigerten jüdischen Arbeitnehmern in ›deutschen‹ Betrieben fast jeden Kündigungsschutz.[47] Dennoch kann man bis zum Novemberpogrom des Jahres 1938 in der Zivilrechtsprechung eine Reihe sog. ›korrekter Entscheidungen‹ ausmachen.[48] Sie standen freilich nicht für die vorherrschende Tendenz in der Spruchtätigkeit nationalsozialistischer Gerichte und dürften kaum die Illusion einer Rechtssicherheit haben aufkommen lassen. Die Anwendung des überkommenen Rechts desavouierte am nachdrücklichsten die jüdische Fiktion vom Fortbestehen des Rechtsstaats in Deutschland. Die formale Gleichheit von Juden und Deutschen vor dem Recht wurde durch jene politisch-ideologische Rechenschaftspflicht durchbrochen, der sich die Gerichte zunehmend unterwarfen. Sie verstärkten im Bereich des Strafrechts die Repression und verweigerten im Bereich des Zivilrechts den von der Rechtsnorm her gebotenen Rechtsschutz.

Im Recht spiegelt sich die Tragödie des deutschen Judentums auf eine besonders bedrückende Weise, weil das Recht das Palladium seiner gelungenen Integration in die deutsche Gesellschaft war. Wenn in den 30er Jahren Juden vor Gericht ihr Recht suchten, taten sie dies eher resignativ als hoffnungsvoll. Der Rechtsweg war unkalkulierbar geworden und der Entscheid von Zufälligkeiten abhängig. In den Hinterzimmern der Justiz wurde das Recht gebeugt, mit tiefen Verbeugungen vor dem Regime.

Im Februar 1936 versuchte ein jüdischer Kaufmann vor einem hessischen

Amtsgericht die von den Steuerbehörden betriebene Zwangsversteigerung abzuwenden.[49] Die Nichtbegleichung von Steuerschulden für die Zeit von 1931 bis 1935 erklärte er mit Einnahmeverlusten, die mit der »Gesetzgebung des Dritten Reichs« zusammenhingen. Das Gericht ordnete die Zwangsversteigerung mit folgender Begründung an: »Denn dieser Rückgang [der Einnahmen; D. B.] hat, wie der Schuldner selbst anführt, seinen Grund in der politischen Entwicklung. Das kann aber nur heißen, daß er eine Folge der – infolge der Entwicklung in den Jahren vor der Machtübernahme – notwendig gewordenen Gesetzgebung Adolf Hitlers ist, mit der nach und nach eine Zurückführung des Anteils rassefremder Reichsangehöriger an dem öffentlichen Leben in Deutschland auf das gebührende Maß erstrebt wird. Der Rückgang der Einnahmen des Schuldners beruht also nicht auf den Begleiterscheinungen eines allgemeinen Niedergangs, von dem der Schuldner unverschuldet mitbetroffen ist und gegen den er geschützt werden soll, sondern auf den mit jedem Gesundungsprozeß für kranke Teile notwendig verbundenen Erscheinungen.«

Ernst Fraenkel hat in seiner zeitgenössischen Analyse des doppelstaatlichen Charakters der nationalsozialistischen Herrschaftsordnung – ›The Dual State‹ erschien zur Jahreswende 1940/41 in New York – vor allem veröffentlichte Gerichtsurteile als Quellenmaterial herangezogen.[50] Den Schlüssel zur Verfassungswirklichkeit des »Dritten Reichs« sah er im Nebeneinander eines seine eigenen Gesetze im allgemeinen respektierenden ›Normenstaats‹ und eines die gleichen Gesetze mißachtenden ›Maßnahmenstaats‹.[51] Auch Fraenkel hat darauf aufmerksam gemacht, daß die völlige Unterwerfung der Juden unter die Herrschaft des Maßnahmenstaats als Prozeß zu sehen sei und sich diese erst nach dem Novemberpogrom vollzogen habe.[52] Erst jetzt sei es für die Juden gänzlich sinnlos geworden, bei den Gerichten um Rechtsschutz nachzusuchen.

Das Rechtsvertrauen war schon lange verlorengegangen, doch die Rechtsnot trieb viele auf den Instanzenweg. Hier freilich verbauten Urteile des höchsten deutschen Gerichts, des Reichsgerichts, zunehmend gerechte Entscheidungsfindungen. M. E. hat ein Urteil dieses Gerichts vom 27. Juni 1936 Symbolwert. Es ging um einen vertragsrechtlichen Streit, und das Reichsgericht hatte darüber zu entscheiden, ob jüdische Abstammung ebenso einen Grund für das Erlöschen eines Vertrages bilden könne, wie das bei Krankheit und Tod der Fall sei. Die Pointe in der Urteilsbegründung war der Rückgriff auf die Rechtsfigur des ›bürgerlichen Todes‹. Der ›bürgerliche Tod‹ hatte seinen Ursprung in der Rechtswelt des Mittelalters und fand über das französische Recht auch Eingang in die deutschen Kodifikationen des 19. Jahrhunderts. Er war mit einer Verurteilung zu einer Kapitalstrafe, so auch mit der Verurteilung zum natürlichen Tod verbunden und bedeutete für den Verurteilten, nicht über sein Vermögen verfügen zu können, die Auflösung seiner Ehe, den Verlust des Rechts einer zukünftigen Eheschließung; auch durfte dieser weder Vormund noch Zeuge sein.[53] Mit der Verurteilung in den ›bürgerlichen Tod‹ war die Rechtsfähigkeit der Person für alle Zukunft zerstört. Es gehört mit zu den Errungenschaften der bürgerlichen Emanzipation in Deutschland, daß dieses, am Vorbild des Code civil orientierte Mittel der Strafverschärfung um die Mitte des 19. Jahrhunderts, so in Preußen durch die Verfassungsurkunde vom Januar 1850, abgeschafft wurde.[54] Das ganze Ausmaß jüdischer Exkommunikation aus der Rechtsgemeinschaft wird daran deutlich, wie das Reichsgericht überlebte Rechtsinstitute als fadenscheinige Begründungen justizförmigen Unrechts anführt. Es heißt in dem Urteil vom Juni 1936: »Der nationalsozialistischen Weltanschauung... entspricht es, im Deutschen Reiche nur Deutschstämmige... als rechtlich vollgültig zu behandeln. Damit werden grundsätzliche Abgrenzungen des früheren Fremdenrechts erneuert und Gedanken wiederaufgenommen, die vormals durch die Unterscheidung zwischen voll Rechtsfähigen und Personen minderen Rechts anerkannt waren. Den Grad völliger Rechtslosigkeit stellte man ehedem, weil die rechtliche Persönlichkeit ganz zerstört sei, dem leiblichen Tode gleich; die Gebilde des ›bürgerlichen Todes‹ und ›Klostertodes‹ empfingen ihren Namen aus dieser Vergleichung.« Wenn in dem im Februar 1933 geschlossenen Vertrag – es handelte sich um den Vertrag zwischen einem jüdischen Filmregisseur und einer Filmgesellschaft – davon die Rede sei, daß die Gesellschaft vom Vertrag zurücktreten könne, falls der Regisseur ›durch Krankheit, Tod oder ähnlichen Grund nicht zur Durchführung seiner Regietätigkeit imstande sein sollte‹, so sei es unbedenklich, »eine aus gesetzlich anerkannten rassepolitischen Gesichtspunkten eingetretene Änderung in der rechtlichen Geltung der Persönlichkeit dem gleichzuachten.«[55] Der gerichtlich beglaubigte ›bürgerliche Tod‹ jüdischer Menschen, so unspektakulär und juristisch abstrakt er sich in den veröffentlichten Gerichtsentscheidungen auch ausnehmen mochte, gehört notwendig in den historischen Kontext des späteren Massenmords. Mit dem ›bürgerlichen Tod‹ war der natürliche Tod, die Vernichtung von Leben nicht programmiert. Aus der Perspektive der Zeit war dies auch für die betroffenen Menschen noch keine Denkmöglichkeit. Wohl aber haben solche Urteile dazu beigetragen, Haltungen abzubauen, die unfaßbaren Handlungen hätten entgegenstehen können.

IV.

Reinhard Rürup – das war der Ausgangspunkt dieser Überlegungen – hat vom frühen und definitiven Ende der Emanzipation in der ersten Hälfte der 30er Jahre gesprochen. Auf der Ebene der Gesetzgebung und auf der der Anwendung von Gesetzen ist dieses Ende nicht so eindeutig ablesbar. Es ist es vielleicht für den, der um Auschwitz weiß, aber im Erfahrungshorizont der Zeit verwischen sich seine Konturen. Die nur taktisch angelegten Selbstbegrenzungen der politisch Mächtigen und ihre verkleisternde Rhetorik machten Hoffnungen zunächst nicht gänzlich zunichte. Der Zeitbruch kündigte sich nach 1933 für die deutschen Juden zwar in rechtlicher Diskriminierung an, an Evidenz gewann er für sie aber durch das Abbrechen menschlicher Beziehungen, durch die Erfahrung zerstörter Mitmenschlichkeit. Nicht nur die Welt hatte sich verändert, auch das Vertrauen in die Verläßlichkeit von Menschen wurde bitter enttäuscht. Hier soll zum Schluß der Blick auf einen Lebensweg gelenkt werden, der vielen Menschen nicht zuletzt durch den Zerfall des Rechtsgefüges im Nationalsozialismus aufgenötigt wurde. Der Philosoph Karl Löwith mußte im Frühjahr 1934 in Marburg seine Lehrtätigkeit aufgeben; über Italien und Japan emigrierte Löwith mit seiner Familie 1941 nach Amerika. 1940 beteiligte er sich an einem Preisausschreiben der Havard-University und verfaßte einen Bericht über sein ›Leben in Deutschland vor und nach dem 30. Januar 1933‹ – ein zeitgenössisches Dokument von großer historischer Aussagekraft und ein Spiegel der inneren Verfassung eines durch die Maßnahmen des NS-Staates in seiner bürgerlichen und intellektuellen Existenz getroffenen Juden. [56] Löwith beklagt nicht, wie er schreibt, das »Geschick eines deutschen Privatdozenten«, wie es sich aus der totalen und systematischen Umwälzung ergab.[57] Er analysierte den Verfall von Alltagsbeziehungen und die Mutationen von Menschen, die er gut zu kennen glaubte. Löwith war ein Schüler Martin Heideggers und hatte sich bei diesem 1928 in Marburg habilitiert. Sein Lebensbericht kreist um das Rätsel Heidegger, um einen Philosophen, der sich und sein Denken der NS-Weltanschauung preisgab.[58] In ›Sein und Zeit‹ – 1927 – hatte Heidegger seine Analytik der Geschichtlichkeit des Daseins entfaltet; im Anfangsrausch des braunen Aufbruchs band er diese an das zeitgeschichtliche Geschehen zurück. Löwith verwies auf Heideggers »substanzielle[r] Zugehörigkeit zur nationalsozialistischen Stimmung und Denkweise«;[59] »dem diktatorischen Stil der Politik entspricht das Apodiktische in Heideggers pathetischen Formulierungen«.[60]

Die zeitgenössische Abrechnung Löwiths, dessen eigenes Denken zur kosmologischen Weltansicht der Griechen zurückzukehren suchte, mit Heidegger ist sicherlich wichtig, um jenen Tiefsinn zu entschlüsseln, der über dem Sein des Seienden brütete; bedeutsam für den hier erörterten historischen Problemzusammenhang aber ist, wie weit gerade in der Anfangszeit des Nationalsozialismus gewachsene Selbstverständlichkeiten in den zwischenmenschlichen Kontakten herunterkommen konnten. Mit Bitterkeit beschreibt Löwith die kühle Teilnahmslosigkeit Heideggers, sein Schweigen. Aus dem japanischen Exil schrieb er ihm noch zwei Briefe. »Auf beide Briefe antwortete er [Heidegger; D. B.] nur noch durch Schweigen. So endete meine Beziehung zu dem Mann, der mich 1928 als ersten und einzigen seiner Schüler in Marburg habilitiert hatte.«[61]

Der Nationalsozialismus warf jüdische Menschen aus ihrer Lebensbahn; doch trotz aller Demütigungen durch das in Gesetzesform gefaßte Unrecht, nicht der NS-Staat allein öffnete ihnen die Augen über das Ende der Emanzipation, sondern ebenso Handeln und Verhalten ihrer deutschen Mitbürger. Dies war das eigentliche »factum brutum des deutschen Geschehens«, der »Riß« im Persönlichkeitsgefüge der deutschen Juden; in den Worten Karl Löwiths: »Der deutsche Umsturz betraf mich aber vor allem als Jude, und es wäre töricht zu meinen, man könne als Einzelner diesem allgemeinen Geschehen doch auf irgend eine Weise entgehen. Mein Leben ist nun in der Tat durch den Abbruch der Emanzipation in Deutschland bedingt, und daraus ergibt sich die Zuspitzung auf den einen springenden Punkt: daß man Deutscher und Jude ist, gerade weil in Deutschland das eine vom andern getrennt worden ist. Auch wer sich neu beheimaten kann und das Bürgerrecht eines anderen Landes erwirbt, wird einen großen Teil seines Lebens verbrauchen, um diesen Riß auszufüllen, und zwar um so mehr, je selbstverständlicher er vor Hitler ein Deutscher war und sich als solcher empfand.«[62]

Dan Diner

Die Katastrophe vor der Katastrophe: Auswanderung ohne Einwanderung

»Wir sind alle für die Auswanderung. Sie selbst aber machen durch Ihr System der Deportationen (im Sinne von Abschiebungen, D. D.) die Auswanderung kaputt. Durch die Verschickung in Massen über die Grenze machen Sie uns die ganze Auswanderung in die Nachbarländer unmöglich. Die Nachbarländer wollen uns deshalb keine Visen mehr geben.«

Heinrich Stahl,
Vorsitzender der Jüdischen Gemeinde Berlin,
zu Adolf Eichmann im März 1939.[1]

Die »Kristallnacht« ist in unterschiedlicher Weise kontextuierbar: Gemeinhin akzeptiert ist die Sicht, den »9. November« als Ausdruck und Höhepunkt nationalsozialistischen Antisemitismus vor der Massenvernichtung zu verstehen. Physische Gewalt, Plünderungen und vor allem die Synagogenverbrennungen lassen das Geschehen gleichsam im Lichte klassischer Pogrome aufscheinen. Solcher Wahrnehmungs- und Erfahrungshorizont läßt die »Kristallnacht« zu einem Ereignis verdichten, das auf die Deutung der ihr nachfolgenden Geschehnisse in einem erheblichen Maße einwirkt. Für das Bewußtsein sowohl der Zeitgenossen als auch der Nachgeborenen bebildern die Ereignisse dieser Nacht den ihnen nachfolgenden Schrecken der »Endlösung« und fügen letztere ein in einen Kontinuitätszusammenhang eines gesteigerten, aber immerhin doch recht traditionell anmutenden Antisemitismus.

Beim näheren Hinsehen verkompliziert sich freilich das Bild einer gesteigerten, aber doch letztendlich linear gehaltenen Kontinuität. Die historische Wahrnehmung, die jene flächendeckenden Synagogenverbrennungen und -schändungen zum Paradigma der späteren Vernichtung der europäischen Juden erhebt, wird von einem realgeschichtlichen Ereignisgeflecht überlagert, das keineswegs derart finalisiert ist. Damit wird keineswegs die kausale Anteilhaftigkeit der Ereignisse des »9. November« für die spätere Massenvernichtung in Abrede gestellt. Doch die Verbindungslinie läßt sich weniger vom nationalsozialistischen »Programm«, als von den Folgeerscheinungen der Terrornacht her begründen, die bislang nicht so recht in den Fokus der Wahrnehmung gerückt worden sind.

Hier ist vor allem von der erzwungenen Auswanderung bzw. der Austreibung der Juden Deutschlands und Österreichs die Rede. Soweit überhaupt von Auswanderung gesprochen werden kann, handelt es sich um eine Art von Emigration, die auf keine angemessene Bereitschaft anderer Länder stieß, den verjagten Juden Heimat oder auch nur »Nachtasyl« in Gestalt eines auch nur vorübergehenden Aufenthaltes zu gewähren. Mehr noch: die von den Nazis eingeschlagene Strategie des erzwungenen und damit illegalen Grenzübertritts ließ die Bereitschaft von Ländern, Flüchtlinge mit gültigen Papieren bei sich aufzunehmen, merklich sinken. Eine Perspektive, die nach einer kausalen Verbindung zwischen Novemberpogrom und dem nachfolgenden Schrecken der Massenvernichtung sucht, wird mithin weniger auf eine Radikalisierung traditionellen Antisemitismus im Zeichen des Pogroms, als auf die dem »9. November« folgende Politik der Austreibung ohne Rücksicht auf Einwanderungsmöglichkeiten in andere Länder abstellen. Erst hier beginnen sich schemenhaft die Konturen jener Falle abzuzeichnen, in die Nazis ihre jüdischen Opfer treiben sollten; eine Falle, die zunehmend die Gestalt der Vernichtungslager annahm.

Um diesen Zusammenhang zu verstehen, bedarf es freilich einer thematischen Öffnung. Nicht der »9. November« wird hierfür zentral, sondern sein Kontext. Gerade eine erweiternde Sicht über das unmittelbare Ereignis hinaus dürfte sich dem Erfahrungszusammenhang der Opfer annähern. Ihrem Lebensgefühl, ihrer Selbstwahrnehmung und den damit verbundenen Handlungsoptionen kann in einem höheren Maße Gerechtigkeit widerfahren, wenn in der Rekonstruktion von jenem Ereignis abgesehen wird, das von Sommer/Herbst 1941 an seinen Lauf nimmt: die systematische Vernichtung des europäischen Judentums. *Trotz* bzw. *wegen* des Wissens um den Ausgang der Geschichte sollte sich der Historiker also in Selbstdisziplin üben und die Selbstwahrnehmung der Zeitgenossen – vor allem aber die der Opfer – als Orientierung und Bezugsrahmen wählen. So kann der Katastrophe *vor* der eigentlichen Katastrophe jenes Gewicht eingeräumt werden, die ihr in der Gesamtwürdigung des Phänomens der späteren Massenvernichtung recht eigentlich zukommt.

Kaum eine Äußerung aus der Zeit *vor* der Massenvernichtung dürfte ein eindringlicheres Schlaglicht auf jene Perspektive werfen, die vom schrecklichen Geschehen der Massenvernichtung aus die ihr vorgelagerten Ereignisse historisch zu beurteilen sucht. Hier wird von einer in der jüdischen Zeitgeschichtsforschung des öfteren zitierten Bemerkung Ben Gurions ausgegangen. Am 7. Dezember 1938, einen knappen Monat nach der »Reichskristallnacht«, zieht er Bilanz aus der Perspektive des Yishuv, der jüdischen Gemeinschaft im mandataren Palästina:

»In diesen schrecklichen Tagen des beginnenden Untergangs [hebr. Churban], der europäischen Juden und vielleicht zu Anbeginn der Aufkündigung des [britischen] Mandats – bin ich hinsichtlich der Wahlen im Parteibezirk [der Mapai] Tel Aviv sehr besorgt. Dennoch werde ich jetzt nicht über die Wahlen sprechen; das Parteizentrum hat seinen Beschluß gefaßt – und diesen werde ich respektieren.«[2]

Obschon Ben Gurion sich im weiteren der innerparteilichen Auseinandersetzungen der Mapai widmete, äußerte er sich zuvor doch noch zur Bedrängnis der Juden Deutschlands und Österreichs – oder genauer: zu dem seit dem und durch den »9. November« sich verschärfenden Problem der Auswanderung der jüdischen Bevölkerung Mitteleuropas. In seinen Ausführungen kommt er auf die Bereitschaft des Yishuv zu sprechen, in jener dramatischen Situation weitere Einwanderer, vor allem Kinder, im jüdischen Palästina aufzunehmen:

»Das Angebot, Kinder aus Deutschland hierher zu bringen, folgt nicht nur dem Gefühl des Mitleids mit diesen Kindern. Auch wenn ich wüßte, daß man alle [jüdischen] Kinder Deutschlands dadurch retten könnte, indem man sie nach England verbrächte und nur die Hälfte von ihnen dadurch, indem man sie nach Palästina bringt, wählte ich die zweite Möglichkeit. Denn wir haben uns nicht nur dieser Kinder wegen Rechenschaft abzulegen, sondern auch hinsichtlich des jüdischen Volkes.«[3]

Die Worte der damals bedeutendsten zionistischen Persönlichkeit und des späteren Staatsgründers dürften wie keine anderen die Nachwelt dazu verführen, jene Ausführungen im Lichte und im Wissen um den Ausgang der Katastrophe des europäischen Judentums zu bewerten.[4] Zwar ist offenkundig, daß aus den Worten Ben Gurions ein radikaler, ja gleichsam totalitärer Nationalismus spricht, weil Leben einer Vielzahl von jüdischen Menschen, ja Kindern, den wirklichen oder vorgeblichen Interessen des jüdischen Kollektivs und vor allen Dingen jenen des zionistischen Projekts in Palästina unterworfen wird. Doch solch kaltblütig anmutendes Kalkül des »nation-builders« Ben Gurion, der der bevölkerungspolitischen Festigung des jüdischen Gemeinwesens dem Erhalt des Lebens einer doppelten Anzahl jüdischer Kinder im englischen Ausland Vorrang gibt, dürfte sich angesichts der später wirklich gewordenen Vernichtung freilich als eine dramatische, aber nichts desto weniger leere Rhetorik erweisen, historisiert man seine Aussage und deutet sie aus Umständen und Begebenheiten ihrer Zeit heraus. So spricht Ben Gurion zwar vom *Untergang* (hebr. Churban) der Juden Europas, konnte jedoch zu jenem Zeitpunkt die spätere *Vernichtung* keineswegs im Blick gehabt haben. Nicht einmal die Nazis wußten Ende 1938, was sie spätestens im letzten Drittel des Jahres 1941 einleiten sollten. Wenn also in den Worten Ben Gurions implizit von der Vernichtung jüdischer Kinder die Rede ist (– kontrapunktisch spricht er von »Rettung« –), dann handelt es sich bei weitem eher um ein aus politischen Gründen betriebenes Spiel mit einer allgemeinen, in zionistischen Ideologieentwürfen angelegten Katastrophenerwartung, als von der sich alsbald wirklich einstellenden Katastrophe selbst.[5] Doch bei allem Pessimismus richtete sich die Rhetorik in der Tat weit mehr auf einen politischen Kontext, der nur sehr vermittelt mit den Ereignissen im nationalsozialistischen Deutschland und den damit verbundenen Problemen jüdischer Auswanderung in Verbindung steht.

Die Katastrophenrhetorik Ben Gurions richtet sich nämlich wesentlich gegen die Palästinapolitik der britischen Regierung. Die Bedeutung der »Reichskristallnacht« verschmilzt eher am Horizont der als zeitlos begriffenen jüdischen Not in Europa. Ihren historischen Ort findet seine Kritik an England dort, wo sich das Angebot der Überführung von ca. 8000 jüdischen Kindern aus Deutschland und Österreich nach Großbritannien nicht als selbstloser Ausdruck überquellender Menschenfreundlichkeit erweist, sondern auch und gerade als ein wirksames Mittel in den anhaltenden Auseinandersetzungen zwischen dem Mandatar und der zionistischen Führung des Yishuv um die Einwanderungspolitik nach Palästina. Unmittelbar nach der »Kristallnacht« nämlich hatte die Führung des Yishuv die Aufnahme von 10000 Kindern und 100000 Erwachsenen im »produktiven« Alter angeboten. Die Briten suchten dem entgegenzuwirken und Alternativen anzubieten, zumal eine derartige Zahl von Neueinwanderern das mit Mühe herbeigekämpfte Kräftegleichgewicht zwischen Juden und Arabern weiter untergraben hätte.[6] Ohnehin war die Mandatsmacht zu jener Zeit damit befaßt, den inzwischen abklingenden, seit 1936 anhaltenden arabischen Aufstand in Palästina gegen die jüdische Ansiedlung niederzuschlagen. Als Kompensation für die Politik der harten Hand, mit der der palästinensische Aufstand niedergeschlagen und die Autorität der Kolonialmacht wiederhergestellt werden sollte, nahmen die Briten Verhandlungen mit den Potentaten umliegender arabischer Länder auf. Ein Ergebnis dieser Verhandlungen war das im Mai 1939 erlassene britische »Weißbuch« über die Begrenzung jüdischer Einwanderung und den Bodenkauf in Palästina.[7] Aus zionistischer Sicht nahm dieses »Weißbuch« die Zusagen der Balfour-Erklärung faktisch zurück, eine jüdische Heimstatt in Palästina zu fördern; und in der Tat stellten sich Ende der 30er Jahre für die Briten andere Prioritäten. Die Palästina-Frage wurde zunehmend aus imperialer Perspektive heraus beurteilt – wesentlich aufgrund der Maßgaben der Indienpolitik – und immer weniger aus der Sicht des Londoner Foreign Office, das eher zionistischen Interessen aufgeschlossen war. Schließlich galt es der Gefahr zu begegnen, die muslimische Welt und vor allem die indischen Muslime der britischen Palästina-Politik wegen gegen England aufzubringen.[8] Und dies vor allem angesichts deutscher und vor allem italienischer Avancen an die Araber, die jenen strategisch bedeutenden Raum zwischen Mittelmeer und Indischem Ozean bevölkerten.

Vor dem Hintergrund einer sich zusehends den zionistischen Interessen entgegensetzenden britischen Politik sind also die rhetorischen Ausfälle Ben Gurions zu verstehen. Sie verschließen sich keineswegs der jüdischen Nöte angesichts der nationalsozialistischen Politik der Austreibung. Aber sie sind aus der Perspektive des Yishuv palästinozentrisch und damit funktional in einem zionistischen Sinne angelegt. Insofern kann Ben Gurion die Richtung der Emigration im Falle der Kinder nach England nicht akzeptieren. Es galt das politische, sprich zionistische Ziel der Einwanderung nach Palästina gegen die von ihrer Praxis her philanthropisch, von ihrer Intention her aber durchaus politisch gemeinten Absicht der Briten zu stellen.

Ben Gurions dramatische Äußerungen mögen sich also aus der Interessens- und Konfliktlage der späten 30er Jahre und damit *vor* der Massenvernichtung zwar politisch zynisch, jedoch bei weitem weniger dramatisch ausnehmen, als aus einer Perspektive des *Danach*. Was Ben Gurion mit seiner Katastrophenrhetorik und seiner nationalistischen Demagogie beabsichtigte, war nicht mehr und nichts weniger als die Denunziation britischer Palästina-Politik, den Strom jüdischer Emigration aus Europa überall hin lenken zu wollen, nur nicht nach Palästina.[9] Doch die Konfliktkonstellation der Migrationsrichtung betraf ausschließlich die britische Mandatsmacht und den Yishuv. Ganz andere Dimensionen nahm jene ausweglose Lage ein, die sich zu einem Horrorszenario auswuchs und für die jüdische Katastrophe *vor* der Katastrophe der Massenvernichtung von zentraler Bedeutung werden sollte: *Auswanderung* aus dem von den Nazis beherrschten mitteleuropäischen Bereich ohne ihr adäquate *Einwanderungsmöglichkeiten*. Auf jenes tragische Verhältnis von Auswanderungsdruck und Einwanderungsbarrieren in den 30er Jahren bezogen sich die bitteren Worte Chaim Weizmanns, des Präsidenten der Zionistischen Weltorganisation, vom November 1936, für Juden stelle sich die Welt zweigeteilt dar: Sie teile sich ein in Länder, die ihre Juden loswerden wollen, und in solche, die sie nicht aufzunehmen bereit sind.[10] Diese Aussagen waren noch ganz auf die durchaus drückende Lage der Juden in Ostmitteleuropa gemünzt. Nach der »Reichskristallnacht« dramatisierte sie sich in Nazideutschland und riß das empfindliche Gefüge von Emigration und Immigration völlig aus den Fugen.

Der »9. November« sollte im Reich zu erheblichen Kompetenzverschiebungen führen. Mittels der Verhaftung und Verschleppung von ca. 20000–30000 Juden in Konzentrationslager war der SS bzw. dem SD so etwas wie die Verfügung über die jüdische Auswanderung bzw. der Austreibung der Juden in die Hände gefallen. Göring – der Goebbels, den Rivalen und Initiator des Pogroms, der Sachschäden wegen zieh und bloßstellte – zog mittels der Ereignisse des »9. November« die »Judenfrage« an sich und übertrug sie der SS. Endgültig formuliert wurde der Auftrag an die Regimepolizei, die Juden auszutreiben, am 24. Januar 1939, als Göring Reinhard Heydrich mit der Organisation der jüdischen Auswanderung beauftragte.[11]

Mit dem »9. November 1938« war also eine Entwicklung eingeleitet worden, die in der Tat eine qualitativ neue Stufe in der sich langsam ausbildenden Tendenz zur Massenvernichtung darstellt; denn nicht durch, sondern erst im Gefolge des Staatspogroms sollte offenbar werden, was als unmittelbarer Beitrag der »Reichskristallnacht« zur Ausbildung jener Entwicklung gelten kann, die zu den Vernichtungslagern führte: das Ende der stetigen, auf Langfristigkeit angelegten und den Aufnahmemöglichkeiten der Immigrationsländer angepaßten Auswanderung. Die Ereignisse des »9. November« bzw. die auf die Pogromnacht folgenden Verschleppungen von 20000–30000 männlichen Juden in Konzentrationslager dienten mithin als Hebel für die Austreibung. Mit dem darauffolgenden Tage wurde eine Vorgehensweise der jüdischen Bevölkerung gegenüber auf das »Altreich« übertragen, die in der »Ostmark« seit einiger Zeit bereits Praxis war: Die Freilassung von in Konzentrationslagern festgehaltenen Juden wurde nunmehr an ihre sofortige Auswanderung geknüpft.[12] Die Gestapo machte den jüdischen Hilfsorganisationen klar, daß die drangsalierten und an Leib und Leben gefährdeten Juden nur dann freikämen, wenn sie schleunigst außer Landes verbracht würden, auch unter Zuhilfenahme von solch illegalen Mitteln, wie etwa der Fälschung von Reisedokumenten – eine Politik, die vom SD bereits seit März im »angeschlossenen« Österreich praktiziert wurde.[13] Daß damit das sorgsam geknüpfte Netz organisierter Auswanderung bis hin zum Zerreißen überdehnt wurde, schien die SS wenig zu beeindrucken. Die Gestapo machte es den jüdischen Hilfsorganisationen obendrein zur Auflage, alle Personen außer Landes zu verbringen, die sonsthin den strengen Anforderungen der Emigrationsländer an die Einwandernden kaum entsprechen konnten. Damit konnte das übliche Verfahren als gescheitert gelten, die Aufnahmebereitschaft der Emigrationsländer langfristig zu erhalten. Durch die neue Politik umstandsloser Austreibung war das sensible System der Auswanderung unter Maßgabe der Aufrechterhaltung der Integrationsbereitschaft der Aufnahmeländer massiv gefährdet: Die Juden mußten raus, ohne Rücksicht auf die sich stetig verschließenden Einwanderungsmöglichkeiten.

Bis dahin waren alle an der Auswanderung von Juden aus dem Reich beteiligten Institutionen – jüdische Organisationen wie das »Palästinaamt« oder der »Hilfsverein«, vor allem aber die für die Auswanderung zuständigen deutschen Behörden wie das »Reichswanderungsamt« – bestrebt gewesen, das empfindliche und auf Langfristigkeit gerichtete Verhältnis von Auswanderung und Einwanderung nicht zu gefährden. Allen war klar, daß eine Politik der Auswanderung, die sich nicht an der Aufnahmebereitschaft anderer Länder ausrichtete, auch noch jenen schmalen Spalt verschlösse, der bislang noch allen Schwierigkeiten zum Trotz mit Umsicht offen gehalten worden war. Arthur Prinz, Leiter der Auswanderungsabteilung des »Hilfsvereins« und führende Persönlichkeit in der »Reichsvertretung« hat diesen katastrophischen Umschwung in der Auswanderungspolitik eindringlich beschrieben.[14] Dabei wußte er zu betonen, wie eng diese dramatische Entwicklung in der Auswanderungspolitik mit der Entmachtung des traditionellen Staatsapparates im Jahre 1938 und der Übernahme seiner Funktionen durch die Parteiorganisation zusammenhing. Seiner Darstellung nach war das Reichsinnenministerium und vor allem das für die jüdische Emigration zuständige »Reichswanderungsamt« zuvor mit Beamten besetzt gewesen, die in ihrer Mehrheit dem Zentrum sowie anderen nicht-nationalsozialistischen Parteien der Weimarer Zeit angehört hatten.[15] Eine solche Häufung von Nicht-Nationalsozialisten und der Umstand, daß sich in dieser Behörde Beamte durch ausgesprochene Kooperationsbereitschaft und Umsicht auszeichneten, mag seinen Ausführungen nach dem Umstand geschuldet gewesen sein, daß sie aufgrund ihrer distanzierten Haltung dem Regime gegenüber in ein Amt versetzt worden waren, das von den Nazis gering geschätzt wurde. Jedenfalls zeigten sie ein erhebliches Verständnis für das Anliegen der jüdischen Hilfsorganisationen, Auswanderung erst nach sorgfältiger Vorbereitung der Emigranten erfolgen zu lassen.[16] Den Experten des »Reichswanderungsamtes« war mithin klar, daß die Auswanderung einer Person, die aufgrund ihres sozialen Status oder ihrer gesundheitlichen Verfassung dem Immigrationsland zur Last fallen könnte, die Gefährdung der Auswanderung von Hunderten von anderen Juden aus Deutschland nach sich ziehen könnte. Die Festsetzung von 20000–30000 Juden im Gefolge der »Reichskristallnacht« und das an die jüdischen Hilfsorganisationen gerichtete Begehren der Gestapo, sich schleunigst um eine sofortige Auswanderung als Bedingung von Freilassung zu bemühen, stellte mithin nicht nur das Ende jener behutsamen und stetigen Auswanderungspolitik dar; diese Entwicklungen brachten auch das Ende des Einflusses jener kooperationsbereiten Beamten im »Reichswanderungsamt« mit sich, die eine vorausschauende und an den Umständen gemessen, besonnene Emigrationspolitik verfolgten. Jüdische Auswanderung, betrieben nunmehr vom SD, konnte nur als rücksichtslose Austreibung erfolgen.

Einen Einblick in die düstere Zukunft erlaubte bereits die »Juni-Aktion« der Gestapo im Schicksalsjahr 1938 gegen etwa 1500 sogenannte »asoziale Juden« im »Altreich«, die in Razzien aufgegriffen, verhaftet und in Konzentrationslager verschleppt wurden. Bei den sogenannten »asozialen Juden« handelte es sich um eine als solche stigmatisierte Gruppe von Personen, die Kleinstdelikte begangen hatte bzw. begangen haben sollte – bis hin zu solchen Lappalien etwa wie falsches Parken. Das neue und menetekelhafte der sogenannten »Juni-Aktion« lag also in der Vorwegnahme der Folgen der »Reichskristallnacht«; weil eine Freilassung aus dem Konzentrationslager nur dann ermöglicht wurde, wenn für den dorthin Verschleppten eine sofortige Ausreise seitens der jüdischen Hilfsorganisationen arrangiert werden konnte. Somit stellt die »Juni-Aktion« einen ersten, gleichsam vorwegnehmenden Eingriff des NS-Apparates in Gestalt der Gestapo in den Kompetenzbereich der für die Auswanderung zuständigen traditionellen staatlichen Behörden dar. Sie kann durchaus als Ausläufer jener neuen Entwicklung verstanden werden, die aus der mittels »Anschluß« annektierten »Ostmark« in das sogenannte »Altreich« überbordete und von der »Reichskristallnacht« an beherrschend werden sollte.

In Österreich war die Politik der Austreibung sofort nach dem »Anschluß« – genau am 15. März 1938 – von der SS bzw. dem SD unter der Ägide Eichmanns in Angriff genommen worden. Den ersten Massenaustreibungen – sie wurden zwischen Mitte März und Mitte April im Burgenland durchgeführt – war die Festsetzung prominenter und anderer Juden im KZ Dachau vorausgegangen.[17] Diese terroristische Maßnahme zur Vorbereitung nachfolgend eingeleiteter Massenaustreibungen aus Österreich entsprachen also in halbjähriger Vorwegnahme jener Praxis, die im Gefolge des »9. November« auch im »Altreich« allgemein Wirklichkeit werden sollte. So wie im Oktober die Zwangsausweisung von Juden polnischer Staatsangehörigkeit aus dem Reich unmittelbar der Austreibung deutscher Juden vorausging, wurden Ende Mai Hunderte von Wiener Juden, die aus Nachbarländern stammten und im staatsrechtlichen Sinne als Ausländer galten, über die Grenzen getrieben.

Doch die dort bislang eingehaltene Unterscheidung von Juden österreichischer und nicht-österreichischer Staatsangehörigkeit sollte sich im weiteren erübrigen. Bald darauf hatten auch Juden mit gültigen österreichischen Papieren die Grenze zur Schweiz hin zu überschreiten. Reaktionen ließen nicht lange auf sich warten. Aufgrund der Zunahme des Flüchtlingsdrucks sahen sich die Schweizer Behörden mit einem nicht abzuschätzenden Flüchtlingsstrom konfrontiert und reagierten auf den bereits im März anhebenden Grenzübertritt von etwa 400 Juden, die gültige österreichische Reisedokumente mit sich führten, derart restriktiv, als sie von ihnen vom 28. des Monats an Einreise- oder Transitvisa verlangten – eine bis dahin höchst ungewöhnliche Praxis. Doch auch die Visafrage, kaum gestellt, wurde durch die sich verschärfende Entwicklung binnen kurzem überholt, als über 2000 Flüchtlinge – nunmehr in der Tat ohne gültige Reisedokumente und völlig mittellos gemacht – von SA und SS im Schutze der Dunkelheit über die eidgenössische Grenze getrieben wurden.[18]

Die Austreibungen seitens der Gestapo sollten nicht nur in Richtung der an die »Ostmark« angrenzenden Staaten erfolgen, sondern wurde auch über die Grenzen des »Altreichs« hinweg nach Frankreich, Luxemburg und Belgien betrieben. Sogar über Flüsse und später über See erfolgte die Austreibung. Gegenmaßnahmen der benachbarten Länder wurden allenthalben in die Wege geleitet. Was nach dem »9. November« zu einem weiteren Verschließen der Immigrationsmöglichkeiten beitrug, kündigte sich also bereits am 5. Oktober mit jener von den Schweizer Behörden veranlaßten Maßnahme an, die Pässe jüdischer Deutscher mit einem diskriminierenden »J« zu markieren.

Die erzwungene und mithin illegale Auswanderung als Austreibung begann nunmehr das nach sich zu ziehen, was Auswanderung *überhaupt* verunmöglichen sollte. Nach dem 10. November verschärften weitere europäische Nachbarländer Deutschlands ihre Einreisepolitik, nachdem schon im März/April Jugoslawien, Italien und die Tschechoslowakei aufgrund des Flüchtlingsdrucks aus Österreich ihre Grenzen verschlossen.[19]

Schon der »ostmärkische« Anteil der Vorgeschichte des »9. November 1938« erlaubt einen systematischen Einblick in jenen Zusammenhang, der als Radikalisierung des nationalsozialistischen Regimes auf dem Weg zur organisierten Vernichtung der Juden Europas – der »Endlösung« – notorisch ist: die Entmachtung und Zurückdrängung der alten Eliten als Bedingung und Folge einer nach außen gerichteten Expansionspolitik, die dem nationalsozialistischen Apparat und im besonderen seiner weltanschaulichen Kerntruppe, der SS, einen direkten Zugriff auf die seinem Machtgefüge zugeschlagenen Menschen und Gebiete erheblich erleichterte. Während im »Altreich« die jüdische Emigration noch vom »Reichswanderungsamt« in Zusammenarbeit mit jüdischen Hilfsorganisationen in jener sorgsamen und langfristig ausgerichteten Planung betrieben wurde, konnten Eichmann und sein Apparat in Wien bereits im März im Sinne einer beschleunigten und rücksichtslosen Vertreibung der dortigen Juden schalten und walten.[20]

In Österreich konnten also die Nazis, jedenfalls bis zum 10. November 1938, bei weitem rücksichtsloser handeln als im Bereich des »Altreichs«. Sieht man vom euphorischen Taumel der »Angeschlossenen« einmal ab, so war Österreich *auch* so etwas wie die erste Frucht der *Außenexpansion* von Reich *und* Regime. Der direkte Zugriff der Regimepolizei, der SS, konnte in Österreich mithin durchaus direktere Auswirkungen zeitigen als noch im »Altreich«, obschon auch dort das Jahr 1938 für einen qualitativen Sprung in der zunehmenden Nazifizierung des Herrschaftsapparates steht. So nimmt es nicht Wunder, daß in Österreich Staat und Verwaltung mittels »Anschluß« als spezifischer Form nationalsozialistischer Besatzung weitaus leichter beiseitegeschoben werden konnten als im »Altreich« selbst.[21]

Die Verschränkung von Außenexpansion und Radikalisierung in der Judenpolitik ist offenkundig. Je tiefer die deutschen Nazis nach Osten vordrangen, um so schärfer wurde ihre Vorgehensweise. Was in der »Ostmark« schon im März 1938 mit der als forcierte Auswanderung drapierten Vertreibung begonnen worden war, steigerte sich nach Verschließung aller Auswanderungs- bzw. Einwanderungsmöglichkeiten und bei stetiger Zunahme der jüdischen Bevölkerung durch weitere Eroberungen vorläufig noch in eine Binnenvertreibung und Ghettoisierung der Juden. Der Überfall auf die Sowjetunion leitete schon unmittelbare Massentötungen ein, die letztendlich – wie in einem geographischen Rücklauf – sich nunmehr nach Westen, ins Zentrum des nationalsozialistischen Herrschaftsraumes hinein als organisierte Massenvernichtung steigerten und sich in die Systematik der Todeslager hinein verlängerten. Die Juden im Reich, also jene, die noch an jenem Ort verblieben waren, von dem aus die antijüdische Politik 1933 ihren Anfang genommen hatte, gehörten indes paradoxerweise zu den letzten jüdischen Gruppen Europas, die sich etwa das Erkennungs- und Stigmatisierungsmerkmal des »Gelben Sterns« anheften mußten – vom 19. September 1941 an.

Die vom »Anschluß« Österreichs ausgehenden radikalisierenden Schübe in der »Judenpolitik« sind vielfältig und in ihrer Bedeutung für die weitere Entwicklung nicht hoch genug zu bewerten. Aber mit dem Hinweis auf die österreichische Entwicklung und ihre Pilotfunktion für das »Altreich« ist die Komplexität des Gesamtzusammenhanges noch nicht erschlossen. Es gilt, weitere Dimensionen zu erörtern, die zum Umfeld der »Reichskristallnacht« im Kontext des Problemfeldes jüdischer Emigration und Immigration im Schicksalsjahr 1938 gehören. Dazu zählt etwa auch die antisemitische Politik Polens seiner jüdischen Minderheit gegenüber – der bei weitem größten jüdischen Gemeinschaft in Europa und einer Gruppe, die obendrein über 10% der gesamten polnischen Bevölkerung ausmachte. Darüber hinaus wird hier – gleichsam komplementär – von den USA die Rede sein, die über Jahrzehnte bzw. bis zu den drakonischen Einwanderungsgesetzen der 20er Jahre, als das klassische Einwanderungsland galten, vor allem das des osteuropäischen Judentums.

Die Radikalisierung der antijüdischen Maßnahmen im nationalsozialistischen Deutschland mit dem »Anschluß« Österreichs als Scheitelpunkt sowie ihr Übergreifen auf das »Altreich« mittels »Juni-Aktion« und vor allem der »Reichskristallnacht«, lassen die Konturen von Kontext und Bedingung der jüdischen Katastrophe *vor* der Katastrophe klar hervortreten. Dazu gehören etwa die dramatischen Migrationsbewegungen nach dem Ersten Weltkrieg im Gefolge des Zusammenbruchs der dynastischen Völkerreiche, der Oktoberrevolution und der Ausbildung von solchen Nationalstaaten im Bereich Ostmitteleuropas, die sich nicht auf eine ethnisch homogene Bevölkerung zu stützen vermochten.[22]

Ohne den besonderen Charakter des nationalsozialistischen Regimes in Deutschland herunterzuspielen: Die Wahrnehmung antisemitischer Wirklichkeit, auch und vor allem durch die Juden Europas, war in der Zwischenkriegszeit wesentlich von der klassischen antisemitischen Politik in ethnisch heterogenen Staaten wie Polen, Rumänien und Ungarn bestimmt gewesen. Als etwa der Führer der zionistischen Revisionisten, Vladimir Jabotinsky, eine in hohem Maße pessimistisch gestimmte jüdische Persönlichkeit der Zwischenkriegszeit, in jenen Jahren der Evakuierung von Juden aus Europa das Wort redete, hatte er eher die Gefährdung der Juden Polens im Blick.[23] Aus jüdischer Sicht, die unmittelbar betroffenen deutschen Juden ausgenommen, wurde die judenfeindliche Politik der Nazis durchweg in der eher ostmitteleuropäischen Tradition des religiös grundierten, inzwischen aber auch nationalistisch aufgeladenen Pogrom-Antisemitismus gesehen. So war man eher geneigt, in Deutschland Altbekanntes zu identifizieren, als die nationalsozialistische Judenfeindschaft als etwas völlig Neues zu diagnostizieren. Für die assimilierten deutschen Juden hingegen hatte das Geschehen in Deutschland freilich eine schockartige Wirkung zur Folge. Sogar für deutsche Zionisten, die einer besonderen jüdischen Identität das Wort redeten, war schon die frühe nationalsozialistische Politik der Separierung keineswegs ideologisch akzeptabel, verstand sich gerade der deutsche Zionismus bis dahin eher als kulturelle Bewegung – vornehmlich befaßt mit der durch die Säkularisierung ausgelösten Krise des jüdischen Selbstverständnisses denn mit wirklichen Auswanderungsplänen nach Palästina.[24] Die Hinwendung deutscher Juden zum Zionismus, Menschen, die sich bis dato dem »Centralverein deutscher Staatsbürger jüdischen Glaubens« zugehörig fühlten, war ausschließlich dem Schock ihrer Ausgrenzung geschuldet.[25]

Ein derartiger ausgelöster Wandel im Selbstverständnis der Juden Deutschlands – von der Religion zur Ethnie – führte keineswegs zur fluchtartigen Auswanderung.[26] Die Verwandlung deutscher Staatsbürger jüdischen Glaubens in deutsche Juden und die damit verbundene Aufwertung der eher marginalen zionistischen Position im deutschen Judentum, legte gleichwohl die Vorstellung einer auf Langfristigkeit gerichteten Abwanderung aus Deutschland nahe. Auch und vor allem Zionisten, denen nur die Auswanderung nach Palästina – Heimat und eben nicht ein weiteres »Nachtasyl« – sinnvoll erscheinen mußte, war in den ersten Jahren der Naziherrschaft keineswegs an einem überstürzten Verlassen des Landes gelegen, zumal aus zionistischer Perspektive heraus die Auswanderung von den Möglichkeiten der Einwanderung nach Palästina abhing. Überhaupt wurde die zionistische Einwanderung nach Palästina von der Absorbtionskapazität vor Ort diktiert und machte obendrein eine Auswahl der Einwanderungskandidaten erforderlich. Zumindest hatte sie mit der Vorbereitung und Umschulung des potentiellen Einwanderers einherzugehen. Was immer auch eine solche »politische« Emigrationspolitik noch impliziert haben mochte – eines jedenfalls war sicher: Sie war auf lange Sicht angelegt und somit als Reaktion auf die sich rapide verschlechternde Lage der deutschen Juden in höchstem Maße ungeeignet.[27]

Von einem universellen formalen Gleichheitsprinzip her betrachtet stellten die im September 1935 erlassenen, auf nationalsozialistischer Rassenideologie beruhenden »Nürnberger Gesetze« eine durchaus qualitative Steigerung der antijüdischen Maßnahmen dar. Dennoch mutet die jüdische Reaktion auf die rassistische Gesetzgebung doch recht verhalten, in manchen Fällen gar affirmativ an, wofür verschiedene Umstände ursächlich waren. So schien ihnen das diskriminierende Gesetzespaket vor allem so etwas wie eine gewisse Rechtssicherheit zu garantieren – ein Begehren, das angesichts zunehmend unkalkulierbar werdender Lebensumstände durchaus einleuchten mag.[28] Darüber hinaus erlaubten die »Nürnberger Gesetze«, die jüdische Existenz in Deutschland in Analogie zur osteuropäischen jüdischen Erfahrung als so etwas wie einen Minderheitenstatut zu sichern – eine Bewertung, die gerade in zionistischer Wahrnehmung herausgestellt wurde.[29] Das doch eher assimilierte deutsche Judentum schien in so etwas wie einer Rückwärtsbewegung sich dem ethnischen Verständnis der Juden Polens anzunähern. Insofern liegt es nahe, daß jüdischerseits eine solche Politik als realitätsgerecht und verantwortungsbewußt galt, die weniger auf Auswanderung gerichtet war, denn darauf, alles zu tun, um das deutsche Judentum über die Zeit des Nationalsozialismus hinüberzuretten.[30]

Vom Sommer 1938 an verlegte sich die Aktivität der »Reichsvertretung der Juden in Deutschland« gänzlich auf die Emigration. Doch die Dringlichkeit eines solchen Projekts stand in jenem paradox anmutenden Widerspruch zur notwendigen Behutsamkeit der Durchführung. Hinzu gesellte sich eine Umgewichtung im Verhältnis der jüdischen Organisationen zueinander. Daß die etwa ohnehin auf Auswanderung drängenden zionistischen Organisationen dabei durch die Nazis favorisiert wurden, liegt auf der Hand.[31] Begründet war dies in ihrer ideologischen Ausrichtung, das Land von sich aus zu verlassen; außerdem verfügten sie über die für die Auswanderung nötige Infrastruktur und Erfahrung. Doch solche Favorisierung durch die Nazis trug nicht selten zur Selbsttäuschung bei. So als etwa die deutschen Behörden zum Erstaunen seiner Mitglieder fünf weitere Emissäre des zionistischen *Hechaluz* aus Palästina im Sommer 1938 ins Reichsgebiet zur Ertüchtigung von Auswanderungskandidaten einreisen ließen.[32]

Eine in langen Fristen planende Emigration aus Deutschland konnte dem aktuellen Druck der judenfeindlichen Maßnahmen der Nazis nicht entsprechen. An dem späteren Geschehen gemessen hätte es eher zu einer regelrechten Evakuierung kommen müssen. Davon konnte damals freilich nicht die Rede sein. Sogar auf der internationalen, vom US-amerikanischen Präsidenten Roosevelt angestoßenen und im Juli 1938 in Evian ausgerichteten Konferenz über Hilfsmaßnahmen für die Juden Deutschlands und Österreichs, stand nur eine in langfristigen Zeitvorstellungen zu realisierende Auswanderung zur Debatte. Dies entsprach auch der Politik der dort anwesenden jüdischen Organisationen. Außerdem wurde die Problematik durch strukturelle Konstellationen erschwert, für die Polen und die USA stehen. Polen als ein Land, das für die traditionelle Judennot in Osteuropa steht – die USA als das klassische, Emigranten aus Europa aufnehmende Einwanderungsland.

Die Juden Polens, aber auch andere Minderheiten, waren im nach dem Ersten Weltkrieg geschaffenen Nationalstaat erheblicher Bedrängnis ausgesetzt.[33] Die Politik verstärkter Polonisierung untergrub den ursprünglich föderativ intendierten Charakter des nationalen polnischen Gemeinwesens; außerdem war das Land Verpflichtungen hinsichtlich des Minoritätenschutzes dem Völkerbund gegenüber eingegangen.[34] In der Zwischenkriegszeit waren die Energien des Staates nicht zuletzt auf die Sicherung des polnischen Charakters des Landes gerichtet gewesen. Auch die im Jahre 1934 erfolgende Annäherung Polens an Hitlerdeutschland, die zum Abschluß eines Nichtangriffspaktes führte, diente in einem nicht unerheblichen Maße der Neutralisierung jener Verpflichtungen in der Minoritätenfrage, die Polen der internationalen Gemeinschaft gegenüber eingegangen war.[35]

Der Nichtangriffspakt war Ausdruck eines revisionistischen Bilateralismus, der sich gegen den Multilateralismus der Völkerbundordnung richtete und nicht zuletzt der Zerstörung des Status quo der Nachkriegsordnung dienstbar gemacht wurde. Im übrigen ein Status quo, der auch die polnische Souveränität zwischen Deutschland und Rußland garantierte.

Die durch den Nichtangriffspakt angezeigte Annäherung des autoritär verfaßten polnischen Regimes an Hitlers Infragestellung des europäischen Status quo bedeutete freilich keine ideologische Gemeinsamkeit, auch wenn die Feindschaft zur Sowjetunion einen Anflug von Gleichklang verheißen mochte. Ähnliches galt auch für den in beiden Regimen virulenten und von Staats wegen her betriebenen Antisemitismus. Und bei aller krassen Unterschiedlichkeit der Regime konnte es dennoch geschehen, daß man sich im Polen der Obristenherrschaft durchaus positiv auf die »Nürnberger Gesetze« berief. Dies zwar weder offiziell noch in Form von allgemeinen Gesetzen, aber verschiedene Berufsverbände bekannten sich zu einer Praxis des Ausschlusses von Juden, die sich in ihrer Begründung von diversen Arierparagraphen in Deutschland kaum unterschied.[36]

Überlagert und gesteigert wurde der virulente polnische Antisemitismus von jenem am Gemeinwesen seit seiner Gründung zehrenden Volksgruppenkonflikt. So kam es etwa in den 20er Jahren in Galizien zwischen Polen und Ukrainern zu heftigen Kämpfen. Von den Auseinandersetzungen zwischen Deutschen und Polen um Oberschlesien ist hier erst gar nicht die Rede. Ab 1937 sollte sich auch das Verhältnis von ethnischen Deutschen zu ihrem polnischen Staatswesen neuerlich verschärfen und Hitler für den Überfall auf Polen zum Anlaß dienen.

Hinsichtlich der jüdischen Bevölkerung zielte die Polonisierungspolitik der Regierung unmißverständlich auf Auswanderung. Die Vorstellung, sich der jüdischen Bevölkerung zu entledigen, führte im Polen jener Jahre im übrigen zu jenem Plan, die Insel Madagaskar zu einem jüdischen Reservat zu machen.[37] Im Sinne einer derartigen Bevölkerungspolitik war die polnische Regierung auch bestrebt, zu solchen jüdischen Gruppierungen Kontakt zu halten, die die Auswanderung bzw. gar die Evakuierung der Juden Polens zum politischen Programm erhoben hatten – so die Zionisten-Revisionisten Jabotinskys.[38] Die überwiegende Mehrheit der polnischen Juden jedoch kämpfte um ihre völlige Gleichstellung als polnische Staatsbürger, gegen Maßnahmen der Diskriminierung und Polonisierung. Polen sollte, ihren Sprechern gemäß, seine Nationalitätenvielfalt nicht unterdrücken – sie vielmehr in einem föderalistischen Sinne verfassungsmäßig zur Kenntnis nehmen.[39]

So ist es nicht verwunderlich, wenn die Juden Polens, aber auch die Juden in der Welt, deren Vertreter auf den Pariser Vorortskonferenzen für die Gleichstellung der Juden in den neuentstandenen Nationalstaaten Ostmitteleuropas eintraten und weiterhin über die Einhaltung ihrer Rechte wachten, den Antisemitismus der Nazis im Kontext der Erfahrung mit den diskriminatorischen Regimes jener Länder »Zwischeneuropas« bewerteten, deren Minderheitenpolitik ständigen Verschärfungen ausgesetzt war. So lief die Haltung internationaler jüdischer Organisationen im Jahre 1933 darauf hinaus, die Rechtsstellung der Juden in Deutschland zu wahren und ihre Existenz zu sichern[40] – eine Haltung, die sich mit der der deutschen Juden in Übereinstimmung sah. Auch bei der Gründung des Jüdischen Weltkongresses 1936 drängte sein Präsident Nahum Goldmann darauf, die Rechte der deutschen Juden weiterhin aufrechtzuerhalten; auf keinen Fall sollten die dortigen Gemeinden etwa aufgelöst werden.[41] Die Juden Polens wiederum gingen in ihrer Haltung, die deutschen Juden in Nazi-Deutschland zum Bleiben aufzufordern, von nicht ganz uneigennützigen Beweggründen aus. Vor dem Hintergrund diskriminatorischer polnischer Judenpolitik fürchteten sie, eine etwaige Massenauswanderung der deutschen Juden würde dem polnischen Regime einen willkommenen Anlaß bieten, sich seiner Juden im großen Stil zu entledigen.[42] Insofern nahm die jüdische Presse in Polen dezidiert gegen Bestrebungen Stellung, die der Auswanderung der deutschen Juden das Wort redeten.[43] Auch wurden bereits eingeleitete Schritte zur organisierten Auswanderung und teilweisen Vermögensübertragung – das Transfer-Abkommen zwischen der Jewish Agency und den deutschen Behörden – heftig kritisiert. Und dies nicht allein deshalb, weil dieses Abkommen den jüdischen Handelsboykott gegen Nazi-Deutschland durchbrach, sondern weil Abwanderung auf Grundlage von Kapitaltransfer in Warenform nach Palästina nur jenen eine Chance bieten konnte, die über Vermögen verfügten. Die Juden Deutschlands waren der unterschiedlichen materiellen Chancen wegen in der Durchsetzung ihrer Lebensinteressen somit gespalten. Und dies ganz zum Nachteil der Zurückgebliebenen, deren Rechte weiterhin geschmälert wurden und die an Ausreise nicht denken konnten.[44] Aus der Perspektive polnischer Juden schienen sich die Regime in Berlin und Warschau durchaus zu ähneln. Dies wird nicht nur durch gegenseitige Ermunterungen und Gesetzgebungsmaßnahmen deutlich, die es später noch zu erörtern gilt. Auch achteten die polnischen Behörden darauf, die damals noch geltenden Beziehungen zu Hitlerdeutschland nicht zu gefährden, die immerhin mittels eines Nichtangriffspaktes gesichert schienen. So schritten die polnischen Behörden etwa gegen die jüdische Presse ein – wie im Falle der Zeitung ›Haint‹, in der die antijüdischen Maßnahmen in Deutschland im Vorfeld des Novemberpogroms kritisiert wurden.[45]

Insgesamt waren die polnischen Juden jedenfalls in eigenem Interesse darum bemüht gewesen, den Juden in Deutschland die Auswanderung auszureden – jedenfalls bis zum Novemberpogrom. Doch ein solcher Ratschlag war ihnen nicht zu verdenken – auch wenn er sich bald als wenig hilfreich herausstellen sollte, befürchteten sie doch, ihre antisemitische Regierung könnte sich bei nachlassender Widerständigkeit Deutschland gegenüber jenes Vorgehen zum Vorbild nehmen und die Juden weiter entrechten. Wie auch immer: Von den Juden Ostmitteleuropas, vor allem von Polen aus gesehen, schien sich der NS-Antisemitismus vor dem »9. November« nicht wesentlich von dem ihrer polnischen Oberen zu unterscheiden.

Wie ähnlich und doch verschieden zugleich sich polnischer und nazideutscher Antisemitismus ausnahmen, wird anhand seiner ereignisgeschichtlichen Verschränkung deutlich – eine Verschränkung, die zumindest auf die auslösenden Ereignisse zuläuft, die zur »Reichskristallnacht« führen sollten. Zum Verständnis bedarf es neuerlich eines Anknüpfens an jenes zentrale innenpolitische Ereignis des Jahres 1938, das zu einem qualitativen Machtzuwachs des NS-Apparates gegenüber den traditionellen Eliten und den von ihnen getragenen staatlichen Positionen führte. Hier wird nochmals von jenen Umständen die Rede sein, die im großen und ganzen zum Umfeld des »Anschlusses« Österreichs gehören, einem Ereignis, das auch hinsichtlich Polens Folgen zeitigen und wesentlich zur Verschlechterung der jüdischen Situation beitragen sollte.

Aus heutiger Perspektive gesehen löste der »Anschluß« Österreichs in Polen keineswegs dem Ereignis angemessene Befürchtungen aus. Obwohl von der Genesis seiner Staatsbildung her ein Zwilling der Tschechoslowakei und damit Ergebnis der Nachkriegsordnung, sollte Polen auch später keinerlei Anstoß etwa an der reichsdeutschen Einverleibung des Sudetenlandes nehmen. Im Gegenteil: Polen sah die Gelegenheit gekommen, sich das im Jahre des polnisch-sowjetischen Krieges 1920 an die CSR verlorengegangene, mehrheitlich polnisch besiedelte Olsa-Gebiet einzuverleiben. In der »Judenfrage«, die das polnische Regime mittels Auswanderung im Sinne der Polonisierung von Staat und Gesellschaft zu betreiben suchte, zog der »Anschluß« Österreichs für Polen durchaus nachteilige Folgen nach sich. Massenflucht und Austreibung von Juden aus der »Ostmark« – so wurde in Warschau befürchtet – könnten der auf jüdische Emigration gerichteten Politik einen Rückschlag versetzen. Dies vor allem dann, wenn die in Österreich lebenden Juden polnischer Staatsangehörigkeit in ihre staatsrechtliche Heimat abgeschoben würden.

Um einer solchen Möglichkeit vorzubeugen, bereiteten die polnischen Behörden bald nach dem »Anschluß« – genau am 31. März 1938 – ein Gesetz zur Verhinderung der Rückkehr von etwa 20000 Juden polnischer Nationalität aus Österreich vor.[46] Da diese Maßnahme als Gesetz jedoch nicht spezifisch auf Juden allein gemünzt werden konnte, wurde sie in ihrer Allgemeinverbindlichkeit scheinbar auf alle Polen bezogen, die sich mehr als fünf Jahre außerhalb des Landes aufhielten. Diese polnischen Bürger sollten sich zur Erneuerung ihrer Reisepapiere auf den jeweiligen polnischen Konsulaten einfinden – wie es in einer nochmals modifizierten Verordnung des Innenministeriums vom 6. Oktober 1938 hieß. Dort konnte ihnen die Paßbehörde eine solche Erneuerung freilich verweigern, ein Akt, der dem der Ausbürgerung gleichkam. Das Paßgesetz, ursprünglich polnischer Juden in Österreich wegen erlassen, sollte seine volle Wirkung erst hinsichtlich der deutschen Juden polnischer Staatsangehörigkeit im »Altreich« entfalten. Es handelte sich hierbei um eine Gruppe von etwa 50000 Menschen.[47]

Das polnische Paßgesetz – in der Tat handelte es sich um eine Entnaturalisierungsverordnung hinsichtlich jüdischer Auslandspolen – wurde von den polnischen Behörden vorläufig noch zurückgehalten. Für einen Aufschub der Verkündung bestanden gute Gründe: Polen wartete eine für seine antijüdische Minoritätenpolitik wichtige Entwicklung ab – die erwähnte, von US-Präsident Roosevelt nach Evian einberufene internationale Flüchtlingskonferenz.[48]

Auch für die im Juli 1938 ausgerichtete Konferenz von Evian war der »Anschluß« Österreichs ursächlich. Angesichts der rigorosen Vertreibungspolitik, der sich die Juden in Österreich ausgesetzt sahen, gingen die US-Behörden – allen voran das State Department – davon aus, daß diese Entwicklung in absehbarer Zeit das gesamte Reichsgebiet erfassen dürfte. Die Amerikaner antizipierten einen immensen Flüchtlingsstrom aus Deutschland und Österreich. Ein solches Anschwellen der Emigration, so wurde befürchtet, würde zu erheblichem Druck auf den Präsidenten führen, die seit den 20er Jahren praktizierte restriktive Einwanderungspolitik zu lockern.[49] Eine solche Entwicklung galt es bereits im Vorfeld abzuwehren und eine Flüchtlingspolitik zu betreiben, die den Auswanderungsstrom auf eine Vielzahl von Ländern der westlichen Hemisphäre verteilen sollte. Als die Vorbereitungen zur Ausrichtung der Flüchtlingskonferenz im März anhoben, erkannten die Regierungen der antisemitischen Regime in Polen und Rumänien die sich eröffnende Chance, auch ihrem Anliegen Gehör zu verschaffen: einer organisierten und international legitimierten Aussiedlung großer Teile ihrer jüdischen Bevölkerung.

Solche Erwartungen waren den US-Behörden keineswegs verborgen geblieben. Sie verstanden sehr wohl, daß eine wie auch immer und durch wen auch immer erklärte Bereitschaft, Juden großen Stils aufzunehmen, d. h., das jüdische Emigrationsproblem in Europa zu einem Anliegen der Weltgemeinschaft zu machen, die Regime Polens und Rumäniens dazu gleichsam veranlassen würde, den Aussiedlungsdruck auf ihre jüdische Bevölkerung noch weiter zu verstärken. Der Flüchtlingsdruck auf die Einwanderungsländer der westlichen Hemisphäre würde sich noch weiter verstärken und jegliche noch bestehende Aufnahmebereitschaft im

Keime ersticken. Das Problem der Emigration aus Deutschland und Österreich galt es also vom jüdischen »Problem« in Ostmitteleuropa von vornherein zu isolieren. Insofern waren die für die Konferenzvorbereitungen zuständigen amerikanischen Beamten gehalten, den umfassenderen Begriff »Juden« systematisch zu meiden. Man sprach vielmehr euphemistisch von »political refugees from Germany and Austria«.[50]

Angesichts der isolationistischen Stimmungslage im Amerika der 30er Jahre nahm sich die Initiative der US-Administration recht ungewöhnlich aus. Die USA folgten doch in der Zwischenkriegszeit einer Politik des strikten Selbstbezuges, kehrten der »Alten Welt« und ihren Problemen den Rücken zu und waren eher im ostasiatischen Raum engagiert. Um so erstaunlicher mutete die US-Initiative in der Flüchtlingsfrage an, bedeutete sie doch immerhin ein Involvement in europäische Angelegenheiten – ein Schritt übrigens, der von England und vor allem von Frankreich aus umfassenderen Erwägungen heraus durchaus begrüßt wurde.[51]

Doch welche Ziele verfolgten die amerikanischen Behörden bei der Ausrichtung der Konferenz? War sie der erste zaghafte Versuch, im Sinne einer Wiederaufnahme internationaler Verantwortung tätig zu werden, oder handelte es sich um eine bloße Reaktion der amerikanischen Innenpolitik auf äußere Umstände? Welche weiterreichenden Absichten mit der Flüchtlingskonferenz auch immer verfolgt werden mochten – den amerikanischen Behörden und hier besonders dem State Department, ging es allem Anschein nach vor allen Dingen darum, den Präsidenten zu einem paradox anmutenden Schritt zu veranlassen: Indem sich Roosevelt an die Spitze der Bemühungen setzte, den »political refugees« aus Deutschland und Österreich in den verschiedenen Ländern der westlichen Hemisphäre eine neue Heimstatt zu verschaffen, könnte er sich leichter den Forderungen der liberalen Öffentlichkeit im eigenen Land entziehen, die eine Erhöhung der restriktiven Einwanderungsquotierungen einforderte. Die liberale Kritik richtete sich vornehmlich gegen die Emigration-Act von 1924, mittels der implizit die Zuwanderung von Juden und Italienern abgewehrt werden sollte. Es galt den angelsächsischen »racial stock« zu wahren.[52] Depression und Arbeitslosigkeit trugen zu ökonomisch anmutenden ideologischen Rationalisierungen bei, die Einwanderung klein zu halten.

Die Initiative zur Einberufung der internationalen Konferenz zur Bewältigung des Flüchtlingsproblems aus Deutschland und Österreich war also wesentlich von der Absicht angeleitet, einen Wandel in der Immigrationspolitik, d. h., eine Novellierung der Einwanderungsbestimmungen zu vereiteln.[53] Zwar gingen die amerikanischen Behörden nach dem »Anschluß« dazu über, die gesetzlich vorgeschriebenen Quoten nunmehr voll auszuschöpfen. Eine solche Praxis war bisher keineswegs selbstverständlich gewesen. Die Konsulate hatten – auf Washingtoner Weisung hin – auch die gesetzlich gewährten Quotierungen ständig restriktiv unterlaufen.[54]

Die internationale Flüchtlingskonferenz, die vom 6. bis zum 14. Juli 1938 in Evian am Genfer See tagte, war also die amerikanische Reaktion auf den »Anschluß« und auf die damit verbundene anschwellende Flut ausgetriebener Juden. Schon am 22. März wurden vom State Department Staaten der westlichen Hemisphäre und internationale, vorzugsweise jüdische Hilfsorganisationen eingeladen. Ungewöhnlich und gleichsam beredt war die Wahl des Konferenzortes. Evian wurde aus Gründen auserkoren, die bereits im Vorfeld Schatten auf die Erfolgsaussichten der Zusammenkunft warfen. Die Schweiz verweigerte nämlich den ansonsten für derartige Konferenzen angemessenen Ort: Genf – die Stadt des Völkerbundes und der internationalen Kooperation. Die Schweiz befürchtete, schon allein aus der Wahl der Örtlichkeit könnten sich nationale Verpflichtungen hinsichtlich der Aufnahme von Flüchtlingen ergeben. Um die Infrastruktur des US-amerikanischen Konsulates in Genf nutzen zu können, tagte man im nahen französischen Evian.[55]

Die dominierende Persönlichkeit dieser Veranstaltung war der Chef der amerikanischen Delegation, Myron G. Taylor – pensionierter Chairman der US-Steel und enger Freund Roosevelts. Bereits in der Vorlaufphase hatte Taylor zwei absolute »essentials« im Auge: Einmal galt es die im Hintergrund dräuende Frage der osteuropäischen, sprich polnischen Juden abzuwehren; zum anderen durfte aus Rücksicht auf die britische Orient- und Araberpolitik das Problem der Flüchtlinge auf keinen Fall mit Palästina als einem möglichen Immigrationsland in Verbindung gebracht werden; im übrigen eine Bedingung der britischen Regierung, die aus übergeordneten Erwägungen heraus beachtet werden sollte.[56] Um den polnisch-jüdischen Komplex abzudrängen, ließ Taylor, der von Amts wegen mit allen jüdischen Organisationen im Vorfeld der Konferenz Kontakt aufgenommen hatte, die Vertreter der polnischen Zionisten systematisch ignorieren.[57]

Die Konferenz von Evian konnte letztendlich auch den Juden aus Deutschland und Österreich nicht helfen. Sie endete mit einem Fehlschlag. Außer der Dominikanischen Republik erklärte sich keine der in Evian präsenten 32 Delegationen bereit, sich mit der Aufnahme von heimat- und staatenlos gemachten »politischen« Flüchtlingen aus Deutschland und Österreich zu belasten. Gleichsam verhindernd wirkte sich die Bedingung aufnahmewilliger Länder aus, die »involontery emigrants« hätten finanzielle Mittel für ihre Integration bereitzustellen.[58] So scheiterte die Konferenz von Evian vor allem an dem Umstand, daß neben der allgemeinen Zurückhaltung der USA und anderer Länder, jüdische Emigranten aus Mitteleuropa bei sich aufzunehmen, die Nationalsozialisten Juden aus dem »Altreich« und der »Ostmark« bei Auswanderung völlig mittellos machten. Allein die überdimensional angelegte »Reichsfluchtsteuer« plünderte die Ausreisewilligen aus, bevor sie noch einen Fuß außer Landes gesetzt hatten.[59] Vor allem der Einfluß des neuen Reichsaußenministers Ribbentrop hatte nach Aussagen seines Staatssekretärs Ernst von Weizsäcker einen erheblichen Anteil an den finanziellen Blokkierungen sich eröffnender Einwanderungsmöglichkeiten.[60]

Auch die westlichen Einwanderungsländer reagierten in einer für die 30er Jahre typischen nationalistisch-egoistischen Selbstbezogenheit. Daß ein solches Verhalten die Nazis in ihrem Antisemitismus bestärkte, liegt auf der Hand. Das Deutsche Reich beobachtete den Verlauf der Konferenz in hohem Maße interessiert, um Kleinmut und Zaudern der Teilnehmerstaaten, jüdische Flüchtlinge aufzunehmen, mit Hohn und Spott zu überhäufen. Frankreich, ein klassisches Einwanderungsland Europas, wies zum Beispiel auf die hohe Belastung hin, der es seit dem Ersten Weltkrieg ausgesetzt war; von 200000 aufgenommenen Flüchtlingen war die Rede.[61] Andere Länder führten Klage, die argumentativ von grassierendem Nationalismus und zunehmender Fremdenfeindlichkeit munitioniert wurde. Auch die USA waren nicht frei von solchen Strömungen, die sich in virulentem Antisemitismus offenbarten.[62] Zwar erwiesen sich die Vereinigten Staaten weiterreichenden Versuchungen gegenüber als resistent; doch trotz ihrer demokratischen Traditionen und ihrem Selbstverständnis als Immigrationsland war die Stimmung gegenüber Fremden und vor allem Juden in hohem Maße problematisch. Jüdische Hilfsorganisationen mußten dieser Atmosphäre Rechnung tragen und traten für ihre an die Tore des Landes der Freiheit pochenden Glaubensbrüder aus Mitteleuropa insofern nur sehr verhalten ein. Im Rahmen von Hilfsaktionen und Interventionen bevorzugten sie das Tätigwerden nichtjüdischer Institutionen, um so nicht den Eindruck zu erwecken, hier werde ausschließlich in eigener Sache gehandelt.[63]

Wie auch immer: Taylor schien in Evian den nach dem »Anschluß« Österreichs befürchteten innenpolitischen Druck auf den Präsidenten erfolgreich abgewehrt zu haben. So klingt es jedenfalls in seinem Resümee der Flüchtlingskonferenz.[64] Zwar wurde ein »Intergovernmental Committee« etabliert, das mit den deutschen Behörden Gespräche über Emigrationsfragen einleiten sollte. Aber im großen und ganzen verlief die Initiative im Sande bzw. wurde durch die sich weiter verschärfende internationale Lage in Europa überwölbt.

Das Scheitern einer westlichen Immigrationspolitik sollte keinesfalls den Eindruck entstehen lassen, die Demokratien hätten durch ihre Weigerung, jüdische Flüchtlinge aus Mitteleuropa aufzunehmen, die spätere

Vernichtung der europäischen Juden billigend in Kauf genommen. Eine solche Sicht geht selbstredend fehl. Damals konnte die Realisierung des jüdischen Flüchtlingsproblems sich nur auf die Migrationserfahrungen der 20er und 30er Jahre stützen. Alle Vorstellungen und Vorschläge richteten sich bestenfalls auf langfristig orientierte Auswanderungsprojekte, nicht auf eine – post festum beurteilt – notwendige dramatische Evakuierung. Am deutlichsten läßt sich die Problematik der historisch-zeitgebundenen Wahrnehmung anhand der Haltung der Jewish Agency – der zionistischen Exekutive für Palästina – in der Flüchtlingsfrage ablesen.

Zionistische Einwanderungsexperten, wie etwa der Soziologe und Ökonom Arthur Ruppin, haben angesichts der Konferenz von Evian auf einer Exekutivsitzung der Jewish Agency herausgestellt, daß Palästina – sowohl aufgrund des britischen Vetos als auch der beschränkten Integrationsmöglichkeiten im Lande selbst – für eine Masseneinwanderung nicht recht in Frage kommen könnte. Palästina war beschränkter Aufnahmekapazitäten wegen für die Massen aus Deutschland und Österreich – und damit für die aktuelle Judennot – keine aktuelle Antwort. Insofern plädierte Ruppin für eine Problemlösung im Sinne des Nordauschen »Nachtasyls«, d. h. der vorübergehenden Unterbringung von jüdischen Flüchtlingen auch in anderen Ländern. In diesem Sinne sollten die Zionisten auch in Evian wirken.[65] Doch eine solche Politik regionaler Diversifizierung wurde von Ben Gurion harsch zurückgewiesen. Er befürchtete, ein Ablösen der jüdischen Flüchtlingsfrage vom politischen Programm der jüdischen Heimstätte in Palästina würde den Druck von Großbritannien nehmen, in der Einwanderungsfrage nachzugeben und damit den historischen zionistischen Forderungen Schaden zufügen. Nur die Verknüpfung der jüdischen Flüchtlingsfrage mit Palästina sei zionistischerseits zu verantworten. Dabei war Ben Gurion erklärtermaßen klar, daß Palästina, in dem seit 1936 der arabische Aufstand loderte, für jüdische Flüchtlinge kaum in Frage käme. Eine bloße philanthropische Handhabung des Problems lehnte er also ab.[66] Die Leitung der Jewish Agency schlug vor, die Bedeutung der Konferenz von Evian, die Palästina als Zielland jüdischer Einwanderung von vornherein ausschloß, nur mit einer Delegation niederen Ranges zu beschicken. Chaim Weizmann, der Präsident der Zionistischen Weltorganisation, sollte dort erst gar nicht auftreten.[67]

Auch die zionistische Organisation nahm das jüdische Emigrationsproblem aus Deutschland und Österreich im Lichte klassischer Migrationsphänomene der Zwischenkriegszeit wahr. Eile oder gar ein Evakuierungsprogramm schien jedenfalls nicht geboten. Insofern unterschieden sich die Reaktionen der Zionisten kaum von denen anderer Zeitgenossen. Auf das Phänomen der nationalsozialistischen Austreibung der Juden reagierten sie wie bislang auf alle anderen historischen Erscheinungen des Antisemitismus: nämlich mit der Stärkung des Projekts der nationalen jüdischen Staatsgründung in Palästina; und dies recht eigentlich ganz unabhängig von den jeweils konkreten, sich wandelnden historischen Umständen. Zur ihnen damals verschlossenen schrecklichen Zukunft konnten sie nicht anders als mit dem Rücken gewandt stehen.

Der Fehlschlag von Evian enttäuschte nicht nur jene, die sich von der Konferenz eine liberalere Einwanderungspolitik erhofft hatten. Er verbitterte auch die traditionellen Antisemiten in Polen und Rumänien, die zwar nicht geladen waren, aber durch das Entsenden von Beobachtern ein erhebliches Interesse an den Verhandlungen bekundeten. Vor allem die polnische Regierung knüpfte an Evian die Hoffnung, hier könnte sich eine Entwicklung eröffnen, die zu einer organisierten »Ausdünnung« der jüdischen Bevölkerung Polens mittels Auswanderung führe. Auch die Nazis machten letztendlich ihrer Enttäuschung über den Fehlschlag dahingehend Luft, indem sie die Austreibung beschleunigten und Juden verstärkt zum Verlassen des Landes zwangen.[68] Zugleich führte die anbrandende Sudetenkrise zu einem weiteren Anziehen der Emigration. Dies mag auch den Zeitpunkt für das schweizerische Begehren bestimmt haben, von den deutschen Behörden gerade am 5. Oktober das Einstempeln des stigmatisierenden »J« in die Pässe deutscher Juden zu erwirken. Einen Tag darauf, am 6. Oktober, reagierten wiederum die polnischen Behörden mit jenen an Ausbürgerung grenzenden paßtechnischen Maßnahmen, als sie jene Verordnung veröffentlichten, die Ende März im Innenministerium vorbereitet worden war; die polnische Regierung hatte – zumal nach dem Scheitern der Konferenz von Evian – in Sachen Einwanderungserleichterungen für Juden nichts mehr zu erhoffen. Jetzt sollte mittels administrativer Maßgaben zumindest die befürchtete Abschiebung von Juden polnischer Staatsangehörigkeit aus Deutschland nach Polen hinein vereitelt werden.[69] Zwar trat die polnische Verfügung vom 6. Oktober noch nicht unmittelbar in Kraft, sondern wurde auf den 15. November verschoben. Doch das, was als »Zbąszin-Affaire« traurigen Bekanntheitsgrad erlangen sollte – die Austreibung von Juden polnischer Staatsangehörigkeit aus Deutschland über die grüne Grenze hinweg nach Polen –, ließ sich nicht mehr verhindern.

Die sich daran anknüpfende Ereigniskette ist hinreichend bekannt und bedarf keiner weiteren Erläuterungen. Auch der Verlauf der Entwicklung vom Attentat des polnisch-jüdischen Jugendlichen Herschel Grynszpan, dessen Eltern Opfer der »Zbąszin-Affaire« geworden waren, auf den deutschen Botschaftsangehörigen von Rath in Paris bis hin zu Goebbels Initiative der »Reichskristallnacht«, mit der sich der in seiner Bedeutung abgesunkene Propagandaminister angesichts des Machtzuwachses seiner Mitkonkurrenten in Partei, Staat und Sicherheitsapparat zu profilieren suchte, bedarf keiner Vertiefung. Weniger bewußt dürfte man sich jedoch der spezifischen *Folgewirkung* der Pogrom-Nacht für die weiteren Radikalisierungen der Judenpolitik sein. Gemeinhin stehen ja die Aktionen klassischer, ja religiös anmutender Judenfeindschaft, vor allem die Synagogenbrände, im Zentrum der Wahrnehmungen. Die Übernahme der in Österreich erprobten Praxis der Austreibung, die im Gefolge des 10. Novembers auch im Bereich des »Altreichs« Realität wurde, bleibt durch den Feuerschein der Brandstiftungen verdeckt. Auch übernahm die SS aufgrund der Bedeutsamkeit der »Judenfrage« für die NS-Ideologie das Monopol ihrer »Lösung« durch »Auswanderung«. Der von den Nazis erzwungene illegale Grenzübertritt wurde so zu einer praktizierten Form jüdischer Migration. Diese Illegalität und nur die Illegalität führte zu einem kurzfristigen Zusammenwirken zwischen SD und dem »Mossad le-alyja beth«, einer Geheimorganisation des jüdischen Palästina, die Juden aus Europa unter Umgehung der britischen Einwanderungsbestimmungen nach Palästina verbrachte.[70] Für die Mehrzahl der im Reich zurückgebliebenen Juden jedoch war die Anweisung Görings von Mai 1941, auch noch während des Krieges die *»Judenauswanderung... verstärkt durchzuführen«*, aufgrund stetig abnehmender Immigrationsmöglichkeiten gleichsam belanglos geworden – bis auch diese Weisung im Oktober desselben Jahres aufgehoben wurde. So verschloß die von den Nazis betriebene Politik der Austreibung, beginnend mit dem »Anschluß« Österreichs und sich mit dem 9./10. November 1938 ins »Altreich« verlängernd, alle noch bis dahin bestehenden und auf Langfristigkeit orientierten Auswanderungsoptionen. Der von den Nazis ausgeübte Vertreibungsdruck auf die entnaturalisierten und allen staatlichen Schutzes ledigen Juden führte, in einer Welt egoistischer Nationalstaaten, zur Ausformung jener »Option«, die in die industrielle Massenvernichtung mündete.

Hans Mommsen

Die Funktion des Antisemitismus im »Dritten Reich«

Das Beispiel des Novemberpogroms

I.

Die Ereignisse, die sich überall in Deutschland am 9. und am 10., teilweise noch am 11. November 1938 abspielten, lösen auch heute, fünfzig Jahre danach, Erschrecken und Betroffenheit aus. Der Absturz einer zivilisierten Gesellschaft in barbarische Gewaltanwendung gegen wehrlose Mitbürger steht einzigartig dar. Die Brandstiftungen, Plünderungen, Mißhandlungen, Demütigungen vollzogen sich inmitten der Städte und Gemeinden, vor aller Augen, und jeder, der sich kritischen Sinn bewahrt und sich der systematischen antisemitischen Indoktrination der Goebbelsschen Propaganda entzogen hatte, konnte erkennen, welches Schicksal die jüdischen Mitbürger auf mittlere Sicht bedrohte, so wenig das Regime Ende 1938 bereits die spätere systematische Liquidierung der jüdischen Bevölkerungsgruppen für denkbar und anwendbar hielt. Wenngleich die nationalsozialistischen Medien das Ausmaß der Gewaltanwendung während des Pogroms vom 9. und 10. November verschwiegen, so war es doch ein Leichtes, sich die nötigen Informationen davon zu verschaffen.[1]

Die Diskussion darüber, ob die zeitgenössische Bezeichnung der Aktionen des 9. und 10. November mit dem eher spöttisch gemeinten Wort von der »Reichskristallnacht« als harmonisierend abzulehnen und ob der Begriff des Pogroms angemessener sei, ist wenig ergiebig. Die Vorgänge vom November 1938 haben mit den historischen Pogromen in Ostmittel- und Osteuropa kaum etwas gemeinsam. Denn ihnen fehlte das Moment der Spontaneität, der überwiegend emotionalen Triebkräfte, die zu gewaltsamen Angriffen auf die jüdischen Gemeinden führten, und ebenso die regionale Begrenzung. Es handelte sich vielmehr um eine zentral angeordnete und systematisch durchgeführte Maßnahme, die im gesamten Reichsgebiet zur Anwendung kam und keinen Ort aussparte, in dem jüdische Mitbürger lebten.[2]

So wenig es sich um eine spontane Aktion der lokalen NSDAP, SA und SS-Formationen handelte, so wenig war es eine von langer Hand geplante Aktion, die Goebbels am Abend des 9. November, nach dem offenbar bewußt verzögerten Eintreffen der Nachricht vom Tode des Legationsrats Ernst vom Rath, mit seiner antisemitischen Hetzrede vor den am Abend des 9. November in München versammelten NS-Führern auslöste.[3] Goebbels berief sich in seinen Ausführungen auf antisemitische Vorfälle in Kurhessen, die seit dem 7. November in Gang gesetzt worden waren, zweifellos unter dem Einfluß der Hetzpropaganda, die er seit dem Zwischenfall in Paris angefacht hatte. Anders als im Fall der Ermordung Wilhelm Gustloffs, die 1936 aus Rücksicht auf die Olympiade nicht mit antijüdischen Aktionen beantwortet worden war, wollte Goebbels die Gelegenheit nutzen, um die geforderte Ausschaltung der Juden aus dem wirtschaftlichen und gesellschaftlichen Leben entscheidend voranzutreiben.

Gleichwohl ist die Vermutung, in Kurhessen hätte getestet werden sollen, wie die Bevölkerung auf Pogromaktionen, die von der Partei ausgelöst waren, reagierte, unzutreffend. Das Vorprellen in dieser Region, desgleichen in einigen anderen Orten,[4] steht vielmehr im Zusammenhang mit der dort anzutreffenden starken regionalen Verwurzelung des Antisemitismus, die in das 19. Jahrhundert zurückreichte. Die Herbeiführung derartiger Aktionen lag nicht in der Zuständigkeit von Goebbels, der nicht vor dem 9. November die treibende Kraft war. Dem Reichspropagandaminister ist vielmehr zu unterstellen, daß er, wie im Fall des April-Boykotts 1933, an dem sich die Bevölkerung nicht beteiligte, der Illusion erlag, es wäre möglich, eine Mobilisierung der Bevölkerung gegen die Juden herbeizuführen. Was den Novemberpogrom anging, geschah dies nicht einmal ansatzweise. Wenngleich bei regionalen Abweichungen im einzelnen kleinere Teile der Bevölkerung die Zerstörungen jüdischen Eigentums und die Mißhandlungen und Demütigungen jüdischer Bürger vornehmlich passiv ansahen, reagierte die überwiegende Mehrheit eindeutig ablehnend auf das terroristische Vorgehen von SA und SS.

Allerdings überwog dabei das Motiv, daß die mutwillige Zerstörung von Volksvermögen und die Durchbrechung der öffentlichen Ordnung mit den bürgerlichen Moralbegriffen nicht in Einklang gebracht werden konnten.[5] Das Schicksal der jüdischen Bürger kümmerte nur wenige, zumal infolge der weitgehenden Ausschaltungsmaßnahmen, die dem Novemberpogrom vorausgegangen waren, die soziale Verbindung des jüdischen Bevölkerungsteils zu den nichtjüdischen Nachbarn weitgehend abgerissen war. Für die an der formalen Aufrechterhaltung von Recht und Ordnung ausgerichtete Mentalität der nicht primär nationalsozialistisch oder antisemitisch eingestellten Bevölkerungsgruppen war kennzeichnend, daß die Befehle, die Goebbels, übrigens gutenteils ohne Wirkung, seit dem Vormittag des 10. November herausgab, wonach die Abrechnung mit den Juden vollzogen und weitere Aktionen unverzüglich einzustellen seien und alles weitere auf gesetzlichem Wege erfolgen werde,[6] mit Erleichterung aufgenommen wurden. Die parallel zu den

Ausschreitungen gegen jüdische Einrichtungen, Geschäfte und Wohnungen von Heydrich eingeleitete Verhaftungsaktion von wohlhabenden männlichen Juden – es wurden insgesamt 26000 Juden in die Konzentrationslager verbracht, wo viele von ihnen Mißhandlungen schlimmster Art ausgesetzt waren, eine nennenswerte Zahl nicht überlebte, die Mehrheit nach der Zusicherung, sofort auszuwandern, nach Wochen und Monaten wieder freikam – stieß daher weit weniger auf Widerstand, da sie unter der Fiktion eines legalen Vorgehens der Staatsmacht erfolgte. Der Abscheu, den die Zerstörungen der Pogromtage ausgelöst hatten, wurde daher weitgehend durch die Zusicherungen der Reichsregierung neutralisiert, in Zukunft derartige Vorgänge zu unterbinden und von nun an auf gesetzlicher Grundlage vorzugehen.

Gerade im Rückblick auf diese Ereignisse überrascht, daß die gegen die jüdischen Mitbürger gerichtete systematische Ausschaltung, die nach dem Novemberpogrom mit der faktischen wirtschaftlichen Enteignung einem vorläufigen Höhepunkt entgegentrieb, in der öffentlichen Meinung nahezu widerspruchslos hingenommen wurde. Denn es kann keineswegs davon ausgegangen werden, daß die antisemitische Propaganda die Breitenwirkung besaß, die sich Goebbels einzureden versuchte. Selbst das antisemitische Hetzblatt Julius Streichers, ›Der Stürmer‹, mußte im Dezember 1938 einräumen, daß Teile der Bevölkerung für den »gerechten Zorn des Volkes« kein Verständnis aufgebracht hätten.[7] Große Teile der Bevölkerung nahmen zum Antisemitismus eine eher indifferente Haltung ein. Vielfach standen sie unter dem Eindruck der nationalsozialistischen Indoktrination, die das Klischee vom fremdartigen Ostjuden der Gesamtheit der jüdischen Mitbürger aufzuprägen versuchte. In dem Maße, in dem direkte Kontakte mit jüdischen Mitbürgern zurücktraten, tat dies Klischee seine Wirkung und erhöhte es die Gleichgültigkeit gegenüber dem Schicksal der jüdischen Mitbürger.

II.

Trotz des Tatbestands, daß die Virulenz antisemitischer Strömungen im und nach dem Ersten Weltkrieg beständig zunahm, waren extreme antisemitische Strömungen in Deutschland vor 1933 quantitativ von untergeordneter Bedeutung. Der Deutschvölkische Schutz- und Trutz-Bund, die wichtigste Interessenvertretung des organisierten Antisemitismus in Deutschland, zählte bis zu dessen 1922 ausgesprochenen Verbot nicht mehr als 200000 Mitglieder.[8] Die NSDAP trat die Nachfolge der völkischen Antisemitenvereinigungen an. Zur engeren Führungsgruppe gehörten neben Hitler zahlreiche Persönlichkeiten, die vom Deutschvölkischen Schutz- und Trutz-Bund herkamen und einen fanatischen Antisemitismus propagierten. Indessen scheiterte der Plan des Alldeutschen Verbandes, der bei der Gründung des Schutz- und Trutz-Bundes Pate gestanden hatte, mit der Mobilisierung des Antisemitismus eine gegen die sozialistische Arbeiterschaft gerichtete Massenbewegung zu erzeugen.[9] Selbst die NSDAP erkannte in den entscheidenden Wahlkämpfen der Jahre 1930 bis 1932, daß mit antisemitischen Parolen keine weiteren Wähler gewonnen werden konnten, so daß sie die gewohnten antisemitischen Ausfälle etwas zurücknahm; es kam deshalb vor, daß die deutschnationale Agitation stärker antisemitische Züge trug als die NS-Propaganda.[10] Zweifellos waren es nicht Sympathien für den notorischen Judenhaß der Nationalsozialisten, die ihren Massenanhang begründeten.

Was das offiziell auch nach 1933 gültige Programm der 25 Punkte anging, so unterschied es sich inhaltlich nicht grundlegend von gleichartigen Positionen der nationalen Rechten. Neben der Forderung, eine weitere jüdische Einwanderung zu unterbinden und die Auswanderung möglichst zu intensivieren, war daran gedacht, den Juden die Staatsangehörigkeit zu entziehen und sie unter Fremdenrecht zu stellen. Desgleichen verlangten beide Richtungen, das angebliche Übergewicht von Juden in bestimmten Berufssparten zu beseitigen, obwohl der soziale Angleichungsprozeß zwischen der jüdischen Bevölkerung und der »arischen« Mehrheit ohnehin in vollem Gange war, und das weitgehend unabhängig von antisemitischen Strömungen. Der konservative Antisemitismus, der schon im Tivoli-Programm der Deutschkonservativen Partei von 1893 enthalten war,[14] zielte auf rassische Dissimilation und nahm häufig assimilierte einheimische Juden vom antisemitischen Verdikt aus. Nach 1933 hatte diese namentlich in der deutschen Oberschicht verbreitete antisemitische Einstellung fatale Rückwirkungen. Sie verhinderte, daß die überwiegend konservativ eingestellten Funktionseliten, die sich nach der Machtergreifung mit der NSDAP arrangierten, eine klare Frontstellung gegen deren antisemitische Politik einnahmen, so daß diese sich auch noch nach den Nürnberger Gesetzen vielfach des Schlagwortes von der rassischen Dissimilation bedienen konnte, um ihre weit radikaleren Zielsetzungen damit zu tarnen.

In den Mittelschichten war militanter Antisemitismus in erster Linie bei kleineren Gewerbetreibenden anzutreffen, welche die jüdische Konkurrenz sowie das Vordringen der häufig in jüdischer Hand befindlichen Warenhäuser fürchteten. Die Bauernschaft verhielt sich namentlich in katholischen Gebieten vielfach indifferent. Es kostete den Reichsnährstand einige Mühe, die bayerischen Landwirte davon abzubringen, weiterhin mit jüdischen Viehhändlern zu verkehren.[12] Bei der Arbeiterschaft, insbesondere, wenn sie mit SPD oder KPD in Verbindung stand, spielte der Antisemitismus nahezu keine Rolle. In der Form eines unaufgeklärten Antijudaismus wurde er insbesondere von den protestantischen und katholischen

Kirchen vertreten; auch wenn es sich nicht um aktiven Antisemitismus handelte, bewirkten diese Einflüsse ein wachsendes Maß von Gleichgültigkeit gegenüber dem Schicksal der jüdischen Mitbürger. Die Bewegung der Deutschen Christen hatte nicht ohne Erfolg die ausgeprägt antisemitische und antibolschewistische Stimmung bei großen Teilen der protestantischen Geistlichkeit aktiviert.

Trotz ihrer eindeutig antisemitischen Ausrichtung war der Anteil extremer Antisemiten an der Mitgliedschaft der NSDAP überraschend gering. Die große Mehrheit der Parteimitglieder sprach die antisemitischen Parolen nach, ohne ihnen konkreten Inhalt beizulegen. Aus zeitgenössischen Umfragen und anderen Materialien läßt sich der Schluß ziehen, daß von den nationalsozialistischen Funktionären kaum mehr als 20% der Gruppe der fanatischen Judenhasser zuzuordnen sind, die antisemitischen Parolen Taten folgen lassen wollten.[13] Eine entsprechende Recherche des Soziologen Müller-Claudius ergab eine breite Ablehnung des Novemberpogroms auch bei Parteimitgliedern, von denen sich ein im zeitlichen Verlauf variierender Anteil gegen die rassische Verfolgung aussprach.[14] Nach diesen Angaben gehörten nur 5% der Parteimitglieder zu den aktivistischen Antisemiten, wie sie in den Novembertagen 1938 freie Hand erhielten. Die Frage, warum es diesem vergleichsweise kleinen Kern der NSDAP-Anhängerschaft gelang, sich letzten Endes durchzusetzen, ist mit den folgenden Erwägungen zu beantworten.

Der Antisemitismus bildete das konsistenteste Element innerhalb der eklektisch zusammengefügten und in sich widerspruchsvollen nationalsozialistischen »Weltanschauung« und hatte unter anderem die Funktion, antagonistische Bestandteile der NS-Ideologie, so den Anti-Bolschewismus und den verbalen Anti-Kapitalismus, miteinander zu verknüpfen. Die in der Mitte der 20er Jahre zur NSDAP gestoßenen Funktionäre waren in hohem Maße antisemitisch motiviert. Die ständige Eskalation antijüdischer Maßnahmen fand bei ihnen und bei Adolf Hitler nachdrückliche Unterstützung. Obwohl Hitler keineswegs der Spiritus rector der im einzelnen in Gang gesetzten antisemitischen Aktionen war, trug er entscheidend zur Eskalation der Judenverfolgung bei, und zwar vor allem dadurch, daß er jedwede Sanktion gegen ungesetzliche antisemitische Übergriffe zu unterbinden pflegte und einen Freibrief für Radikalismus auf diesem Gebiet ausstellte.

Die ideologische Ausrichtung stellt jedoch nur einen der Faktoren dafür dar, daß es zu einer ständigen Verschärfung des antijüdischen Vorgehens kam. Nicht weniger wichtig war die Abdrängung der NSDAP auf dieses Handlungsfeld. Als Massenorganisation sah sich die NSDAP nach der Gleichschaltung um die eigentlichen Früchte ihres Kampfes gebracht. Regelmäßig fungierte Rudolf Heß am Ende der Reichsparteitage als

Adressat der bitteren Beschwerden der politischen Leiter darüber, daß die Macht nach wie vor bei der verhaßten Bürokratie liege. In der Tat war es der öffentlichen Verwaltung gelungen, den Zugriff der NSDAP auf die Wahrnehmung staatlicher Funktionen im allgemeinen zu begrenzen. Auch auf der kommunalpolitischen Ebene erwies sich der Einbruch der Partei in die Gemeindeverfassung als Pyrrhussieg, da gleichzeitig das staatliche Aufsichtsrecht ausgeweitet wurde. Somit waren gerade die aktivistischen Elemente in der NSDAP, die nicht im Zuge der gigantischen Ämterpatronage nach dem März 1933 zu Rang und Würden gekommen waren, politisch ohne effektiven Einfluß. Es handelte sich bei ihnen vor allem um jene »Alten Kämpfer«, die die rassenantisemitische Kerntruppe der Partei ausmachten.[15] Die überwiegend konservativ geprägte Ministerialbürokratie zeigte sich bereit, auf dem Gebiet der sogenannten »Judenfrage« entgegenzukommen und es gleichsam zur Spielwiese der Partei werden zu lassen. Dies geschah aus der fragwürdigen Erwartung heraus, daß die antisemitischen »Kinderkrankheiten« nach einiger Zeit überwunden sein würden und die von ihr als notwendig erachtete rassische Dissimilation auf gesetzlichem Wege durchgeführt werden könnte. Durch diesen Mechanismus wurden die nichtintegrierten extremistischen Potentiale innerhalb der NSDAP zusätzlich auf den Weg verschärfter Judenverfolgung abgelenkt. Zwar suchte die Ministerialbürokratie, die »wilden« Übergriffe durch SA und NSDAP auf Juden nach Möglichkeit durch ein gesetzgebungsförmiges Vorgehen abzufangen. Aber dadurch begab sie sich selbst auf eine schiefe Ebene, von der sie schließlich nicht mehr herunterkam. Infolgedessen verstrickten sich die Verwaltungsbehörden zunehmend in die gegen die Juden ergriffenen Maßnahmen, die bis zur Durchführung der Deportationen reichten.

Der preußische Finanzminister Johannes Popitz, der später im Widerstand hervortrat, hatte 1935 in einer interministeriellen Besprechung gefordert: »Einen Grenzpfahl setzen! Dann aber Schluß!«[16] Es erwies sich jedoch, daß die einmal entfesselte Dynamik mit der Erzwingung eines rechtsförmigen Vorgehens in keiner Weise abgefangen werden konnte. Dabei spielte eine wichtige Rolle, daß die Rückendeckung, die fanatische Antisemiten, trotz vieler Kritik, die auch innerhalb der NSDAP gegen sie geäußert wurde, bei Hitler und den führenden Satrapen des Regimes erhielten, jegliche Sanktionen gegen offene Rechtsbrüche unmöglich machte. Schon in den ersten Jahren des Regimes wurde Gewaltanwendung gegen Juden, ja selbst sadistisches Vorgehen, entweder toleriert oder mit äußerster Milde verfolgt. Nirgendwo konnte ein Täter so fest damit rechnen, straffrei auszugehen, wie bei antisemitischen Delikten. Dies bewirkte, daß es gerade im Bereich der »Judenpolitik« zu einer kumulativen Radikalisierung kam.

Die im Gefolge des Novemberpogroms durchgeführten Maßnahmen zur wirtschaftlichen Ausschaltung der Juden waren größerenteils schon 1936, im Zusammenhang mit dem Vierjahresplan, erwogen worden. Hitler selbst hatte den Gedanken eines »Judengarantieverbandes« aufgeworfen. Es gab Pläne für die Einführung einer Judensondersteuer, die Kennzeichnung jüdischer Gewerbebetriebe und andere ökonomische Verdrängungsmaßnahmen. Sie hatten ursprünglich in Zusammenhang mit der Wilhelm Gustloff-Affäre durchgeführt werden sollen, doch hatte sich Hjalmar Schacht mit dem Standpunkt behauptet, daß dies schwere außenwirtschaftliche Nachteile haben werde. Die relative Schonfrist für die deutschen Juden blieb trotz zahlreicher beruflicher Diskriminierungsmaßnahmen noch 1937 bestehen. Seit dem Frühjahr 1938 änderte sich das grundlegend. Verordnungen gegen die »Tarnung jüdischer Gewerbebetriebe« und zur »Anmeldung jüdischen Vermögens« legten zusammen mit zahlreichen flankierenden gesetzlichen Vorschriften die Voraussetzungen für die systematische Ausschaltung von Juden aus der deutschen Wirtschaft.[17]

Der im März 1938 vollzogene »Anschluß« Österreichs stellte ein zusätzlich beschleunigendes Moment dar. Vor allem in Wien war es zu einem riesigen Beutezug der »Alten Kämpfer« gekommen, die sich an jüdischem Vermögen schadlos hielten und insbesondere Tausende jüdischer Einzelhandelsbetriebe übernahmen oder ausschlachteten.[18] Dies mußte die materielle Begehrlichkeit der Gauleiter des Altreichs, die hofften, durch den Zugriff auf jüdisches Eigentum die finanzielle Lage ihrer Partei-Gaue zu sanieren, verstärken.[19] Zugleich entfielen in den Augen vieler NDSAP-Führer nach der »Lösung« der Sudetenfrage und der Münchener Konferenz bis dahin zu beachtende außenpolitische Rücksichtnahmen. Von entscheidender Bedeutung war die nach München vollzogene Umstellung der Propaganda auf die unmittelbare Kriegsvorbereitung.[20] Es war wohl ein bereits internalisierter psychologischer Mechanismus, daß die Parteielite diese eindeutig unpopulären Schritte durch eine neuerliche Aktivierung antisemitischer Stimmungen zu überdecken und einen drohenden Stimmungseinbruch dadurch zu unterbinden suchte.

Dazu traten konkurrierende wirtschaftliche Interessen, wobei neben dem Vierjahresplan, der durch den Einsatz des jüdischen Vermögens die katastrophale Haushalts- und Devisenlage zu verbessern hoffte, die SS als Interessent fungierte, da sie nach dem Vorbild der von Adolf Eichmann geschaffenen Auswanderungszentrale in Wien jüdische Vermögenswerte zur Finanzierung der Auswanderung benötigte. Der Entschluß, sich des jüdischen Eigentums zu bemächtigen, stand daher längst fest, bevor Goebbels den Pariser Vorfall zur Inszenierung des Pogroms benützte.[21] In den Augen Himmlers und Heydrichs stellte Goebbels Initiative ein völlig überflüssiges und der Sache abträgliches Vorgehen dar, das zwar die antijüdische Gesetzgebung, die im Dickicht konkurrierender Ressortinteressen steckengeblieben war, abrupt beschleunigte, die Auswanderung aber keineswegs erleichterte. Desgleichen äußerte sich Göring äußerst abschätzig über Goebbels Vorstoß, der zu großen materiellen Einbußen und einem unnötigen Prestigeverlust im Ausland geführt hatte. Das änderte jedoch nichts daran, daß beide die durch den Pogrom geschaffenen vollendeten Tatsachen zur Wahrnehmung ihrer spezifischen Interessen ausnutzten. Die Verhaftungsaktion, die Heydrich noch in der Nacht zum 10. November anordnete und in deren Verlauf 26000 Juden in Konzentrationslager verbracht wurden, gehörte ebenso dazu wie die der jüdischen Bevölkerungsgruppe auferlegte »Sühneleistung« in Höhe von 1 Milliarde Reichsmark.

III.

Der Novemberpogrom zielte auf die öffentliche Degradierung der jüdischen Mitbürger.[22] Mißhandlungen und Demütigungen jüdischer Bürger, desgleichen der Transport jüdischer Inhaftierter, vollzogen sich in aller Öffentlichkeit. Nur in Ausnahmefällen solidarisierte sich die Bevölkerung mit den Gewaltaktionen, aber es gab auch nur vereinzelt Bekundungen öffentlichen Widerstands. Das Ausmaß der Intimidisierung der Öffentlichkeit zeigte sich darin, daß fast nirgendwo die kommunalen Amtsträger, Landräte oder Regierungspräsidenten den Mut hatten, sich gegen die Aktion zu wenden. Bezeichnend war die klägliche Rolle, die Reichsjustizminister Franz Gürtner und die Rechtsprechung während des Pogroms spielten.[23] Gürtner erfuhr von der Anweisung Himmlers an die Gestapo, gegen Brandstiftung und Sachbeschädigung nicht vorzugehen, sondern nur Plünderung, Vergewaltigung und ähnliche Verbrechen zu verfolgen, nicht vor dem Vormittag des 10. November. Er sah sich notgedrungen veranlaßt, die Staatsanwaltschaften im gleichen Sinne zu instruieren und insbesondere die Ermittlungen den Gestapoleitstellen zu überlassen. Damit lag es ausschließlich in der Zuständigkeit der Gestapo, ob gegen einschlägige Delikte Anklage erhoben wurde oder nicht. Gürtner mußte hinnehmen, daß von den 91 Fällen, in denen jüdische Mitbürger in unmittelbarem Zusammenhang mit dem Pogrom zu Tode kamen, nur ein kleiner Teil vor dem Obersten Parteigericht zur Verhandlung kam und die Zuständigkeit der ordentlichen Justiz umgangen wurde. Gürtners Rolle wurde schließlich darauf beschränkt, beim Reichskanzler um die Niederschlagung der Verfahren zu ersuchen. Der Novemberpogrom bedeutete daher eine schwere Niederlage des Justizapparats, der bis dahin seine Zuständigkeit zu behaupten versucht hatte. Indirekt stellte die Ausschal-

tung der Gerichtsbarkeit und die weitgehende Niederschlagung der in den Pogromtagen begangenen Verbrechen eine Ermunterung für die Befürworter der Gewaltanwendung gegen Juden dar, sich keinerlei Hemmungen aufzuerlegen, wenngleich das Regime von nun an vermied, derartige Aktionen zu begünstigen. Im Spätherbst 1939 wurde ausdrücklich darauf hingewiesen, daß Übergriffe gegen Juden unterbleiben sollten.
Der Reichsjustizminister wußte ebensogut wie das Oberste Parteigericht, daß die Ausschreitungen auf höchste Anordnung hin erfolgt waren. Er erblickte daher keine Möglichkeit, gegen Straftäter vorzugehen, wenn er nicht die Autorität des Staates selbst in Frage stellen wollte. Aus diesem Grunde veranlaßte er, daß Heimtücke-Verfahren, die im Zusammenhang mit dem Novemberpogrom standen, ausnahmslos niederzuschlagen seien, damit verhindert würde, daß die Hintergründe des Pogroms vor Gericht verhandelt wurden. Diesem Vorgehen entsprach die nationalsozialistische Presselenkung, die ausdrücklich anordnete, nur zurückhaltend von den Vorgängen zu berichten, im wesentlichen die lokalen Vorgänge wiederzugeben und sich jeder systematisch vergleichenden Schilderung zu enthalten. Ebenso war es symptomatisch, daß Hitler auf seinem Abendempfang für die deutsche Presse am 10. November in München, auf dem er sich für eine umfassende psychologische Kriegsvorbereitung einsetzte, die Pogromereignisse bewußt nicht erwähnte.[24] Auch Goebbels mußte sich eingestehen, daß seine Propagandakampagne nicht erfolgreich und daß sie gerade gegenüber dem Ausland in die Defensive gedrängt war.[25] Alles in allem handelte es sich keineswegs um ein Datum, auf das die NS-Elite selbstzufrieden zurückblickte, und es ging daher nur unter dem offiziell unterdrückten Namen der »Reichskristallnacht« in die Geschichte ein.
Die an dem Pogrom beteiligten SA- und SS-Leute handelten aus einer merkwürdigen Kameraderie heraus, die an die frühen dreißiger Jahre erinnerte, in denen die Vorstellung weit verbreitet war, daß man die Organisationen von KPD und SPD in einer gewaltsamen Bartholomäusnacht zerschlagen werde.[26] Von den einzelnen SA-Standarten wurde das gewaltsame Vorgehen gegen Juden zu einer Art Bewährungsprobe stilisiert, an der jeder teilnehmen mußte, wenn er sich nicht völlig in Mißkredit bringen wollte.[27] Die Unterführer sorgten in aller Regel dafür, daß sich niemand der Aktion entzog oder im Hintergrund blieb. Desgleichen wurden die Parteiorganisationen in den Orten, in denen bis zum Nachmittag des 10. November noch nichts geschehen war, förmlich dazu gezwungen, die Zerstörungsaktionen nachzuholen, obwohl zu diesem Zeitpunkt entsprechende Gegenbefehle bereits vorlagen. Das weist auf ein verbreitetes Unrechtsbewußtsein hin, das auf eine möglichst umfassende Komplizenschaft hinarbeitete. Charakteristisch war zugleich, daß die randalieren-

den SA-Trupps in aller Regel Nachbarn und Zuschauer dazu zwangen, ihre Fensterläden zu schließen oder zu verschwinden, um nicht durch Dritte beobachtet zu werden. Antisemitische Motive waren keineswegs für alle beteiligten SA-Männer dominant; Männlichkeitsrituale und Männerbundphantasien spielten eine wesentliche Rolle.

IV.

Schon während der Pogrom-Tage konnte jeder kritische Beobachter die Erfahrung machen, daß Juden unter den Bedingungen des NS-Regimes »vogelfrei« waren, daß sie nicht erwarten konnten, Rechtsschutz zu finden.[28] Die überwiegende Mehrheit der Bevölkerung lehnte den Pogrom ab. Das geschah jedoch nicht aus Sympathie mit der jüdischen Bevölkerung, nicht einmal aus der Überlegung heraus, daß die angewandten Gewaltmethoden auch andere soziale Gruppen treffen könnten. Es überwog die Kritik an der Zerstörung von Sachwerten und Übergriffen auf das Eigentum. Die Ankündigungen des Regimes, künftig nur auf gesetzlicher Grundlage vorzugehen, wurden mit Befriedigung aufgenommen. Sie verhinderten, daß es zu öffentlichen Protesten kam. Dazu wären am ehesten die beiden christlichen Kirchen in der Lage gewesen. Aber mit Ausnahme weniger einzelner Pfarrer und Priester, die das Risiko von Repressalien der Gestapo bewußt eingingen, schwiegen Vertreter der Kirche.

Es führt kein direkter Weg vom Novemberpogrom 1938 zum Holocaust. Aber grundlegende Weichenstellungen vollzogen sich im Zusammenhang mit der »Kristallnacht«. Die endgültige Expropriierung der Juden vollendete nicht nur die soziale Segregierung, die die Gleichgültigkeit der Mehrheitsbevölkerung unterstützte; sie machte die jüdischen Mitbürger im Grunde bereits jetzt zu einer Außenseitergruppe, deren Probleme zunehmend in die Zuständigkeit der Gestapo fielen. Zwar wurden radikale Vorschläge der Kennzeichnung von Juden und ihrer Unterbringung in Ghettos in der skandalösen Konferenz, die Göring am 12. November 1938 im Reichsluftfahrtministerium abhielt, nicht angenommen.[29] Der extreme Zynismus, mit dem die NS-Führer zur »Judenfrage« Stellung nahmen, verhieß schon jetzt das Schlimmste. Er fand in zahllosen konkurrierenden Rechtsverordnungen gegen Juden einen Niederschlag.[30] In diesem Sog antisemitischer »Maßnahmen« verstummten selbst die Äußerungen eines »gemäßigten« Antisemitismus.

Es ist angemessen, den Novemberpogrom und den Holocaust in einem unteilbaren Zusammenhang zu sehen. Während viele Deutsche die systematische Liquidierung des europäischen Judentums nicht wahrnahmen und alle Indikatoren dafür bewußt verdrängten, gab es niemanden im »Dritten Reich«, der über die Vorgänge des Novemberpogroms und die anschließende Ausschaltungspolitik nicht informiert war oder sich doch informieren konnte. Die Frage der moralischen Mitverantwortung der einzelnen stellt sich bereits für den November 1938. Gewiß wäre es verfehlt, vom Durchschnittsbürger offene Proteste in einer Situation zu fordern, in der die Drohung mit dem Konzentrationslager alles andere als fiktiv war. Hingegen können die Mitglieder der Funktionseliten nicht von dem Vorwurf ausgenommen werden, gegenüber offenkundigen Verbrechen aus einer zunehmenden moralischen Indifferenz heraus geschwiegen zu haben. Gewiß hätten öffentliche Proteste von dieser Seite den Lauf der Dinge nicht abrupt verändert. Aber das widerstandslose Hineingleiten in eine Herrschaft des Verbrechens ohne Grenzen wäre der Nation dadurch vermutlich erspart geblieben.

Michael Zimmermann

Die Assimilation und ihre Relativierung

Zur Geschichte der Essener jüdischen Gemeinde vor 1933

I.

1894 wurde in Essen mit Salomon Samuel ein erster Rabbiner feierlich in sein Amt eingeführt. 1913 wurde in der Ruhrgebietsstadt eine repräsentative neue Synagoge ihrer Bestimmung übergeben. Diese beiden Ereignisse waren Ausdruck der rasanten Entwicklung, die die jüdische Gemeinde Essens in der industriellen Wachstumsphase jener Stadt nahm. Dabei ist nicht so sehr an die zahlenmäßige Expansion zu denken; sie war zwar erheblich, blieb jedoch hinter der allgemeinen Zunahme der Essener Bevölkerung zurück.[1] Bemerkenswerter waren die Trends zum sozialen Aufstieg in den wohlsituierten kaufmännischen Mittelstand und in die freien Berufe[2] sowie die kulturellen und religiösen Wandlungen, die sich seit der ersten Hälfte des 19. Jahrhunderts vollzogen hatten.
Die Französische Revolution hatte zwar – so der Essener Rabbiner Samuel in seiner Darstellung der lokalen jüdischen Gemeinde – den »Trieb nach bürgerlicher Erhebung« unter den jüdischen Bewohnern der Stadt forciert, denjenigen nach religiösem Fortschritt aber unberührt gelassen. Ein 1808 vom damaligen jüdischen Schullehrer vorgebrachter Vorschlag, fortan nicht mehr hebräisch, sondern in deutscher Sprache zu beten, da dies stärker an die Empfindung rühre, blieb eine folgenlose Einzelerscheinung. Ansonsten verliefen Gottesdienst und Gemeindeleben »nicht rückständiger als anderswo«, aber doch eben »nach altem Zuschnitt«.[3] In der Provinzstadt Essen hatte die Aufklärung in der Tat noch keine derartige Wirkung gezeitigt, daß die Einheit von religiösem, sozialem und kulturellem jüdischen Leben in Frage gestellt worden wäre.
1840 lassen sich hingegen Anzeichen einer stärkeren Zuwendung der jüdischen Gemeinde zur Außenwelt erkennen. Anläßlich der Thronbesteigung Friedrich Wilhelms IV. von Preußen huldigten die Essener Juden dem Monarchen in der Synagoge. Der Festprediger parallelisierte in seiner Ansprache das Haus Hohenzollern mit dem Hause Davids. Überdies versah man die Heilige Lade und den Vorhang mit Inschriften wie »Heil und Gnade dem Hause Israel F. W. IV Hoschiana!«[4] Von 1841 an beeinflußte mit dem Volksschullehrer und Prediger Moses Blumenfeld ein Verfechter der Aufklärung und der politischen Emanzipation der Juden über mehr als 50 Jahre das religiöse Leben im Sinne eines vorsichtigen Reform-

kurses, der ob seiner Behutsamkeit von Vorstand und Mehrheit der Gemeinde mitgetragen wurde. Blumenfeld trat überdies 1848 als Revolutionär und 1871 als kaisertreuer Nationalliberaler in Erscheinung; er brachte auf diese Weise die politischen Hoffnungen und Wendungen des Essener Bürgertums in führender Position zum Ausdruck.[5]

Insgesamt war es allerdings weniger des Lehrers persönlicher Stil, der den Wandlungen des Gemeindelebens den Stempel aufdrückte, als vielmehr die in der Epoche der Industrialisierung allenthalben wirksamen Tendenzen zur Auflösung bislang abgeschlossener Lebenswelten, zu Arbeitsteilung und zu einer rationaleren Sicht der Welt. In Deutschland war dieser Prozeß überdies durch den problematischen, insbesondere von Preußen eingeschlagenen Weg einer lediglich stufenweisen Emanzipation der Juden geprägt. Diese zögerliche Emanzipationspolitik betrachtete die Gleichstellung nicht als selbstverständliches Recht der Juden, sondern als einen »Vorschuß auf künftige Leistungen bzw. eine Belohnung für soziales Wohlverhalten«.[6] Der Preis der Emanzipation sollte darin bestehen, daß die Juden jene Verhaltensweisen übernahmen, die die Mehrheitsgesellschaft für normal erachtete. Dieser Anpassungsdruck und die Hoffnung auf volle Teilhabe an der bürgerlichen Gesellschaft veranlaßten die Majorität der deutschen Juden zu einer Umorientierung auch in religiösen Fragen. Das Judentum wurde als Konfession analog zu den christlichen Kirchen interpretiert; es entwickelte sich unmerklich von einem alltagsbestimmenden Faktor zu einem lediglich die Fest- und Feiertage prägenden Element.

Auf lokaler Ebene scheint dieser Trend zur Konfessionalisierung und zum Bedeutungsverlust des traditionellen Judentums in der Geschichte der Chewra kadischa auf, der der Besuch der kranken Gemeindemitglieder, das Bestatten der Toten, die Tröstung der Trauernden, Mildtätigkeit gegenüber den Armen der Gemeinde sowie die Pflege der göttlichen Lehre oblagen. In der ersten Hälfte des 19. Jahrhunderts gehörten der Chewra alle männlichen Mitglieder der jüdischen Gemeinde an. 1856 wurde die Chewra in Essen jedoch als gesonderter Verein gegründet. Dies ist als Hinweis darauf zu werten, daß nicht mehr alle Gemeindemitglieder die Mildtätigkeit als selbstverständliche Aufgabe ansahen. Seit 1866 war es zudem üblich, die Aufgabenerfüllung der Chewra-Mitglieder schriftlich nachzuhalten. Dies war nicht lediglich auf die wachstumsbedingte Unübersichtlichkeit der jüdischen Gemeinde zurückzuführen; zahlreiche Angehörige der nun vereinsförmigen Chewra waren nurmehr unter äußerem Druck bereit, ihren Pflichten nachzukommen. Ein Nachlassen des persönlichen Einsatzes machte sich etwa bei der Krankenpflege, der Grabbereitung und der Totenwache bemerkbar. Es fanden sich – so Rabbiner Samuel in der Festschrift zum 50jährigen Bestehen der

Chewra kadischa 1906 – »allerlei Vorwände, aber auch ernste Gründe«, um sich für entschuldigt zu erachten und eine Stellvertretung zu erlangen. Diese Tendenz zur Stellvertretung, die sich in den Statuten der Vereinigung in einer zunehmend »milden Übung in allen einst streng persönlichen Pflichten« der Mitglieder niederschlug und vom Chronisten Samuel als unumkehrbarer Trend zur »Unpersönlichkeit« eingeschätzt wurde, mündete schließlich in die Delegation der Mildtätigkeit. Um die Jahrhundertwende war es üblich geworden, Totenwächter, Leichenbitter, Teilnehmer der wochentäglichen Morgen- und Abendgottesdienste sowie Krankenpfleger aus den Mitteln der Chewra zu besolden.[7]

Neben der Gründung der Chewra kadischa als Verein 1856 äußerte sich die nun förmlichere Fassung des jüdischen Gemeindelebens etwa im Gemeindestatut von 1858. In der dort niedergelegten Synagogenordnung wurden die Besucher zu einer Zügelung ihres Temperamentes angehalten. Das laute Mitsprechen und Korrigieren der Thoralesung wurden dort ebenso untersagt wie das Kauen oder Rauchen von Tabak während des Gottesdienstes. Das Verlangen nach Disziplin wurde um eine Straffung des Kultus ergänzt. Gebete und Feststücke wurden gekürzt, um die Gottesdienste nicht ungebührlich in die Länge zu ziehen. Segenssprüche für besondere Fälle sowie das obligate Gebet für Kaiser und Reich wurden nach 1871 nicht mehr hebräisch, sondern deutsch vorgetragen. Moses Blumenfeld begriff dies als ein Programm zur Stärkung der Ratio gegen die Emotionen: Die Gebräuche der jüdischen Religion seien allesamt »Heiligungsmittel«, mit deren Hilfe man sich vom »Sinnlichen zum Übersinnlichen, vom Körperlichen zum Geistigen, vom Irdischen zum Himmlischen« erheben solle.[8] Rabbiner Salomon Samuel, der 1894 die Nachfolge von Blumenfeld antrat, hatte an der Lehranstalt für die Wissenschaft des Judentums in Berlin eine theologische und an verschiedenen Universitäten eine philosophische, historische und sprachwissenschaftliche Ausbildung genossen. Er konnte sich in Essen religiösen Fragen zweifellos intensiver widmen als der mit den Aufgaben des Predigers, Vorbeters, Lehrers, Protokoll- und Kassenführers der Gemeinde vielfältig beschäftigte Moses Blumenfeld. Salomon Samuel suchte die Reformbestrebungen seines Vorgängers behutsam fortzuführen. Er trat für deutsche Gebete, Schrifterklärungen und Ansprachen als ständige gottesdienstliche Einrichtung ein und verwarf als religiös liberaler Rabbiner die Einhaltung der überkommenen Vorschriften des Talmud als inzwischen »fremdartige Umhüllung in der jüdischen Religions- und Sittenlehre« sowie als »unzeitgemäßes Legalitätsprinzip«. Dem setzte er eine »autonome Ethik« entgegen, in deren Zentrum Nächstenliebe und ein demütiges Wandeln vor Gott stehen sollte. Demgemäß habe ein fortschrittliches Judentum am Sabbat nicht etwa das Arbeitsverbot in den

Mittelpunkt zu rücken, sondern die »synagogale und häusliche Feier, die Symbole des Schmückens und Auszeichnens, tiefsinnige Andacht, Belehrung, Kunst der Töne und Rede«.[9]

Die Aufgabe hergebrachter Religionsvorschriften sowie die teilweise Eindeutschung des Kultus, wie sie von Rabbiner Samuel verfochten wurde, waren weithin Folge der Assimilationstendenzen und Integrationshoffnungen unter den deutschen Juden. Samuel verlieh diesen Tendenzen insofern Ausdruck, als er die Essener jüdische Gemeinde explizit »nur als Religionsgemeinschaft«[10] kennzeichnete. Und entgegen der jüdischen Tradition, die die Synagoge primär als Versammlungszentrum der Gemeinde verstand, neigte er einer Sicht dieses Ortes als »Gotteshaus«[11] zu, die der Vorstellungswelt der Kirchen nahe war. Die von ihm ebenfalls verwandte Bezeichnung »Tempel« sollte deutlich machen, daß die Synagoge faktisch an die Stelle des zerstörten Jerusalemer Tempels getreten und daß an eine Rückkehr in das Land der Väter nicht mehr zu denken sei.[12] Insgesamt strebte Rabbiner Samuel den Verzicht auf solche religiösen Formen an, die ihm als »überaltert« erschienen. Eine zeitbezogene Aussagefähigkeit der Religion wollte er allerdings erhalten wissen. Jegliche Reformbemühungen trugen aber notwendigerweise das Ihre zur Distanzierung vom Althergebrachten bei. So bewirkte die Eindeutschung des Gottesdienstes, die Rabbiner Samuel begrüßte, in der Gemeinde ein wachsendes Desinteresse am Studium des Hebräischen und am Übersetzen von Gebeten, das von ihm wiederum heftig beklagt wurde.[13]

In weit stärkerem Maße als durch religionsinterne Strömungen wurde der Bedeutungsverlust der jüdischen Tradition freilich durch die Zwänge des Erwerbslebens gefördert. Die Einführung der obligatorischen Sonntagsruhe im Handel nötigte die jüdischen Kaufleute, ihre Geschäfte am Sonntag zu schließen und dafür am Samstag, dem jüdischen Ruhetag, offen zu halten. So versäumten sie notwendigerweise die Sabbatandacht.[14]

Als Reflex auf das wachsende Desinteresse an religiöser Praxis etablierte sich innerhalb der örtlichen jüdischen Gemeinde um die Jahrhundertwende ein neuartiger Vereinstypus. Er zog diejenigen an, die laut Salomon Samuel »der Synagoge entfremdet« waren, die aber einem jüdischen Engagement nicht abgeneigt waren, falls es sich durch sozialethische Tendenzen und moderne Ausdrucksformen auszeichnete. In diesen Zusammenhang gehörten etwa der in Essen 1895 gegründete »Verein für jüdische Geschichte und Literatur«, die 1900 konstituierte »Glückaufloge des Ordens Bnei Briss«, die sich der Geselligkeit, Bildung und Wohlfahrtspflege widmete, sowie der 1906 ins Leben gerufene »Jüdische Jugendverein«.[15]

Der mit der wirtschaftlichen Krise und konservativen Wende 1878/79 und den gesellschaftlichen Umwälzungen der 1890er Jahre verknüpfte Antisemitismus, den Rabbiner Samuel dem Fortschrittsoptimismus des aufgeklärten Liberalen entsprechend als ein Wiederaufleben »totgeglaubter Märchen aus der Rumpelkammer der Weltgeschichte«[16] kennzeichnete, führte nach einer Phase der Resignation auch in Essen zu verstärktem gesellschaftspolitischen Engagement. Zunächst arbeiteten einige Juden im »Verein zur Abwehr des Antisemitismus« mit, dann wurde im Jahr 1895 eine Ortsgruppe des »Centralvereins deutscher Staatsbürger jüdischen Glaubens« gegründet, die fortan die führende im Rheinland und in Westfalen war. Der Name des Centralvereins war Programm; ihm lag ein Selbstverständnis zugrunde, das die Juden als deutsche Staatsbürger definierte und ein Judentum akzentuierte, das man auf den konfessionellen Bereich einschränken und so mit den christlichen Bekenntnissen parallelisiert wissen wollte.[17]

Als im Jahre 1913 – die Gesamtzahl der im Stadt- und im Landkreis Essen lebenden Juden lag derweil bei über 3500 – die seit längerem geplante neue Synagoge eingeweiht wurde, bot sich das Bild einer differenzierten jüdischen Gemeinde, die die vormalige Einheit von religiösem, sozialem und kulturellem Leben hinter sich gelassen hatte und eine Vielzahl milder Stiftungen, Wohltätigkeitsvereinigungen sowie gesellschaftspolitischer und religiöser Gruppierungen umfaßte. Angesichts der wirtschaftlichen Prosperität und der nachlassenden Bedeutung des Radau-Antisemitismus im letzten Vorkriegsjahrzehnt nimmt es nicht wunder, daß die Urkunde, die 1911 zur Grundsteinlegung der neuen Essener Synagoge gestiftet wurde, Selbstbewußtsein und Zukunftsoptimismus ausstrahlte: »In dem nunmehr der Grundstein unterhalb der Heiligen Lade eingefügt wird, erflehen Gemeinde und Bauleute den göttlichen Beistand für das Werk, das einer glücklichen Vollendung entgegengehen und emporragen möge bis in ferne Zeiten; Gott zur Ehre, der Baukunst zum Ruhme, der Stadt Essen zur Zierde, der Gemeinde aber, dem Judentum und der Menschheit zu Heil und Segen.«[18]

II.

Das Wachstum der Essener jüdischen Gemeinde hatte es schon vor dem Ersten Weltkrieg geboten sein lassen, zur Unterstützung Dr. Samuels zwischen 1912 und 1916 einen zweiten Rabbiner anzustellen.[19] Nach dem Ende des Weltkrieges stieg die Zahl der in Stadt- und Landkreis Essen wohnenden Juden noch einmal über 4013 Personen 1921 auf 4209 Personen 1925 an, so daß sich die erneute Ausschau nach einem zweiten Rabbiner als erforderlich erwies. Man vergab die Stelle 1919 an Dr. Lange und 1923 an Dr. Hugo Hahn, der – 1886 geboren und damit 19 Jahre jünger als

Dr. Samuel – in Frankfurt, Breslau und Berlin theologisch, philosophisch und historisch ausgebildet worden war. Zudem hatte die Gemeinde 1920 ein eigenes Büro mit einem hauptamtlichen Sekretär eingerichtet. Damit war der Grundstein für eine Gemeindeverwaltung gelegt, die angesichts zunehmender Verpflichtungen allmählich expandierte.[20]

Gleichwohl vermochte auch die personelle Verstärkung der Gemeindeleitung den Trend zur Abwendung vom konfessionellen Leben nicht aufzuhalten. So beklagte Rabbiner Samuel 1924, daß die Synagogen zwar an den hohen jüdischen Festtagen »die Menge der Beter kaum fassen« könnten, in diesen wenigen Stunden die »Entfremdung über ein ganzes Jahr« jedoch nicht aufzuheben sei. Zudem sah er sich genötigt zu konstatieren, es gäbe »schon erschreckend viele, die gar nicht mehr zum Hofstaate Gottes« zählten und jenem »keine noch so förmliche Aufwartung« machen mochten.[21] Während um die Jahrhundertwende die jüdischen Geschäfte an einem gewöhnlichen Sabbat zwar offen, zu den hohen jüdischen Feiertagen aber geschlossen geblieben waren, sah dies in den 20er Jahren bereits anders aus. Im September 1927 etwa wurde die Essener Gemeinde dringend um die Beachtung eines Aufrufes gebeten, den der Vorstand des Rabbinerverbandes in Deutschland herausgegeben hatte. Dort wurde mit Bedauern festgehalten, die Zeit scheine dahin zu sein, da die geschlossenen Geschäfte zu Jom Kippur »ein stummes, aber eindringliches Bekenntnis zu Gott und zum Judentum vor aller Welt« ablegten. Mit dem Hinweis, die Treue zum Judentum verlange Opfer, lohne diese aber mit der Ruhe des Gewissens, mahnte man, gegen die Zeitläufte ankämpfend, zur Umkehr.[22]

Die Verweltlichung und das Desinteresse an religiöser Praxis ging jedoch nicht mit der Auflösung des jüdischen Zusammenhaltes insgesamt einher. Dies war nicht zuletzt auf das Wiederaufleben des extremen Antisemitismus in den ersten Nachkriegsjahren zurückzuführen. Waren die Juden zu Ende der 1870er und während der 1890er Jahre zum Sündenbock für die wirtschaftlichen und sozialen Erschütterungen der Zeit gestempelt worden, so wurde ihnen nun nach 1918 von rechts eine »Schuld« für die militärische Niederlage und die Novemberrevolution angelastet. Dergleichen Anwürfe nötigten 1919 Rabbiner Samuel, für die sozialdemokratische »Essener Arbeiterzeitung« zur Feder zu greifen und gegen gängige antisemitische Klischees anzuschreiben.[23] Immer neue Anfeindungen, Demütigungen und gewalttätige Übergriffe in den politischen Krisenjahren nach dem Ersten Weltkrieg ließen jüngere Angehörige des jüdischen Mittelstandes 1923 in Essen den Entschluß fassen, einen jüdischen Sportverein, Hakoah Essen, ins Leben zu rufen. Der Verein suchte »alle Juden ohne Unterschied der Tendenz zu erfassen«.[24] In der Tat bot sich der Sport als Integrationsfaktor besonders an. Er vermochte die individuelle Verteidigungsbereitschaft und das kollektive Selbstbewußtsein zu stärken. Er war mit der beruflichen Umschichtungskonzeption des Reichsbundes jüdischer Frontsoldaten, nach der die Juden in Deutschland verstärkt in manuelle Tätigkeiten überführt werden sollten, ebenso in Einklang zu bringen wie mit der palästina-orientierten Umschichtungskonzeption der Zionisten. Zudem versprach man sich vom Sport, er werde die vermeintliche körperliche Ungeschicklichkeit der Juden beseitigen, die innerhalb von Hakoah teils als historisch zu erklärendes Faktum, teils als Vorurteil der Mehrheitsgesellschaft interpretiert wurde.[25]

Binnen kurzem gelang es Hakoah, wo neben Sparten wie Fußball, Leichtathletik und Schwimmen auch Selbstverteidigungssportarten wie Boxen und Jiu-Jitsu gepflegt wurden, Juden beiderlei Geschlechts und aller kulturellen, religiösen und sozialen Strömungen anzusprechen. 1925 konnten durch die Gründung einer Tennisabteilung auch jene großbürgerlichen Kreise eingebunden werden, die aus assimilatorischen Erwägungen einem rein jüdischen Sportverein äußerst skeptisch gegenübergestanden hatten.[26] Die konsensstiftende Kraft des Sportvereins ging so weit, daß er dem jüdischen Gemeindeleben insgesamt neue Impulse verleihen konnte. Bereits wenige Monate nach der Konstituierung des Clubs vereinbarte man, daß die als Vereinszeitung dienenden Hakoah-Blätter »als Grundstein für das schon so lange projektierte Vereins-Organ aller jüdischen Vereine Essens« fungieren sollten. Fortan konnten dort auch die Rabbiner veröffentlichen. Seit 1926 wurde die doppelte Aufgabenstellung des Blattes durch eine redaktionelle Unterteilung in eine sportbezogene Sparte und einen Teil Rechnung getragen, der den Titel »Aus der Geisteswelt und der Gemeinde« führte. 1929 erwuchs aus letzterem ein eigenständiges Organ des Synagogenbezirks Essen. Dessen Genese wäre ohne die Geburtshilfe durch die Hakoah-Blätter nicht zu erklären.[27]

Jenseits des Sports kennzeichneten Kontrastreichtum und Vielfalt die Essener jüdische Gemeinde. Es fand sich großes Interesse für die künstlerische, wissenschaftliche und architektonische Avantgarde. Es kam zu ersten Bemühungen um einen Dialog zwischen den Konfessionen. Er fand 1924 in religionswissenschaftlichen Vorträgen in der Synagoge und 1926 in der Teilnahme des jüdischen Jugendvereins an einer Friedenskundgebung der katholischen Jugend seinen Ausdruck. Usus wurde überdies die aktive Beteiligung an den bürgerlichen Bildungszirkeln der Stadt; so trug Dr. Samuel 1928 in der Volkshochschule über Spinoza vor. Diesem Streben nach Begegnung standen insbesondere seitens der Zionistischen Ortsgruppe Tendenzen entgegen, die Besonderheiten der jüdischen Kultur hervorzuheben und zu pflegen. Zumindest in der älteren Generation der seit längerem in Essen ansässigen Juden vermochte jedoch der Centralverein deutscher Staatsbürger jüdischen Glaubens seine integrierende Kraft zu bewahren und eine rege Beratungs- und Veranstaltungstätigkeit zu entfalten, die vor Reichstagswahlen in Kundgebungen gegen die antisemitischen Parteien einmündete. Zudem wies der C. V. auf Friedhofsschändungen sowie weitere antijüdische Provokationen hin und sah sich jeweils zu Beginn der Urlaubszeit gezwungen, eine Liste derjenigen Kurorte und Gasthöfe herauszugeben, die als judenfeindlich galten. Seit 1927 mehrten sich zudem die warnenden Hinweise auf Hitler und seine »Hakenkreuzler«. Und schon Anfang 1928 richtete die Essener Ortsgruppe des Centralvereins einen Festabend aus, dessen kabarettistisches Programm sich hauptsächlich gegen die NSDAP wandte.[28]

Nächst dem Centralverein trat der Reichsbund jüdischer Frontsoldaten hervor. Die Entstehung des Reichsbundes war auf die Weltkriegserfahrungen der jüdischen Soldaten zurückzuführen. Ähnlich der im Kaiserreich benachteiligten sozialdemokratischen Arbeiterschaft hatten nach dem 1. August 1914 auch die gesellschaftlich diskriminierten Juden im Zeichen der patriotischen Begeisterung mehr Gerechtigkeit und Chancengleichheit erwartet. Die freiwillige Meldung zur Reichswehr und hohe Einsatzbereitschaft an der Front, so die Hoffnung, würden notwendig eine Anerkennung durch die nichtjüdische Mehrheit nach sich ziehen.[29]

Und wie die christlichen Geistlichen auch unterstellte der Essener Rabbiner Samuel 1914 dem Gott der Bibel eine Parteinahme für das Deutsche Reich: »Der Gott, der sich der Väter Abraham, Isaak und Jakob nicht geschämt hat, ist noch der alte Gott... Deutschland hat sich unter seinen Schutz gestellt – und stellen dürfen; darum, oh Deutschland, wirst du siegen!«[30]

Bereits die 1916 vom preußischen Kriegsministerium angesetzte gesonderte »Judenzählung« im Heer sowie der extreme Antisemitismus der 1917 gegründeten Vaterlandspartei, die die Juden als Drückeberger hinter der Front verleumdete, hatte den jüdischen Hoffnungen auf Anerkennung ihrer militärischen Leistungen einen schweren Schlag versetzt. Nach 1918 wurden diese Hoffnungen durch die Behauptung, die Juden zeichneten für Kriegsniederlage und Revolution verantwortlich, vollends zunichte gemacht. Als Reflex auf derartige Anwürfe sah der Reichsbund jüdischer Frontsoldaten seine Aufgabe darin, Angriffe auf die Fronttätigkeit jüdischer Kriegsteilnehmer abzuwehren und für die Gleichberechtigung der deutschen Juden einzutreten. Dieses Konzept schlug sich in Essen in der Förderung der Selbstverteidigungssportarten im Hakoah, in energischen Stellungnahmen gegen antisemitische Diskriminierung und in einer besonderen Betonung der soldatischen Leistungen von Juden nieder. Insofern war es nicht verwunderlich, daß es sich bei der am besten vorbereiteten öffentlichen Veranstaltung der Essener Ortsgruppe des Reichsbundes während der 20er Jahre um einen Lichtbildervortrag zum

Thema »Mit Lettow-Vorbeck in Deutsch-Ostafrika« handelte. Der Referent, »selbst alter Afrikaner und Pionier des Deutschtums«, verlieh einem »Gefühl schmerzlichen Bedauerns« über den Verlust dieser Kolonie Ausdruck, und er erklärte die unter »kriegstüchtiger Mitarbeit von Juden tätige deutsche Schutztruppe« für »streng genommen unbesiegt«.[31]

Gemessen an den assimilatorischen Vereinigungen blieben die Zionisten in Essen während der 20er Jahre einflußlos.[32] Als ihre besondere Leistung ist allerdings das Bemühen um die ostjüdischen Einwanderer anzusetzen, die teils vor, meist aber während des Ersten Weltkrieges als Rüstungsarbeiter und kurz danach als Flüchtlinge in die Industriestadt Essen gekommen waren. 1925 machten sie 27,9% und 1933 infolge einer vergleichsweise hohen Kinderzahl mit 1459 von 4506 Personen sogar 32,5% der Angehörigen der Synagogengemeinde aus.[33] Die Konflikte zwischen den Alteingesessenen und den aus Polen Hinzugekommenen wurden in Essen nicht in jener Dramatik ausgetragen wie im nahen Duisburg, wo Ostjuden und Zionisten gemeinsam gegen die Mehrheit für ein Wahlrecht der Zugewanderten in der Synagogengemeinde streiten mußten.[34] Gleichwohl waren die Differenzen und Brüche auch unter den Essener Juden unübersehbar. Während die Ansässigen meist in wohlangesehenen Stadtvierteln wohnten, mußten die Einwanderer aus dem Osten aus Kostengründen meist in die heruntergekommene Altstadt oder in das der Stadtmitte nahe, von der Sozialstruktur her proletarische bis subproletarische Segeroth-Viertel ziehen. Dort hatten die Kommunisten ihre Hochburgen; dort wohnten Dauerarbeitslose und Zigeuner; dort befand sich das Bordell der Stadt, und die Polizei ging dort nachts verstärkt Streife. Während die einheimischen jüdischen Mittelstandsangehörigen oft auf eine jahrzehntelange, konsolidierte Geschäftstätigkeit zurückblicken konnten, suchten die Neuen nach einer meist kurzen Phase im Bergbau vielfach über Kleinhandel aller Art erst einmal Fuß zu fassen. Es ist umstritten, ob sich unter ihnen Strenggläubige befanden, die Peieslocken und Kaftan trugen. Bekannt ist aber, daß mehrere Ältere jiddisch oder ein mit jiddischen Elementen durchsetztes Hochdeutsch sprachen. All das weckte unter den westlichen Juden Essens die Befürchtung, die Anwesenheit der Ostjuden befördere den – damals nicht primär aus der sozialen und psychischen Befindlichkeit des Antisemiten selbst gedeuteten – Antisemitismus und ließ ihnen gesellschaftliche Distanz geboten erscheinen.[35]

Die Distanz zwischen den beiden Gruppen der jüdischen Gemeinde wurde auch daran sichtbar, daß sich ein gesondertes ostjüdisches Vereinswesen herausbildete. Dessen langlebigere Gruppierungen – die Vereinigung der Ostjuden, der Hilfsverein Esra, die ostjüdische Frauenvereinigung, der Verein Bikur Cholim als Gegenstück zur Chewra kadischa sowie der literarisch-dramatische Verein Hasomir – schlossen sich 1926 zum Verband ostjüdischer Organisationen-Ortsgruppe Essen zusammen.[36] Da die aus dem polnischsprachigen Raum stammenden Zuwanderer nicht durch die disziplinierende Schule des westlichen Kapitalismus oder gar der preußischen Gesellschaft gegangen waren, ließen sie ihren Gemütsbewegungen auch im Gottesdienst freieren Lauf als die Ansässigen. In der unten im Synagogengebäude gelegenen Wochentagssynagoge, die am Sabbat den Orthodoxen unter den Ostjuden zur Verfügung stand, wurde nicht nur durchweg hebräisch gebetet, es ging dort auch lebhafter, lauter und je nach Anlaß trauriger oder fröhlicher zu als in der großen Synagoge oben, in der die Gemeindemehrheit ihre Gottesdienste abhielt. Einstellungsabhängig wurde der Gottesdienst oben von denen, die ihn unten praktizierten, meist als kühl, theatralisch anmutend und als Nachahmung einer fremden Kultur gewertet. Dagegen taten diejenigen, die oben beteten, das Geschehen in der Wochentagssynagoge nicht selten als undiszipliniertes polnisches Gelärme ab.[37] Wenngleich bereits manche Zugewanderte, die in erster Generation in Essen lebten, den Gottesdienst in der großen Synagoge vorzogen und dieser Trend in der zweiten, in Deutschland herangewachsenen Generation noch um sich griff, bestand doch bis 1938 eine lebensfähige orthodoxe ostjüdische Gemeinde in Essen. Sie wurde zudem von einer Infrastruktur aus mehreren koscheren Metzgereien und streng rituellen Speiserestaurants gestützt.

Es war in Essen nicht nur die Lehrerschaft der israelitischen Volksschule, die sich um innerjüdische Annäherung bemühte, sondern auch die Verwaltung der Synagogengemeinde. Sie betrieb eine Arbeitsvermittlung für erwerbslose ostjüdische Arbeiter und setzte sich für die Linderung der Not verarmter Familien ein. Die Vielfältigkeit der sozialen Aufgaben machte eine Ausdehnung der Gemeindebürokratie notwendig.[38] Gegen Ende der 20er Jahre führte die Essener jüdische Gemeinde insgesamt vier Kassen, die Hauptkasse für die regulären Gemeindeaufgaben, eine Durchwandererkasse für Immigrationswillige aus dem Osten, die in Essen lediglich Station einlegten, sowie eine Lebensmittel- und eine Wohlfahrtskasse für die Armen. Der schon vor dem Ersten Weltkrieg gegründete Wohlfahrtsausschuß der Gemeinde, in dem sich die Chewra kadischa, der Frauenverein und die Armenkommission sowie seit 1926 der ostjüdische Frauenverein zusammengefunden hatten, hielt während der 20er und 30er Jahre unter der Leitung einer Fürsorgeschwester Sprechstunden ab, bewilligte in Notfällen Beihilfen, organisierte eine Arbeitsvermittlung, eine Gefährdetenfürsorge und eine Kleiderstube, die von ärmeren Gemeindemitgliedern vor allem im Winter in Anspruch genommen wurde. Darüber hinaus entfalteten in den 20er Jahren die vor 1914 entstandenen, von hauptberuflichen Kräften geführten Einrichtungen des israelitischen Schülerhortes, des jüdischen Kindergartens und des gemeindeeigenen Alters- und Erholungsheimes besondere Wirksamkeit.[39]

III.

Insgesamt wuchs nach dem Ersten Weltkrieg die kulturelle Differenzierung innerhalb der jüdischen Gemeinde Essens. Der Bedeutungsverlust der religiösen Praxis wurde durch die Neuzugewanderten aus Osteuropa zwar gebremst, nicht jedoch generell aufgehalten. Es waren aber nicht nur der Antisemitismus in der Mehrheitsgesellschaft, auf den zahlreiche eher Areligiöse mit einem »Trotzjudentum« reagierten, jüdische Traditionen, soziale Leistungen der Gemeinde und die neuartige Zusammenfassung im Sportverein Hakoah allein, die den Rückgang der Gemeinde in Grenzen hielten.[40] Eine Rolle spielte zudem das Wirken der beiden Rabbiner Dr. Samuel und Dr. Hahn, die sich gerade in ihrer ausgeprägten Unterschiedlichkeit bewußt oder unbewußt ergänzten. Salomon Samuel und Hugo Hahn waren zudem symptomatische Vertreter zweier aufeinander folgender Rabbiner-Generationen.

Dr. Samuel sprach als Gelehrter die Intellektuellen sowie als Seelsorger, der sein Augenmerk auf die sozialen und psychischen Nöte der einzelnen richtete, die Ärmeren und in Not befindlichen besonders an. Als Älterer, der die trotz allen Antisemitismus nicht erfolglose Aufstiegsgeschichte der Juden im Kaiserreich mitgestaltet hatte und den Fortschrittsoptimismus jener Tage auch in den 20er Jahren nicht einfach abstreifen konnte, war er ein Verfechter religiös-liberalen und gesellschaftspolitisch assimilatorischen Denkens. Bereits um die Jahrhundertwende hatte er sich entschieden gegen den aufkommenden Zionismus gewandt. In den 20er Jahren bewertete Dr. Samuel Palästina als Zufluchtsstätte für verfolgte Ostjuden sowie als Zentrum für eine geistige Erneuerung des Judentums und begrüßte deshalb 1925 die gerade gegründete Universität Jerusalem als »geistige Brücke zwischen Okzident und Orient«.[41] Gleichwohl blieb er ein entschiedener Gegner der Palästina-Orientierung für die deutschen Juden. Aus Anlaß eines zionistischen Vortrages in Essen bezeichnete er 1924 die jüdischen Siedlungen in Palästina in polemischer Zuspitzung als »Neubau« »aus dem zufälligen Material, das den Kolonisten das verödete Land der Väter« zuwerfe, sowie aus Anschauungen, die »nicht das Judentum, sondern der moderne Sozialismus« erzeugt habe. Und während er für die Juden der religiös-liberalen Richtung[42] die Arbeit an einer wirklichen »Erneuerung, Verinnerlichung, Beseelung des Judentums« reklamierte, bezeichnete er die Realität in Palästina als »Auflösung des bisherigen Judentums«.[43]

In kultureller Hinsicht ähnlich polemisch, besprach Rabbiner Samuel 1925 das erste Stiftungsfest des ostjüdischen Theatervereins Hasomir, der zu dieser Gelegenheit Dramen in jiddischer Sprache darbot. Samuel kritisierte diese als »Jargon«. Dieser »Jargon« sei für die Westjuden, die um die Überwindung des Ghettos gekämpft und das Hochdeutsche als »Geschenk (!) rechtlicher und geistiger Befreiung« empfunden hätten, ein »wunderlich gekrümmter Abweg«.[44]

Der zweite Essener Rabbiner, Dr. Hugo Hahn, wird in Erinnerungsberichten als eher sachlich kühler Charakter geschildert. Gleichwohl zeigte er in gesellschaftspolitischer und kultureller Hinsicht eine größere Offenheit als sein älterer Mitrabbiner. Als Jüngerer in seinen politischen Ansichten durch den Weltkrieg, die Novemberrevolution und die Inflationszeit geprägt, damit stärker unter dem Eindruck des wiederaufgelebten offenen Antisemitismus stehend, war Dr. Hahn dem Fortschrittsoptimismus der Jahrhundertwende gegenüber deutlich zurückhaltender als Dr. Samuel. Hugo Hahn gehörte zwar dem Centralverein deutscher Staatsbürger jüdischen Glaubens an, stand dort aber auf dem Flügel, der den Zionisten aus einer gesamtjüdischen Grundposition große Toleranz entgegenbrachte. So stimmte er als Delegierter auf der C. V.-Hauptversammlung 1928 der Ansicht zu, der Centralverein der Zukunft müsse ein solcher aller deutschen Juden sein und um der gemeinsamen Abwehrarbeit gegen den Antisemitismus willen die ideologischen Unterschiede hintanstellen.[45]

Auch der Kultur der ostjüdischen Gemeindemitglieder gegenüber erwies sich Rabbiner Hahn als aufgeschlossen. Er konstatierte mit Bedauern den Mangel an menschlichen Bindungen zwischen den Ansässigen und den Zugewanderten. Und in Anlehnung an einen Topos aus der deutschen Jugendbewegung maß er den jüdischen Zuwanderern aus Polen eine eigenständige kulturelle Bedeutung zu: Der Westen mit seiner »entnervenden Zivilisation« habe von der »Fülle seelischer Möglichkeiten«, die im Osten ruhten, vieles zu empfangen.[46]

Als der jüngere der beiden Rabbiner nahm sich Hugo Hahn zudem der Arbeit mit den Jugendgruppen an. Dort wurde unter dem Eindruck der schmerzlichen Kriegs- und Nachkriegserfahrungen, die hier nicht gegen positivere Vorkriegserinnerungen aufgewogen werden konnten, eine neue jüdische Identität angestrebt. Als bezeichnend für diesen Versuch mag die – in Essen 1919 gegründete Jugendbewegung Blau Weiß stehen, deren zionistische und koedukative Ausrichtung im assimilierten jüdischen Bürgertum Essens große Unruhe auslöste.[47] Blau Weiß nahm die Ideen der deutschen Jugendbewegung auf und verknüpfte sie mit dem Bemühen um eine geistige und sprachliche Vertiefung des eigenen Judentums sowie um eine Auswanderung nach Palästina. Durch den Einsatz an der russischen Front während des Ersten Weltkrieges hatte überdies eine ganze Reihe junger deutscher Juden in Galizien eine jüdische Volkskultur kennengelernt, die sich durch ihre Lebendigkeit erheblich vom konfessionell ausgerichteten und auf Assimilation zielenden Selbstverständnis der deutschen Juden unterschied. Daß diese Vitalität mit der Ghettosituation und der Armut der polnischen Juden zusammenhing, wurde freilich meist übersehen.[48]

Innerhalb der Essener Gruppe des Blau Weiß führte das vertiefte Interesse an der jüdischen Identität zu einem Brückenschlag zwischen assimilierten und ostjüdischen Jugendlichen. Mit seiner starken ideologischen Profilierung konnte Blau Weiß allerdings keine Breitenwirkung erzielen. Bei den Mitgliederzahlen blieb diese Gruppe in den 20er Jahren deutlich hinter den assimilatorisch ausgerichteten »Kameraden« zurück. Gleichwohl kennzeichnete Blau Weiß insofern eine Tendenz innerhalb der jüdischen Jugend Essens, als es sich nach 1918 durchweg als schwierig erwies, ungebrochen dort anzuknüpfen, wo man 1914 deutschjüdisch aufgehört hatte: Die antisemitische Hetze der politischen Rechten während des Krieges und in der unmittelbaren Nachkriegszeit ließ es manchem jüdischen Jugendlichen als fraglich erscheinen, ob eine Einpassung in die Mehrheitsgesellschaft von jener adäquat belohnt werde.

Das Bemühen um neue Handlungsperspektiven prägte in den 20er Jahren auch die Tätigkeit des 1906 gegründeten Essener jüdischen Jugendvereins, der – nicht zur Jugendbewegung im engeren Sinne zählend – den verschiedenen Tendenzen und Gruppen innerhalb der örtlichen jüdischen Jugend eine Plattform zur Vorstellung und zum Austausch ihrer Ideen bot. Angesichts der gesellschaftlichen, kulturellen, religiösen und politischen Ausdifferenzierung der Essener jüdischen Gemeinde bot dieser pluralistische Ansatz eine realistische Chance zu einer Erneuerung des jüdischen Selbstverständnisses. Dies konnte danach freilich nicht mehr in einer einheitlichen Ausrichtung liegen, sondern mußte seine Integrationskraft aus der gegenseitigen Befruchtung unterschiedlicher bis gegensätzlicher Strömungen beziehen. Einen solchen Pluralismus verband man nun mit einem aus der Jugendbewegung herrührenden Avantgarde-Anspruch. Der als »innerlich hohl und morsch« empfundenen jüdischen Kultusgemeinde sollte durch einen neuen Gemeinschaftswillen, einen anderen Zug von Religiosität, durch Erziehungsarbeit, eine Umgestaltung des Gottesdienstes und die Beteiligung der Jugend an der Gemeindeverwaltung Leben eingehaucht werden. Ungeachtet des im einzelnen unklaren Charakters weist diese Aufgabenstellung doch auf den Elan und Reformeifer der jüdischen Jugend in Essen hin. Sie forderte zudem von 1928 an von der Gemeinde die materiellen Voraussetzungen für ihre Aktivitäten in Gestalt eines jüdischen Jugendheimes.[49]

Das Verlangen nach einem Jugendheim wurde in Essen von Georg Hirschland, dem Vorsteher der jüdischen Gemeinde, der sich als Bankier der Finanzierungsfragen annahm, und von Rabbiner Hahn tatkräftig aufgegriffen. Das Grundstück für das Jugendheim konnte die jüdische Gemeinde von der Stadt Essen erwerben. Bau und Einrichtung wurden vornehmlich von Stiftungen aufgebracht. Das moderne, vom avantgardistischen Architekten Erich Mendelssohn entworfene Gebäude, das von einem Zeitzeugen als Haus »voll Licht und Farbe, angefüllt mit Aktivität« beschrieben wird, wurde von 1930 an errichtet und 1932 seiner Funktion übergeben.[50]

Mit seinen hellen Räumen in den oberen Stockwerken, die den einzelnen Jugendgruppen zur Verfügung standen, mit seiner Bibliothek, einer großen Turnhalle mit versenkbaren Geräten, die binnen kurzem in einen Vortrags- bzw. Theatersaal umgewandelt werden konnte, mit Café und Restaurant, einer Kegelbahn und Umkleideräumen im Keller diente das Jugendheim schon vor 1933 nicht nur der jüngeren Generation, sondern auch den Erwachsenen als gemeindliches Zentrum, das gleichberechtigt neben die Synagoge trat. Das Jugendheim brachte insofern die Verweltlichung und zugleich die erneuernde Kraft und Phantasie der Essener jüdischen Gemeinde zum Ausdruck. Fortan konnten Aktivitäten, die weder unmittelbar konfessionell ausgerichtet waren noch im engeren Sinne auf den kulturellen Traditionserhalt der jüdischen Gemeinde oder die Abwehr des Antisemitismus zielten, in diesem neuen jüdischen Zentrum Platz finden. Dies verstärkte eine Tendenz, die sich bereits mit der Bildung des Sportvereins Hakoah angedeutet hatte: Für Tätigkeitsfelder wie Sport, Theateraufführungen und sonstige Freizeitvergnügungen, denen nach der vorherrschenden Konzeption innerhalb des deutschen Judentums nichts spezifisch Jüdisches eigen war, suchte und fand man nun einen gesonderten jüdischen Rahmen.

Der neuerlich wachsende Antisemitismus in der Mehrheitsgesellschaft hatte auf diese Weise eine jüdische Antwort erhalten, die – eher ungewollt – das herkömmliche Verständnis von Assimilation oder Akkulturation relativierte.[51] Diese Relativierung nahm in Essen materiell die Gestalt des jüdischen Jugendheims an. Eine offene Abschiednahme von der Assimilation wäre für eine jüdische Gemeinde, deren Mehrheit jahrzehntelang das Ideal vom deutschen Staatsbürger jüdischen Glaubens verfochten hatte, aber auch 1932 nicht denkbar gewesen. So wurde in der Vorhalle des Jugendheims an exponierter Stelle die Inschrift angebracht: »Der jüdischen Jugend in Essen, unseren im Weltkriege gefallenen Brüdern.«

Daß NSDAP und Deutschnationale an die Regierung kommen würden, stand 1932 nicht sicher fest; und daß 10 Jahre später Deportationszüge in

Vernichtungslager gelenkt würden, lag 1932 vollkommen jenseits des Vorstellbaren.

Das jüdische Jugendheim selbst wurde im Mai 1933 von der HJ beschlagnahmt, ging jedoch 15 Monate später noch einmal in die Hand der jüdischen Gemeinde zurück. Die Widmung in der Vorhalle war 1934 noch vorhanden, die HJ hatte jedoch das Wort »jüdischen« durch »deutschen« ersetzt.[52] Während des Novemberpogroms wurde das Jugendheim niedergebrannt, 1939 wurde die Ruine abgerissen. Heute steht auf dem Grundstück des vormaligen Jugendheims die Synagoge der kleinen jüdischen Nachkriegsgemeinde Essens.

Edna Brocke
Die »Alte Synagoge« in Essen
Reflexionen zum Selbstverständnis

Als die ehemalige »Synagoge am Steeler Tor« im November 1988 in ihrer erneuerten Innengestalt und in ihrer seit 1980 (als »Alte Synagoge«) wahrgenommenen Funktion als Gedenkstätte und politisch-historisches Dokumentationsforum wiedereröffnet wurde, war bereits ein langer Bewußtwerdungs- und Lernprozeß zurückgelegt worden. Diesen Prozeß ein wenig zu beschreiben, ihn gleichzeitig aber auch kritisch zu beleuchten (und somit das Selbstverständnis dieser Einrichtung zu reflektieren), ist die Absicht dieses Beitrags. Daneben stellt sich die Frage nach den Beziehungen zwischen der Mehrheitsgesellschaft und der jüdischen Minderheit einst und heute, vielleicht auch ein wenig im Vergleich und in Relation zu den Beziehungen zwischen dieser gleichen Mehrheitsgesellschaft und anderen – politisch-gesellschaftlichen – Minderheiten. Im Vorfeld solcher Überlegungen dürfte zunächst ein kurzer Rückblick auf die 78jährige Geschichte des Bauwerks dienlich sein.

Die Votivtafel (der damaligen »Neuen Synagoge«) vom 25. September 1913 (dem 23. Elul 5673), die links des Portals angebracht war, ist, neben dem imposanten Bau an sich, ein Hinweis auf das Selbstverständnis der damaligen aufstrebenden jüdischen Gemeinde. Sie weist aber auch auf den Zukunftsoptimismus dieser Gemeinschaft hin, die sich als integralen Teil sowohl der Stadt Essen als auch des Wilhelminischen Kaiserreiches insgesamt sah und verstand.

Die Selbstbezeichnung als »Am Jissra'el«, das Volk Israel, hat eine lange Tradition im Judentum. Auch die Bezeichnung »jüdisches Volk« war im Verlauf des 19. Jahrhunderts, bis zur Emanzipation, unter Juden üblich, auch in Deutschland. Nach der Verleihung der Bürgerrechte und der damit beginnenden rechtlichen Gleichstellung neigten Juden verstärkt dazu, ihre staatsbürgerliche und kulturelle Zugehörigkeit zum Deutschtum zu betonen. Immer mehr unter ihnen begannen ihr Jude-Sein lediglich als eine – den christlichen Bekenntnissen vergleichbare – konfessionelle Zugehörigkeit zu begreifen.

So brachte auch die 1913 eingeweihte Essener Synagoge dieses Selbstverständnis zum Ausdruck. Die Bezeichnung des Gebäudes als »Tempel des Herrn« * ist nicht nur auf dem Hintergrund der innerjüdischen Diskussio-

* Der Begriff »Tempel« war die Bezeichnung des einen Tempels in Jerusalem, der im Jahre 586 v. Z. zum ersten Mal und im Jahre 70 n. Z. zum zweiten Mal zerstört wurde. Was den

Abb. 1: Votivtafel zur Einweihung der Synagoge am 25. September 1913 (23. Elul 5673)

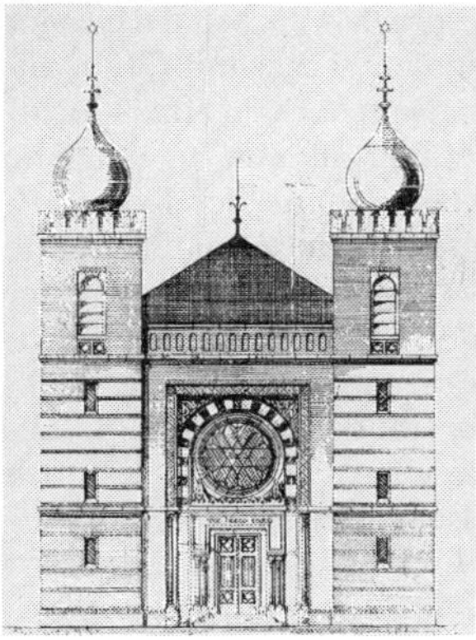

Abb. 2: Planzeichnung der Essener Synagoge von 1870

Abb. 3: Innenraum der »Alten Synagoge« in Essen, 1914

nen um Reformen in der Liturgie zu verstehen, sondern auch als Hinweis darauf, daß die Essener jüdische Gemeinde keinen Zweifel an der Dauerhaftigkeit jüdischen Lebens in Deutschland hegte oder einen solchen nicht aufkommen ließ. Die Verwendung der Bezeichnung »Gotteshaus« weist auf den Anpassungsprozeß hin und läßt die ursprüngliche Bedeutung von Synagoge als »Haus der Versammlung« (das ist die wörtliche Übersetzung des hebräischen Begriffs Bejt Knesset oder des griechischen ›Synagoge‹) zurücktreten.

Die Gestaltung des Baus der Synagoge war durch den Zeitgeist, aber auch dadurch geprägt, daß die jüdische Gemeinde sich in der Mehrheitsgesellschaft verwurzelt sah. Der Stil dokumentierte – wie schon derjenige der vorherigen Essener Synagoge von 1870 – eine Abkehr von der vormaligen schlichten Tradition des Synagogenbaus. Die Anpassung auch im Inneren des Gebäudes an Kirchenarchitektur ist unübersehbar.

So wurde 1908 Professor Edmund Körner – ein christlicher Architekt – mit dem Entwurf der Synagoge am Steeler Tor beauftragt. Körner – der seine Pläne, Entwürfe, Vorhaben sehr detailliert und ausführlich mit dem

Tempel von Synagogen unterschied (die bereits im babylonischen Exil im 5. Jhdt. v. Z. entstanden), war vor allem das Bewußtsein, daß der einzige Tempel als Ort der Einwohnung Gottes, zugleich aber auch politisch-kulturelles Zentrum des Judentums nicht ersetzbar ist. Äußeres Zeichen dafür war der Opferkult, der nur im Tempel, nicht aber in Synagogen möglich war. Die (in Deutschland) entstehende Reformbewegung lehnte diesen Grundsatz ab und strebte ein dezentrales, vom Land Israel und der Stadt Jerusalem losgelöstes Judentum an. Deshalb führte sie den Begriff »Tempel« als eine mögliche Bezeichnung für jede Synagoge ein, was zu vielen innerjüdischen Spannungen und Diskussionen führte.

damaligen Rabbiner Dr. Salomon Samuel besprach – suchte nach einer Form, die Modernes mit Überliefertem, Abendländisches mit Orientalischem verbinden sollte. So konzipierte er einen Bau, der von einem nichtjüdischen zeitgenössischen Kommentator treffend als eine »gelungene Abstraktion« bezeichnet wurde. Darüber hinaus meinte der Kommentator, dieser »Monumentalbau« könne »nicht mehr ausschließlich eine interne Angelegenheit der Gemeinde sein«. (So im 13. Sonderheft der Architektur des XX. Jahrhunderts, Die Neue Synagoge in Essen a.d. Ruhr. Erbaut von Professor Edmund Körner, mit Text von Dr. Rich. Klapheck, E. Wasmuth A. G. Berlin, 1914.) Er traf damit sowohl die Zukunftsgewißheit im Selbstverständnis der jüdischen Gemeinde als auch ihren Wunsch und ihre Hoffnung, in die Gesellschaft hineinwirken zu dürfen und zu können.

Gleichwohl hat auch diese Synagoge wie so viele andere nur bis zum November 1938 in ihrer Funktion dienen können. Seither, also zwei Drittel seiner bisherigen Existenz, wurde das Gebäude gar nicht oder für andere Zwecke verwandt. Der Lauf der Zeit kann dieses Verhältnis nur weiterhin verschieben.

Während des Zweiten Weltkrieges wurde im Vorhof der Synagoge ein Übungsraum für den Reichsluftschutzbund und im Kellergeschoß ein Luftschutzbunker eingerichtet. Nach dem Ende des Krieges und dem militärischen Zusammenbruch des NS-Regimes stand die Synagoge lange Jahre als Ruine im Herzen der Stadt, groß, mächtig, mahnend; aber wie in so vielen Orten wurde auch hier die Mahnung kaum wahr- oder gar angenommen.

Im ersten Nachkriegsjahrzehnt unternahm die Stadt Essen zwei Versuche, an den Novemberpogrom von 1938 und an die nationalsozialistische Massenvernichtung der Juden zu erinnern. Sie zeigen, wie schwer es fiel, sich nicht nur der Geschichte zu stellen, sondern auch die gesellschaftliche Verantwortung für die Taten der NS-Zeit zu übernehmen und folglich politische Konsequenzen zu ziehen. Denkbar ist allerdings auch, daß man – gerade im Bewußtsein dieser Taten – es nicht wagte, Zukunft zu gestalten.

Vor dem Treppenaufgang zum Portal der Synagoge ließ die Stadt 1949 einen Steinsarg als Mahnmal aufstellen. Die Wahl gerade eines Steinsarges mag in unterschiedlicher Weise interpretiert werden: als Symbol für die Tatsache, daß etwa 2500 Essener Juden ermordet wurden, daß viele von ihnen kein Grab hatten und daß man mit einem Sarg daran erinnern sowie die Trauer darum symbolisieren wollte; gleichzeitig kann man die Aufstellung gerade eines Sarges aber als Symbol dafür deuten, daß man sich mit dem Ende jüdischen Lebens (auch in Essen) abgefunden habe. Diese Ambivalenz und Unsicherheit, diese Mischung an Motiven, könnte

Abb. 4: Gedenktafel an der Essener »Alten Synagoge«, 1949

auch die unbeholfene Inschrift erklären, die verharmlosend davon sprach, daß die Essener Opfer des Völkermordes »ihr Leben lassen« mußten. 1981, nachdem die ehemalige Synagoge zu einer Gedenkstätte umgewidmet war, wurde dieser Text geändert. Die Täter der Massenvernichtung sollten nicht mehr verschwiegen werden, gleichwohl blieb auch diesesmal tiefergehende Selbstkritik aus. Der Text lautet nun: »...die vom Nazi-Regime ermordet wurden.« Während der 50er Jahre wurde eine zweite Inschrift an der ehemaligen Synagoge angebracht, in der das Gebäude »ein stummer Zeuge« genannt wird. Dies war die im Inneren ausgebrannte Synagoge sicherlich über einen längeren Zeitraum nach dem Krieg, doch fanden sich erst viel später Bürger, die seine Geschichte zum Sprechen bringen wollten und gebracht haben. Auch in dieser Inschrift werden noch Novemberpogrom und Völkermord als »Geschehen«, nicht als Taten gekennzeichnet.

Sowohl die Wahl eines Steinsarges als Symbol als auch die Wortwahl (wie zum Beispiel »stummer Zeuge«) sind kein Essener Spezifikum, sondern eher beispielhaft für den Umgang mit der Geschichte der nationalsozialistischen Zeit in vielen Orten der Bundesrepublik. Das Spezifikum von Essen ist allerdings, daß von den großen, imposanten, in wilhelminischem Stil erbauten Synagogen nur diese (und noch die weit kleinere in Augsburg) das Novemberpogrom und den Krieg überstanden hat. Mag aber sein, daß man sich in Essen dieser Tatsache lange nicht bewußt war.

Doch was verleitete zu einer Wahl eines Sarges, zu Formulierungen solcher Tafeln? Zur gleichen Zeit hätte ein öffentlicher, offizieller Aufruf bundesdeutscher PolitikerInnen an aus Deutschland stammende Juden, die dann in aller Welt lebten, ergehen können, der sie zu einer Rückkehr einlüde – und dies ungeachtet ihrer Entscheidung!* Ein solcher Aufruf blieb jedoch aus. So abwegig ist ein solcher Gedanke nicht, denkt man an Rumänien, wo der »Rat zur nationalen Rettung« bald nach der Hinrichtung von Ceausescu alle Exilrumänen zur Rückkehr aufgerufen hat. Noch deutlicher wird es durch die am 13. März 1990 an der Feldherrnhalle in München von den Künstlern Thomas Lehnerer und Rudolf Herz angebrachte Tafel.

Muß die Hinnahme eines möglichen Endes jüdischen Lebens in Deutschland eher als Erfüllung eines Wunsches denn als Akzeptanz geschichtlicher Ereignisse interpretiert werden? Möglicherweise ein Hinweis mehr auf einen Versuch, den Völkermord zu verdrängen?

Die Stadt Essen, die seit 1959 Eigentümerin des Synagogengebäudes ist, ließ den Innenraum in eine damals übliche nüchterne Form bringen, ließ die Kuppel mit einer tief abgehängten Decke verdecken, den Toraschrein abreißen und brachte 1961 in dieser früheren Synagoge ein Museum unter, jedoch keines, das sich mit Geschichte befaßte, sondern eins, das die vermeintlich schönen Formen der Nachkriegsgestaltung zeigen sollte – das »Haus Industrieform«. Zu dem damaligen Zeitpunkt war das Bewußtsein noch nicht geschärft, daß es gilt, Spuren der Geschichte, Spuren auch jüdischen Lebens in diesem Land zu bewahren. Es fehlte vielleicht auch die Distanz zu den Tätern, die noch lebten, zahlreich, und es fehlte womöglich auch der Mut, Konsequenzen zu ziehen aus der Erkenntnis, daß Gegenwart jeweils nur ein Schnittpunkt von Vergangenheit und Zukunft ist, daß nur, wer Herkunft hat, auch auf Zukunft hoffen darf und daß deshalb nur eine offene Konfrontation mit der Vergangenheit eine Chance für die Zukunft birgt.

Verursacht durch einen Kurzschluß brannten Vitrinen und wesentliche Teile des »Haus Industrieform« 1979 aus. Der Rat der Stadt Essen beschloß daraufhin, dem Gebäude eine neue Zweckbestimmung zu geben. So ist das Gebäude seither als »Alte Synagoge« Gedenkstätte und histo-

* Interessant in diesem Zusammenhang ist die Stimme Hermann Brochs, der (von den USA aus) ab dem 24. 7. 1945 einen intensiven Briefwechsel mit Volkmar von Zühlsdorff führte, der als Gegner des Regimes aus Deutschland nach USA geflüchtet war und 1945 zurückkehrte. In einem Brief vom 9. 8. 1945 schreibt Broch an Zühlsdorff, der noch in den USA weilte, u. a.: »Und darum bin ich auch der Ansicht, daß jeder, der guten Willens ist, nach Deutschland zurückkehren kann und soll, jeder und doch kein Jude; denn der Täter wird beim Anblick des Opfers verstockt, und außerdem würden ja nicht die Toten, sondern die Lebenden heimkehren...«, in: Hermann Broch, Briefe über Deutschland 1945–1949, Frankfurt, 1986, S. 26.

Abb. 5: Feldherrnhalle, München, provisorisch angebracht von den Künstlern Rolf Herz und Thomas Lehnerer am 13. März 1990

risch-politisches Dokumentationsforum der Stadt Essen. Am 9. November 1980 wurde die »Alte Synagoge« mit einer Ausstellung »Widerstand und Verfolgung in Essen 1933–1945« eröffnet. Seither dient sie als wichtiges Zentrum für die Auseinandersetzung mit der Geschichte, aber auch als Informationsquelle über die Juden von Essen und das Judentum überhaupt.

Weder die Umwidmung des Hauses noch die Eröffnung der inhaltlich völlig anderen Ausstellung hatten eine Veränderung im Inneren des Raumes bewirkt. Die architektonisch nüchterne Innengestalt wurde gegenüber dem »Haus Industrieform« kaum verändert. Der ursprüngliche Charakter des Hauses als Synagoge war im Inneren auch in der neuen Funktion als Gedenkstätte nicht wahrnehmbar.

Langsam reifte die Erkenntnis der Notwendigkeit einer Veränderung in zweierlei Hinsicht: sowohl am Bauwerk selbst als auch hinsichtlich der Ausstellung. So wurde im Herbst 1986 – auf Grund großzügiger Bereitstellung auch von Landesmitteln – mit umfangreichen Rekonstruktionsarbeiten an der »Alten Synagoge« begonnen. Im Rahmen dieser Arbeiten wurde zum Beispiel die Kuppel wieder freigelegt. Die Frauenempore, die bei den Umbaumaßnahmen zum »Haus Industrieform« wesentlich verändert worden war, wurde wieder in Orginalhöhe und der ursprünglichen ovalen Form eingezogen.

Ein Grundgedanke bei dieser aufwendigen Maßnahme zielte darauf: die vormalige Gestalt des Synagogeninneren in ihren Konturen nachvollziehbar werden zu lassen, aber zugleich die unwiederbringlichen Verluste deutlich zu markieren, gewissermaßen auch sie »sichtbar« zu machen. So wurden beispielsweise die Deckenornamente im Tonnengewölbe über dem Toraschrein nicht rekonstruiert, sondern als weiße, leere Kreise – den Verlust markierend – frei gelassen. Ähnliches gilt für den Kronleuchter. Der neue wurde zwar an jenen Stellen abgehängt, an denen auch der ursprüngliche Kronleuchter hing, doch ist der Leuchter selbst keine Nachbildung des ursprünglichen, sondern in Anlehnung an die Form des einstigen modern gestaltet. Dieses Prinzip wurde weitgehend durchgehalten, mit einer Ausnahme: Der Torabereich wurde nach den Vorlagen fast originalgetreu wiederhergestellt. Damit wurde das Prinzip der »Rekonstruktion im Ansatz« durchbrochen und der Verlust gerade an diesem wichtigen Ort gar nicht sichtbar. Bedenkt man, daß der ursprüngliche Toraschrein – einschließlich Mosaik-Schriftzug – noch bis 1959 erhalten war, bedrängt einen die Neugier nach den erkenntnisleitenden Motiven, die zum Durchbrechen des Rekonstruktionsprinzips an dieser Stelle maßgebend waren. Auf diese Weise wurde der Sakralcharakter des Innenraumes betont, der Mehrdeutigkeiten dort erzeugt, wo Eindeutigkeit gefragt ist. Was sicherlich schwierig zu zeigen wäre – bei jedem Versuch einer solchen »Rekonstruktion im Ansatz« –, ist der Verlust der inneren Stimmigkeit, die den Charakter des Hauptraumes prägte und kennzeichnete. Diese innere Stimmigkeit, die durch eine mit Bedacht ausgewählte Ornamentik unterstützt wurde, wies – wie aus zeitgenössischen Texten zu entnehmen ist – auch eine Farbkombination auf, die Würde und Pracht vermittelte. Über die architektonische Konzeption konnte man ästhetisch gewiß unterschiedlicher Meinung sein, nicht über das Faktum der Stimmigkeit. Und diese ist nicht mehr erkennbar.

Nicht zuletzt durch die fast getreue Rekonstruktion des Torabereiches und der damit verbundenen Betonung eines Sakralcharakters tritt noch deutlicher zutage, wie irritierend oder gar irreführend der Name »Alte Synagoge« für diese Einrichtung ist. Jedes der beiden Wörter trifft nicht wirklich zu. Ob für einen (heute) 78jährigen Bau die Bezeichnung »alt« gerechtfertigt ist, mag strittig bleiben, gewiß ist jedoch, daß er nicht mehr als Synagoge dient. Der geführte Name jedoch – vor allem im Gegensatz zu der 1959 eingeweihten »Neuen Synagoge« in der Sedanstraße – macht glauben, daß es sich hier um eine noch benutzte Synagoge handele. Korrekter wäre natürlich »frühere«, »einstige« oder »ehemalige« Synagoge, doch sind dies sprachlich unbefriedigende Vorschläge: »Alte Synagoge« wirkt gegenüber solchen Bezeichnungen eher verschleiernd.

Seit dem 5. November 1988 ist die »Alte Synagoge« in ihrer erneuerten Innengestalt der Öffentlichkeit wieder zugänglich mit der neuen Ausstellung »Stationen jüdischen Lebens. Von der Emanzipation bis zur Gegenwart« und mit der überarbeiteten (und umbenannten) bisherigen Ausstellung »Verfolgung und Widerstand in Essen 1933–1945«. Es scheint, daß gerade die Neugestalt im Inneren sowie die neue Ausstellung Probleme und Widersprüche spürbar und sichtbar an die Oberfläche getragen haben, die ins Zentrum des Selbstverständnisses der Einrichtung reichen. Dieser größte erhaltene Synagogenbau nördlich der Alpen ist nach dem Krieg weder erneutes Versammlungshaus einer jüdischen Gemeinde noch ein »Jüdisches Museum«, sondern eine Gedenkstätte geworden, und somit ist und bleibt der zentrale inhaltliche Widerspruch das Haus selbst. Diese ehemalige Synagoge – in der man sich einst zum Beten, Singen, Lernen versammelte – ist seit über fünfzig Jahren nicht mehr und heute nicht wieder ein »Haus der Versammlung« und wird somit zu einer Anfechtung, zu einem unübersehbaren Denk-Mal, das zum Denken ebenso wie zum Fragen herausfordern soll. Paßt angesichts dieser Beobachtung dann für die »Alte Synagoge« der Begriff Gedenkstätte? Kann ein Ort, der zum Beten, dem Lernen, dem gemeinsamen Trauern und Erleben, dem Singen und Freuen galt – also kein Ort war, an dem Menschen gequält und geschunden, erniedrigt und ermordet wurden –, kann

und soll er – durch seine heutige Bezeichnung – in eine Reihe mit Dachau, Neuengamme, Flossenbürg... gestellt werden?
Oder wiegt die Tatsache, daß all die Menschen, die sich einst in diesem Haus zum Beten, Singen, Lernen versammelten, daß sie emigrieren mußten (und es noch konnten) oder umgebracht wurden, wiegt sie all diese Überlegungen auf und wird letztlich doch zur Mahnung – und somit Anlaß zum Gedenken? Und wenn ja – kann sie dies in gleicher Weise für die Mehrheitsgesellschaft wie für Juden sein?
In der Wahrnehmung dieser Widersprüche können alle Lösungen nichts anderes als einen Kompromiß darstellen. Dies gilt auch für die neue Ausstellung »Stationen jüdischen Lebens. Von der Emanzipation bis zur Gegenwart«. Die Spannung zwischen architektonischer Gestalt und heutiger Nutzung des Gebäudes sollte dadurch ein wenig gelöst werden, daß die Ausstellung nur im Erdgeschoß und dort auch lediglich unterhalb der Empore untergebracht ist. Auf diese Weise ist sie jederzeit sichtbar und zu keiner Zeit für den Rest noch spürbarer Stimmigkeit der architektonischen Gestalt störend.
Vor diesem Hintergrund ist auch die inhaltliche Seite der neuen Ausstellung* zu sehen: Ihr Titel ist gewissermaßen Programm. Stationen jüdischen Lebens – damit soll darauf hingewiesen werden, daß die Konzeption der Ausstellung primär dem Leben zugewandt ist, den »Gefährdungen zum Trotz«. Sie will zuallererst und bewußt jüdisches Leben und jüdisches Selbstverständnis zeigen – gewiß, orts- und zeitgebunden. Deshalb auch der Untertitel: Von der Emanzipation bis zur Gegenwart. Die Lebenszugewandtheit dieser Konzeption ist jenen Menschen zugedacht, die sich mutig selbst behaupteten oder dies wenigstens versuchten.
Gleichzeitig sollte aber auch die Mentalität, Denkweise und vor allem das Verhalten der Mehrheitsgesellschaft ständig gegenwärtig sein. Eine Auseinandersetzung mit diesen Aspekten wird zwar zu keiner Antwort auf die bohrende Frage nach dem »Warum?« der Shoah führen, sie bietet aber eine Chance zur Bewußtwerdung und Bearbeitung.
Stationen jüdischen Lebens – Es ist hier der Versuch unternommen worden, Jüdisches in seiner Vielfalt zu zeigen, also sowohl den religiösen Aspekt jüdischer Existenz als auch den ontischen, der sich in Soziales, Wirtschaftliches, Berufliches, Kulturelles, Persönliches auffächern läßt. Dies versuchten wir an Hand von neun Stationen jüdischen Lebens aufzuzeigen – Stationen, ein Wort, das viele Assoziationen in großer Ambivalenz und Vielschichtigkeit wachruft. Das war gewollt. »Stationen« läßt

* Neue Dauerausstellung »Stationen jüdischen Lebens. Von der Emanzipation bis zur Gegenwart«. Gesamtherstellung: Wolfgang Schneider. Wissenschaftliche Konzeption Edna Brocke und Michael Zimmermann unter Mitarbeit von Angelika Brimmer-Brebeck.

Statisches ahnen, und gleichzeitig weist es auf den dynamischen Prozeß von Entwicklung und Veränderung hin.

Die Emanzipation, jene Schwelle, die den Juden die Hoffnung auf Gleichberechtigung und Gleichstellung bedeutete, war der Zeitpunkt, bis zu dem die religiöse Zugehörigkeit das Markanteste und Bestimmende in der jüdischen Diaspora-Existenz war. Deshalb beginnt die Ausstellung mit einem Hinweis auf den religiösen Bereich (in der Gemeinde sowie im familiären Kontext). Von dort aus folgen Etappen, in denen jüdisches Leben an Hand ganz unterschiedlicher Einrichtungen wie dem jüdischen Sportbund Hakoah einerseits oder dem Reichsbund jüdischer Frontsoldaten andererseits beschrieben wird. Versuche von Juden, sich ökonomisch einzugliedern, stehen neben den Schilderungen der Probleme vieler *Ostjuden*, ihren Weg innerjüdisch in einer so stark westlich geprägten Gemeinde zu finden. Die Ausgrenzung der Juden im Nationalsozialismus wird durch eine Kontrastierung zum Verhalten der damaligen Mehrheitsgesellschaft gezeigt.

Antwortversuche auf Entrechtung sowie Ausgrenzung fanden unterschiedliche Ausdrucksformen: so zum Beispiel in der Errichtung des Cafés Dreilindenstraße, in dem sich Juden treffen konnten, nachdem sie aus den anderen Cafés ausgegrenzt worden waren; oder die Initiativen der verschiedenen Jugendbewegungen und anderen Aktivitäten im Jugendheim, wie auch jene der zionistischen Bewegung, die die Auswanderung intensiv vorbereiteten. Die Wahrnehmung der großen ökonomischen Probleme, die damit verbunden waren, aber auch die Einsicht, daß es sich dabei im wesentlichen weniger um Emigration als um Flucht handelte, sind ein wichtiger Bestandteil der Ausstellung.

Die Vorgeschichte der Shoah wird in der Ausstellung in Bildern nur indirekt gezeigt. Hingegen in Tondokumenten – direkt. Es sind 16 Original-Interviews mit ehemaligen Essenern, die sich akustisch als Tonspur (die mit Tonabnehmern gehört werden kann) durch die Ausstellung ziehen.

Die Shoah markiert einen Punkt, an dem sich Diskontinuität und Kontinuität jüdischen Lebens überschneiden: Jüdisches Leben, so wie es vor der Shoah existierte, ist (in Osteuropa, in Westeuropa und) auch in Essen heute nicht mehr möglich. Es gibt kein deutsches Judentum mehr. Das soll in der Ausstellung mit einer Stahlschiene, die auf dem Fußboden liegt, markiert und mit einem Text von Leo Baeck aus dem Jahr 1945 unterstrichen werden. Er lautet:

»Für uns Juden aus Deutschland ist eine Geschichtsepoche zu Ende gegangen. Eine solche geht zu Ende, wenn immer eine Hoffnung, ein Glaube, eine Zuversicht endgültig zu Grabe getragen werden muß. Unser Glaube war es, daß deutscher und jüdischer Geist auf deutschem Boden sich treffen und durch ihre Vermählung zum Segen werden können. Dies

war eine Illusion – die Epoche der Juden in Deutschland ist ein für allemal vorbei.«
Gleichzeitig gilt aber: Es leben wieder Juden in Deutschland. Auch in Essen. Es gibt keine Nachfolge-Gemeinde der einstigen, weder in Essen noch andernorts, aber jüdisches Leben ist dennoch wieder möglich. In Essen und andernorts in Deutschland. Auch das Bauwerk »lebt« weiter, jedoch nicht mehr als Ort einer jüdischen Gemeinde, sondern als eine städtische Einrichtung, die sich selbst als Stein des Anstoßes versteht und die deshalb in die aktuelle kulturell-politische Diskussion lebhaft und lebendig hineinwirken möchte. Nur eine mutige – in diesem Fall also selbstkritische – Auseinandersetzung mit Etappen der eigenen Geschichte kann dem Ansehen einer Stadt zugute kommen und somit Glaubwürdigkeit herstellen. Dazu beizutragen ist Aufgabe auch der »Alten Synagoge«.
So gehört zu dieser Auseinandersetzung auch die Beschreibung und Würdigung des Einsatzes jener Menschen, die aus menschlicher, politischer oder religiöser Motivation heraus im Rahmen des ihnen Möglichen – zuweilen auch unter Einsatz des eigenen Lebens – geholfen oder widerstanden haben. Die Ausstellung »Widerstand und Verfolgung in Essen 1933–1945« ist in überarbeiteter Weise und mit verändertem Titel »Verfolgung und Widerstand in Essen 1933–1945«* auch weiterhin in der »Alten Synagoge« – im Emporenbereich – zu sehen. Die Ausstellung zielt auf Fragen, die für die heutige Auseinandersetzung mit der NS-Zeit wichtig sind.
Im Themenbereich »Die Krise der Weimarer Republik« werden vor allem zwei Fragen aufgeworfen: Wie kam es zum Zusammenbruch der ersten deutschen Demokratie? Und: Welche Faktoren ermöglichten den Aufstieg des Nationalsozialismus?
Im Themenbereich »Als die Nazis an die Macht kamen« wird dokumentiert, wie sich die Nationalsozialisten in der Phase der »Machtergreifung« im einzelnen durchsetzten und in welcher Weise sie dabei Terror, Propaganda und Versprechungen miteinander verbanden, wo sie auf Widerstand stießen und wo ihnen Anpassung oder gar aktive Unterstützung weiterhalfen.
In der Abteilung »Widerstand gegen Gleichschaltung, NS-Terror und Kriegsvorbereitung« wird gezeigt, daß und wie Widerstand und Opposition dagegen geleistet wurden, und nicht zuletzt, welche Motive und Ziele diese politische und kirchliche Opposition beflügelten.

* Ausstellung »Verfolgung und Widerstand in Essen 1933–1945«. Gesamtherstellung: Wolfgang Schneider. Wissenschaftliche Konzeption der ursprünglichen Ausstellung 1980: Detlev Peukert, Ernst Schmidt, Gustav Streich. Konzeptionelle Überarbeitung 1989: Michael Zimmermann.

Ein Bereich der Ausstellung befaßt sich mit dem Vorkriegs-, ein weiterer mit dem Kriegsalltag in Essen. Dabei wird deutlich, daß das Bild von einer harmonischen nationalsozialistisch ausgerichteten »Volksgemeinschaft«, das die Goebbels-Propaganda entwarf, der Wirklichkeit nicht entsprach. Gleichwohl gingen Macht und Einfluß des NS-Systems auf die Bevölkerung nicht allein auf Unterdrückung und geschickte Propaganda zurück. Der Rückgang der Arbeitslosigkeit – großenteils durch die Aufrüstung bedingt – sowie die aggressive Außenpolitik des Regimes und der Kult um den »Führer« sicherten der NS-Führung in weiten Kreisen Zustimmung oder zumindest passive Duldung.

Der nationalsozialistische Rassismus sonderte solche Gruppen und Personen als »wertlos« oder »minderwertig« aus, die als vermeintlich oder wirklich Unangepaßte und Fremde nicht der Richtschnur von einer »deutschen Volksgemeinschaft« entsprachen: »Asoziale«, »Fremdvölkische«, Sinti und Roma, Homosexuelle, Geisteskranke oder vorgeblich »unverbesserliche« Gegner des Regimes. Diesen heute oft vergessenen Opfern der NS-Verfolgung ist in der Ausstellung ein besonderer Teil gewidmet. Ihrer sollte ebenso gedacht werden wie der mehr als 100000 ausländischen Männer und Frauen – meist Kriegsgefangene und zivile »Fremdarbeiter« –, die während des Zweiten Weltkrieges in Essen zwangsarbeiten mußten.

Der Ausstellungsbereich »Befreiung und Wiederaufbau« macht schließlich deutlich, daß schon in den Tagen der militärischen Befreiung durch die Alliierten Frauen und Männer des Widerstandes begannen, für einen demokratischen Neubeginn initiativ zu werden. Dieser demokratische Neubeginn rechtfertigt es aber nicht, das Kriegsende als »Stunde Null« zu kennzeichnen. Personelle Kontinuitäten in der Bürokratie und in den Führungseliten lassen dies ebensowenig zu wie die Tatsache, daß auch die Bevölkerung ihre Prägung durch das NS-System nicht einfach ablegen konnte.

In beiden Ausstellungen (sowohl in »Stationen jüdischen Lebens. Von der Emanzipation bis zur Gegenwart« als auch in »Verfolgung und Widerstand in Essen 1933–1945«) werden Lebensläufe und -schicksale einzelner Essener dargestellt: Sechs Kurzbiographien von jüdischen Essenern sind es in der einen Ausstellung und acht von nicht-jüdischen Gegnern des NS-Regimes in der anderen. Letztere zeigen, daß Widerstand nicht von anonymen Organisationen, sondern von konkreten, einzelnen Menschen geleistet wurde.

Diese beiden Dauerausstellungen dienen als Brennpunkt der thematischen Arbeit der Einrichtung, lassen aber gleichwohl genügend Raum sowohl für Wechselausstellungen als auch für ein breites Angebot an kulturellen Veranstaltungen unterschiedlichster Art. Wichtig für eine Erin-

nerungsstätte wie die »Alte Synagoge« ist die Zusammenarbeit mit anderen städtischen wie außerstädtischen Institutionen, mit jüdischen Organisationen im In- und Ausland sowie das Eingehen auf die vielen unterschiedlichen Anregungen, die einzelne und Gruppen einbringen.
In welcher Richtung die »Alte Synagoge« wirken möchte, und inwieweit sie sich durch ihre eigene Arbeit in den Lernprozeß, der um das Bauwerk selbst rankt, miteinbringen kann, wird aus dem letzten Abschnitt einer Tafel, die im November 1988 dort angebracht wurde, deutlich. Er lautet:
»Heute erinnern Grabsteine und dieses Haus an eine einst bedeutende jüdische Gemeinde. Nach 1945 kehrten nur wenige Überlebende nach Essen zurück. Ihr Schicksal und das der Ermordeten mahnen uns, für eine Gesellschaft einzutreten, in der wir ›... den besseren Zustand ... denken als den, in dem man ohne Angst verschieden sein kann‹ (Th. W. Adorno).«

Anmerkungen und Literatur

Alfred Haverkamp
Lebensbedingungen der Juden im spätmittelalterlichen Deutschland

Aufgebauer, P., Die Geschichte der Juden in der Stadt Hildesheim im Mittelalter und in der frühen Neuzeit, 1984.

Backhaus, F., Die Hostienschändungsprozesse von Sternberg (1492) und Berlin (1510) und die Ausweisung der Juden aus Mecklenburg und der Mark Brandenburg, in: Jahrbuch für brandenburgische Landesgeschichte 39 (1988) S. 7–26.

Ders., Judenfeindschaft und Judenvertreibungen im Mittelalter. Zur Ausweisung der Juden aus dem Mittelelbraum im 15. Jahrhundert, in: Jahrbuch für die Geschichte Mittel- und Ostdeutschlands 36 (1987) S. 275–332.

Battenberg, J. F., Des Kaisers Kammerknechte. Gedanken zur rechtlich-sozialen Situation der Juden in Spätmittelalter und früher Neuzeit, in: Historische Zeitschrift 245 (1987) S. 545–599.

Behringer, W., Hexenverfolgung in Bayern. Volksmagie, Glaubenseifer und Staatsraison in der frühen Neuzeit, 1987.

Blauert, A., Frühe Hexenverfolgungen. Ketzer-, Zauberei- und Hexenprozesse des 15. Jahrhunderts, 1989.

Blickle, P., Gemeindereformation. Die Menschen des 16. Jahrhunderts auf dem Weg zum Heil, 1985.

Ders., Bauern und Reformation. Positionsbestimmungen, in: Zugänge zur bäuerlichen Reformation, hg. von P. Blickle, 1987, S. 9–20.

Ders., Unruhen in der ständischen Gesellschaft 1300–1800, 1988.

Ders., Kunisch, J. (Hg.), Kommunalisierung und Christianisierung. Voraussetzungen und Folgen der Reformation 1400–1600, 1989.

Brincken, A. von den, Das Rechtfertigungsschreiben der Stadt Köln wegen Ausweisung der Juden im Jahre 1424. Zur Motivierung spätmittelalterlicher Judenvertreibungen in West- und Mitteleuropa, in: Mitteilungen aus dem Stadtarchiv Köln 60 (1971) S. 305–339.

Chazan, R., Daggers of Faith: Thirteenth-Century Christian Missionizing and Jewish Response, 1988.

Cohausz, A., Vier ehemalige Sakramentswallfahrten: Gottsbüren, Hillentrupp, Blomberg und Büren, in: Westfälische Zeitschrift 112 (1962) S. 275–304.

Cohen, D. J., Die Entwicklung der Landesrabbinate in den deutschen Territorien bis zur Emanzipation, in: Zur Geschichte der Juden im Deutschland des späten Mittelalters und der frühen Neuzeit, hg. von A. Haverkamp, 1981, S. 221–242.

Dinzelbacher, P., Bauer, D. R. (Hg.), Volksreligion im hohen und späten Mittelalter, 1990.

Eckert, W. P., Die Universität Köln und die Juden im späten Mittelalter, in: Die Kölner Universität im Mittelalter. Geistige Wurzeln und soziale Wirklichkeit, hg. von A. Zimmermann, 1989, S. 488–507.

Eckstein, A., Geschichte der Juden im ehemaligen Fürstbistum Bamberg, 1898.

Elm, K., Die Franziskanerobservanz als Bildungsreform, in: Lebenslehren und Weltentwürfe im Übergang vom Mittelalter zur Neuzeit, hg. von H. Boockmann, B. Moeller, K. Stackmann, 1989, S. 201–213.

Ders., Johannes Kapistrans Predigtreise diesseits der Alpen, in: ebd., S. 500–519.

Erb, R., Lichtblau, A., »Es hat nie einen jüdischen Ritualmord gegeben.« Konflikte um die Abschaffung der Verehrung des Andreas von Rinn, in: Zeitgeschichte 17 (1989) S. 127–162.

Fischer, H. (= A. Maimon), Die verfassungsrechtliche Stellung der Juden in den deutschen Städten des 13. Jahrhunderts, 1931.

Frey, W., Ritualmordlüge und Judenhaß in der Volkskultur des Spätmittelalters. Die Schriften des Andreas Osiander und Johannes Eck, in: Volkskultur des europäischen Spätmittelalters, hg. von P. Dinzelbacher, H. D. Mück, 1987, S. 177–197.

Geschichte und Kultur der Juden in Bayern. Aufsätze, hg. von M. Treml, J. Kirmeier, 1988.

Graus, F., Pest – Geißler – Judenmorde. Das 14. Jahrhundert als Krisenzeit, 2., durchgesehene Aufl. 1988.

Haverkamp, A., Die Juden im Erzstift Trier während des Mittelalters, in: Die Juden in ihrer mittelalterlichen Umwelt (im Druck).

Ders., Die Judenverfolgungen zur Zeit des Schwarzen Todes im Gesellschaftsgefüge deutscher Städte, in: Zur Geschichte der Juden im Deutschland des späten Mittelalters und der frühen Neuzeit, hg. von A. Haverkamp, 1981, S. 27–93.

Der Hexenhammer. Entstehung und Umfeld des Malleus maleficiarum von 1487, hg. von P. Segl, 1988.

Kisch, G., Ausgewählte Schriften, 3 Bde., 1978, 1979, 1980.

Little, L. K., Religious poverty and the profit economy in medieval Europe, 1978.

Longière, J., La prédication médiévale, 1983.

Lotter, F., Hostienfrevelvorwurf und Blutwunderfälschung bei den Judenverfolgungen von 1298 (»Rintfleisch«) und 1336–1338 (»Armleder«), in: Fälschungen im Mittelalter, Teil V, 1988, S. 533–583.

Ders., Die Judenverfolgung des »König Rintfleisch« in Franken um 1298. Die endgültige Wende in den christlich-jüdischen Beziehungen im Deutschen Reich des Mittelalters, in: Zeitschrift für Historische Forschung 15 (1988) S. 385–422.

Meuthen, E., Die deutsche Legationsreise des Nikolaus von Cues 1451/52, in: Lebenslehren und Weltentwürfe im Übergang vom Mittelalter zur Neuzeit, hg. von H. Boockmann, B. Moeller, K. Stackmann, 1989, S. 421–499.

Ders., Gab es ein spätes Mittelalter?, in: Spätzeit. Studien zu den Problemen eines historischen Epochenbegriffs, hg. von Johannes Kunisch, 1990, S. 91–136.

Moeller, B., Reichsstadt und Reformation, 1962.

Ders., Deutschland im Zeitalter der Reformation, 1977.

Moraw, P., Von offener Verfassung zu gestalteter Verdichtung: Das Reich im späten Mittelalter, 1985.

Patschovsky, A., Judenverfolgung im Mittelalter, in: Verfolgung und Widerstand, hg. von H. Kreutzer, D. Zerlin, 1989, S. 27–46.

Rosenfeld, H., Der mittelalterliche Totentanz. Entstehung, Entwicklung, Bedeutung, 2., verb. u. verm. Aufl. 1968.

Rowan, S., Ulrich Zasius, A Jurist in the German Renaissance, 1461–1535, 1987.

Schilling, H., Gab es im späten Mittelalter und zu Beginn der Neuzeit in Deutschland einen städtischen »Republikanismus«?, in: Republiken und Republikanismus im Europa der Frühen Neuzeit, hg. von H. Koenigsberger, 1988, S. 101–143.

Scribner, R. W., Ritual and Popular Religion in Catholic Germany at the Time of the Reformation, in: Journal of Ecclesiastical History 35 (1984) S. 47–77.

Stammler, W., Der Totentanz. Entstehung und Deutung, 1948.

Toch, M., Geld und Kredit in einer spätmittelalterlichen Landschaft. Zu einem unbeachteten hebräischen Schuldenregister aus Niederbayern (1329–1332), in: Deutsches Archiv für Erforschung des Mittelalters 38 (1982) S. 499–550.

Ders., Judenfeindschaft im deutschen Spätmittelalter, in: Judentum und Antisemitismus von der Antike bis zur Gegenwart, hg. von Th. Klein, V. Losemann, G. Mai, 1984, S. 65–75.

Trachtenberg, J., Jewish Magic and Superstition, 1939.

Wenninger, M. J., Man bedarf keiner Juden mehr. Ursachen und Hintergründe ihrer Vertreibung aus den deutschen Reichsstädten im 15. Jahrhundert, 1981.

Rainer Walz
Lage und Selbstverständnis der deutschen Juden im 16. Jahrhundert

1 Dazu Salo W. Baron, A Social and Religious History of the Jews, Bd. 11, New York–London 1967, S. 236ff., Bd. 13, New York und London 1969, S. 3ff.

2 Werner Heise, Die Juden in der Mark Brandenburg bis zum Jahre 1571, Berlin 1932, S. 210ff. Kurze Schilderung in Wolfgang Ribbe (Hg.), Geschichte Berlins, Bd. 1, München 1987, S. 288ff.

3 Will-Erich Peuckert, Ritualmord, in: Handwörterbuch des Aberglaubens, Bd. 7, Sp. 727ff. Abgesehen von Ritualmord- und Hostienfrevelbeschuldigungen galten die Juden als große Zauberer, was mit den magischen Elementen der Kabbalah zusammenhing, vgl. R. Po-chia Hsia, The Myth of Ritual Murder, New Haven–London 1988, S. 6ff.

4 Zu den Konflikten in Regensburg vgl. Leonhard Theobald, Die Reformationsgeschichte der Reichsstadt Regensburg, Bd. 1, München 1936, S. 8ff. Zum Zusammenhang der Verfolgung von Juden und sozialem Protest Heiko A. Oberman, Zwischen Agitation und Reformation: Die Flugschriften als »Judenspiegel«, in: Hans-Joachim Köhler (Hg.), Flugschriften als Massenmedium der Reformationszeit, Stuttgart 1981, S. 269ff.

5 Hirsch J. Zimmels, Ashkenazim and Sephardim, London 1958, S. 221, Moritz Güdemann, Geschichte des Erziehungswesens und der Cultur der Juden in Deutschland, Bd. 3, Wien 1888 (Nachdruck 1966), S. 153.

6 Zu Lippold Heise (Anm. 2), S. 265ff. und 278ff.

7 Vgl. dazu Allan H. und Helen E. Cutler, The Jew as Ally of the Muslim, Notre Dame 1986, S. 116f.

8 Eric Zimmer, Harmony and Discord, New York 1970, S. 34–37, S. 150. In der Regel galten alle internen Befreiungen als ausgesetzt, wenn die Steuer zur Abwendung großer Gefahren bezahlt werden mußte.

9 Raphael Straus, Die Juden in Wirtschaft und Gesellschaft, Frankfurt a. M.

1964, S. 64 und 66. Zu Hubmaier: Torsten Bergsten, Balthasar Hubmaier, Kassel 1961, S. 76ff. Zu Pfefferkorn: Hans-Martin Kirn, Das Bild vom Juden im Deutschland des frühen 16. Jhs. dargestellt an den Schriften Johannes Pfefferkorns, Tübingen 1989.

10 »O, yr Cristenlichen fursten, Fursten und heren, stet vnd ander, hinder denen sie beschawrtt (beschirmt), behawst vnd behoft werden vmb des sundigen, blutigen guts wegen, das ir van ynnen entfangt! Bedenckt, wie solichs van dem sweys vnd blut ewr vntersaissen so jemerlich gesogen wirt, des ir euch also mit teylhaftig machet«, Hans-Martin Kirn (Anm. 9), S. 220f.

11 Friedrich Battenberg, Des Kaisers Kammerknechte, in: Historische Zeitschrift 245 (1987), S. 545ff.

12 Dazu Wilhelm Güde, Die rechtliche Stellung der Juden in den Schriften deutscher Juristen des 16. und 17. Jhs., Sigmaringen 1981, S. 37. Ulrich Zasius, De ivdaeis, in: Ders., Opera omnia V, Lyon 1550, Nachdruck Aalen 1966, S. 335f.: »(...) Non ergo, quia a nobis humanitate afficiuntur, a seruitutis iugo eximi possunt, quod eis a iure non solum positiuo, sed et gentium, hoc est, ex captiuitate iusti belli, per clarissimum Imperatorem Romanum Titum contra eos euicti, impositum, et (...) mandato Constantini Magni firmatum est.« Dies bezieht sich auf die Zerstörung Jerusalems durch Titus.

13 Werner Heise (Anm. 2), S. 175.

14 Wilhelm Güde (Anm. 12), S. 36f.

15 Arye Maimon, Der Judenvertreibungsversuch Albrechts II. von Mainz und sein Mißerfolg (1515/1516), in: Jahrbuch für westdeutsche Landesgeschichte 4 (1978) S. 191ff.

16 Dazu Hermann Wiesflecker, Kaiser Maximilian I., Bd. 2, München 1975, S. 412, Bd. 5, München, 1986, S. 592–597.

17 Selma Stern, Der preußische Staat und die Juden, Bd. 1, Erste Abt., Tübingen 1962, S. 64. Vgl. auch R. Po-chia Hsia, Die Juden im Alten Reich: Forschungsaufgaben zur Geschichte der Juden im späten Mittelalter und in der frühen Neuzeit, in: Georg Schmidt (Hg.), Stände und Gesellschaft im Alten Reich, Wiesbaden 1989, S. 211ff. Fritz Backhaus, Judenfeindschaft und Judenvertreibung im Mittelalter. Zur Ausweisung der Juden aus dem Mittelelbraum im 15. Jh., in: Jahrbuch für Geschichte Mittel- und Ostdeutschlands 36 (1987), S. 311. Aaron Ackermann, Geschichte der Juden in Brandenburg a. H., Berlin 1906, S. 26.

18 Markus J. Wenninger, Man bedarf keiner Juden mehr, Wien–Köln–Graz 1981, S. 147.

19 Hirsch J. Zimmels (Anm. 5), S. 219f., Moritz Güdemann (Anm. 5), S. 153ff., Joshua Trachtenberg, Jewish Magic and Superstition, New York 1939, S. 1ff.

20 Eric Zimmer (Anm. 8), S. 72f.

21 Julius Miedel, Die Juden in Memmingen, Memmingen 1909, S. 17, 19f. und 35. Freiheitsbriefe Karls V. 1541 geben »Judenfreiheit« für Nördlingen und Memmingen. Karl wird von Miedel als wenig judenfreundlich bezeichnet, S. 20.

22 Raphael Strauss (Bearb.), Urkunden und Aktenstücke zur Geschichte der Juden in Regensburg 1453–1738, S. 148 und 292.

23 Dieser kann hier nicht ausführlich dargestellt werden, vgl. James H. Overfield, Humanism and Scholasticism in Late Medieval Germany, Princeton 1984, S. 247ff.

24 Jerome Friedman, The Most Ancient Testimony. Sixteenth-century Christian

Hebraica in the Age of Renaissance Nostalgia, Athens, Ohio 1983, S. 20f., Reuchlins Briefwechsel hg. von Ludwig Geiger, Tübingen 1875, S. 123: »Semper enim legendo hebraice videor mihi videre deum ipsum loquentem (...) Et sic horrore quodam et terrore concutior non sine quodam gaudio ineffabili (...).« Schon Adam habe kabbalistische Geheimnisse gelehrt, ebd. S. 105, Hoffnung auf Wunderheilungen u. ä. S. 73.

25 Winfried Trusen, Johannes Reuchlin und die Fakultäten, in: Gundolf Keil, Bernd Moeller, Winfried Trusen (Hg.), Der Humanismus und die oberen Fakultäten, Weinheim 1987, S. 115ff. Reuchlins unflätiger Umgang mit seinen Gegnern läßt ihn, Trusen zufolge, nicht nur in einem günstigen Licht erscheinen.

26 Vgl. dazu James H. Overfield (Anm. 23), S. 253ff. Guido Kisch, Zasius und Reuchlin, Konstanz 1961.

27 Guido Kisch, Erasmus' Stellung zu Juden und Judentum, Tübingen 1969; André Godin, L'Antijudaisme d'Erasme: Equivoques d'un Modèle Théologique, in: Bibliothèque d'Humanisme et Renaissance 47 (1985) S. 537ff., hier S. 547. Apologetisch C. Augustijn, Erasmus und die Juden, in: Nederlandse Archief voor Kerkgeschiedenis 60 (1980), S. 22ff. Zu den Ausfällen des »Erzhumanisten« Conrad Celtis vgl. Wilhelm Güde, Zur rechtlichen Stellung der Juden in der frühen Neuzeit, in: Festgabe zum schweizerischen Juristentag 1973, Basel 1973, S. 1f.

28 Weimarer Ausgabe Bd. 11, S. 307ff., Zit. S. 336. Doch schon in jener Zeit finden sich andere Äußerungen, so etwa, als er 1519 den hochqualifizierten Wittenberger Hebraisten Böschenstein als »nomine christianus, re vera judaeissimus« bezeichnete, Weimarer Ausgabe, Briefe Bd. 1, S. 368.

29 Otto Clemen (Hg.), Flugschriften aus den ersten Jahren der Reformation, Bd. 1, Halle 1907, Nachdruck 1967, S. 373ff.

30 Steven Rowan, Luther, Bucer and Eck on the Jews, in: Sixteenth Century Journal 16 (1985), S. 79ff., S. 80 der Vorschlag, Luther im Zusammenhang zu sehen.

31 Heiko A. Oberman, Die Juden in Luthers Sicht, in: Heinz Kremers (Hg.), Die Juden und Martin Luther. Martin Luther und die Juden, Neukirchen-Vluyn 1985, S. 136ff. Luther befand sich um 1540 in dieser Frage in Übereinstimmung mit seinem größten katholischen Gegenspieler Johannes Eck! Vgl. Remigius Bäumer (der so etwas wie eine Ehrenrettung Ecks versucht), Die Juden im Urteil von Johannes Eck und Martin Luther, in: Münchener Theologische Zeitschrift 34 (1983) S. 253ff. (mit Literatur).

32 Jerome Friedman (Anm. 24), S. 195. Hayim Hillel Ben-Sasson, Jews and Christian Sectarians, in: Viator 4 (1973) S. 369ff.; George H. Williams, Protestants in the Ukraine During the Period of the Polish-Lithuanian Commonwealth, in: Harvard Ukrainian Studies 2 (1978) S. 41ff.

33 Heiko A. Oberman (Anm. 31), S. 143.

34 Jerome Friedman (Anm. 24), S. 195ff.

35 Zitiert nach Martin Bucer, Deutsche Schriften, Bd. 7, Gütersloh–Paris 1964, S. 327.

36 Ebd., 359, 328. Walter Holsten, Christentum und nichtchristliche Religion nach der Auffassung Bucers, in: Theologische Studien und Kritiken 107 (1936) S. 181ff. In der Einleitung zu Bucers Ratschlag die Interpretation, im Römerbriefkommentar habe es sich um theologische, später um eine juristische Problemstellung gehandelt, Martin Bucer (Anm. 35), S. 328.

37 Martin Bucer (Anm. 35), S. 380.
38 Siegmund Salfeld, Die Judenpolitik Philipps des Großmütigen, in: Philipp der Großmütige. Beiträge zur Geschichte seines Lebens und seiner Zeit, Marburg 1904, S. 519ff.
39 Die Judenordnung von 1539 bei Friedrich Battenberg, Judenverordnungen in Hessen-Darmstadt, Wiesbaden 1987, S. 59–61.
40 Reinhold Lewin, Luthers Stellung zu den Juden, Berlin 1911, Neuver. 1973, S. 99f. Allerdings bat Osiander dann Melanchthon dringend, die Angelegenheit vor Luther geheimzuhalten. Vgl. zu Osiander auch Gerhard Ph. Wolf, Osiander und die Juden im Kontext seiner Theologie, in: Zeitschrift für bayerische Kirchengeschichte 53 (1984) S. 49ff.; Heiko A. Oberman, Wurzeln des Antisemitismus. Christenangst und Judenplage im Zeitalter von Humanismus und Reformation, Berlin 1981, S. 188. Bullinger schrieb an Bucer: »(...) sed felix et plausibile argumentum ingratum imo et ineptum reddit suis illis foedis dicteriis et scurrilitate nemini, nedum seni thelogo decora (...) Quis non obstupescat ad arrogantem et praefractum illum spiritum hominis in ultimis Davidis verbis sese insolenter exerentem!« (über Schem Hamphoras, R. W.). Wenn Reuchlin auferstünde, sähe er die Tongern, Hochstraten und Pfefferkorn in Luther in einer Person, Max Lenz (Hg.), Briefwechsel Landgraf Philipps des Großmütigen von Hessen mit Bucer, Bd. 2, Leipzig 1887, S. 224. Bucer antwortete: »Querelam tuam de amarulentis et scurrilibus scriptis Lutheri aequo animo excipio (...) Suo fertur hic vir impetu nec retineri se vi vel obnitendo a quodam patitur«, ebenda, S. 226.
41 Dazu A. H. Burckhardt, Die Judenverfolgung im Kurfürstentum Sachsen von 1536 an, in: Theologische Studien und Kritiken 70 (1897) S. 593–98. Dazu auch Marc U. Edwards, Luther's Last Battles. Politics and Polemics, Leiden 1983, S. 124.
42 Rotraud Ries, Zum Zusammenhang von Reformation und Judenvertreibung: Das Beispiel Braunschweig, in: Helmut Jäger/Franz Petri/Heinz Quirin (Hg.), Civitatum Communitas. Studien zum europäischen Städtewesen. Festschrift Heinz Stoob, Köln–Wien 1984, S. 630ff. Nach Reinhold Lewin (Anm. 40), S. 100ff. war die Bedeutung des Buches allerdings gering, so daß die Juden die Gefahr vielleicht übertrieben. Vgl. Salo W. Baro (Anm. 1), Bd. 14, S. 376, Anm. 46.
43 So urteilt der Kenner Jonathan I. Israel, European Jewry in the Age of Mercantilism 1550–1750, Oxford 1985, S. 15 und 35ff. Vgl. dazu auch S. Ettinger, The Beginnings of the Change in the Attitude of European Society Towards the Jews, in: Scripta Hierosolymitana 7 (1961) S. 193ff.
44 Zu Karl V. Friedman (Anm. 24), S. 207ff. und Stern, Josel von Rosheim, München 1959, S. 89ff.
45 Jonathan I. Israel (Anm. 43), S. 16, Stern (Anm. 44), S. 170, Zitat S. 161.
46 Stern (Anm. 44), zum Reichstag von 1551 S. 199 und Neue und vollständigere Sammlung der Reichs-Abschiede, Zweiter Teil, Nachdruck der Ausgabe von 1747, Osnabrück 1967, S. 622.
47 Sabine Frey, Rechtsschutz der Juden gegen Ausweisungen im 16. Jh. Frankfurt/Bern/New York 1983, S. 54, Wilhelm Güde (Anm. 12), S. 23f., 31 und 47f.
48 Zu Wien, Salo W. Baro (Anm. 1), Bd. 14, S. 150ff.
49 Jonathan I. Israel (Anm. 43), S. 42, Anton Rexhausen, Die rechtliche und wirt-

schaftliche Lage der Juden im Hochstift Hildesheim, Hildesheim 1914, S. 50ff.

50 Zu Lippold: Werner Heise (Anm. 2), S. 265ff. und 278ff. Zu Michel: Peter Aufgebauer, Der Hoffaktor Michel von Derenburg (gest. 1549) und die Polemik gegen ihn, in: Blätter für deutsche Landesgeschichte 120 (1984), S. 371ff. Zur Niederlassung von Portugiesen in Hamburg und Altona Hermann Kellenbenz, Sephardim an der unteren Elbe, Wiesbaden 1958, S. 25ff. und 58ff.

51 Eric Zimmer (Anm. 8), S. 38, 107ff.

52 Arye Maimon, Tagungen von Judenschaften in Westdeutschland im frühen 16. Jh., in: Jahrbuch für westdeutsche Landesgeschichte 5 (1979), S. 71ff. Eric Zimmer, Jewish Synods in Germany during the Late Middle Ages (1286–1603), New York 1978, S. 77ff. Zur sogenannten Rabbinerverschwörung von 1603 vgl. Volker Press, Kaiser Rudolf II. und der Zusammenschluß der deutschen Judenheit. Die sogenannte Frankfurter Rabbinerverschwörung von 1603 und ihre Folgen, in: Alfred Haverkamp (Hg.), Zur Geschichte der Juden im Deutschland des späten Mittelalters und der frühen Neuzeit, Stuttgart 1981, S. 243ff.

53 Moritz Stern, Der Wormser Reichsrabbiner Anselm, in: Zeitschrift für die Geschichte der Juden in Deutschland 5 (1935) S. 157ff.

54 Stern (Anm. 44), S. 117f. Vgl. auch André Neher, David Gans (1541–1613), Paris 1974, S. 216f.

55 Bernhard Brilling, Die Prager jüdische Gemeinde als Fürsprecherin und Vertreterin des deutschen Judentums im 16. und 17. Jh., in: Theokratia 3 (1973–75), S. 185ff.

56 Heinrich Stern, Geschichte der Juden in Nordhausen, Nordhausen 1927, S. 35ff.

57 Hirsch J. Zimmels (Anm. 5), S. 188, die Neigung zu strengerer Haltung als Folge der Verfolgungen S. 189, Strenge der Chassidim, S. 195. Auch ein Nichtjude durfte im jüdischen Haus im Winter am Sabbat kein Feuer machen, eine nichtjüdische Magd nicht nähen. Das Bewußtsein war vorhanden, daß man sich in der Überlieferung nicht mehr auskannte, ebd. S. 203. Strenge Vorschriften über Geschäfte mit Nichtjuden (z. B. drei Tage vor einem heidnischen Fest durfte mit ihnen nicht gehandelt werden) wurden nicht eingehalten, ebd. S. 209. Ebenso wurden die Vorschriften über nichtjüdischen Wein nicht eingehalten, ebd. S. 210f. Vgl. auch Jacob Katz, Exclusiveness and Tolerance. Studies in Jewish-Gentile Relations in Medieval and Modern Times, Oxford 1961. Gershom Scholem, Die jüdische Mystik in ihren Hauptströmungen, 3. Aufl. Frankfurt 1988, S. 87ff.

58 Jacob Katz (Anm. 57).

59 Eric Zimmer (Anm. 8), S. 163f. Peter Herde, Gestaltung und Krisis der christlich-jüdischen Verhältnisse in Regensburg am Ende des Mittelalters, in: Zeitschrift für bayerische Landesgeschichte 22 (1959), S. 385, auch Haim H. Ben-Sasson, Jewish-Christian Disputation in the Setting of Humanism and Reformation in the German Empire, in: Harvard Theological Review 59 (1966), S. 369ff., hier S. 373. Zum alltäglichen Umgang auch Schlomo Spitzer, Das Alltagsleben der österreichischen Juden im Mittelalter, in: Kairos 26 (1984), S. 66ff.

60 Marianne Awerbuch, Zwischen Hoffnung und Vernunft. Geschichtsdeutung

der Juden in Spanien vor der Vertreibung am Beispiel Abravanels und Ibn Vargas, Berlin 1985, bes. S. 141 f. (für 1503 als Datum).

61 Dazu André Neher (Anm. 54), S. 216: In Prag gab es um 1534 messianische Hoffnungen, die Familie Horowitz erwarb Mantel und Banner des Molko.

62 Abba H. Silver, A History of Messianic Speculation, Boston 1959, S. 144. Gerson D. Cohen, Messianic Postures of Ashkenazim and Sephardim, New York u. a. 1967.

63 Reinhold Lewin (Anm. 40), S. 15 ff. Hayim H. Ben-Sasson, The Reformation in Contemporary Jewish Eyes, in: Proceedings of the Israel Academy of Sciences and Humanities 4 (1971), S. 239 ff. Ders., Jewish-Christian Disputation (Anm. 59), S. 369 ff.

64 Harry Breßlau, Aus Straßburger Judenakten, in: Zeitschrift für die Geschichte der Juden in Deutschland 5 (1892), S. 327.

65 Stern (Anm. 44), S. 176 und 179. Stern betrachtet ihn als Eklektiker, der aus Maimonides, Nachmanides und Gersonides schöpfte, S. 180 f., seine kabbalistische Tendenz, S. 181.

66 Vgl. I. Kracauer, Rabbi Joselmann de Rosheim, in: Revue des Etudes Juives 16 (1888), S. 84 ff., wo stereotyp von den ojebim, den Feinden der Juden, die Rede ist. Zitate bei Breßlau (Anm. 64), S. 332 (Mai 1543).

67 Ebd., S. 330: Weiter: »Ye grosser die herren sint, ye milter sie gegen den juden.«

68 Stern (Anm. 44), S. 96 ff., Text bei Ludwig Feilchenfeld, Rabbi Josel von Rosheim, Straßburg 1898, S. 153 ff.

69 Ludwig Feilchenfeld (Anm. 68), S. 199, Sabine Frey (Anm. 47), S. 36: Josel beruft sich auf den Kaiser als Schutzherrn. Hinweis auf Reichskammergericht bei Stern (Anm. 44), S. 190 ff.

70 Ludwig Feilchenfeld (Anm. 68), S. 157 und S. 198: Supplikation an den Landvogt der Landvogtei Hagenau. Wegen Zulassung zum Markt in Colmar verbürgt er sich, daß die Juden sich ordnungsgemäß verhalten, und beruft sich auf kaiserliche Privilegien: »Ob schon gleichwol wir nit eines glaubens sein, so seind wir doch menschen, die Gott der almechtig beschaffen, bei andern menschen uf erden zu wonen«. Man solle den armen Juden gleich andern Völkern Barmherzigkeit beweisen. Zur Verurteilung Josels vor dem Reichskammergericht wegen des Titels Regierer vgl. Ludwig Feilchenfeld (Anm. 68), S. 167 und 174, Stern (Anm. 44), S. 115 ff. Der kaiserliche Fiskal behauptete, die Juden wollten das Verderben der Christen sehen, Ludwig Feilchenfeld (Anm. 68), S. 174, auch S. 167.

71 Yosef H. Yerushalmi, Zachor: Erinnere Dich! Jüdische Geschichte und jüdisches Gedächtnis, Berlin 1982, S. 67 ff.

72 Zu dem für die Begegnung mit der christlichen Renaissance wichtigen Azariah de Rossi, der als kritischer Denker auch jüdische Tabus, z. B. in der Chronologie, anzurühren wagte, vgl. Salo W. Baro, History and Jewish Historians, Philadelphia 1964, S. 167 ff. und Robert Bonfil, Some Reflections on the Place of Azariah de Rossi's Meor Enayim in the Cultural Milieu of Italian Renaissance Jewry, in: Bernard D. Cooperman (Hg.), Jewish Thought in the Sixteenth Century, Cambridge (Mass.)/London 1983, S. 23 ff. Zu Gans: Mordechai Breuer, Modernism and Traditionalism in Sixteenth-Century Historiography: A Study of David Gans' Tzemaḥ David, ebd., S. 49 ff.

73 André Neher (Anm. 54), S. 185 ff., besonders S. 199.

74 Ebd., S. 213ff. Das Problem bestand darin, daß der Sabbat wegen der Kugelgestalt der Erde ja nicht überall zur gleichen Zeit gefeiert wurde. Die Vorstellung vom Priester Johann, die zur Zeit Farissols für die Hoffnung auf Revanche wichtig war, spielt keine Rolle mehr. Jerusalem als Mittelpunkt, ebd. S. 232.
75 Zu Gans Encyclopedia Judaica, Jerusalem 1972, Bd. 7, Sp. 310f.
76 Die wichtigsten Arbeiten zu Juda Löw sind: Ben Zion Bokser, From the World of the Cabbalah. The Philosophy of Rabbi Judah Loew of Prague, New York 1954. André Neher, Le Puits de L'Exil. La Théologie Dialectique du Maharal de Prague (1512–1609), Paris 1966. Benjamin Gross, Le Méssianisme Juif, »L'Éternité d'Israel« du Maharal de Prague (1512–1609), Paris 1969. Byron L. Sherwin, Mystical Thought and Social Dissent. The Life and Works of Judah Loew of Prague, London–Toronto 1982. Überblick bei André Neher, The Humanism of the Maharal of Prague, in: Judaism 14 (1965), S. 290ff.
77 Benjamin Gross (Anm. 76), S. 161f. Juda ist aber nicht so mißtrauisch gegen eine Bekehrung zum Judentum wie etwa Solomon Luria, Jacob Katz (Anm. 57), S. 145, 85, 89.
78 Dazu Gerson D. Cohen, Esau as Symbol in Early Medieval Thought, in: A. Altmann, Jewish Medieval and Renaissance Studies, Cambridge (Mass.) 1967, S. 19ff., besonders S. 45f.
79 Byron L. Sherwin (Anm. 76), S. 80, 90, 143.
80 Gerson D. Cohen (Anm. 62).
81 Byron L. Sherwin (Anm. 76), S. 94ff.
82 Zur Sozialkritik, ebd. S. 161ff.

Stefi Jersch-Wenzel
Die Juden im Zeitalter der Aufklärung

1 Harald Scholtz (Hg.): Friedrich Gedike: Über Berlin. Briefe »Von einem Fremden« in der Berlinischen Monatsschrift 1783–1785 (= Wissenschaft und Stadt. Publikationen der Freien Universität aus Anlaß der 750-Jahr-Feier Berlins, Bd. 4), Berlin 1987, S. 141–148.
2 Der Herausgeber dieses Bandes hat nachgewiesen, daß Gedike der Autor dieser Briefe war, vgl. Harald Scholtz, Friedrich Gedike (1754–1803). Ein Wegbereiter der preußischen Reform des Bildungswesens, in: Jahrbuch für die Geschichte Mittel- und Ostdeutschlands, Bd. 13/14 (1965), S. 128–181.
3 Zu dieser seiner hauptberuflichen Tätigkeit vgl. auch Wolfgang Neugebauer, Absolutistischer Staat und Schulwirklichkeit in Brandenburg-Preußen (= Veröffentlichungen der Historischen Kommission zu Berlin, Bd. 62), Berlin 1985, passim.
4 Horst Möller, Aufklärung in Preußen. Der Verleger, Publizist und Geschichtsschreiber Friedrich Nicolai (= Einzelveröffentlichungen der Historischen Kommission zu Berlin, Bd. 15), Berlin 1974, S. 251.
5 Horst Möller weist nach, daß die Mehrzahl von ihnen »in öffentliche Berufe fest integriert war« und weist auf »die sehr starke Gruppe der meist gehobenen, zum Teil höchsten Staatsbeamten im weitesten Sinne« hin; vgl. Anm. 4, S. 251ff.
6 Harald Scholtz (Anm. 1), S. 141.
7 Vgl. Jörg Fehrs, Jüdische Erziehung und Jüdisches Schulwesen in Berlin 1671–1942, in: Ich bin kein Berliner. Minderheiten in der Schule (= Mittei-

lungen & Materialien Nr. 26 der Arbeitsgruppe Pädagogisches Museum 1988), S. 153f.; Brigitte Scheiger, Juden in Berlin, in: Stefi Jersch-Wenzel und Barbara John (Hg.): Von Zuwanderern zu Einheimischen, Berlin 1990, S. 238f.; Ludwig Geiger, Geschichte der Juden in Berlin, 2 Bde., Berlin 1871 (Reprint Leipzig 1988), Bd. 1, S. 84ff., Bd. 2, S. 136f. Ein bereits 1761/62 von den Münzunternehmern Ephraim und Söhne sowie Daniel Itzig unternommener Versuch, eine jüdische Armenschule zu errichten, fand zwar die ausdrückliche Billigung der Bürokratie und der Regierung, wurde aber schließlich nicht realisiert. Schon damals sollten »arme Juden-Kinder außer dem hebräischen Unterricht auch von deutschen Praeceptoribus im Lesen, Schreiben, Rechnen, Sprachen und Wissenschaften informiret werden«, vgl. außer den Angaben bei Ludwig Geiger, ebd., die entsprechenden Dokumente bei Selma Stern, Der preußische Staat und die Juden, T. 3: Die Zeit Friedrichs des Großen (= Schriftenreihe wissenschaftlicher Abhandlungen des Leo Baeck Instituts 24/1), Tübingen 1971, 2. Abtlg.: Akten, 1. Halbbd., Nr. 233, 235, 238, 244, 256, 257. Einen einleitenden Überblick, einschließlich der wichtigsten Literaturhinweise zur Gründung jüdischer Schulen um 1800 gibt Andreas Reinke, Zwischen Tradition, Aufklärung und Assimilation: Die Königliche Wilhelmsschule in Breslau 1791–1848 (Ms), erscheint 1991 in: Zft. für Religions- u. Geistesgeschichte. Einer der Gründer der Berliner jüdischen Freischule, der spätere Vorkämpfer für die Emanzipation, David Friedländer, war auch der Autor des ersten »Lesebuchs für Jüdische Kinder« (1779), das dem Programm der Schule entsprach, vgl. Zohar Shavit, Aufklärung und jüdische Schulbildung in Berlin: Friedländers Lesebuch, in: Marianne Awerbuch und Stefi Jersch-Wenzel (Hg.): Bild und Selbstbild der Juden Berlins zwischen Aufklärung und Romantik. Beiträge zu einer Tagung (Ms.).

8 Friedrich Nicolai, Beschreibung der Königlichen Residenzstädte Berlin und Potsdam, Berlin 1786 (Reprint, Berlin 1980), S. 699.

9 Zur Entstehung der Real- und Handelsschulen in Brandenburg-Preußen, vgl. Wolfgang Neugebauer (Anm. 3), S. 554.

10 Johann Georg Krünitz, Oekonomische Encyclopädie, oder allgemeines System der Staats-, Stadt-, Haus und Landwirthschaft, 31. Theil, Berlin 1784, S. 372; der deutlich von Christian Wilhelm Dohms Schrift »Ueber die bürgerliche Verbesserung der Juden«, 2 Teile, Berlin–Stettin 1781 und 1782, beeinflußte Artikel »Jude« in diesem Lexikon umfaßt über 300 Seiten (S. 293–617). Zur Finanzierung der Schule trug seit 1784 auch »eine orientalische Buchdruckerei und Buchhandlung« bei, die »die Direktoren, Hr. I. Itzig und Hr. D. Friedländer, unter königl. Bestätigung auf Rechnung und zum Nutzen dieser Freischule« angelegt hatten. Die der Konzessionserteilung vorausgegangenen Gutachten verschiedener Minister und des Generaldirektoriums sowie der Wortlaut der Genehmigung durch den König sind abgedruckt in dem Artikel »Hebräische Buchhandlung der hiesigen jüdischen Freischule«, in: Berlinische Monatsschrift, Bd. 7, Juni 1786, S. 503–510.

11 Aus der darüber vorhandenen Literatur seien zwei relativ frühe Beispiele genannt: J. Eschelbacher, Die Anfänge allgemeiner Bildung unter den deutschen Juden vor Mendelssohn, in: Festschrift zum 70sten Geburtstage Martin Philippsons, Leipzig 1916, S. 168–177; Issac Eisenstein-Barzilay, The Background of the Berlin Haskala, in: Essays on Jewish Life and Thought, Presented in Honor of Salo Wittmayer Baron, New York 1959, S. 183–197. Gegenwärtig

befassen sich vor allem David Sorkin, Oxford und Shmuel Feiner, Jerusalem mit diesem Thema.

12 Vgl. dazu vor allem Jacob Katz, Aus dem Ghetto in die bürgerliche Gesellschaft. Jüdische Emanzipation 1770–1870, Frankfurt/M. 1986, S. 45ff., in seiner Argumentation gegen Azriel Shohet, Beginnings of the Haskala among German Jewry, Jerusalem 1960 (hebr.).

13 So auch Isaac Eisenstein-Barzilay (Anm. 11), S. 187ff.

14 Jacob Katz (Anm. 12), S. 46f.

15 Zur Bedeutung der sprachlichen Akkulturation vgl. Jacob Toury, Die Sprache als Kulturraum, in: Walter Grab (Hg.): Gegenseitige Einflüsse deutscher und jüdischer Kultur. Von der Epoche der Aufklärung bis zur Weimarer Republik (= Jahrbuch des Instituts für deutsche Geschichte, Beiheft 4), Tel Aviv 1982, S. 75–96, bes. S. 76ff., sowie Shulamit Volkov, Die Verbürgerlichung der Juden in Deutschland. Eigenart und Paradigma, in: Jürgen Kocka (Hg.): Bürgertum im 19. Jahrhundert. Deutschland im europäischen Vergleich, Bd. 2, München 1988, S. 343–371, hier S. 352ff.

16 Ludwig Geiger (Anm. 7), Bd. 1, S. 85.

17 Johann Georg Krünitz (Anm. 10), S. 372.

18 Harald Scholtz (Anm. 1), S. 141.

19 Ebd.

20 Friedrich Nicolai (Anm. 8), S. 528.

21 Vgl. hierzu und zum folgenden Kurt Hinze, Die Arbeiterfrage zu Beginn des modernen Kapitalismus in Brandenburg-Preußen 1685–1806, 2. Aufl. (= Veröffentlichungen der Historischen Kommission zu Berlin), Berlin 1963, S. 155ff., bes. S. 164ff. Siehe auch Helga Eichler, Zucht- und Arbeitshäuser in den mittleren und östlichen Provinzen Brandenburg-Preußens, in: Jahrbuch für Wirtschaftsgeschichte 1970/71, S. 127–147.

22 Aufgrund der wiederholten dringenden Eingaben der Waisenhausverwaltung wurde die Arbeitszeit wegen der gesundheitlichen Schädigung der Kinder dann allmählich verkürzt. Das Ende des Vertrages zwischen dem Unternehmen und dem Waisenhaus im Jahr 1795 bedeutete auch das Ende der Kinderarbeit in der Brabanter Kantenmanufaktur.

23 Harald Scholtz (Anm. 1), 143. Zum wechselvollen Leben Benjamin Veitel Ephraims, das an Ehrungen und geschäftlichen Erfolgen ebenso reich war wie wohl auch an zwielichtigen Aktivitäten, vgl. Heinrich Schnee, Die Hoffinanz und der moderne Staat, Bd. 1: Die Institution des Hoffaktorentums in Brandenburg-Preußen, Berlin 1953, S. 162–168. Im Sprachgebrauch und in der Bewertung der Person Ephraims durch Schnee finden sich deutliche Spuren der Entstehungsgeschichte dieses mehrbändigen Werkes: Der Autor hatte sich an einer 1936 vom »Reichsinstitut für Geschichte des neuen Deutschlands« ausgeschriebenen Preisaufgabe zum Thema »Die Geschichte des Hofjudentums« beteiligt und in den Jahren seit dem Ende des Zweiten Weltkrieges seine vorher eindeutige Haltung gegenüber den Juden noch wenig verändert. In den folgenden Bänden sind Versuche dazu eher spürbar. Dennoch ist das Werk wegen der verarbeiteten Fülle von Archivalien, die zum Teil nicht mehr existieren, unentbehrlich.

24 Ebd., S. 143.

25 Friedrich Nicolai (Anm. 8), S. 852.

26 Selma Stern (Anm. 7), T. 3, 1. Abtlg., S. 370, attestiert ihnen eine »Fritzische

Gesinnung«, doch findet sich diese Loyalität seit der Zeit des Absolutismus auch in anderen deutschen Territorien, weil »das Bündnis mit der Zentralgewalt« für die Juden »das Unterpfand der Sicherheit« war (Max Horkheimer, Theodor W. Adorno, Dialektik der Aufklärung. Philosophische Fragmente, Neuaufl. Frankfurt/M. 1969, S. 184).

27 Vgl. Selma Stern (Anm. 7), S. 369ff.; Stefi Jersch-Wenzel, Juden und »Franzosen« in der Wirtschaft des Raumes Berlin-Brandenburg zur Zeit des Merkantilismus (= Einzelveröffentlichungen der Historischen Kommission zu Berlin, Bd. 23), Berlin 1978, S. 224ff., S. 240ff.

28 Harald Scholtz (Anm. 1), S. 143.

29 Ebd., S. 144.

30 Vgl. Horst Möller (Anm. 4), S. 280ff.

31 Harald Scholtz (Anm. 1), S. 144.

32 Vgl. zusammenfassend Stefi Jersch-Wenzel (Anm. 27), S. 67ff., S. 100f. und die dort angegebene Literatur.

33 Dazu und zum folgenden Stefi Jersch-Wenzel (Anm. 27), S. 92ff., S. 192, sowie Selma Stern (Anm. 7), T. 3, passim.

34 Die Einschränkungen sind genau spezifiziert im »Revidierten General-Privilegium und Reglement vor die Judenschaft im Königreich Preußen« von 1750, dessen Bestimmungen mit wenigen Ausnahmen bis zum Erlaß des Emanzipationsediktes von 1812 galten. Es ist abgedruckt bei Ludwig von Rönne und Heinrich Simon, Die früheren und gegenwärtigen Verhältnisse der Juden in den sämtlichen Landestheilen des Preußischen Staates, Breslau 1843, S. 240–264.

35 So Selma Stern (Anm. 7), T. 3, 1. Abtlg., S. 369f.

36 Ebd. Zur Wirtschaftstätigkeit der Juden während des 7jährigen Krieges, insbesondere zum Zusammenwirken von führenden Beamten und Münzentrepreneurs vgl. Stefi Jersch-Wenzel (Anm. 27), S. 182ff.

37 Moses Mendelssohn, Brautbriefe. Mit einer Einführung von Ismar Elbogen, Nachdruck, Königstein/Ts. 1985, S. 125. Anstelle der von Elbogen benutzten Translation des Begriffs »Niederlassungsrechte« aus dem hebräischen ist hier der deutsche Begriff gewählt worden.

38 Vgl. Monika Richarz, Der Eintritt der Juden in die akademischen Berufe. Jüdische Studenten und Akademiker in Deutschland 1678–1848 (= Schriftenreihe wissenschaftlicher Abhandlungen des Leo Baeck Instituts, 28), Tübingen 1974, S. 28ff.

39 Ebd., S. 14.

40 Johann Georg Krünitz (Anm. 10), S. 566; Krünitz setzt sich intensiv (S. 536–586) mit der epochemachenden Schrift Dohms (Anm. 10) und vor allem mit den Argumenten seiner Gegner auseinander.

41 Harald Scholtz (Anm. 1), S. 146.

42 Johann Georg Krünitz (Anm. 10), S. 566 u. a. m.

43 Vgl. Michael A. Meyer, The Religious Reform Controversy in the Berlin Jewish Community 1814–1823, in: Leo Baeck Institute Year Book 24 (1979), S. 139–151; ders., The Orthodox and the Enlightened. An Unpublished Contemporary Analysis of Berlin Jewry's Spiritual Condition in the Early Nineteenth Century, in: Leo Baeck Institute Year Book 25 (1980), S. 101–130. – Zur Taufbewegung vgl. Deborah Hertz, Jewish High Society in Old Regime Berlin, New Haven 1988; in Vorbereitung: dies., On the Edge of Judaism:

Converting to Christianity in Germany 1645–1945; siehe auch Stephen M. Lowenstein, Soziale Aspekte der Krise des Berliner Judentums 1780–1813, in: Bild und Selbstbild der Juden Berlins (Anm. 7).

44 Dies der wohl bisher zutreffendste, von Jacob Katz (Anm. 12), S. 54ff., entwikkelte Begriff.

45 Zu denken ist dabei z. B. an die Mitwirkung bei der »Berlinischen Monatsschrift«, bei Friedrich Nicolais »Allgemeiner deutscher Bibliothek«, an Kontakte zu Mitgliedern der Berliner Mittwochsgesellschaft, deren Ehrenmitglied Moses Mendelssohn war, usw. Zur Mittwochsgesellschaft stellvertretend für eine ganze Reihe von Veröffentlichungen: Günter Birtsch, Die Berliner Mittwochsgesellschaft (1783–1798), in: Hans Erich Bödeker und Ulrich Herrmann (Hg.): Über den Prozeß der Aufklärung in Deutschland im 18. Jahrhundert. Personen, Institutionen und Medien (= Veröffentlichungen des Max-Planck-Instituts für Geschichte, 85), Göttingen 1987, S. 94–112. Zur gemeinsamen Geselligkeit jetzt: Petra Wilhelmy, Der Berliner Salon im 19. Jahrhundert (1780–1914) (= Veröffentlichungen der Historischen Kommission zu Berlin, Bd. 72), Berlin 1989.

46 Harald Scholtz (Anm. 1), S. 144.

Shulamit Volkov
Die Dynamik der Dissimilation

1 Einen deutlichen Wandel in der Historiographie lassen die Jahrbücher des Leo Baeck Instituts erkennen. Für die neuen Interessensgebiete, Methoden und Arbeiten, vor allem jüngerer Historiker vgl. vor allem die Bände ab 1981.

2 Zu den intellektuellen Aspekten dieser Bemühungen vgl. Uriel Tal, German-Jewish Social Thought in the Mid-Nineteenth Century, in: Werner E. Mosse, Arnold Paucker und Reinhard Rürup (Hg.), Revolution und Evolution: 1848 in German Jewish History, Tübingen 1981, S. 299–328. Zur sozialen und kulturellen Komponente vgl. Shulamit Volkov, Jüdische Assimilation und jüdische Eigenart, in: Shulamit Volkov, Jüdisches Leben und Antisemitismus, München 1990, S. 131–145.

3 Vgl. Arnold Paucker, Zur Problematik einer jüdischen Abwehrstrategie in der deutschen Gesellschaft, in: Werner E. Mosse und Arnold Paucker (Hg.), Juden im Wilhelminischen Deutschland 1890–1914, Tübingen 1976, S. 514–518; Eva Reichmann, Der Bewußtseinswandel der deutschen Juden, in: Werner E. Mosse und Arnold Paucker (Hg.), Deutsches Judentum in Krieg und Revolution 1916–1923, Tübingen 1971, S. 511–612; Jehuda Reinharz, Deutschtum and Judentum in the Ideology of the Centralverein deutscher Staatsbürger jüdischen Glaubens, 1893–1914, in: Jewish Social Studies 36 (1974), S. 19–31; Marjorie Lamberti, Jewish Activism in Imperial Germany, New Haven 1978; und Ismar Schorsch, Jewish Reactions to German Antisemitism, 1870–1914, New York 1972.

4 Henry Wassermann, Jews, Bürgertum und Bürgerliche Gesellschaft in a Liberal Era in Germany, 1840–1880 (Diss., hebr.), Hebrew University, Jerusalem o. J.; Jacob Toury, Soziale und politische Geschichte der Juden in Deutschland 1847–1871, Düsseldorf 1977, 3. Kapitel.

5 Zur Geschichte des Freimaurertums vgl. in diesem Zusammenhang Jacob Katz, Jews and Freemasons Europe, 1723–1939, Cambridge (Mass.) 1970; spe-

ziell zu Deutschland: Louis Maretzki, Geschichte des Ordens Bnei-Briss in Deutschland 1882–1907, Berlin o. J.

6 Zur Geschichte des Centralvereins vgl. Anm. 3 und Jehuda Reinharz, Fatherland or Promised Land: The Dilemma of the German Jews, 1893–1914, Ann Arbor 1975.

7 Die beste Quelle zur Beurteilung dieser Männer ist die Monatsschrift des CV, Im Deutschen Reich, die im Juli 1895 erstmals erschien. In der Vorstandsschaft des CV waren verschiedene hervorragende Anwälte tätig, so etwa Maximilian Horwitz und Eugen Fuchs.

8 Zur Frage der Konversion vgl. besonders den programmatischen Artikel von Maximilian Horwitz, Ehrenpflicht, in: Im Deutschen Reich 4/4 (1898), ebenso die Analyse Emil Lehmanns, in: Ebd. 3/12 (1897); weiter den Artikel des Rabbiners Maybaum, in: Ebd. 6/11 (1900); und, mit besonderem Nachdruck, Ismar Elbogen, in: Ebd. 10/7–8 (1904); und Alphons Levi, in: Ebd. 10 (1904). Vgl. auch die nützliche Zusammenfassung der Kontroverse während der sog. »Mugdan-Affäre« bei Marjorie Lamberti (Anm. 3), S. 95–105, und die Kommentare von Gershom Scholem, On the Social Psychology of the Jews in Germany, 1900–1933, in: David Bronson (Hg.), Jews and Germans, 1860–1933: The Problematic Symbiosis, Heidelberg 1979, S. 20–22.

9 Vgl. hierzu Shulamit Volkov (Anm. 2).

10 Die Titel lauten vollständig: Steven E. Aschheim, Brothers and Strangers: The East European Jew in German and German Jewish Consciousness, 1800–1923, Madison 1982, und Jack L. Wertheimer, Unwelcome Strangers. East European Jews in Imperial Germany, New York 1987. (Hier habe ich noch Wertheimers Dissertation benutzt: German Policy and Jewish Politics: The Absorption of East European Jews in Germany, 1868–1914, Diss., Columbia University 1978). Von den älteren Schriften ist Salomon Adler-Rudel, Ostjuden in Deutschland 1880–1940, Tübingen 1959, sehr nützlich, auch wenn die Frühzeit nur äußerst kurz behandelt wird.

11 Vgl. Steven Aschheim (Anm. 10), S. 21–22.

12 Heinrich von Treitschkes Artikel sind jetzt leicht zugänglich in: Walter Boehlich (Hg.), Der Berliner Antisemitismusstreit, Frankfurt/M. 1965. Vgl. hier besonders: Unsere Aussichten, S. 9–10. Die Erwiderungen Harry Breßlaus und anderer sind ebenfalls bei Boehlich zu finden.

13 Zur Geschichte des Hilfsvereins vgl. Moshe Rinott, Der Hilfsverein (hebr.), Jerusalem 1963. Aufschlußreiche Kommentare aus der Sicht der Ostjuden enthält Sharyah Levin, Youth in Revolt, New York 1930, S. 252–257.

14 James Simon, Die Erziehung zur Bodenkultur und zum Handwerke. Eine soziale Frage, in: Im Deutschen Reich 10/3 (1904), S. 213.

15 In diesem Zusammenhang stützte ich mich auf Steven Aschheim (Anm. 10), 3. Kapitel.

16 Bei Daten über die Ostjuden stützte ich mich auf Jack L. Wertheimer (Anm. 10), Anhang B. Vgl. auch die Zeitschrift für Demographie und Statistik der Juden (ZDSJ) I (Juni 1905), S. 10, und I (Dezember 1905), S. 4–8; weiter Bruno Blau, Die Entwicklung der jüdischen Bevölkerung in Deutschland von 1800–1945, New York 1950 (Photokopie), S. 58–59 und Salomon Adler-Rudel (Anm. 10), besonders Kapitel 3.

17 Ein Beispiel dieser Art des Hintergrundes findet man in Marcus Ehrenpreis Autobiographie, Between East and West (hebr.), Tel Aviv 1953.

18 So sah Ernst Simon den in Wien geborenen und in Brody aufgewachsenen Martin Buber. Vgl. Ernst Simon, Martin Buber and German Jewry, in: Leo Baeck Institute Year Book 3 (1958), S. 3–39.
19 Zur schnellen Akkulturation der Ostjuden vgl. Jack L. Wertheimer (Anm. 10), S. 503–517. Zu ihrem dringenden Verlangen nach Eingliederung vgl. Joseph Roth, Juden auf Wanderschaft, Berlin 1927, S. 9–25.
20 Über die Eingliederung der Einwanderer in die örtlichen Gemeinschaften vgl. Jack L. Wertheimer (Anm. 10), Kapitel 8, Besonders S. 409–413 und S. 422–431.
21 Zu den Reibereien zwischen eingesessenen und neuankommenden Juden in den Gemeinden und zu den internen politischen Auswirkungen vgl. ebd., Kapitel 9.
22 Daten über die Abwanderung aus Posen stammen aus: Zeitschrift für Demographie und Statistik der Juden 6 (Mai 1910), S. 65–76; Jacob Segall, Die beruflichen und sozialen Verhältnisse der Juden in Deutschland, Berlin 1912, S. 7f.; Joseph Letschinsky, Das wirtschaftliche Schicksal des deutschen Judentums, Berlin 1932, 2. Kapitel; Eugen von Bergmann, Zur Geschichte der Entwicklung deutscher, polnischer und jüdischer Bevölkerung in der Provinz Posen seit 1824, Tübingen 1883, 4. Kapitel; Bernhard Breslauer, Die Abwanderung der Juden aus der Provinz Posen, Berlin 1909.
23 Georg Hartmann, Jettchen Gebert, Berlin 1906.
24 Gershom Scholem, Von Berlin nach Jerusalem. Jugenderinnerungen, Frankfurt/M. 1977. (Ich habe hier die erweiterte hebräische Ausgabe, Tel Aviv 1982, benutzt.)
25 Siegfried Moses, Salman Schoken: His Economic and Zionist Activities, in: Leo Baeck Institute Year Book 5 (1960), S. 73–104; Werner E. Mosse, Rudolf Mosse and the House of Moses, 1867–1920, in: Ebd. 4 (1959), S. 237–259; Georg Herlitz, Three Jewish Historians: Jost – Graetz – Täubler, in: Ebd. 9 (1964), S. 69–90; James F. Harris, Eduard Lasker: The Jew as National German Politician, in: Ebd. 20 (1975), S. 151–178; Alex Bein, Arthur Ruppin: The Man and His Work, in: Ebd. 17 (1972), S. 117–142.
26 Salomon Neumann, Die Fabel von der jüdischen Massenwanderung, Berlin 1881.
27 Vgl. die Bemerkungen Hermann Zondeks zu diesem Effekt in seinen Memoiren, Auf festem Fuße: Erinnerungen eines jüdischen Klinkers, Stuttgart 1973, S. 33–34.
28 Über das Ausmaß und die Bedeutung der Auswanderung für das deutsche Judentum während des 19. und Anfang des 20. Jahrhunderts vgl. Usiel O. Schmelz, Die demographische Entwicklung der Juden in Deutschland von der Mitte des 19. Jahrhunderts bis 1933, in: Zeitschrift für Bevölkerungswissenschaft 8/1 (1981), besonders S. 46–52.
29 Vgl. Jacob Jacobsen, Zur Geschichte der Juden in Posen, in: Gotthold Rhode (Hg.), Geschichte der Stadt Posen, Neuendettelsau 1953, S. 243–256. Über die sprachlichen Probleme der Akkulturation und ihrer besonderen Erfolge, vor allem hinsichtlich der Juden aus Posen, vgl. Jacob Toury, Die Sprache als Problem der jüdischen Einordnung in den deutschen Kulturraum, in: Walter Grab (Hg.): Gegenseitige Einflüsse deutscher und jüdischer Kultur. Internationales Symposium, in: Jahrbuch des Instituts für deutsche Geschichte, Beiheft 4, Tel Aviv 1982, S. 75–95.

30 Daten bei Jacob Jacobsen (Anm. 29), S. 252–255; Bernhard Breslauer (Anm. 22), S. 9–10; Jakob Thon, Der Anteil der Juden am Unterrichtswesen in Preußen, Berlin 1905, S. 26–28; Zeitschrift für Demographie und Statistik der Juden 4 (Januar 1908), S. 13–14. Vgl. auch die Bemerkungen von Adolph Asch, in: Monika Richarz (Hg.), Jüdisches Leben in Deutschland, Bd. 2, Selbstzeugnisse zur Sozialgeschichte im Kaiserreich, Stuttgart 1979, S. 221–230.

31 Vgl. Baruch B. Kurzweil, The Image of the Western Jew in Modern Hebrew Literature, in: Leo Baeck Institute Year Book 6 (1961), S. 170–189; spezieller: Dan Miron, German Jews in Anon's Work, in: Ebd. 22 (1977), S. 265–280.

32 Diese und die folgende Erörterung basiert auf Shmuel Yosef Agnon, Behanuto shel mar Lublin (Im Geschäft von Herrn Lublin), Jerusalem 1974.

33 Vgl. Wilhelm Harmelin, Jews in the Leipzig Fur Industry, in: Leo Baeck Institute Year Book 9 (1964), S. 239–266.

34 Zu Fritz Kortner vgl. dessen Autobiographie, Aller Tage Abend, München 1959. Für Victor Adler vgl. R. W., The Jewish Background of Victor und Friedrich Adler: Selected Biographical Notes, in: Ebd. 10 (1965), S. 266–276. Über Sigmund Freud vgl. jetzt Peter Gay, Freud. A Life for Our Time, New York 1988.

35 Zu jüdischer Einwanderung im Zusammenhang mit ihren Herkunftsländern vgl. Jack L. Wertheimer (Anm. 10), Anhang B, besonders S. 588.

36 Vgl. Jacob Toury, Ostjüdische Handarbeiter in Deutschland vor 1914, in: Bulletin des Leo Baeck Instituts 6/21 (1963), S. 81–91.

37 Vgl. die etwas weitschweifige, aber nicht uninteressante Erörterung bei John M. Cuddihy, The Ordeal of Civility: Freud, Marx, Lévi-Strauss, and the Jewish Struggle with Modernity, New York 1974; vgl. auch Shulamit Volkov, Selbstgefälligkeit und Selbsthaß, in: Shulamit Volkov (Anm. 2), S. 181–196.

38 In diesem Zusammenhang vgl. Norbert Elias, Über den Prozeß der Zivilisation. Soziogenetische und psychogenetische Untersuchungen (Basel 1939), Frankfurt/M. 1978, 2 Bde., besonders Bd. 2, S. 397–409 und S. 424–434.

39 Franz Rosenzweig an seine Eltern (7. Juni 1916), in: Edith Rosenzweig, in Zusammenarbeit mit Ernst Simon (Hg.): Franz Rosenzweig. Briefe, Berlin 1935, S. 95.

40 Gershom Scholem (Anm. 24), S. 47.

Reinhard Rürup
Jüdische Geschichte in Deutschland

1 Der Text des Vortrags, den ich am 16. Nov. 1988 in der Alten Synagoge in Essen gehalten habe, ist im wesentlichen unverändert. Angesichts der breiten Themenstellung habe ich auf einen umfassenden Anmerkungsapparat und eine Diskussion der wissenschaftlichen Literatur verzichtet und lediglich die Zitate nachgewiesen. Weitere Belege für die vorliegende Darstellung und Argumentation finden sich in meinen einschlägigen Veröffentlichungen, insbesondere in: Emanzipation und Antisemitismus. Studien zur »Judenfrage« der bürgerlichen Gesellschaft, Frankfurt 1987 (zuerst Göttingen 1975); The Tortuous and Thorny Path To Legal Equality: »Jew Laws« and Emancipatory Legislation in Germany from the Late Eighteenth Century, in: Year Book (Leo Baeck Institute) 31, 1986, S. 3–33; Emanzipation und Krise. Zur Geschichte der »Juden-

frage« in Deutschland vor 1890, in: Werner E. Mosse und Arnold Paucker (Hg.), Juden im Wilhelminischen Deutschland, Tübingen 1976, S. 1–56; Das Ende der Emanzipation: Die antijüdische Politik in Deutschland von der »Machtergreifung« bis zum Zweiten Weltkrieg, in: Arnold Paucker (Hg.), Die Juden im nationalsozialistischen Deutschland / The Jews in Nazi Germany, 1933–1943, Tübingen 1986, S. 97–114.

2 Deutsch-israelische Schulbuchempfehlungen (Studien zur Internationalen Schulbuchforschung, Bd. 44), Braunschweig 1985, S. 19, 24.

3 Peter Gay, In Deutschland zu Hause... Die Juden der Weimarer Zeit, in: Arnold Paucker (Hg.), Die Juden im nationalsozialistischen Deutschland, S. 31ff.

4 Christian Wilhelm Dohm, Über die bürgerliche Verbesserung der Juden, 2. Teil, Berlin 1783, S. 7f.

5 S. Stern, Artikel »Juden«, in: Staats-Lexikon, hg. v. C. Rotteck und C. Welcker, 3. Aufl., 8. Bd., Leipzig 1863, S. 667.

6 Vgl. Jacob Katz, Aus dem Ghetto in die bürgerliche Gesellschaft, Jüdische Emanzipation 1770–1870, Frankfurt 1986.

7 Vgl. A. Lewin, Geschichte der badischen Juden seit der Regierung Karl Friedrichs (1738–1909), Karlsruhe 1909, S. 102.

8 Ludwig Philippson, Das Judenthum und die Emanzipation, in: Allgemeine Zeitung des Judentums, 14. Jahrgang, 14. 1. 1850, S. 29f.

9 Zitiert nach Arno Herzig, Judentum und Emanzipation in Westfalen, Münster 1973, S. 81.

10 Friedrich Naumann, Die Leidensgeschichte des deutschen Liberalismus (1908), in: ders., Werke, Bd. 4, Köln 1964, S. 292.

11 Fritz Stern, Der Traum vom Frieden und die Versuchung der Macht. Deutsche Geschichte im 20. Jahrhundert, Berlin 1988, S. 38.

12 Vgl. Werner Sombart, Die Juden und das Wirtschaftsleben, Leipzig 1911: »Kein moderner Kapitalismus, keine moderne Kultur ohne die Versprengung der Juden über die nördlichen Länder des Erdballs!« (S. VIII).

13 Brief an eine Familie Guttmann vom 25. Januar 1890, zitiert nach Hans Heinrich Reuter, Fontane, Bd. 2, München 1968, S. 753.

14 Karl Scheffler, Berlin. Ein Stadtschicksal, 2. Aufl., Berlin 1910, S. 124.

15 Gottfried Benn, Doppelleben (1950), in: Gesammelte Werke in vier Bänden, hg. v. Dieter Wellershoff, Bd. 4, 2. Aufl., Wiesbaden 1966, S. 73.

16 F. A. Theilhaber, Der Untergang der deutschen Juden. Eine volkswirtschaftliche Studie, 2. Aufl., Berlin 1921.

17 Welt am Abend v. 21. Januar 1931, zitiert nach Volker Skierka, Lion Feuchtwanger. Eine Biographie, Berlin 1984, S. 110.

18 Text des Briefes bei Julius H. Schoeps, Erwacht aus dem Traum der Assimilation. Max Liebermann und sein Bekenntnis zum Zionismus, in: Jüdisches Leben, hg. v. Wolfgang Dreßen (Berliner Topographien, Heft 4), Berlin 1985, S. 9.

19 Zitiert nach Fritz Stern, Fritz Haber. Politik und Wissenschaft, in: ders., Der Traum vom Frieden, S. 86.

20 Ebd., S. 87.

21 Hazel Rosenstrauch (Hg.), Aus Nachbarn wurden Juden. Ausgrenzung und Selbstbehauptung 1933–1942, Berlin o. J. (1988).

Trude Maurer
Die Juden in der Weimarer Republik

1 Dirk Blasius, »Geträumte Sicherheit« – Lebensgeschichten jüdischer Menschen in Deutschland, in: Geschichte und Gesellschaft 9 (1983), S. 453–461, Zitat S. 458. – Monika Richarz (Hg.), Jüdisches Leben in Deutschland. Bd. 1: Selbstzeugnisse zur Sozialgeschichte 1780–1871, Bd. 2: Selbstzeugnisse zur Sozialgeschichte im Kaiserreich, Bd. 3: Selbstzeugnisse zur Sozialgeschichte 1918–1945, Stuttgart 1976, 1979, 1982.
2 Reinhard Rürup, Das Ende der Emanzipation. Die antijüdische Politik in Deutschland von der »Machtergreifung« bis zum Zweiten Weltkrieg, in: Arnold Paucker (mit Sylvia Gilchrist und Barbara Suchy) (Hg.), Die Juden im nationalsozialistischen Deutschland 1933–1943, Tübingen 1986 (Schriftenreihe wissenschaftlicher Abhandlungen des Leo Baeck Instituts [künftig: LBI] 45), S. 97–114.
3 Zur Klärung des Begriffes »Einzigartigkeit« s. Eberhard Jäckel in: Frankfurter Rundschau 6. 6. 1987, zitiert bei Imanuel Geiss, Die Habermas-Kontroverse. Ein deutscher Streit, Berlin 1988, S. 106f.
4 Reinhard Rürup, Die ›Judenfrage‹ der bürgerlichen Gesellschaft und die Entstehung des modernen Antisemitismus, in: Reinhard Rürup, Emanzipation und Antisemitismus. Studien zur ›Judenfrage‹ der bürgerlichen Gesellschaft, Göttingen 1975 (Kritische Studien zur Geschichtswissenschaft 15), S. 74–95, bes. S. 76f. Rürup deutet, wie auch schon der Titel des Sammelbandes deutlich macht, Emanzipation und Antisemitismus als »zwei Grundformen dieser ›Judenfrage‹« (S. 7). Im 18. Jahrhundert sollte die problematisch erscheinende überlieferte jüdische Existenz durch Gleichberechtigung und Integration der jüdischen Minderheit in die entstehende bürgerliche Gesellschaft abgelöst werden, während der Antisemitismus seit den siebziger Jahren des 19. Jahrhunderts die Aufhebung der Emanzipation und die Ausgrenzung der Juden zum Ziel hatte.
5 Walter Frank, Zur Geschichte der Judenfrage, in: HZ 162 (1940), S. 558–566.
6 Dies gilt für alle im folgenden genannten Studien: Werner E. Mosse/Arnold Paucker (Hg.), Deutsches Judentum in Krieg und Revolution 1916–1923, Tübingen 1971 (Schriftenreihe wissenschaftlicher Abhandlungen des LBI 25); Werner E. Mosse/Arnold Paucker (Hg.), Entscheidungsjahr 1932. Zur Judenfrage in der Endphase der Weimarer Republik, Tübingen, zweite revidierte und erweiterte Auflage 1966 (Schriftenreihe wissenschaftlicher Abhandlungen des LBI 13); Heinrich August Winkler, Die deutsche Gesellschaft der Weimarer Republik und der Antisemitismus, in: Bernd Martin, Ernst Schulin (Hg.), Die Juden als Minderheit in der Geschichte, München 1981, S. 271–289 (Man beachte die unterschiedliche Perspektive, die mit den Titeln des Aufsatzes und des Sammelbandes umrissen ist!); Wolfgang Altmann, Die Judenfrage in evangelischen und katholischen Zeitschriften zwischen 1918 und 1933, Phil. Diss. München 1971; Ino Arndt, Die Judenfrage im Licht der evangelischen Sonntagsblätter von 1918–1933, Phil. Diss. (masch.) Tübingen 1960; Hans-Helmuth Knütter, Die Juden und die deutsche Linke in der Weimarer Republik 1918 bis 1933, Düsseldorf 1971 (Bonner Schriften zur Politik und Zeitgeschichte 4); Donald L. Niewyk, Socialist, Anti-Semite, and Jew: German Social Democracy

Confronts the Problem of Anti-Semitism, 1918–1933, Baton Rouge 1971; Gabrielle Michaloski, Der Antisemitismus im deutschen akademischen Leben nach dem I. Weltkrieg, Frankfurt–Bern–Cirencester 1980 (Europäische Hochschulschriften. Reihe 3/128). (Der 10zeiligen Rezension von Donald L. Niewyk in: Studies in Contemporary Jewry 1 (1984), S. 506 ist nichts hinzuzufügen); Walter Mohrmann, Antisemitismus. Ideologie und Geschichte im Kaiserreich und in der Weimarer Republik, Berlin (-Ost) 1972. Das Marburger Pendant der von Martin und Schulin herausgegebenen Freiburger Ringvorlesung: Thomas Klein/Volker Losemann/Gunther Mai (Hg.), Judentum und Antisemitismus von der Antike bis zur Gegenwart, Düsseldorf 1984, enthält keinen gesonderten Beitrag über die Weimarer Republik. Sie wird in dem Aufsatz von Volker Losemann, »Rassenideologien und antisemitische Publizistik in Deutschland im 19. und 20. Jahrhundert« (S. 137–160) nur mit Ausführungen über Hitler und den Einfluß antisemitischer Bestseller auf ihn berücksichtigt.

7 Arnold Paucker, Der jüdische Abwehrkampf gegen Antisemitismus und Nationalsozialismus in den letzten Jahren der Weimarer Republik, Hamburg 1968 (Hamburger Beiträge zur Zeitgeschichte 4). Die Ergebnisse der juristischen Dissertation von Udo Beer (Die Juden, das Recht und die Republik. Verbandswesen und Rechtsschutz 1919–1933, Frankfurt–Bern–New York 1986 [Rechtshistorische Reihe 50]) sind, vor allem wegen der unkritischen Verwendung der Quellen, nur mit Vorsicht zur Kenntnis zu nehmen. Vgl. dazu meine Rezension in: Historische Zeitschrift 245 (1987), S. 744–746.

8 Ina Lorenz, Die Juden in Hamburg zur Zeit der Weimarer Republik, Hamburg 1987 (Hamburger Beiträge zur Geschichte der deutschen Juden 13/1–2); Roland Flade, Juden in Würzburg 1918–1933, Würzburg 1985 (Mainfränkische Studien 34). Als frühen allgemeinen Überblick s. Werner Kienitz, Die Zeit der Weimarer Republik. Das jüdische Gemeindeleben und die politische Situation der deutschen Juden, in: Konrad Schilling (Hg.), Monumenta Judaica. 2000 Jahre Geschichte und Kultur der Juden am Rhein. Handbuch, Köln 1963, S. 385–418. Zuletzt: Werner E. Mosse, German Jews: Citizens of the Republic, in: Paucker (Hg.), Juden im nationalsozialistischen Deutschland, S. 45–54.

9 Walter Grab/Julius H. Schoeps (Hg.), Juden in der Weimarer Republik, Stuttgart–Bonn 1986 (Studien zur Geistesgeschichte 6); Ruth Pierson, German Jewish Identity in the Weimar Republic, Ph. D. Yale University 1970; Sidney M. Bolkovsky, The Distorted Image. German Jewish Perceptions of Germans and Germany 1918–1935, Amsterdam 1975.

10 Trude Maurer, Ostjuden in Deutschland 1918–1933, Hamburg 1986 (Hamburger Beiträge zur Geschichte der deutschen Juden 12); Ludger Heid, Das ostjüdische Proletariat in Duisburg 1914–1922, in: Ludger Heid/Julius H. Schoeps (Hg.), Arbeit und Alltag im Revier. Arbeiterbewegung und Arbeiterkultur im westlichen Ruhrgebiet im Kaiserreich und in der Weimarer Republik, Duisburg 1985 (Duisburger Forschungen 33), S. 213–232 und weitere ähnliche Aufsätze desselben Verfassers.

11 Ulrich Dunker, Der Reichsbund jüdischer Frontsoldaten 1919–1938. Geschichte eines Abwehrvereins, Düsseldorf 1977; Marion A. Kaplan, Die jüdische Frauenbewegung in Deutschland. Organisaton und Ziele des Jüdischen Frauenbundes 1904–1938, Hamburg 1981 (Hamburger Beiträge zur Ge-

schichte der deutschen Juden 7); Max P. Birnbaum, Staat und Synagoge 1918–1939. Eine Geschichte des Preußischen Landesverbandes jüdischer Gemeinden (1918–1938), Tübingen 1981 (Schriftenreihe wissenschaftlicher Abhandlungen des LBI 38).

12 Usiel O. Schmelz, Die demographische Entwicklung der Juden in Deutschland von der Mitte des 19. Jahrhunderts bis 1933, in: Zeitschrift für Bevölkerungswissenschaft 8 (1982), S. 31–72, hier Tabelle S. 64. Die Daten stammen aus der Berufszählung von 1907.

13 S. dazu u. a. Werner J. Cahnman, Der Dorf- und Kleinstadtjude als Typus, in: Zeitschrift für Volkskunde 70 (1974), S. 169–193; Christoph Daxelmüller, Jüdische Kultur in Franken, Würzburg 1988; Klaus Guth u. a., Jüdische Landgemeinden in Oberfranken (1800–1942). Geschichte und Volkskultur, Bamberg 1988; Barbara Suchy, Zwischen Geborgenheit und Gefährdung. Jüdisches Leben in hessischen Kleinstädten und Dörfern, in: Uwe Schulz (Hg.), Die Geschichte Hessens, Stuttgart 1983, S. 145–159.

14 Und sie fährt fort: »Man muß nur einmal die Gebete in der oberbayerischen Aussprache des Hebräischen gehört haben, um zu wissen, wie sehr sie das waren. Sie waren es auch politisch. Der Vetter, der Sozialdemokrat war, galt als ein weltfremder Idealist, der andere, der Pazifist, als ›Waschlappen‹. Man ging auf die Keller, trank sein Bier zum mitgebrachten Abendessen, kraxelte auf die Berge, kannte die Museen wie die eigene Wohnstube und es war ›unser München‹, in dem auch der Jude aus Berlin als Landfremder galt.« Julie Meyer-Frank, Erinnerungen an meine Studienzeit, in: Hans Lamm (Hg.), Vergangene Tage. Jüdische Kultur in München. München–Wien 1982, S. 212–217, Zitat S. 212.

15 S. dazu Mordechai Breuer, Jüdische Orthodoxie im Deutschen Reich 1871–1918. Sozialgeschichte einer religiösen Minderheit, Frankfurt 1986.

16 Walther Rathenau an Wilhelm Schwaner 18. 8. 1916. Walther Rathenau, Briefe, Dresden ^{4}1927, Bd. 1, S. 218–221, Zitat S. 220.

17 Eugen Fuchs, Glaube und Heimat, in: Neue Jüdische Monatshefte 1, Nr. 22, 25. 7. 1917, S. 629–641, Zitat S. 633f. Der Aufsatz ist später wieder abgedruckt in: Eugen Fuchs, Um Deutschtum und Judentum. Gesammelte Reden und Aufsätze (1894–1919), Frankfurt/Main 1919, S. 247–262.

18 Der Antrag (gestellt von Zlocisti und Estermann) ist zitiert in: Jüdische Rundschau 17, Nr. 24, 14. 6. 1912, S. 222.

19 Heinrich Loewe, Der Nationaljude. Rede gehalten in der ersten Sitzung des jüdisch-nationalen Vereins »Jung-Israel« in Berlin am 30. Mai 1892, in: Selbstemancipation Nr. 21, 15. 11. 1892, S. 202, zitiert bei Yehuda Eloni, Zionismus in Deutschland. Von den Anfängen bis 1914, Gerlingen 1987 (Schriftenreihe des Instituts für Deutsche Geschichte Universität Tel Aviv 10), S. 64.

20 Protokoll der internen Tagung der Zionistischen Vertrauensmänner in Berlin am 1. Mai 1913. Central Zionist Archives Z 3/796, zitiert bei Eloni, S. 296.

21 S. z. B. auch die Ausführungen Elias Auerbachs 1902 und des zionistischen Rabbiners Emil Cohn 1913, zitiert bei Eloni, S. 164 und S. 512–514.

22 (Aufruf des Verbands der Deutschen Juden und des Centralvereins deutscher Staatsbürger jüdischen Glaubens:) Aufruf! An die deutschen Juden! In: Israelitisches Gemeindeblatt, Köln, 7. 8. 1914. Faksimile in: Deutsche jüdische Soldaten 1914–1945, Herford–Bonn ^{3}1987, S. 13.

23 (Aufruf des Reichsvereins der Deutschen Juden und der Zionistischen Vereini-

gung für Deutschland:) Deutsche Juden! In: Jüdische Rundschau 19, Nr. 32, 7.8.1914, S. 343.

24 Vgl. dazu, was der in Anm. 21 genannte Rabbiner in einem Briefentwurf geschrieben und wieder gestrichen hatte: »(...) daß ich viel deutscher bin und viel deutscher empfinde, als man das von den meisten der landläufigen deutschen Staatsbürger jüdischen Glaubens annehmen darf.« Zitiert bei Eloni, S. 514.

25 Heinrich Loewe, Feinde ringsum!, in: Jüdische Rundschau 19, Nr. 32, 7.8.1914, S. 343–344, Zitate S. 343.

26 S. z. B. Nathan Birnbaum, Den Ostjuden ihr Recht! Wien 1915, S. 12; Wlad[imir] W[olf] Kaplun-Kogan, Der Krieg. Eine Schicksalsstunde des jüdischen Volkes, Bonn 1915, S. 4.

27 S. z. B. Felix Perles, Der Krieg und die polnischen Juden in ihrem Verhältnis zu Deutschland, Königsberg 1914, S. 16. Ähnlich (Deutschland als »Erlöser«) auch: Felix Goldmann, Polnische Juden, Berlin 1915, S. 8; Jonas Kreppel, Der Weltkrieg und die Judenfrage. Wien 1915, S. 23.

28 Egmont Zechlin (unter Mitarbeit von Hans Joachim Bieber), Die deutsche Politik und die Juden im Ersten Weltkrieg, Göttingen 1969, S. 92f.

29 Loewe, Feinde ringsum!, S. 343.

30 Werner Jochmann, Die Ausbreitung des Antisemitismus, in: Mosse/Paucker (Hg.), Judentum in Krieg und Revolution, S. 409–510, hier S. 409–445; Zechlin, Deutsche Politik, S. 526–552, 558f. Für die Weimarer Zeit s. analog Winkler, Gesellschaft der Weimarer Republik und Antisemitismus.

31 S. dazu im einzelnen Jochmann, Ausbreitung des Antisemitismus, S. 425–427; Zechlin, Deutsche Politik, S. 527–532; Werner T. Angress, Das deutsche Militär und die Juden im Ersten Weltkrieg, in: Militärgeschichtliche Mitteilungen 19 (1976), S. 77–146 (mit ausführlicher Dokumentation).

32 Franz Oppenheimer, Antisemitismus, in: Neue Jüdische Monatshefte 2, Nr. 1, 10.10.1917, S. 1–5, Zitat S. 5.

33 Diese Zahlen bei Ino Arndt, Antisemitismus und Judenverfolgung, in: Martin Broszat/Horst Möller (Hg.), Das Dritte Reich. Herrschaftsstruktur und Geschichte, München 1983, S. 209–230, hier S. 211. Zum folgenden s. Jochmann, Ausbreitung des Antisemitismus, und Uwe Lohalm, Völkischer Radikalismus. Die Geschichte des Deutschvölkischen Schutz- und Trutzbundes 1919–1923, Hamburg 1970 (Hamburger Beiträge zur Zeitgeschichte 6).

34 In ihn mündeten neben der alldeutschen zwei weitere Bewegungen ein, der Reichshammerbund, der die Lesergemeinden der Zeitschrift »Hammer« umfaßte, und der Deutschvölkische Bund, eine Weiterführung der Deutschvölkischen Partei, nachdem diese sich im Dezember 1918 mit der DNVP verschmolzen hatte.

35 S. dazu im einzelnen Jan Striesow, Die Deutschnationale Volkspartei und die Völkisch-Radikalen 1918–1922, Frankfurt am Main 1981.

36 Ottokar Stauf von der March (Hg.), Die Juden im Urteil der Zeiten. Eine Sammlung jüdischer und nichtjüdischer Aussprüche, München 1921, S. 178f. Dieses Zitat wird als »typisch für das antisemitische Argumentationsmuster« bereits bei Winkler, Gesellschaft der Weimarer Republik und Antisemitismus, S. 272f. zitiert.

37 S. dazu Maurer, Ostjuden in Deutschland, S. 179–184.

38 Zum Ostjudenbild in der öffentlichen Meinung s. Maurer, Ostjuden in

Deutschland, S. 104–160, S. 192–250; zur Frage der Ausbreitung des Antisemitismus infolge der Zuwanderung S. 479–491.

39 Zu erfolgreichen Anträgen im Preußischen Landtag 1932 s. Maurer, Ostjuden in Deutschland, S. 243–245.

40 Peter Pulzer, Der Anfang vom Ende, in: Paucker (Hg.), Die Juden im nationalsozialistischen Deutschland, S. 3–15, Zitat S. 9.

41 Im polnischen Konsulat wurden sogar insgesamt 113 Protokolle von polnischen Staatsbürgern aufgenommen, die bei den Ausschreitungen mißhandelt, verletzt oder an ihrem Vermögen geschädigt worden waren.

42 Maurer, Ostjuden in Deutschland, S. 329–338, S. 345–347.

43 S. dazu Birnbaum, Staat und Synagoge, sowie Esriel Hildesheimer, Die verfassungsrechtliche Stellung der jüdischen Religionsgemeinschaft in Preußen während der Weimarer Republik. Magisterarbeit (masch.) Hebräische Universität Jerusalem 1976.

44 Die Passage der Rede ist ausführlich zitiert in C[entral]-V[erein]-Zeitung 6, Nr. 19, 13. 5. 1927, S. 272.

45 Beer, Die Juden, das Recht und die Republik, S. 219–221.

46 S. dazu Ernst G. Lowenthal, Die Juden im öffentlichen Leben, in: Mosse/Paucker (Hg.), Entscheidungsjahr 1932, S. 51–85.

47 Werner T. Angress, Juden im politischen Leben der Revolutionszeit, in: Mosse/Paucker (Hg.), Judentum in Krieg und Revolution, S. 137–315.

48 Ernest Hamburger, Jüdische Parlamentarier in Berlin 1848–1933, in: Herbert A. Strauss/Kurt R. Grossmann (Hg.), Gegenwart im Rückblick. Festgabe für die Jüdische Gemeinde Berlin 25 Jahre nach dem Neubeginn, Heidelberg 1970, S. 56–85; Ernest Hamburger, One Hundred Years of Emancipation, in: Leo Baeck Institute. Year Book [künftig: LBIYB] 14 (1969), S. 3–66, hier S. 46–51. Für die DDP siehe besonders Bruce B. Frye, The German Democratic Party and the »Jewish Problem« in the Weimar Republic, in: LBIYB 21 (1976), S. 143–172.

49 Runderlaß vom 17. 9. 1931 II 1250, abgedruckt in: Ministerial-Blatt für die Preußische Innere Verwaltung 92 (1931), Sp. 913–914, Zitate 913. Ähnlich ersuchte der ehemalige Reichswehrminister Noske als Präsident der Provinz Hannover, »evtl. besondere Schutzmaßnahmen in Erwägung zu ziehen und für Zwecke der Ermittlung der Täter energisch durchzugreifen«. (Der Oberpräsident 16. 12. 1931, abgedruckt in: Ursachen und Folgen. Vom deutschen Zusammenbruch 1918 und 1945 bis zur staatlichen Neuordnung Deutschlands in der Gegenwart, Bd. 7, Frankfurt o. J., S. 218).

50 Erich Eyck, Die Stellung der Rechtspflege zu Juden und Judentum, in: Deutsches Judentum und Rechtskrisis, Berlin 1927, S. 31–66, hier S. 34.

51 Die wesentlichen Aspekte haben Paucker, Der jüdische Abwehrkampf, S. 74–84, und Donald L. Niewyk, Jews and the Courts in Weimar Germany, in: Jewish Special Studies 37 (1975), S. 99–113, skizziert und sind dabei zu unterschiedlichen Bewertungen gekommen. Beer, Die Juden, das Recht und die Republik, kommt zu der Schlußfolgerung, daß es den jüdischen Organisationen gelungen sei, »fast jedes Problem einer befriedigenden Lösung zuzuführen. In den meisten Fällen konnten Mißstände im rechtlichen Bereich durch Erlasse der obersten Reichs- oder Landesbehörden oder durch letztinstanzliche Gerichtsurteile abgestellt werden. Die wenigen offenen Rechtsfragen, wie etwa Kollektivbeleidigung, lagen in Bereichen, die aus anderen als antise-

mitischen Gründen nicht einigungsfähig waren« (S. 302). Doch angesichts der Mängel der Arbeit (s. Anm. 7) kann dies nur mit Vorsicht und nicht als abschließende Klärung zur Kenntnis genommen werden.

52 Zu Severings Schreiben an den Reichsminister des Äußern von Rosenberg vom 27. 12. 1922 s. Maurer, Ostjuden in Deutschland, S. 472f. mit Belegen.

53 Zu der bayerischen Aktion s. Maurer, Ostjuden in Deutschland, S. 405–416 und Reiner Pommerin, Die Ausweisung von Ostjuden aus Bayern 1923. Ein Beitrag zum Krisenjahr der Weimarer Republik, in: Vierteljahrshefte für Zeitgeschichte 34 (1986), S. 311–340.

54 Dementsprechend bewerteten sie die bayerische Ausweisungsaktion von 1923: »Man hat bis jetzt in Bayern in Presse und Versammlungen gehetzt und verleumdet. Nun kommt die Regierung, die Bayern gern als Ordnungszelle im Reich ausgibt, und setzt der Hetzkampagne die Krone auf mit einer Regierungshandlung, die das ganze Treiben sanktioniert und darüber hinaus dem Lande und den Gesinnungsverwandten in den Nachbarländern sagt: ›Ihr habt Recht! So sind die Juden und so verfahren wir mit ihnen! Wir, als Hüter des Gesetzes berufen, fangen mit den Ausländern an. Ihr aber, die ihr freie Hand habt!...‹« (Israelit 64, Nr. 44, 1. 11. 1923, S. 2). Und die Zionisten brachten die bayerischen Ereignisse auf die Formel, daß der Antisemitismus damit zur »amtlichen Praxis der Zentralbehörde eines deutschen Einzelstaates« geworden sei (Jüdische Rundschau 28, Nr. 94, 2. 11. 1923, S. 547).

55 Gershom Scholem, Zur Sozialpsychologie der Juden in Deutschland, in: Rudolf von Thadden (Hg.), Die Krise des Liberalismus zwischen den Weltkriegen, Göttingen 1978, S. 256–277, hier S. 264f. Vgl. aber die ähnlichen Erfahrungen eines Rechtsanwaltssohnes: Alfred G. Meyer, Mein Verhältnis zu Deutschland und zum Jude sein, in: Joachim Meynert (Hg.), Ein Spiegel des eigenen Ich. Selbstzeugnisse antisemitisch Verfolgter, Brackwede bei Bielefeld 1988, S. 158–185, hier S. 161.

56 Neben der Quellenedition von M. Richarz, Jüdisches Leben in Deutschland (s. Anm. 1) sind zahlreiche weitere Erinnerungsberichte veröffentlicht. Sie werden bibliographisch erschlossen durch die laufende (jährliche) Bibliographie »Post War Publications on German Jewry« in LBIYB.

57 S. Richarz, Jüdisches Leben Bd. 3, S. 168–171, hier S. 169.

58 Zitiert bei Flade, Juden in Würzburg, S. 210.

59 Ihre beste Freundin half ihr 1932 bei den Vorbereitungen für die Hochzeit der Tochter, bis zum Ankleiden der Braut. Doch dann ging sie: »Bitte mich nicht zu bleiben, du weißt, wie nah du und deine Kinder mir sind. Aber dann, wenn die fremden Gebräuche und die fremden Laute um euch sind, dann kommt etwas Fremdes zwischen uns.« (Rahel Straus, Wir lebten in Deutschland. Erinnerungen einer deutschen Jüdin 1880–1933, Stuttgart 1961, S. 169, zu den christlichen Freundinnen aus der Studienzeit auch S. 102). Gerade bei der Interpretation dieses Berichts ist das Schwanken der Autorin zwischen ihrem Selbstverständnis als Deutsche und als Nationaljüdin zu beachten. Unmittelbar vor der zitierten Stelle spricht sie von der Schwierigkeit eines »Kollektivverstehens (...) – nicht nur zwischen Juden und Nichtjuden, sondern überhaupt zwischen zwei verschiedenen Völkern.«

60 Als Beispiele solcher Untersuchungen s. Flade, Juden in Würzburg, S. 207–212, und Stefanie Schüler-Springorum, Jüdisch-bürgerliches Leben in Königsberg/Pr. 1880–1945. Unter besonderer Berücksichtigung von Selbst-

zeugnissen, Magisterarbeit (masch.) Göttingen 1987, zusammenfassend S. 141 (als Vorstudie zu einer Dissertation).

61 Flade, Juden in Würzburg, S. 212.

62 Flade, Juden in Würzburg, S. 213–218. Vgl. für Königsberg Schüler-Springorum, Jüdisch-bürgerliches Leben, S. 27f., 45–47, 71 (sowie für die Zeit des Kaiserreiches S. 81).

63 S. dazu Breuer, Jüdische Orthodoxie.

64 Das waren die Freie Vereinigung für die Interessen des orthodoxen Judentums (1885), später auch die deutsche Landesorganisation der 1912 gegründeten Agudas Jisroel und die Vereinigung für das liberale Judentum (1908). Daneben standen verschiedene Versuche religiös-konservativer Zusammenschlüsse (Achduth, Jüdisch-Konservative Vereinigung), die jedoch nicht zu einer geschlossenen Parteibildung führten. Zur ersten Orientierung über diese Organisationen eignet sich vorzüglich: Jüdisches Lexikon. Ein enzyklopädisches Handbuch des jüdischen Wissens in vier Bänden. Bde. I–IV/2, Berlin 1927–1930. Es gibt zugleich den in der Weimarer Republik aktuellen Stand wieder.

65 Zum Verband nationaldeutscher Juden siehe Carl J. Rheins, The Verband nationaldeutscher Juden 1921–1933, in: LBIYB 25 (1980), S. 243–268; über die Theorie der Zwischenschicht die programmatische Schrift des Verbandsgründers Max Naumann, Vom nationaldeutschen Juden, Berlin 1920, S. 12–15.

66 S. neben Rheins, Verband, weitere Belege bei Maurer, Ostjuden in Deutschland, S. 212f.

67 Ein Anhänger befürchtete 1923 – wenige Wochen vor dem Hitlerputsch –, in Bayern könne sich der Separatismus durchsetzen und ein selbständiges Bayern in Anlehnung an Frankreich bilden. »Wahrscheinlich wird es dann den Juden hier besser gehen als unter Hitler. Allein ich muß doch sagen, ich will lieber trotz aller zu erwartenden Berücksichtigungen ein Deutscher unter Hitler als ein Bayer unter Frankreich sein.« Und der Verbandsvorsitzende kommentierte dies damit, daß es nicht auf die Richtigkeit oder Falschheit dieser politischen Anschauung ankomme, sondern allein darauf, »in welchem Maße dieser Jude ein Deutscher ist« (Max Naumann, Dennoch!, in: Mitteilungsblatt des Verbandes nationaldeutscher Juden Nr. 5, Oktober–Dezember 1923, S. 1–3, Zitat aus dem Brief und Kommentar Naumanns S. 2. Der Artikel wurde zuerst veröffentlicht in der Berliner Börsen-Zeitung Nr. 530, 20. 11. 1923).

68 Offener wurden die Affinitäten sichtbar, nachdem die Nationalsozialisten die Regierung übernommen hatten. S. dazu die 1933 und 1934 erschienenen Ausgaben der Verbandszeitschrift.

69 Dunker, Reichsbund jüdischer Frontsoldaten; Ruth Pierson, Embattled Veterans. The Reichsbund jüdischer Frontsoldaten, in: LBIYB 19 (1974), S. 139–154.

70 Jüdische Welt 4, Nr. 1, 1. 1. 1931, S. 2.

71 Zum Verband der Ostjuden s. Maurer, Ostjuden in Deutschland, S. 681–709.

72 S. dazu als regionales Beispiel jetzt Diethard Aschoff, Die westfälischen Vereine für jüdische Geschichte und Literatur im Spiegel ihrer Jahrbücher (1899–1920), in: Peter Freimark/Helmut Richtering (Hg.), Gedenkschrift Bernhard Brilling, Hamburg 1988 (Hamburger Beiträge zur Geschichte der deutschen Juden 14), S. 218–245.

73 Richarz, Jüdisches Leben Bd. 3, S. 24f.; Abraham Barkai, Die Juden als sozio-ökonomische Minderheitsgruppe in der Weimarer Republik, in: Grab/Schoeps (Hg.), Juden in der Weimarer Republik, S. 330–346.

74 S. dazu Georg Baum, Die Fürsorge für wirtschaftliche Notleidende, in: Zedakah Nr. 2, August 1926, S. 17–22, hier S. 18.

75 S. dazu programmatisch die drei Aufsätze von Max Kreutzberger: Zum Begriff einer jüdischen Sozialpolitik; Über die Notwendigkeit einer jüdischen Sozialpolitik; Über den Aufbau einer jüdischen Sozialpolitik, in: Jüdische Wohlfahrtspflege und Sozialpolitik 2 (1931), S. 1–6, 131–138, 358–367.

76 Barkai, Juden als sozio-ökonomische Minderheitsgruppe, S. 334f.

77 Darauf weist auch Pulzer, Der Anfang vom Ende, S. 9 hin.

78 S. z. B. Schalom Ben-Chorin, Jugend an der Isar, Gerlingen 1980, S. 99; Meyer, Mein Verhältnis zu Deutschland, S. 176; Max Fürst, Gefilte Fisch. Eine Jugend in Königsberg, München [3]1979, S. 61, 133.

79 Pulzer, Der Anfang vom Ende, S. 12.

80 Darauf deutet auch die Vielfalt jüdischer Zeitschriften in der Weimarer Republik. Nach der Inflation entstand eine ganze Reihe neuer Publikationen, so daß sogar von einem »goldenen Zeitalter« für die jüdische Presse gesprochen wurde. Auch bei den Verbandsorganen war der Bezug nur zum Teil in den Mitgliedsbeiträgen eingeschlossen – etwa bei der C. V.-Zeitung, während die Jüdische Rundschau auch Mitglieder der Zionistischen Vereinigung gesondert abonnieren mußten. Sowohl die Vielzahl neuer Zeitschriften wie auch die Auflagenhöhe deuten deshalb auf das Interesse der Juden an solchen Publikationen hin: Die C. V.-Zeitung wurde 1926 mit 73000 Exemplaren (z. T. kostenlos an Nichtjuden verschickt) je Ausgabe gedruckt, die Jüdische Rundschau mit 10000, das Israelitische Familienblatt mit 24000. Gerade die Auflage dieser Zeitschrift, die keine Organisation repräsentierte und sich zwischen CV und Zionisten für neutral erklärte, kann als Beleg für das Interesse der Leser gedeutet werden. Wenn man annimmt, daß auf 1 Exemplar etwa 4 Leser kamen, erreichte sie etwa ⅕ bis ¼ der Juden in Deutschland. In den späteren Jahren stieg ihre Auflage sogar noch weiter bis auf etwa 33000 1931 (C. V.-Zeitung: 60000; Jüdische Rundschau: 15000; Der Schild [des Reichsbunds jüdischer Frontsoldaten]: 15000). S. dazu Margaret T. Edelheim-Muehsam, The Jewish Press in Germany, in: LBIYB 1 (1956), S. 163–176, hier besonders S. 167–172, Zitat S. 169. Vgl. außerdem: Reiner Bernstein, Zwischen Emanzipation und Antisemitismus – Die Publizistik der deutschen Juden am Beispiel der C. V.-Zeitung, Organ des Centralvereins deutscher Staatsbürger jüdischen Glaubens, 1924–1933, Diss. phil. Berlin 1969, S. 17–43.

81 Niewyk, Jews in Weimar Germany, S. 194. Nach Esriel Hildesheimer (Die Versuche zur Schaffung einer jüdischen Gesamtorgansation während der Weimarer Republik, in: Jahrbuch des Instituts für deutsche Geschichte [Tel Aviv] 8 [1979], S. 325–364) scheiterte die Gesamtorganisation nicht nur an der fehlenden staatlichen Anerkennung, sondern auch an der Gegnerschaft der Austrittsorthodoxie und der Haltung der süddeutschen Gemeindeverbände. Sie wollten die Gesamtorganisation auf dem Weg über die Landesverbände schaffen, was ihnen ein entsprechendes Gegengewicht gegen Preußen gegeben hätte, während der Deutsch-Israelitische Gemeindebund einen Zusammenschluß der Einzelgemeinden wünschte.

82 Zitat: Meyer, Mein Verhältnis zu Deutschland, S. 166 (über seine Familie, die

die Söhne nicht beschneiden ließ und Weihnachten als »deutsches Fest« feierte!, S. 178). Für die Zeit des Kaiserreichs s. dazu die Erinnerungen von Philipp Löwenfeld in: Richarz, Jüdisches Leben Bd. 2, S. 310–324, hier S. 312 (Bild der Festung).
83 Richarz, Jüdisches Leben Bd. 3, S. 26.
84 Referiert und zitiert nach dem Bericht in Jüdische Rundschau 37, Nr. 100, 16. 12. 1932, S. 488.
85 Brief Felix Goldmanns an Max Naumann 23. 3. 1921, abgedruckt in: Mitteilungen des Syndikus des Centralvereins deutscher Staatsbürger jüdischen Glaubens 3, Nr. 4, 11. 4. 1921, S. 57–58.
86 Paucker, Abwehrkampf, Kap. VI.
87 Pulzer, Anfang vom Ende, S. 10f.
88 Peter Gay, In Deutschland zu Hause... Die Juden der Weimarer Zeit, in: Paucker (Hg.), Juden im nationalsozialistischen Deutschland, S. 31–43, Zitat S. 34 (Gay macht diese Aussage über 1910).
89 Zitiert nach Gay, In Deutschland zu Hause, S. 41.
90 Pulzer, Anfang vom Ende, S. 8f. Vgl. zum positiven Aspekt der ambivalenten Erfahrungen: »währenddessen gedieh jüdisches Leben in weiten öffentlichen und privaten Bereichen wie nie zuvor« (S. 9).
91 Steven Aschheim in seinem (ungedruckten) Kommentar zum inzwischen veröffentlichten Vortrag von Jacob Toury bei der Konferenz »The Weimar Republic – A Democracy in Crisis«: Gab es ein Krisenbewußtsein unter den Juden während der »Guten Jahre« der Weimarer Republik, 1924–1929?, in: Tel Aviver Jahrbuch für deutsche Geschichte 17 (1988), S. 145–168. Toury konstatiert insgesamt, daß den Juden der Weimarer Republik ein Krisenbewußtsein gefehlt habe, wobei er von der nicht näher erläuterten Prämisse ausgeht, daß ein solches Krisenbewußtsein hätte bestehen müssen bzw. der Wirklichkeit adäquat gewesen wäre (s. dazu S. 152, 155, 160). Angesichts des hier vorgetragenen Befundes ambivalenter Erfahrungen scheint diese Prämisse nicht akzeptabel. Zeitgenössische Beurteilungen, die er als Belege für Ansätze eines Krisenbewußtseins zitiert, sind zum Teil aus den ideologischen Voraussetzungen der Beobachter abzuleiten (s. z. B. S. 156), können also nur bedingt als Analyse der bestehenden Verhältnisse gedeutet werden. Toury schreibt Außenseitern innerhalb des jüdischen Lagers Ansätze eines Krisenbewußtseins zu, ohne dies jedoch – für Orthodoxe und für nichtpalästinozentrisch orientierte Zionisten – im einzelnen zu belegen. Das Krisenbewußtsein der intellektuellen Außenseiter der Weimarer Republik dagegen war, auch wenn sie jüdischer Herkunft waren, nicht auf die Lage der Juden bezogen, wie Toury selbst feststellt (S. 163).

Dirk Blasius
Zwischen Rechtsvertrauen und Rechtszerstörung

1 W. Ritter von Baeyer, H. Häfner, K. P. Kisker, Psychiatrie der Verfolgten. Psychopathologische und gutachtliche Erfahrungen an Opfern der nationalsozialistischen Verfolgung und vergleichbarer Extrembelastungen, Berlin 1964.
2 Vgl. U. D. Adam, Judenpolitik im Dritten Reich, Königstein/Ts. 1979[2]; J. Moser, Die Entrechtung der Juden im Dritten Reich. Diskriminierung und Terror durch Gesetze, Verordnungen und Erlasse, in: W. H. Pehle (Hg.), Der Juden-

pogrom 1938. Von der »Reichskristallnacht« zum Völkermord, Frankfurt 1988, S. 118–131; L. Gruchmann, »Blutschutzgesetz« und Justiz. Zur Entstehung und Auswirkung des Nürnberger Gesetzes vom 15. September 1935, in: Vierteljahrshefte für Zeitgeschichte, Jg. 31 (1983) S. 418–442; E. Jäckel u. J. Rohwer (Hg.), Der Mord an den Juden im Zweiten Weltkrieg. Entschlußbildung und Verwirklichung, Frankfurt 1987; K. Kwiet, Judenverfolgung und Judenvernichtung im Dritten Reich. Ein historiographischer Überblick, in: D. Diner (Hg.), Ist der Nationalsozialismus Geschichte? Zu Historisierung und Historikerstreit, Frankfurt 1987, S. 237–263 u. 294–306; H. Graml, Reichskristallnacht. Antisemitismus und Judenverfolgung im Dritten Reich, München 1988 (= dtv, Deutsche Geschichte der neuesten Zeit); K. Pätzold, Faschismus, Rassenwahn, Judenverfolgung. Eine Studie zur politischen Strategie und Taktik des faschistischen deutschen Imperialismus (1933–1935), Berlin 1975, besonders S. 81 ff. (7. April 1933; der Beginn der faschistischen antijüdischen Gesetzgebung) u. S. 259 ff. (zu den Nürnberger Gesetzen) – einschlägig, wenn auch in der historischen Wertung zu einlinig und vorgestanzt.

3 P. Loewenberg, Die »Reichskristallnacht« vom 9. zum 10. November 1938 als öffentliches Erniedrigungsritual, in: Sigmund Freud House Bulletin, Bd. 10 (1986) S. 313–324.

4 Vgl. M. Broszat und S. Friedländer, Um die »Historisierung des Nationalsozialismus«. Ein Briefwechsel, in: Vierteljahrshefte für Zeitgeschichte, Jg. 36 (1988) S. 339–372, hier S. 342 u. S. 354.

5 F. Stern, Der Nationalsozialismus als Versuchung, in: ders., Der Traum vom Frieden und die Versuchung der Macht. Deutsche Geschichte im 20. Jahrhundert, Berlin 1988, S. 164–213, hier S. 213.

6 Vgl. M. Richarz (Hg.), Jüdisches Leben in Deutschland. Selbstzeugnisse zur Sozialgeschichte 1918–1945, Stuttgart 1982 (= Jüdisches Leben in Deutschland, Bd. III); A. Barkai, Vom Boykott zur »Entjudung«. Der wirtschaftliche Existenzkampf der Juden im Dritten Reich 1933–1943, Frankfurt 1987; A. Paucker (Hg.), Die Juden im nationalsozialistischen Deutschland: The Jews in Nazi Germany 1933–1943, Tübingen 1986 (= Schriftenreihe wissenschaftlicher Abhandlungen des Leo Baeck Instituts; 45); K. Kwiet und H. Eschwege, Selbstbehauptung und Widerstand. Deutsche Juden im Kampf um Existenz und Menschenwürde 1933–1945, Hamburg 1986^{2}. Vgl. jetzt unter dem Gesichtspunkt einer »Sozial- und Kulturgeschichte des deutschen Judentums« die Thematisierung »jüdischen Alltags« im nationalsozialistischen Deutschland bei W. Benz (Hg.), Die Juden in Deutschland 1933–1945. Leben unter nationalsozialistischer Herrschaft, München 1988; hier bes. G. Plum zur Situation der deutschen Juden zu Beginn der NS-Zeit, S. 268–313.

7 P. Gay, In Deutschland zu Hause... Die Juden der Weimarer Zeit, in: A. Paucker (Hg.), Juden im nationalsozialistischen Deutschland, S. 31–43, hier S. 33.

8 Vgl. hierzu R. Rürup, Emanzipation und Antisemitismus. Studien zur »Judenfrage« der bürgerlichen Gesellschaft, Göttingen 1975, D. Blasius, »Judenfrage« und Gesellschaftsgeschichte, in: Neue Politische Literatur, Jg. 23 (1978), S. 17–33.

9 M. Richarz (Hg.), Jüdisches Leben in Deutschland. Selbstzeugnisse zur Sozialgeschichte im Kaiserreich, Stuttgart 1979 (= Jüdisches Leben in Deutschland, Bd. II); vgl. D. Blasius, »Geträumte Sicherheit« – Lebensgeschichten jüdischer

Menschen in Deutschland, in: Geschichte und Gesellschaft, Jg. 9 (1983) S. 453–461.

10 M. Richarz (Hg.), Selbstzeugnisse zur Sozialgeschichte im Kaiserreich, Dok. Nr. 28, S. 327–338, hier S. 337.

11 M. Richarz (Hg.), Selbstzeugnisse zur Sozialgeschichte 1918–1945, Einführung, S. 13–73, hier S. 24; zur jüdischen Bevölkerungsstatistik vgl. den Anhang bei Benz (Hg.), Juden in Deutschland, S. 733–738: nach der Volkszählung vom 16. Juni 1933 Richter u. Staatsanwälte – 286; Rechtsanwälte u. Notare – 3030.

12 Vgl. ebd. die Zahlen zur jüdischen Auswanderung: 1933 – 37000–38000; 1935 – 20000–21000; 1938 – 33000–40000; 1939 – 75000–80000 (S. 738); nach Benz (Hg.), S. 733, folgende Zahlen über den Bevölkerungsrückgang: Zahl der Glaubensjuden (Mitglieder einer jüdischen Gemeinde) im Deutschen Reich 1933 rund 537000; Ende 1938 rund 295000; 17. Mai 1939 213457.

13 Ebd., S. 65; zur Dimension des Holocaust vgl. jetzt P. Longerich (Hg.), Die Ermordung der europäischen Juden. Eine umfassende Dokumentation des Holocaust 1941–1945, München 1989.

14 Vgl. A. Barkai, Vom Boykott zur »Entjudung«, S. 50ff.

15 M. Richarz (Hg.), Selbstzeugnisse zur Sozialgeschichte 1918–1945, Dok. Nr. 25, S. 336–345, hier S. 338f.

16 R. Rürup, Das Ende der Emanzipation: Die antijüdische Politik in Deutschland von der »Machtergreifung« bis zum Zweiten Weltkrieg, in: A. Paucker (Hg.), Juden im nationalsozialistischen Deutschland, S. 97–114.

17 Ebd., S. 98; vgl. auch W. Jochmann, Die deutsche Bevölkerung und die nationalsozialistische Judenpolitik bis zur Verkündung der Nürnberger Gesetze, in: ders., Gesellschaftskrise und Judenfeindschaft in Deutschland 1870–1945, Hamburg 1988, S. 236–254.

18 Hier zitiert nach: M. Hirsch u. a. (Hg.), Recht, Verwaltung und Justiz im Nationalsozialismus. Ausgewählte Schriften, Gesetze und Gerichtsentscheidungen von 1933 bis 1945, Köln 1984, S. 299f.: Gesetz zur Wiederherstellung des Berufsbeamtentums; S. 309: Gesetz über die Zulassung zur Rechtsanwaltschaft.

19 Vgl. Graml, Reichskristallnacht, S. 121.

20 K.-H. Minuth (Hg.), Die Regierung Hitler. Teil I: 1933/34, 2 Bde., Boppard a. Rh. 1983, Dok. 93, Ministerbesprechung vom 7. April 1933, S. 311–327, hier S. 320–322 u. S. 323f. (= Akten der Reichskanzlei).

21 Vgl. Rürup, Das Ende der Emanzipation, S. 111.

22 Der Reichsbund jüdischer Frontsoldaten an den Reichskanzler, 4. April 1933, in: Minuth, Die Regierung Hitler, Dok. 89, S. 296–298.

23 Ebd., S. 297.

24 Die Freie Vereinigung für die Interessen des orthodoxen Judentums an den Reichskanzler, Frankfurt am Main, 4. Oktober 1933, in: ebd., Dok. 225, S. 884–893.

25 Ebd., S. 891.

26 Schreiben des Reichspräsidenten v. Hindenburg an Adolf Hitler vom 4. April 1933, in: Ursachen und Folgen. Vom deutschen Zusammenbruch 1918 und 1945 bis zur staatlichen Neuordnung Deutschlands in der Gegenwart, Bd. 9, Berlin 1964, S. 393; Antwort Adolf Hitlers vom 5. April 1933, in: ebd., S. 393–395.

27 M. Hirsch (Hg.), Recht, Verwaltung und Justiz, S. 299.
28 Vgl. ebd., S. 309.
29 Minuth, Die Regierung Hitler, Dok. 93, S. 324: »Der Reichskanzler führte aus, daß man im Augenblick nur das Notwendige regeln solle. Für die Rechtsanwälte müsse eine ähnliche Regelung wie in dem Gesetz zur Wiederherstellung des Berufsbeamtentums getroffen werden.«
30 Vgl. ebd., S. 324, Anmerkung 45.
31 Vgl. Rürup, Das Ende der Emanzipation, S. 101, Anmerkung 16.
32 Vgl. auch den Runderlaß des Reichsministers des Innern [Frick; D. B.] an die Obersten Reichsbehörden, Reichsstatthalter und Landesregierungen gegen eine Überschreitung der Ariergesetzgebung vom 17. Januar 1934: »Die deutsche Ariergesetzgebung ist aus völkischen und staatspolitischen Gründen notwendig. Andererseits hat sich die Reichsregierung selbst gewisse Grenzen gesteckt, deren Einhaltung gleichfalls erforderlich ist«, in: Ursachen und Folgen, Bd. 9, S. 397.
33 Bericht des britischen Botschafters in Berlin, Sir Horace Rumbold, an Außenminister Sir John Simon über die Judenfrage in Deutschland, Berlin, 28. März 1933, in: ebd., S. 384–386.
34 Dr. Frick, Die Rassengesetzgebung des Dritten Reiches, München 1934, S. 3.
35 Mitteilung des amtlichen Preußischen Pressedienstes vom 26. April 1933 über die Beurlaubung von Hochschullehrern auf Grund des Beamtengesetzes, in: Ursachen und Folgen, Bd. 9, S. 455.
36 Frick, Rassengesetzgebung, S. 13.
37 Blutschutz- und Ehegesundheitsgesetz. Dargestellt, medizinisch und juristisch erläutert von A. Gütt, H. Linden, F. Maßfeller, München 1936, hier Vorwort, S. V.
38 W. Stuckart und H. Globke, Kommentare zur deutschen Rassengesetzgebung, Bd. 1, München u. Berlin 1936, S. 15 (= Reichsbürgergesetz; Gesetz zum Schutze des deutschen Blutes und der deutschen Ehre; Gesetz zum Schutze der Erbgesundheit des deutschen Volkes – Ehegesundheitsgesetz).
39 Vgl. ebd., S. 17.
40 Die Nürnberger Gesetze hier zitiert nach: M. Hirsch (Hg.), Recht, Verwaltung und Justiz, S. 340, Reichsbürgergesetz; S. 350f., Gesetz zum Schutze des deutschen Blutes und der deutschen Ehre.
41 Erste Verordnung zum Reichsbürgergesetz, vom 14. November 1935, in: ebd., S. 340f.
42 Deutsches Beamtengesetz (1937), in: ebd., S. 301–303, hier § 25, Abs. 1.
43 Fünfte Verordnung zum Reichsbürgergesetz, vom 27. September 1938, in: ebd., S. 313f.
44 Stuckart u. Globke, Kommentare zur deutschen Rassengesetzgebung, S. 25.
45 Vgl. E. Noam und W.-A. Kropat, Juden vor Gericht 1933–1945. Dokumente aus hessischen Justizakten, Wiesbaden 1975, hier S. 109ff. (= Schriften der Kommission für die Geschichte der Juden in Hessen, Bd. 1).
46 Vgl. B. Rüthers, Die unbegrenzte Auslegung. Zum Wandel der Privatrechtsordnung im Nationalsozialismus, Tübingen 1968.
47 Noam u. Kropat, Juden vor Gericht, S. 81ff.
48 Ebd., S. 285.
49 Dieser Fall in Noam u. Kropat, Juden vor Gericht, S. 33–36.

50 E. Fraenkel, Der Doppelstaat. Recht und Justiz im »Dritten Reich«, Frankfurt 1984, vgl. das Vorwort zur deutschen Ausgabe (1974) S. 11–18.
51 Ebd., S. 13.
52 Ebd., S. 119ff.
53 Bürgerlicher Tod, in: Handwörterbuch zur deutschen Rechtsgeschichte, Bd. 1, Sp. 556–557.
54 Vgl. Verfassungsurkunde für den Preußischen Staat, vom 31. Januar 1850, in: E. R. Huber (Hg.), Dokumente zur deutschen Verfassungsgeschichte, Bd. 1, Stuttgart 1961, S. 401–414, hier S. 402, Art. 10: Der Bürgerliche Tod und die Strafe der Vermögens-Einziehung finden nicht statt.
55 Dieses Urteil zitiert nach Fraenkel, Doppelstaat, S. 126f.
56 K. Löwith, Mein Leben in Deutschland vor und nach 1933. Ein Bericht, Stuttgart 1986.
57 Ebd., S. XVI, Einleitung vom 14. Januar 1940.
58 Vgl. A. Gethmann-Siefert u. O. Pöggeler (Hg.), Heidegger und die praktische Philosophie, Frankfurt 1988, hier besonders: C. F. Gethmann, Heideggers Konzeption des Handelns in ›Sein und Zeit‹, S. 140–176.
59 Löwith, Mein Leben in Deutschland, S. 35 u. S. 40.
60 Ebd., S. 35.
61 Ebd., S. 58.
62 Ebd., S. 136, vgl. auch S. 40.

Dan Diner
Die Katastrophe vor der Katastrophe

1 Überliefert von Benno Cohn, einem der beiden Vorsitzenden der Zionistischen Vereinigung für Deutschland in seinem Bericht »Vorladung von Vertretern des deutschen Judentums im Frühjahr 1939 vor die Gestapo (Eichmann)«, erstattet in der Sitzung des »Kreises von Zionisten aus Deutschland« am 1. April 1958 in Tel Aviv, aufgenommen von Dr. Kurt Jakob Ball-Kadurie, Archiv Yad Vashem, 01/125, abgedruckt im Dokument I zu Kurt Jakob Ball-Kadurie, Die illegale Einwanderung der deutschen Juden, in: Jahrbuch des Instituts für Deutsche Geschichte 4 (1975), S. 387–422, S. 415ff., S. 417.
2 Zitiert nach Gershon Rivlin (Hg.): David Ben-Gurion, Schriften, Bd. 5, Tel Aviv 1982, S. 397/8 (hebr.); Original im Archiv der Arbeitspartei (LPA) 23/28, S. 41; dazu auch Yoav Gelber, Zionist Policy and European Jewry, in: Yad Vashem Studies 13 (1979), S. 169–210, S. 199.
3 David Ben-Gurion (Anm. 2), S. 398.
4 Siehe etwa die tendenziöse Ausdeutung bei Lenni Brenner, Zionism in the Age of the Dictators, London 1983, S. 149f.
5 Dan Diner, Der Yishuv angesichts des Holocaust, in: Ha' Zionut 13 (1988), S. 301–308 (hebr.).
6 Herbert A. Strauss, Jewish Emigration from Germany. Nazi Policy and Jewish Response (I), in: Leo Baeck Institute Year Book, S. 313–361, S. 328.
7 Yehoshua Porath, The Palestinian Arab National Movement, Vol. 2, 1929–1939, S. 274–294.
8 Michael J. Cohen, British Strategy and the Palestine Question, 1936–1939, in: Journal of Contemporary History 7 (1972); derselbe, Appeasement in the Middle East: The British White Paper in Palestine, in: The Historical Journal

16 (1973); Gabriel Sheffer, The Involvement of Arab States in the Palestine Conflict and Arab-British Relationship before World War II, in: Asian and African Studies 10 (1974/75).

9 Martin Gilbert, British Government Policy towards Jewish Refugees. November 1938–September 1939, in: Yad Vashem Studies 13 (1979), S. 127–167. In der Kabinettsitzung vom 14. November 1938 wurde beschlossen, jüdische Einwanderung nach anderen Orten als nach Palästina zu lenken; vgl. dazu die Kabinett Papiere 27/651, zit. bei Gilbert, S. 129.

10 Yoav Gelber (Anm. 2), S. 199.

11 Hermann Graml, Der 9. November 1938. »Reichskristallnacht«, Bonn 1958; Bernd Lösener, Als Rassereferent im Reichsministerium des Innern, in: Vierteljahreshefte für Zeitgeschichte 9 (1961), S. 288ff.; Uwe Dietrich Adam, Judenpolitik im Dritten Reich, Düsseldorf 1972, S. 209ff.

12 Salomon Adler-Rudel, Jüdische Selbsthilfe unter dem Nazi Regime, Tübingen 1974, S. 115f.

13 Dazu die eindringlichen Berichte von Artur Prinz, »Die Gestapo als Feind und als Förderer der jüdischen Auswanderung«, vom September 1945. Kopie des Textes in der »Wiener Library«, Tel Aviv University, P. IIf., no. 792, abgedruckt als »The Role of the Gestapo in Obstructing and Promoting Jewish Emigration«, in: Yad Vashem Studies 2 (1958), S. 205–218.

14 Ebd.

15 Ebd., S. 205.

16 Ebd., S. 206.

17 Dazu der exzellente Beitrag von Jacob Toury, From the Forced Emigration to Expulsion. The Jewish Exodus over the Non-Slavic Borders of the Reich as a Prelude to the »Final Solution«, in: Yad Vashem Studies 17 (1986), S. 51–91, S. 60f.

18 Ebd.

19 Herbert A. Strauss (Anm. 6).

20 Herbert Rosenkranz, Verfolgung und Selbstbehauptung. Die Juden in Österreich 1938–1945, Wien, München 1978.

21 Bruce F. Pauley, Hitler and the Forgotten Nazis. A History of Austrian National Socialism, Chapel Hill 1981.

22 Dazu immer noch instruktiv: Hannah Arendt, Ursprünge und Elemente totaler Herrschaft, Bd. 2, Imperialismus, Frankfurt/M. 1975, S. 244ff., Michael M. Marrus, The Unwanted: European Refugees in the Twentieth Century, New York 1985.

23 Yisrael Benari, Das Evakuierungsprogramm Jabotinskys und seine Voraussage des Schicksals der Juden Polens (hebr.), Tel Aviv 1968.

24 Vgl. dazu plastisch: Juliane Wetzel, Auswanderung aus Deutschland, in: Wolfgang Benz (Hg.): Die Juden in Deutschland 1933–1945. Leben unter nationalsozialistischer Herrschaft, München 1988, S. 433.

25 Jacob Boas, Germany or Diaspora? German Jewry's Shifting Perceptions in the Nazi Era, 1933–1939, in: Leo Baeck Institute Year Book 27 (1982), S. 109–126, S. 117, Peter Baldwin, Zionist and Non-Zionist Jews in the Last Years before the Nazi-Regime, in: Ebd., S. 87–108; Jehuda Reinharz, The Zionist Response to Antisemitism in Germany, in: Leo Baeck Institute Year Book 30 (1985), S. 105–140.

26 Der Wandel wird von Jacob Boas deutlich herausgestellt: »Thus in 1903 Hein-

rich Stahl had returned from a trip to Palestine convinced that the place could not be made fit for human habitation; in 1936 they believed that only Palestine could save the Jews.« (Jüdische Rundschau XXXXI 12. April/8. Mai 1938); »Eva Reichmann-Jungmann likewise returned full praise for the Jewish settlements after visiting Palestine around the beginning of 1938.« (C. V. Zeitung XVII, 24. Februar 1938). »And by the end of 1935 even the RjF claimed furthering the work there.« (Jüdische Rundschau XXXX, 10. Oktober 1935); zit. nach Jacob Boas, German-Jewish Internal Politics under Hitler, 1933–1938, in: Leo Baeck Institute Year Book 29 (1984), S. 3–25, S. 24.

27 Abraham Margaliot, The Problem of the Rescue of German Jewry during the Years 1938–1939. The Reasons for their Delay in their Emigration from the Third Reich, in: Yisrael Gutman und Efraim Zieroff (Hg.): Rescue Attempts during the Holocaust, S. 247–266, S. 252.

28 Dazu Dirk Blasius, Rechtsvertrauen und Rechtszerstörung in diesem Band, S. 121–137. Am klarsten wurde dies vom revisionistischen Zionisten (Staatszionist) Georg Kareski zum Ausdruck gebracht. Die Nürnberger Gesetze vermögen seinen Worten nach das Gefühl der Rechtsunsicherheit verschwinden lassen: »Die Rechtsgleichheit haben die Juden in Deutschland verloren, aber sie haben wenigstens einen Rechtsboden unter den Füßen.« Zit. bei Abraham Margaliot, The Reaction of the Jewish Public in Germany to the Nuremberg Laws, in: Yad Vashem Studies 12 (1977), S. 75–107, S. 91; zur Figur Georg Kareski siehe Francis R. Nicosia, Revisionist Zionism in Germany, in: Leo Baeck Institute Year Book 32 (1987), S. 231–267.

29 Ebd., S. 86/90.

30 Ebd., S. 93.

31 Kurt T. Grossmann, Zionist and Non-Zionist under Nazi Rule in the 1930's, in: Herzl Year Book, Essays in Zionist History and Thought 4 (1961/62), S. 329–344; Hans Mommsen, Der nationalsozialistische Polizeistaat und die Judenverfolgung vor 1938, in: Vierteljahrshefte für Zeitgeschichte 10 (1962), S. 68–87, vor allem Dokument Nr. 2, S. 78; Jacob Boas (Anm. 25), S. 20f.

32 Chaim Schatzker, The Jewish Youth Movement in Germany in the Holocaust Period (I), in: Leo Baeck Institute Year Book 32 (1987), S. 157–181, S. 166.

33 Celia Heller, On the Edge of Destruction: Jews of Poland between the Two World Wars, New York 1977; Pawet Korzec, Juifs en Pologne: La Question Juive Pendent L'Entre Deux Guerres, Paris 1980.

34 Erwin Viefhaus, Die Minderheitenfrage und die Entstehung der Minderheitenschutzverträge auf der Pariser Friedenskonferenz 1919, Würzburg 1960; Pawet Korzec, Polen und der Minderheitenschutzvertrag (1919–1934), in: Jahrbücher für die Geschichte Osteuropas 22 (1975).

35 Emanuel Melzer, Relations between Poland and Germany and their Impact on the Jewish Problem in Poland (1935–1938), in: Yad Vashem Studies 12 (1977), S. 193–229, S. 193/4.

36 Ebd., S. 206.

37 Leni Yahil, Madagascar – Phantom of a Solution for the Jewish Question, in: Bela Vago und George L. Mosse (Hg.): Jews and Non-Jews in Eastern Europe, New York 1974, S. 316f.

38 David Engel, The Frustrated Alliance: The Revisionist Movement and the Polish Government-in-Exile, 1939–1945, in: Studies in Zionism 7 (1986), S. 11–37.

39 Ezra Mendelson, The Dilemma of Jewish Politics in Poland: Four Responses, in: Bela Vago und George L. Mosse (Anm. 36).
40 Abraham Margaliot (Anm. 27), S. 250f.
41 Ebd., S. 258.
42 Abraham Margaliot beruft sich auf einen Artikel aus der Gazeta Warszawska, der in World Jewry in London vom 19. April 1935 nachgedruckt wurde.
43 Nach Nana Sagi und Malcolm Lowe war der Tenor der jüdischen Presse in Polen darauf gerichtet, die deutschen Juden zum Bleiben zu veranlassen, in: Yad Vashem Studies 13 (1979), S. 387–408, S. 402.
44 Ebd., S. 403; zum Transfer-Ha'avara Abkommen siehe Edwin Black, The Transfer Agreement: The Untold Story of the Secret Pact between the Third Reich and Jewish Palestine, New York 1984; Werner Feilchenfeld, Dolf Michaelis und Ludwig Pinner, Ha'avara-Transfer nach Palästina und Einwanderung deutscher Juden 1933–1939 (= Schriftenreihe wissenschaftlicher Abhandlungen des Leo Baeck Instituts 26 Tübingen 1972); Francis R. Nicosia, The Third Reich and the Palestine Question, Austin 1985, S. 29–49.
45 Emanuel Melzer (Anm. 35), S. 208.
46 Ebd., S. 216/17.
47 Ein Nebenaspekt des polnischen Gesetzes zur Abwehr jüdischer Re-Immigration war die Befürchtung, das Deutsche Reich könnte mittels Aneignung von im Eigentum jüdischer Aktionäre in Österreich befindlichen Anteilen an der polnischen Ölindustrie in Galizien Einfluß auf die dortige Ölproduktion gewinnen; Emanuel Melzer (Anm. 35), S. 217.
48 Salomon Adler-Rudel, The Evian Conference on the Refugee Question, in: Leo Baeck Institute Year Book 13 (1968), S. 235–273; Michael Mashberg, American Diplomacy and the Jewish Refugees, 1938–1939, in: Yivo Annual of Jewish Social Science 15 (1974), S. 339–365; Henry Feingold, The Politics of Rescue. The Roosevelt Administration and the Holocaust, 1938–1945, New Brunswick, New Jersey 1979; David Wyman, Das unerwünschte Volk. Amerika und die Vernichtung der europäischen Juden, Ismaning 1986; ders., Paperwalls. Amerika and the Refugee Crisis, 1938–1941, Amherst/Mass. 1968; Saul S. Friedman, No Haven for the Opressed: United States Policy towards Jewish Refugees, 1938–1945, Detroit 1973, S. 229–230.
49 David Wyman (Anm. 48), S. 23f.
50 Michael Mashberg (Anm. 48), S. 346.
51 So etwa die New York Herald Tribune vom 16. Juli 1938, zit. bei Michael Mashberg (Anm. 48), S. 340, Anm. 3.
52 Dazu mit weiterführenden Hinweisen Herbert A. Strauss, Jewish Emigration from Germany (II), in: Leo Baeck Institute Year Book 26 (1981), S. 343–404, S. 358.
53 Michael Mashberg (Anm. 48), S. 341.
54 Herbert A. Strauss (Anm. 52), S. 302.
55 Michael Mashberg (Anm. 48), S. 346.
56 Dazu Joshua B. Stein, Great Britain and the Evian Conference of 1938, in: Wiener Library Bulletin 29 (1976), S. 40–52.
57 Michael Mashberg (Anm. 48), S. 348.
58 Ebd., S. 356.
59 Herbert A. Strauss (Anm. 6), S. 344.
60 Francis R. Nicosia (Anm. 44), S. 158.

61 Shlomo Z. Katz, Public Opinion in Western Europe and the Evian Conference of July 1938, in: Yad Vashem Studies 9 (1973), S. 105–126, S. 133.
62 David Wyman (Anm. 48), S. 10f., S. 14.
63 Haim Genizi, American Non-Sectorian Refugee Relief Organizations, 1933–1945, in: Yad Vashem Studies 11 (1976), S. 104–219, S. 216.
64 »We accomplished the purpose for which the Intergovernmental Meeting in Evian was called.« Michael Mashberg (Anm. 48), S. 358.
65 Shabtai Beit-Zvi, Der Nach-ugandische Zionismus in der Krise des Holocaust, Tel Aviv 1977 (hebr.), S. 180f.
66 Ebd., S. 181/2.
67 Statement before the Palestine Royal Commission in Jerusalem on November 1936, in: Martin W. Weisgal (Hg.): Chaim Weizmann, Statesman, Scientist, Builder of the Jewish Commonwealth, New York 1944, S. 304f.
68 Jacob Toury (Anm. 16), S. 67.
69 Trude Maurer, Abschiebung und Attentat. Die Ausweisung der polnischen Juden und der Vorwand für die Kristallnacht, in: Walter H. Pehle (Hg.): Der Judenpogrom 1938. Von der »Reichskristallnacht« zum Völkermord, Frankfurt/M. 1988, S. 52–73.
70 Francis R. Nicosia (Anm. 44), S. 159f.; Jürgen Rohwer, Jüdische Flüchtlingsschiffe im Schwarzen Meer, 1934 bis 1944, in: Ursula Büttner (Hg.): Das Unrechtsregime, Bd. 2, Hamburg 1986, S. 195–248, S. 201f.; Jon und David Kimche, Des Zornes und des Herzens wegen, Berlin, S. 18ff.

Hans Mommsen
Die Funktion des Antisemitismus im »Dritten Reich«

1 Peter Loewenberg, The Kristallnacht as an Public Degradation Ritual, in: Leo Baeck Institute Year Book 32 (1987), S. 323.
2 Das Oberste Parteigericht stellte im Februar 1939 fest, daß die Öffentlichkeit »bis auf den letzten Mann« wisse, daß der Pogrom von der Partei organisiert gewesen sei, vgl.: Bericht des Sondersenats des Obersten Parteigerichts an Göring vom 13. Februar 1939, IMT XXXII, S. 20ff.
3 Vgl. das Affidavit von L. Schallermeier, IMT XLXX, S. 510ff., bei: Wolfgang Scheffler, Ausgewählte Dokumente zur Geschichte des Novemberpogroms 1938, in: Aus Politik und Zeitgeschichte, B 44/78 (4. 11. 1978), S. 8f.
4 Vgl. Wolfgang Benz, Der Rückfall in die Barberei, in: Walter H. Pehle (Hg.): Der Judenpogrom 1938. Von der »Reichskristallnacht« zum Völkermord, Frankfurt/M. 1988, S. 17f. sowie Hans-Jürgen Döscher: »Reichskristallnacht«. Die Novemberpogrome 1938, Frankfurt/M. 1988, S. 77f.
5 Vgl. W. S. Allen, Die deutsche Öffentlichkeit und die »Reichskristallnacht«. Konflikte zwischen Werthierarchie und Propaganda im Dritten Reich, in: Detlev J. K. Peukert und Jürgen Reulecke (Hg.): Die Reihen fast geschlossen. Beiträge zur Geschichte des Alltags unterm Nationalsozialismus, Wuppertal 1981, S. 397–412.
6 Vgl. Hans-Jürgen Döscher (Anm. 4), S. 108ff.
7 Zitiert nach H. Lauber, Judenpogrom – »Reichskristallnacht«, November 1938 in Großdeutschland, Gerlingen 1981, S. 141.
8 Vgl. Uwe Lohalm, Völkischer Radikalismus. Die Geschichte des deutsch-völkischen Schutz- und Trutzbundes 1919–1923, Hamburg 1970, S. 90.

9 Ebd.
10 Vgl. D. Griesewelle, Propaganda der Friedlosigkeit. Eine Studie zu Hitlers Rhetorik 1920–1930, Stuttgart 1972.
11 Wilhelm Mommsen, Deutsche Parteiprogramme, München ^{3}1960, S. 78ff.
12 Vgl. Ian Kershaw, The Persecution of Jews and German Public Opinion in the Third Reich, in: Leo Baeck Institute Year Book 17 (1981), S. 86ff.
13 Vgl. hierzu Peter Merkl, The Making of a Stormtrooper, Princeton 1980, S. 222f.
14 M. Müller-Claudius, Der Antisemitismus und das deutsche Verhängnis, Frankfurt/M. 1948, S. 169ff.
15 Vgl. Michael Kater, The Nazi Party. A Social Profile of Members and Leaders 1919–1945, Cambridge 1983, S. 230f.
16 Vgl. das Protokoll der Chefbesprechung im Reichswirtschaftsministerium vom 20. 8. 1935, in: Hans Mommsen et al. (Hg.): Herrschaftsalltag im Dritten Reich. Studien und Texte, Düsseldorf 1988, S. 444 (die Wendung von Popitz im handschriftlichen Entwurf Löseners).
17 Vgl. Helmut Genschel, Die Verdrängung der Juden aus der Wirtschaft im Dritten Reich, Göttingen 1966, S. 144ff.
18 Gerhard Botz, Wien vom »Anschluß« zum Krieg. Nationalsozialistische Machtübernahme und politisch-soziale Umgestaltung am Beispiel der Stadt Wien 1938/39, Wien 1979, S. 93ff.
19 Vgl. Uwe Dietrich Adam, S. 205.
20 Wolfram Wette, Ideologien, Propaganda und Innenpolitik als Voraussetzungen der deutschen Kriegspolitik des Dritten Reiches, in: W. Deist u. a. (Hg.), Ursachen und Voraussetzungen der deutschen Kriegspolitik (= Das Deutsche Reich und der Zweite Weltkrieg, Bd. 1), Stuttgart 1979, S. 133f. sowie Jutta Sywottek, Mobilmachung für den totalen Krieg. Die propagandistische Vorbereitung der deutschen Bevölkerung auf den Zweiten Weltkrieg, Opladen 1976, S. 166f.
21 Zu den Hintergründen des Attentats vgl. Hans-Jürgen Döscher (Anm. 4), S. 62ff.
22 Peter Loewenberg (Anm. 1), S. 309ff.
23 Vgl. dazu und zum folgenden die grundlegende Darstellung des Sachverhaltes bei Lothar Gruchmann, Justiz im Dritten Reich 1933–1940. Anpassung und Unterwerfung in der Ära Gürtner (= Quellen und Darstellungen zur Zeitgeschichte, Bd. 28), München 1988, S. 487ff.
24 Vgl. Wolfgang Treue, Rede Hitlers vor der deutschen Presse (10. November 1938), in: Vierteljahrshefte für Zeitgeschichte, 6 (1958), S. 175–191.
25 Vgl. Elke Fröhlich (Hg.): Die Tagebücher von Joseph Goebbels. Sämtliche Fragmente, T. 1, Bd. 3, München 1987, S. 533.
26 Vgl. die Aufzeichnungen von Bredow über die Unterredung mit Göring und Röhm am 26. 7. 1932, in: Thilo Vogelsang, Reichswehr, Staat und NSDAP. Beiträge zur deutschen Geschichte 1930–1932, Stuttgart 1962, S. 475f.; vgl. Richard Bessel, Political Violence and the Rise of Nazism. The Storm Troopers in Eastern Germany, 1925–1934, New Haven 1984, S. 99ff.
27 Dazu und zum folgenden vgl. die Dissertation von D. Obst, »Reichskristallnacht«. Reaktionen der Bevölkerung auf den Novemberpogrom, Phil. Diss. Universität Bochum 1989.
28 Vgl. Hans Mommsen, Hannah Arendt und der Prozeß gegen Adolf Eichmann,

in: Hannah Arendt, Eichmann in Jerusalem. Ein Bericht über die Banalität des Bösen. Neuausgabe München 1986, S. XIIIf.

29 Vgl. Hans-Jürgen Döscher (Anm. 4), S. 122ff., ferner S. 113f.

30 Vgl. Konrad Kwiet, Nach dem Pogrom. Stufen der Ausgrenzung, in: Wolfgang Benz (Hg.): Die Juden in Deutschland 1933–1945. Leben unter nationalsozialistischer Herrschaft, München 1988, S. 545ff.

Michael Zimmermann
Zur Geschichte der Essener Jüdischen Gemeinde vor 1933

1 1836: 222 Juden = 4,1% der Ortsbevölkerung; 1895: 1480 = 1,5%. Angaben nach Hermann Schröter, Geschichte und Schicksal der Essener Juden, Essen 1980, S. 39; Statistische Tabellen Essen 1910, S. 11.

2 Hermann Schröter (Anm. 1), S. 297ff., S. 312ff.

3 Salomon Samuel, Geschichte der Juden in Stadt und Synagogenbezirk Essen vor der Einverleibung Essens in Preußen (1802) bis zur Errichtung der Synagoge am Steeler Tor (1913), Essen 1913, S. 20, S. 11f., S. 32f.

4 Ebd., S. 30f.

5 Ebd., S. 38–42, S. 45–50, S. 53f.

6 Reinhard Rürup, Die »Judenfrage« der bürgerlichen Gesellschaft und die Entstehung des modernen Antisemitismus, in: Ders., Emanzipation und Antisemitismus, Göttingen 1975, S. 74ff., hier S. 82.

7 Salomon Samuel, Festschrift zum 50jährigen Bestehen der Chewra Kadischa Essen-Ruhr 1856–1906, Essen 1906.

8 Salomon Samuel (Anm. 3), S. 42f., S. 38f., S. 63, Zitat S. 53.

9 Hans Jochanan Samuel, Rabbiner Dr. Salomon Samuel, in: Hermann Schröter (Anm. 1), S. 114ff. Siehe auch Angela Genger (Hg.), Durch unsere Herzen ziehen die Jahrtausende. Briefe von Anna und Salomon Samuel, Düsseldorf 1988.

10 Salomon Samuel, Geschichte der Juden in Stadt und Stift Essen bis zur Säkularisation des Stifts (1291–1802), in: Geschichte von Stadt und Stift Essen, Bd. 26 (1905), S. 53–164, hier S. 131.

11 So etwa in der Stiftungsurkunde der neuen Synagoge, verfaßt zur Grundsteinlegung am 11.7.1911, zitiert in: Salomon Samuel (Anm. 3), S. 81.

12 Siehe etwa das Vorwort von Richard Klapheck in: Edmund Körner, Die Neue Synagoge in Essen a. d. Ruhr, Berlin 1914, S. 1ff. sowie Salomon Samuel, Der deutsche Jude an der Zeitenwende, in: Literarische Spende für jüdische Kriegsteilnehmer, Essen 1919, S. 5ff.

13 Salomon Samuel (Anm. 10), S. 72.

14 Ebd., S. 69f.

15 Ebd., S. 77ff.

16 Ebd., S. 59.

17 Ebd., S. 67, S. 76f. Allgemein: Arnold Paucker, Die Abwehr des Antisemitismus in den Jahren 1893–1933, in: Herbert A. Strauss und Norbert Kampe (Hg.), Antisemitismus. Von der Judenfeindschaft zum Holocaust, Frankfurt/M. 1985, S. 143ff.

18 Statistische Tabellen Essen 1912, S. 8 (Gemeindegröße); Salomon Samuel (Anm. 3), S. 78ff. (zur Ausdifferenzierung der Gemeinde); ebd., S. 81 (Stiftungsurkunde).

19 Hermann Schröter (Anm. 1), S. 86f.
20 Statistische Tabellen Essen 1920/21, S. 6 und Trude Maurer, Ostjuden in Deutschland, Hamburg 1986, S. 76 (Gemeindegröße); Friedrich Brodnitz, Ein Rabbiner aus Deutschland. Der Lebensweg von Dr. Hugo Hahn, in: Hermann Schröter (Anm. 1), S. 121ff. (zu Hugo Hahn); Hauptstaatsarchiv Düsseldorf, Rep. 6/480 (zur Gemeindeverwaltung).
21 Hakoah-Blätter 16 (1924), S. 10.
22 Ebd., 17 (1927), S. 12.
23 Essener Arbeiter-Zeitung (7. 10. 1919).
24 Hakoah-Blätter 1 (1924), S. 7.
25 Ebd., S. 4 und S. 5.
26 Ebd., 16 (1924), S. 4ff. (Boxen); ebd., 11 (1924), S. 5 und S. 13 (Jiu Jitsu); ebd., 29 (1925), S. 11 (Tennis).
27 Bericht »über die Erweiterung unserer Zeitung«, in: ebd., 3 (1924); ebd., 24 (1928), S. 8.
28 Hermann Schröter, Die Familie Hirschland in Essen, in: Hermann Schröter (Anm. 1), S. 167ff.; Erinnerungen an Dore Jacobs, in: Ebd., S. 186ff. (zur Avantgarde); Hakoah-Blätter 16 (1924), S. 13 und ebd., 14 (1926), S. 14f. (Interkonfessionalismus); ebd., 2 (1928), S. 13 (VHS); ebd., 13 (1924), S. 15f. und ebd., 13 (1926), S. 17 (Zionisten); ebd., 7 (1924), S. 9, ebd., 10 (1927), S. 23f., ebd., 11 (1928), S. 15, ebd., 5 (1928), S. 18f. (C. V.).
29 Hermann Schröter (Anm. 1), S. 318–322. Allgemein zum Reichsbund jüdischer Frontsoldaten: Ulrich Dunker, Der Reichsbund jüdischer Frontsoldaten 1919–1938. Geschichte eines jüdischen Abwehrvereins, Düsseldorf 1977.
30 Salomon Samuel, Bibel und Heldentum. Fünf Kriegsvorlesungen, Berlin 1915.
31 Hakoah-Blätter 15 (1926), S. 24f.
32 Siehe die Angaben in (Anm. 28) zu den Zionisten sowie Hakoah-Blätter 10 (1927), S. 25f. und Hermann Schröter (Anm. 1), S.38.
33 Trude Maurer (Anm. 20), S. 76; Statistik des Deutschen Reiches, Bd. 451/5, S. 52f.
34 Günter von Roden, Geschichte der Duisburger Juden, Duisburg 1986 (= Duisburger Forschungen, Bd. 34, Teil 1), S. 97ff.
35 Zur Wohnsituation zahlreiche Angaben aus Interviews mit Juden, die ehemals in Essen lebten, sowie Statistische Tabellen Essen 1912, S. 8, zum Segeroth siehe Walter Wehner, Essen Altstadt. Geschichten und Bilder vom alten Wachowski, Mülheim/Ruhr 1986. Zur sozialen Lage der Ostjuden in Essen siehe Hauptstaatsarchiv Düsseldorf RW 58/65.719 und Hermann Schröter (Anm. 1), S. 36. Zum Verhältnis zwischen West- und Ostjuden zahlreiche Interview-Äußerungen.
36 Hakoah-Blätter 8 (1926), S. 18f.
37 So die Einschätzungen in zahlreichen Gesprächen mit ehemals in Essen lebenden Juden.
38 Hakoah-Blätter 18 (1924), S. 21; ebd., 31 (1925), S. 25; ebd., 16 (1924), S. 17.
39 Emil Frank, Meine Tätigkeit an der jüdischen Volksschule in Essen 1923–1925, in: Das Münster am Hellweg, Essen (1978), S. 16ff. (Israelitische Volksschule); Hauptstaatsarchiv Düsseldorf, Reg. Düsseldorf 15.670 und Rep. 6/480

(Gemeindeverwaltung); Hakoah-Blätter 4 (1927), S. 14. ff. (Wohlfahrtsausschuß); Hermann Schröter (Anm 1), s. 39f. (Schülerhort etc.)

40 Als ein Indikator für den Bedeutungsverlust der jüdischen Gemeinde können die Eheschließung zwischen Juden und Nichtjuden gelten. für Essen liegen folgende Zahlen vor:

	a	b	c	d
1911	16	2	19	5
1912	17	5	17	5
1913–19	116	35	114	33
1920–21	45	8	41	4

a: Ehemänner jüdischer Konfession; b: darunter verheiratet mit einer Nichtjüdin; c: Ehefrauen jüdischer Konfession; d: darunter verheiratet mit einem Nichtjuden. Angaben nach den Statistischen Tabellen Essen 1911, S. 17; ebd., 1912, S. 17; ebd., 1913–1919, S. 15; ebd., 1920/21, S. 9.

41 Hakoah-Blätter 30 (1915), S. 7ff., Zitat S. 9. Des weiteren zu Rabbiner Samuel die entsprechenden Angaben in Anm. 9, zahlreiche Interviewäußerungen ehemals in Essen lebender Juden, zahlreiche Aufsätze Samuels in den Hakoah-Blättern sowie zum Fortschrittsoptimismus u. a.: Salomon Samuel (Anm. 3), S. 58, S. 76.

42 Rabbiner Samuels Verständnis von religiös-liberalem Judentum kann hier nicht im einzelnen ausgeführt werden. Siehe zu dieser Problematik u. a. Max Wiener, Jüdische Religion im Zeitalter der Emanzipation, Berlin 1933. Das im Deutschen Reich vor 1933 gängige Verständnis von religiös-liberalem Judentum ist überdies nicht deckungsgleich mit dem heutigen Verständnis. Dazu u. a. Phillip Sigal, Judentum, Stuttgart u. a. 1986, S. 199ff., insbes. S. 223f.

43 Hakoah-Blätter 18 (1924), S. 10f.

44 Ebd., 23 (1925), S. 4f.

45 Zu Hugo Hahn siehe die Angaben in Anm. 20 sowie Hakoah-Blätter 4 (1928), S. 17f.

46 Hakoah-Blätter 16 (1926), S. 14f. und ebd., 10 (1927), S. 20ff.

47 Benno Krycler, Meine Erinnerungen an die jüdische Jugendbewegung »Blau Weiß« in Essen, in: Das Münster am Hellweg, Essen (1983), S. 129ff., hier insbes. S. 133.

48 Dankesworte von Dr. Kurt Alexander Moosberg, in: Hermann Schröter (Anm. 1), S. 235ff. Allgemein siehe auch Wolfgang Schivelbusch, Intellektuellendämmerung. Zur Lage der Frankfurter Intelligenz in den zwanziger Jahren, Frankfurt/M. 1985, S. 33ff.

49 Zum Jüdischen Jugendverein zahllose Artikel in den Hakoah-Blättern, hier insbes. Hakoah-Blätter 6 (1928), S. 13f., ebd., 12 (1928), S. 13ff., ebd., 14 (1928), S. 13f.

50 Friedrich Brodnitz (Anm. 20).

51 Zu den Selbstverständnisdiskussionen unter den deutschen Juden in der Endphase der Weimarer Republik siehe Kurt Loewenstein, Die innerjüdische Reaktion auf die Krise der deutschen Demokratie, in: Werner E. Mosse (Hg.), Entscheidungsjahr 1932. Zur Judenfrage in der Endphase der Weimarer Republik, Tübingen ^{2}1966, S. 349ff.

52 Ernst Herzfeld, Meine letzten Jahre in Deutschland 1933–1938, MS., zitiert in: Hermann Schröter (Anm. 1), S. 78f.

Nachweise

Die Abbildungen 1–4 stammen aus dem Archiv der Gedenkstätte »Alte Synagoge«, Essen.
Die Abbildung 5 stellten freundlicherweise die Münchner Künstler Rudolf Herz und Thomas Lehnerer zur Verfügung.

Der Beitrag von Shulamit Volkov erschien unter dem Titel »The Dynamics of Dissimilation. Ostjuden and German Jews« in: Jehuda Reinharz und Walter Schatzberg (Hg.), The Jewish Response to German Culture: From the Enlightenment to the Second World War, Hanover, N. H. 1985; Übersetzung entnommen der Studiensammlung der Verfasserin: Jüdisches Leben und Antisemitismus im 19. und 20. Jahrhundert, München 1990.

Der Beitrag von Hans Mommsen wird mit freundlicher Zustimmung des Verlages Vandenhoeck & Ruprecht, Göttingen, abgedruckt aus: Günter Brakelmann und Martin Rosowski (Hg.), Antisemitismus. Von religiöser Judenfeindschaft zur Rassenideologie, Göttingen 1989, S. 179–192.

Der Beitrag von Dirk Blasius ist eine überarbeitete Fassung eines Aufsatzes, der unter dem Titel »›Bürgerlicher Tod‹. Der NS-Unrechtsstaat und die deutschen Juden« in der Zeitschrift Geschichte in Wissenschaft und Unterricht 1990 erschienen ist.

Autorenverzeichnis

Dirk Blasius, Dr. phil., Professor für Sozial- und Wirtschaftsgeschichte an der Universität/GHS Essen

Edna Brocke, M. A., Leiterin der Alten Synagoge, Gedenkstätte und historisch-politisches Dokumentationsforum der Stadt Essen

Dan Diner, Dr. jur., Professor für Außereuropäische Geschichte an der Universität/GHS Essen; Universität Tel Aviv

Alfred Haverkamp, Dr. phil., Professor für Mittelalterliche Geschichte an der Universität Trier

Stefi Jersch-Wenzel, Dr. phil., Professorin für Neuere Geschichte an der Technischen Universität Berlin; Historische Kommission zu Berlin

Trude Maurer, Dr. phil; Hochschulassistentin, Seminar für Mittlere und Neuere Geschichte der Universität Göttingen

Hans Mommsen, Dr. phil., Professor für Neuere Geschichte an der Universität Bochum

Reinhard Rürup, Dr. phil., Professor für Neuere Geschichte an der Technischen Universität Berlin

Shulamit Volkov, Dr. phil., Professorin für Deutsche Geschichte an der Universität Tel Aviv

Rainer Walz, Dr. phil., Studienrat, Siegen

Michael Zimmermann, Dr. phil., Alte Synagoge, Gedenkstätte und historisch-politisches Dokumentationsforum der Stadt Essen